1980년대
한국
영화

KB179345

일러두기

- 이 책은 2023년 한국영상자료원이 1980년대 한국영화의 정책·산업적 환경과 작품·영화인 등을 개괄하기 위해 기획한 것으로 1부는 정성일·이효인의 1980년대 한국사회와 영화에 대한 회고록을 담고 있으며, 2부는 정종화(총론)·허남웅(장르)·김영진(미학)·김혜선(배우)·유운성(독립영화)·공영민(영화문화)이 참여하였고, 영화인 구술 자료를 바탕으로 구성한 3부는 이수연이 담당하였다.

- 3부의 영화인 인터뷰는 2004년부터 현재까지 한국영상자료원에서 진행한 '영화인 구술채록 사업'을 통해 수집된 구술 자료에서 발췌한 것으로, 지난 20년간 총 227명의 영화인들이 남긴 1,230시간의 인터뷰 중 이 책에는 1980년대 한국영화산업에 대해 30명의 영화인들이 남긴 기록들을 활용하였다.

- 책의 기획과 구성, 책임편집은 한국영상자료원 학예연구팀장 정종화, 연구원 이수연이 맡았다. 화보 〈1980년대 극장 풍경〉과 부록 〈1980년대 영화산업 주요 통계〉는 이수연이 정리했다.

- 한국영상자료원에서 기증과 수집을 통해 보유하고 있는 사진은 별도의 출처를 표기하지 않았으며, 그 외에는 사진 설명에 출처를 표시하였다.

- 영화의 작품명과 연도는 한국영상자료원 한국영화데이터베이스(KMDb)를 따랐다. 감독명과 개봉 연도는 각 장마다 해당 영화가 맨 처음, 주요하게 언급될 때 (감독명, 제작 연도) 형태로 병기했다. 감독명, 제작 연도, 배우 이름 등 영화 관련 정보는 (   ) 안에 표기하되, 본문 괄호와 구분되도록 작은 글씨로 표기하였다.

- 맞춤법과 띄어쓰기는 국립국어원의 《표준국어대사전》을 따랐다. 논문 및 영화 등의 작품명은 〈 〉, 문헌이나 저서명·정기간행물(학회지 포함)·신문명은 《 》, 직접인용은 " ", 강조 및 간접인용은 ' '로 표기했다.

- 인명이나 지명은 국립국어원의 외래어 표기용례를 따랐다. 단, 널리 알려진 이름이나 표기가 굳어진 명칭은 그대로 사용했다.

'서울의 봄'부터 코리안 뉴웨이브까지

1980년대 한국영화

한국영상자료원 엮음

정성일 이효인 정종화
허남웅 김영진 김혜선
유운성 공영민 이수연

앨피

한국영상자료원이 한국영화를 주제로 한 또 한 권의 도서를 선보입니다. 한국영화를 기록하고 보존해 그 문화적 가치를 알리는 임무를 부여받은 한국영상자료원은, 영화를 사랑하는 대중과 만나는 중요한 방법을 도서 발간으로 판단하고 차근차근 실천하고 있습니다. 특히 공공 필름 아카이브인 한국영상자료원만의 장점을 발휘해 다소 전문적인 내용일 수 있지만 대중 독자들도 편하게 만날 수 있는 도서 시리즈를 기획하고 있습니다. 《21세기 한국영화: 웰메이드 영화에서 K-시네마로》(2020)를 시작으로 《1990년대 한국영화: 우리가 알고 있는 한국영화의 모든 것》(2022)에 이어 이번에는 1980년대 한국영화를 다시 보기 위한 책을 만들었습니다.

《1980년대 한국영화: '서울의 봄'부터 코리안 뉴웨이브까지》는 한국영상자료원만이 낼 수 있는 한국영화사 책이라는 의도에 가장 가까이 다가갔다고 자평합니다. 연구자부터 평론가까지 전문 필자들의 밀도 있는 원고는 물론, 1980년대 한국사회와 영화를 직접 부대낀 인물들의 회고를 실었으며, 그동안 아카이브가 기록하고 보존해 온 1980년대 한국 영화계를 깊숙이 보여 주는 영화인들의 구술과 시대의 핵심을 관통하는 이미지 자료들도 함께 수록

했습니다. 1980년 신기루처럼 사라진 '서울의 봄'부터 정권 홍보의 목적이 앞섰던 1988년 서울올림픽까지 한국사회는 군부정권의 엄혹한 시대를 겪으며 세계화의 거센 흐름에 노출되었지만, 필자들은 그 저류에 흐르는 대중의 생생한 에너지를 살피는 것이 중요하다고 생각했습니다.

1부 'Memoir'는 시네필의 관점과 영화운동가의 자리에서 영화의 안과 밖을 열정적으로 오간 필자들이 개인의 기억과 체험 속에서 포착하고 길어 올린 이야기를 담았습니다. 1990년대 영화문화가 전에 없이 풍성해질 수 있었던 이유는 바로 1980년대 영화청년들이 기반을 다졌기 때문임을 말해 줍니다. 2부의 '1980년대 한국/영화'는 정책·산업 환경부터 장르와 미학 지형, 배우라는 프리즘, 독립영화계 그리고 영화문화의 변화까지 1980년대 한국영화의 여러 요소가 한국사회라는 콘텍스트와 밀접하게 연결돼 있음을 보여 줍니다.

비록 낯 뜨거운 에로영화가 장르적 주류를 이루었지만 외국영화에 맞춰진 대중의 눈길을 돌리고자 영화계가 합심해 여러 장르를 모색했던 시기, 기성의 작가주의 감독들은 자신만의 미학을 굳히기 위해 우회와 나아감을 되풀이했으며, 새로운 물결을 일으킨 신진 감독들은 우리 영화미학이 또 다른 차원으로 나아갈 수 있음을 증명해 보였습니다. 영화배우들 역시 스타라는 화려함에만 기대지 않고 때로는 사람들의 욕망을, 때로는 시대의 공기를 자신들의 얼굴에 담아내기 위해 고심했으며, 당대 현실과 가장 직접적으로 대결한 비제도권 영화계는 영화 매체의 역할을 가장 치열하게 고민하고 실천에 옮겼습니다. 견고한 듯 보였던 대형 영화관 중심의 영화문화는 소극장과 비디오 매체의 등장으로 변화의 기류를 맞으며 1990년대의 다양성을 예고하고 있었고, 이때 관객들은 각자의 방식으로 욕망을 내비치고 취향을 가다듬었습니다. 또한 3부의 영화계에 종사한 이들의 구술 기록에서 엿볼 수 있듯이, 국가주도의 영화판은 외부와 내부가 동시에 발신하는 파열음으로 더이상 지탱되기 힘들었습니다. 당시 영화계는 한국영화의 제작과 외국영화의 흥행으로 맞물린 전통적인 산업 논리를 재편하기 위한 갈등이 극에 달했지만, 바로 그 혼란 자체가 현대 한국영화의 명백한 출발점이 되었습니다.

　이번 책은 'Memoir'를 필두로 각 필자의 원고와 아카이브 자료를 소개하는 지면까지, 독자들이 마치 입체 퍼즐처럼 1980년대 한국영화의 전체상을 그려 볼 수 있도록 구성했습니다. 이제 필자들은 독자 여러분들이 내릴 1980년대 문화 지형에 대한 풍부한 의견과 해석을 기대합니다. 앞으로도 한국영상자료원은 한국영화사 콘텐츠로 대중과 소통하는 작업을 소중하게 이어 가겠습니다. 한국영화의 역사적 가치를 독자들께 알리는 것뿐만 아니라 미래의 독자들을 위해 현재의 한국영화를 기록하는 작업 역시 게을리하지 않겠습니다. 한국영상자료원의 발간 프로젝트에 많은 관심과 응원을 부탁 드립니다.

2023년 12월
한국영상자료원 원장 김홍준
학예연구팀장 정종화

차례

1부 *Memoir*

2부   1980년대 한국/영화

1부

Memoir

1

하지만 그런 시대를 살았고, 나는 거기에 있었다

: 1980년대, 그때 여기, 영화

| 정성일 |

1

1979년 10월 26일 저녁 7시 40분 무렵, 서울 종로구 궁정동 중앙정보부 안전 가옥 나동 2층 연회장에서 김재규 정보부장과 부하 경호원들이 박정희 대통령과 경호실장 차지철, 그리고 다른 네 명을 권총으로 저격하여 살해했다. 하나의 시대가 끝났다. 그리고 1980년대가 시작되었다. 역사의 기억을 말하는 것은 이미 너무 큰일이다. 아마도 하나의 도서실을 만들 수 있을 사료들. 증언. 수치로 이루어진 도표들. 여전히 비밀처럼 봉인된 사건들. 수많은 이름. 그리고 이름을 알지 못하는 더 많은 수많은 사람. 게다가 지금부터 내가 말하려는 것은 역사의 중심도 아닌 한쪽 구석 켠, 어쩌면 1980년대에는 사소했을지도 모르는 영화에 관한 이야기가 될 것이다. 하지만 나는 그 속에서 살았다. 그 안에서 세상을 지켜보았고, 또 한편으로 세상이 영화를 건드리는 것을 가까이서 때로는 멀리서 바라보았다. 거기서 누가 진짜이고 누가 가짜 동시대인이었던 것일까. 그때에는 이 말을 누가 적이고 누가 친구냐고 물어보았다. 그런 시대를 살았다. 그때에는 소수의 몇 명만이 당사자였고 대부분은 구경꾼이었다. 그런 시대를 살았다. 하지만 지금은 두꺼운 책을 몇 권이나 읽어야 이해할 수 있는 일을 그때에는 1980년 5월 이후 누구나 알 수 있게 되었다. 그런 시대를 살았다. 그렇다. 나는 객관적인 자리에 설 수 없게 되어 버렸다. 왜냐하면 그 시대 안에 머물렀었고, 그 안에서 내 언어와 행동을 결정했고, 거기서 때로는 좋은 선택을 하고 돌이켜 보면 때로는 후회할 선택을 했으며, 하지만 대부분 평범한 선택을 하면서, 그러므로 아마도 다른 이들이 보기에 어쩌면 단순하게 지내면서, 세상의 순열과 조합을 배워 나갔다. 그때의 질문은 분명했다. 영화 위에 무엇을 올려 두려고 하는가. 영화 아래 무엇이 놓여 있는가. 서로 다른 대답을 했고, 각자의 갈 길을 정했다. 그만큼 그 질문은 모두에게 각자의 자리에서 긴급하다고 여겨졌고, 또한 그러하기도 했다. 하지만 아무도 나비가 어떻게 날아가고 싶어 하는지를 설명할 수는 없었다. 한 가지 사실은 분명하다. 그때 영화는 역사의 사건, 거기서 시작된 소용돌이, 소란, 폭력, 소문, 논쟁과 침묵, 누군가에게는 의무, 때로는 서로 다른 자리 사이에서의 대립, 하지만 좋은 편에 서야 한다는 정의에 대한 믿음, 그렇다, 믿음에 너무 가까이 있었다. 믿음을 의심한 건 아니지만 누구에게 그건 영화가 한편으로 원치 않은 것이기도 했고, 또 누구에게는 다른 한편으로 그러기를 원하기도 했다. 애매한 대답. 하지만 모두 어느새 망설일 겨를도 없이 그 자리에 올라탔다. 하지만, 이라는 불가항력 하다고 할 수밖에 없는 부사副詞. 그렇다. 하지만 나는 거기에 있었다. 그리고 나비를 바라보았다. 아름다웠냐고? 아니, 그때는 아무도 그런 표현을 사용하지 않았다. 그래도 질문은 남는다. 여전히 대답을 듣지 못했기 때문이다. 왜 그렇게 했던 것일까. 거기 무슨 일이 있었던 것일까. 사람들이 생각하는 것만큼 1980년대는 멀리 있는 것이 아니라, 반대로 대답을 듣기에는 너무 가까이 있는 것일 수도 있다. 혹은 현재진행형이다. 부채는 청산되지 않았고, 장례식은 아직 끝나지 않았다. 여기서는 원근법의 왕복달리기를 해야 할 것이다. 너무 가까이 있다고 여겨질 때 재빨리 물러날 것이며, 너무 가깝다는 의심이 들면 풍경이 보일 때까지 뒤로 물러설 것이다. 물론 조심할 것이다. 역사의 기억을 말하면서 신화의 신비주의에 빠지는 건 좋은 일이 아니다. 다시 말하지만, 이 이야기는 하찮은 부언이다. 게다가 그뿐이 아니다. 취약할 뿐만 아니라 어쩌면 이것과 저것을 나누고 그 선을 사이에 두고 만들어 내는 구분과 그 사이사이에 세워 놓을 수밖에 없는 변곡점들이 인위적으로 보일 수도 있다. 어쩌면 강제적으로 나누었다는 느낌이 들지도 모른다. 그리고 아마도 그러는 과정에서 기억의 착오, 사소한 실수, 내가 잘못 알고 있는 맥락, 미처 내 능력으로는 미칠 수 없는 또 다른 정황, 그 안에서 만들어 낸 요약이 마치 편견처럼 보일지도 모른다. 내 변명은 원래의 자리로 돌아온다. 하지만 그런 시대를 살았고, 나는 그 안에 있었다.

2

(⋯)

그해 가을 나는 살아온 날들과 살아갈 날들을 다 살아버렸지만 벽에 맺
   힌 물방울 같은 또 한 여자를 만났다.
그 여자가 흩어지기 전까지 세상 모든 눈들이 감기지 않을 것을 나는 알
   았고
그래서 그레고르 잠자의 가족들이 이장을 끝내고 소풍 갈 준비를 하는
   것을 이해했다.
그해 가을 나는
아버지, 아버지... 씹새끼. 너는 입이 열이라도 말을 못해 그해 가을 가
   면 뒤의 얼굴은 가면이었다.

〈그해 가을〉, 이성복

3

1980년대를 어디서 시작해야 할까. 나는 〈바람불어 좋은날〉(이장호, 1980)보다 더 좋은 시작은 없다고 생각한다. 이장호, 라는 이름을 생각하고 있다. 이 이름에 대해서 각자의 이야기를 늘어놓을 것이다. 아니면 전기를 읊조리기라도 하듯이 필요 이상으로 장황한 설명을 시작할 것이다. 왜 그럴 수밖에 없는 것일까. 항상 명랑하고 쾌활한 남자. 자신을 찾아오는 사람을 반기면서 보조개가 들어가는 웃음을 지어 보이곤 했던 사람. 이 사람의 영화를 한 편씩 음미하면서 읽어 나가길 바란다. 우리의 명단에는 포함되지 않지만 여기서 시작했기 때문에, 1974년 영화인 〈별들의 고향〉을 먼저 떠올린 다음, (여기서 1980년대의 모든 영화를 열거하지는 않을 것이다) 차례대로 〈바람불어 좋은날〉의 이장호, 〈바보선언〉(1983)과 〈과부춤〉(1983)의 이장호, 〈무릎과 무릎사이〉(1984), 그리고 〈어우동〉(1985)의 이장호, 〈이장호의 외인구단〉(1986)의 이장호, 〈나그네는 길에서도 쉬지 않는다〉(1987)의 이장호, 잠깐, 그리고 여기서 잠시 멈추어야 한다. 왜냐하면 그런 다음의 호명은 1990년대의 몫이기 때문이다. 매번 마치 다른 사람 같은 이장호. 이 문제를 불러들인 장본인은 물론 이장호 자신이다. 단순하게 (…) 그러므로 이장호는 반항적인 인물이었다, 라고 정리할 수 있을까. 그렇지 않다. 이 명단의 몇몇 영화는 정반대로 과도하게 순응적인 영화이다. 그래서 누군가 이장호를 정의 내릴 때마다 나는 고개를 저으면서 아니에요, 그 사람은 거기에 있지 않습니다, 라면서 반대의 사례를 열거하곤 하였다.

이장호의 영화에 반항적인 인물들이 반복해서 나오긴 했지만, 영화가 반항적이라고 하기는 (물론 가끔 그렇기는 했지만) 어려울 것이다. 그러면 이장호의 영화를 서로 연결하는 매듭은 없는 것일까. 단 하나의 매듭이 있다. 이장호는 어떤 영화를 만들어도 멜로드라마를 잊지 않았다. 오해하면 안 된다. 그렇다고 그게 중심에 있는 것도 아니다. 그래서 때로 세상에 대한 사실주의적 재현이나 법칙을 이루는 상품 체계 안에서 탈마법적인 아이러니를 구사하거나 혹은 마술적 리얼리즘의 낯선 환상의 층위로 인도하면서 한참을 진행하다가도 문득 그걸 잠시 잊었다는 사실을 깨닫기라도 하면서 멜로드라마의 순간으로 느닷없이 돌아올 때마다 수수께끼에 부딪히는 느낌을 받았다. 영화 안의 불균질. 나는 이것을 대중문화의 분절화 속에서 타락한 하위 장르와의 결합, 이라는 식으로 단순하게 만들고 싶지 않다. 반대로 이 멜로드라마는 어딘가 수상해 보였다. 여기저기를 떠돌던 영혼의 목소리에 몸을 빌려 주고 흘러내리는 눈물 속에서 메아리를 듣게 되는 비애의 감정은 줄거리나 주인공에서 온 것이 아니라 세상에 대해서 영화가 느껴 보는 것처럼 보일 때가 있었다. 이장호가 예술가인지는 모르겠다. 왜냐하면 그렇게 보일 때도 있고 아닐 때도 있었기 때문이다. 그러나 (이렇게 구별해서 부르는 게 이상하긴 하지만) 이장호는 항상 지식인이었다. 위험한 표현을 썼다는 걸 알고 있다. 여기서는 자신이 믿고 있는 가치와 대중 사이에서 누가 그것을 요구한 것도 아닌데 협상하기 위해 나선 중개인go-between이라는 의미로 이 말을 사용했다. 이장호의 멜로드라마는 자신이 믿는 가치와 대중들, 그들이 만들어 내는 세상, 세상의 법칙, 정의나 도덕과는 아무 상관도 없이 법칙에 순종하는 야만, 야만적인 폭력과 하부구조를 이루는 욕망, 그 사이에서 만들어진 구성체들, 구성체 속의 결과 사이에서 패배의 사실주의와 아직 도착하지 않은 낙원의 낙관주의 사이에서 세워진 장르처럼 보였다. 여기서 방점은 패배와 낙원 사이의 중개이다. 이장호의 영화가 이상한 점은 중개의 방식이 아니라 자리에 있다.

단순히 관점을 바꾸는 대신 자리를 옮겨 보겠다. 이장호를 위치 지을 때 그의 자리는 '청년문화'가 아니라 해방 '이후' (좀 더 정확하게는 해방 3개월 전에 태어났지만) 첫 번째 충무로에 도착한 세대라는 방점의 이동이 필요하다. 일제 식민지 강점 하의 세대들은 자신들의 비애를 역사, 조선, 전쟁에 책임을 떠넘겼다. 이장호는 문자 그대로 지금 여기, 라는 시간이 잘못이라고 교정한다. 서로 다른 몇 번의 만남을 인용하겠다. 이장호 앞의 세대. 유현목에게 이장호(의 영화)에 대해서 질문한 적이 있다. 내가 듣고 싶었던 말을 듣지는 못했다. 하지만 인상적인 말을 들었다.

"젊은이지. 내가 영화를 보고 그런 느낌을 받은 건 처음이니까."

　김기영에게 다른 자리에서 같은 질문을 했다. (그럴 리는 없겠지만) 처음에는 잘못 들은 것처럼 누구라고, 하고 반문한 다음 다른 이야기로 화제를 돌렸다. 두 번 물어보지 못했다. 내가 거기서 느낀 것은 오해일 텐데 (아마 그럴 것이다.) 이 이름이 불편하다는 것이다. 이장호 다음 세대. 장선우는 〈바람불어 좋은날〉을 본 다음 영화를 하기로 결심했다. (그리고 이장호의 연출부가 되었다.) 군대에서 제대한 나에게 박광수는 몇 편의 영화를 물어본 다음 〈만다라〉(임권택, 1981)와 〈바람불어 좋은날〉을 서둘러 보라고 권했다. 두 편 모두 내가 군대에 있을 때 개봉하였다. (박광수는 그런 다음 파리에 유학 갔고 돌아와서 이장호의 연출부가 되었다.) 서울영화집단 첫 번째 세대는 모두 〈바람불어 좋은날〉을 한국영화의 이정표로 삼았다. 이장호는 그런 의미에서 두 세대의 중개인이다. 한쪽으로부터 외면을 당했고 다른 한쪽에게는 환대를 받았다. 이장호는 한쪽에게 자신을 변호하지 않았고, 다른 한쪽을 설득시키려 노력할 필요가 없었다. 그의 중개 방식은 영화로까지 확장되었다. 아니, 반대로 영화가 그의 태도였는지도 모른다. 이장호의 영화들은 두 세대를 중개하였다. 그러면 반문할 것이다. 왜 〈바람불어 좋은날〉이 시작하기에 가장 좋은 영화인가요. 〈바람불어 좋은날〉이 리얼리즘 영화라거나 도시 삶의 밑바닥 현실을 그리고 있다거나 (…) 는 방점이 아니라고 생각한다. 이 영화를 보았을 때 나는 아, 박정희가 죽은 다음의 영화가 도착했구나, 라는 말을 해 버렸다. 이전에는 다룰 수 없던 자리의 이야기, 혹은 의무처럼 다루어야 한다면서 내리누르던 역사의 무게를 밀쳐 내고, 여기서 비록 패배하고 말았지만, 언젠가 도착할, 도착하기를 기다리는, 도착해야 할, 낙원을 기다리면서 눈물을 찍고 있었다. 그때 이 영화는 내일의 영화였다. 그리고 이 눈물은 이장호의 자리에서만 가능한 기다림의 정동이었다. 오래 걸리지는 않을 텐데, 왜 이렇게 늦게 오는 것일까. 초조한 기다림. 두근거리는 약속. 미래가 임박했다. 다르게 한 번 더 말하고 싶다. 나는 〈바람불어 좋은날〉을 보면서 그때 한국영화에서 낙원을 처음 만났다. 아직 이야기가 끝나지 않았다. 우리는 그해 5월 18일 광주에서 무슨 일이 있었는지 (다시 한 번 같은 말) 그때 정확히 알지 못했다. 낙원은 한 번도 오지 않았다.

4

배창호는 늘 자신이 존 포드의 영화
에서 영향을 받았다고 말하지만 내가 그의 영화에서 발견한 그림자는
윌리엄 와일러, 프랭크 카프라, 빌리 와일더, 조셉 L. 맨키비츠이다. 물
론 배창호 말이 맞을 것이다. 배창호는 이장호의 연출부를 거쳤지만
(아마도) 그의 영화 스승은 '주말의 명화'였을 것이다. (그때는 아직 시네
마테크가 없었다. 그리고 비디오는 인류 문명에 도착하지 않았다.) 배창호
가 배창호가 된 것은 세 번째 영화 〈적도의 꽃〉(1983)을 찍었을 때였다.
먼저 이장호와 배창호를 분리해 내야 한다. 이 영화를 보자마자 다른
한국영화에서 미처 느껴 보지 못한 설명하기 힘든 거리를 느꼈다. 가깝
지만 멀리 있었고, 친숙하지만 낯설었다. 〈적도의 꽃〉은 매일 보는 할
리우드 영화만큼 가까이 있었고, 지구 반대편의 미국영화만큼 멀리 있
었다. 그리고, 그렇다, 그리고 더없이 아름답지만, 보는 내내 감정을 이
입할 수 없었던 장미희가 거기에 있었다. 스타를 그레타 가르보와 오드
리 헵번으로 나누었던 롤랑 바르트의 분류에 따르면, 장미희는 그레타
가르보에 가까웠다. "(…) 다다를 수 없지만 단념할 수도 없는" 스타. 단
두 편의 영화뿐이지만, 물론 다른 한 편은 〈깊고 푸른 밤〉(1985)인데, 배
창호와 장미희의 영화는 1980년대 대중영화의 양식nourriture糧食이었다.
나는 그렇게 생각한다. 한국영화는 갑자기 배창호를 경유해서 할리우

드 영화에 가깝게, 아니 그런 정도가 아니라, 자기 방식으로 주석을 영화 안에서 달아 나가면서 충무로의 방법을 검토하듯이 그렇게 다가갔다. 새로운 대중은 그런 영화를 받아들일 준비가 되어 있었다. 한 가지 문제를 생각해야 한다. 여전히 충무로는 일본 도제 방식으로 훈련받은 세대들이 스승으로부터 전수하듯이 영화를 훈련하였다. 하지만 해방 이후 단 한 편의 일본영화도 수입되지 않았고, 일본영화의 경험을 가져 본 적이 없는 새로운 관객들은 할리우드 영화로 학습되었다. 그리고 그들이 극장에 도착했다.

그런데, 이유는 알 수 없지만, 그리고 그건 존중해야 할 그 자신의 예술적 판단인데, 배창호는 자신의 영화에 무언가 핵심적인 것이 거기에 빠져 있다고 생각했다. 그러면서 미조구치 겐지溝口健二를 자신의 만신전에 올려놓았다. 〈꿈〉(1990)은 그의 전환점이다. 하여튼 이 영화는 〈오하루의 일생〉(미조구치 겐지, 1952)에 가까이 있다. 허락한다면 배창호와 미조구치 겐지의 영화에 관해서 밤새 이야기를 나눠 보고 싶다. 지식이 궁금한 것이 아니라 그가 가져 보았을 감흥이 궁금하다. 틀림없이 내가 알지 못하는 무언가를 보았을 것이다. 그렇게 호의적이던 대중들은 차갑게 외면했고, 충무로는 어리둥절하게 모험을 바라보았다. 1990년이 시작되었다.

5

                 아주 개인적인 경험에서 다시 한 번 시작하겠다. 나는 주변에서 아무도 임권택의 이름을 말하지 않을 때부터 임권택의 영화를 보기 시작했다. 그때는 모두 유현목, 김기영, 신상옥, 그렇지 않으면 '영상시대' 동인들, 그러니까 하길종, 김호선, 이장호를 이야기했다. 내가 처음 충무로에서 일하는 사람들을 만났을 때에도 대부분 대수롭지 않게 어떤 존경심도 품지 않고 말했다. 하지만 임권택만 1970년대를 건너왔다. 유현목, 김기영, 김수용, 이 위대한 이름들은 모두 거의 부서졌다. 이만희는 너무 일찍 세상을 떠났고, 신상옥은 북한에 있었다. 입대 전에 마지막으로 본 영화는 〈신궁〉(임권택, 1979)이었고, 부대 야외 스크린에서 〈아벤고 공수군단〉(임권택, 1982)을 보았고, 제대한 다음 다시 본 첫 영화는 텅 빈 허리우드극장에서 상영된 〈안개마을〉(임권택, 1982)이었다. 나는 〈길소뜸〉(임권택, 1985)을 본 다음에야 비로소 〈만다라〉(임권택, 1981)를 보았다. 비디오로 볼 수 있었지만, 스크린으로 보기를 원했기 때문에 어디선가 그렇게 있을 상영 소식을 기다렸다.

  영화의 역사 앞에서 각자의 태도, 방법, 관점으로 다가갈 것이다. 항상 데이비드 보드웰의 주장에 공감한 것은 아니었지만 영화가 선형 진행으로 발전하지 않는다, 라는 문장에 밑줄을 그었다. 나는 이 결론을 좀 더 멀리까지 밀고 가야 한다고 생각했다. 영화의 역사는 연속적이어서는 안 될 뿐만 아니라, 그 사이사이에 과도한 도식을 세워서 하나의 관념으로 귀결시켜서는 안 된다, 라고 어딘가에 썼다. 질문이 차례로 나타났다. 균열. 이탈. 중심이란 없다. 바깥에 있는 안. 상상적인 계열을 부숴 버려야 한다. 안으로서의 바깥. 구조를 해체시켜 버려야 한다. 바깥에 연루된 영화들. 제도에 복종하면 안 된다. 결론, 영화를 감시 바깥에 두어야 한다. 영화와 영화 사이의 관계. 어떤 영화는 깃발처럼 다른 영화를 이끌고 어떤 영화는 UFO처럼 상공에서 떠돌았다. 그렇다면 영화 사이의 계보라는 건 의미가 있는 표현일까. 영화와 영화 사이에 예술적 계약관계라는 것이 가능한 사건일까. 영화와, 영화와, 영화는 각자의 지성의 존재들일 것이다. 그러므로 질문을 바꾸어야 한다. 영화들. 자기의 방식으로 형식의 집합이라는 형태를 만들어 나타난 각자의 존재들. 그런데 어떤 존재에게 긍정적인 의미에서 문제가 생겼다. 그때 문제는 사건이다. 나는 그렇게 받아들였다. 사건이라는 질문.

내가 임권택의 영화에 대해서 가졌던 것은 질문이었다. 내가 읽었던 영화 책과 아무 상관 없이 진행되는 영화. 문법이라고 믿었던 것(들) 바깥에서 이루어진 경탄할 만한 아름다움. 그렇게 하지 말라고 쓰인 문장들을 무시하고 그래도 괜찮다는 것을 내 앞에서 보여 준 영화. 물론 항상 성공적인 건 아니었다. 하지만 그걸 성립시키는 순간 이 사람이 여기에 이른 결론의 과정을 간절하게 알고 싶었다. 내가 발견한 첫 번째 영화 〈족보〉(1978)는 1962년에 첫 영화 〈두만강아 잘 있거라〉를 찍은 임권택의 67번째 영화였다. 그 지식을 알게 되면 한국영화라는 비밀을 훔쳐 낼 수 있을 것만 같았다. 뛰어내리지 않으면 이해할 수 없는 것들이 있다. 임권택의 영화라는 심연은 내 앞에서 그렇게 나를 바라보고 있었다. 나는 1986년 11월 둘째 주 화요일 오전, 그때 남산에 있던 영화진흥공사 건물 옆 커피숍 난다랑 창가의 자리에서 임권택의 비밀을 훔쳐 내기 위해 인터뷰를 청하면서 처음 만났다. 장황하게 내 마음을 전했다. 임권택은 내게 그저 한마디를 했을 뿐이다. "나한테 뭐 들을 이야기가 있겠어요?"

6

(…)

나의 미래는 항상 밝을 수는 없겠지

나의 미래는 때로는 힘이 들겠지

그러나 비가 내리면 그 비를 맞으며

눈이 내리면 두 팔을 벌릴 거야

행진, 행진, 행진하는 거야

행진, 행진, 행진하는 거야

난 노래할 거야 매일 그대와

아침이 밝아올 때까지

행진, 행진, 행진하는 거야 (우리들은)

행진 (그대와) 행진, 행진하는 거야 (우리들은)

행진 (앞으로), 행진 (앞으로)

행진 (앞으로) 하는 거야

〈행진〉, 들국화

7

　　　　　　　　1980년대에 많은 영화 책이 출판된
건 아니었다. 그럼에도 그중에서 한글로 읽을 수 있는 단 한 권의 책을
뽑아야 한다면, 1983년 3월 22일 학민사에서 초판이 출간된 《새로운
영화를 위하여》이다. 당연히 다른 누군가는 다른 책을 선택할 것이다.
하지만 나는 그렇게 생각한다. 이 책은 서울영화집단의 여러 명이 나
누어서 쓰고, 발췌 번역하고, 교정을 보았다. 이 책 전부가 훌륭한 것은
아니었다. 많은 대목은 이미 알고 있는 내용이었다. 내가 쇼크를 받은
것은 이 책의 다섯 번째 장, '제3세계 영화의 등장'이라는 제목 아래 라
틴아메리카영화와 아프리카영화를 소개한 229쪽에서 285쪽까지다.

　이 책은 그때 한반도에 막 도착한 종속이론과 정확하게 호응하였다.
지배와 종속을 설명한 오스발도 순켈Osvaldo Sunkel, 외부 종속을 말한 세
우수 푸르따두Celso Furtado, 내부 종속을 설명한 곤잘레스 카사노바Pablo
Gonzáles Casanova, 종속 결합 자본주의를 제시한 페르난두 엔히키 카르도
주Fernando Henrique Cardoso, 종속이론을 급진적인 해결 방향으로 돌려놓
은 테오토니우 두스 산투스Theotônio dos Santos, 종속과 제국주의, 계급투
쟁을 차례로 연결한 아니발 키하노Aníbal Quijano, 저개발의 자본주의 발
전 양식을 이론화한 안드레 군더 프랑크Andre Gunder Frank, 저개발과 불
균등 발전을 정식화시킨 사미르 아민Samir Amin, 그리고 자본주의 세계

체제론을 제시한 이매뉴얼 월러스틴Immanuel Wallerstein. 논문들과 책은 1980년대의 위대한 발명품 복사기의 힘을 빌려 복사에 복사를 거듭한 지저분한 판본이 되었거나 부정확하게 번역된 문장을 힘겹게 타자기로 친 문건이 되어 돌아다녔다. 수많은 개념. 하지만 개념은 거리로 내려왔다. 피와 함성, 사방의 비명, 스피커에서 들리는 구호, 무전기를 든 검은 옷을 입은 사내들, 잃어버린 신발, 명령에 따라 시가전을 벌이는 것처럼 일사불란하게 훈련받은 대로 활동하는 억압적 국가 장치의 무기들, 안개처럼 자욱한 최루탄, 그 속에서 벌어지는 폭력의 스펙터클, 시위에서 멀찌감치 떨어져 퇴근길에 바쁜 사람들도 눈물을 흘리면서 아무도 불평하지 않았다. 아니, 이렇게 해서라도 함께 눈물을 흘리는 것이 정의를 위한 최소한의 도리라고 받아들였다.

상황을 설명해야 할 것 같다. 이미 잘 알고 있는 이야기지만 읽으면서 그날의 어떤 사진, 어떤 증언, 우리 곁에 없는 젊은 이름들, 그들의 부모들, 그때 거기에 있던 사람들을 떠올려 주기 바란다. 광주로부터 흉흉한 소문이 입에서 입으로 전달되었고, (그런데 나중에 이 모든 것이 진실로 드러났고) 대학가에서 시위가 시작되었다. 국군보안사령관은 대통령이 되었고, 로널드 레이건이 대통령이었던 미국은 한반도에 전술 핵무기를 배치하고 한미합동 전시 군사훈련 팀스피릿을 실행하였다. 대학가에 전투경찰이 상주하기 시작했고, 학내 동아리들은 '프락치' 공포에 시달렸다. 질문 앞에 서야만 했다. 영화를 보러 다니는 우리는 죄인의 심정이었다. 해야 할 일을 하지 않는 룸펜들. 현장에서 멀리 물러난 비겁한 구경꾼들. 우리가 구경꾼에 지나지 않는다는 것은 영화를 보러 다닐 때도 알고 있었지만, 그것이 이렇게 부끄러운 줄 알지 못했다. 하지만 (후렴구처럼) 그 시대를 살았고, 그 안에 있었다면 한 가지를 공유할 수 있었다. 우리는 애도의 부채 의식 아래 책임의 의무를 할 수 있는 한 해야만 했다. 우리는 서로 알지 못하면서도 동맹관계를 맺고 있었다. 하지만 어떻게? 그때 이 책의 소식, 지식, 제목들, 이름들, 무엇보다도 상황, 하여튼 문장들은 반딧불처럼 약한 빛이지만 마치 어떤 전망을 담은 전략의 경험을 알려 주는 것처럼, 책상 위에 올려진 다른 책, 또 다른 논문, 방금 구한 문건 사이를 옮겨 다니면서 밝혔다. 옛 선현이 말씀하시길 양적 전화轉化는 질적 전화로 도약한다고 했다. 독서는 명령이 되었다. 여기서 멈추면 안 된다. 영화를 만들어야 한다. 책에서 읽은 상황을 우리의 것으로 재전유해야 한다. 명령의 화법. 여기가 시작이었다.

8

(…)

탈출할 수만 있다면,

진이 빠져, 허깨비 같은

스물아홉의 내 운명을 날아 빠질 수만 있다면

아 그러나

어쩔 수 없지 어쩔 수 없지

죽임이 아니라면 어쩔 수 없지

이 질긴 목숨을,

가난의 멍에를,

이 운명을 어쩔 수 없지

(…)

어쩔 수 없는 이 절망의 벽을

기어코 깨뜨려 솟구칠

거치른 땀방울, 피눈물 속에

거치른 땀방울, 피눈물 속에

새근새근 숨쉬며 자라는

우리들의 사랑

우리들의 분노

우리들의 희망과 단결을 위해

새벽 쓰린 가슴 위로

차거운 소줏잔을

돌리며 돌리며 붓는다

노동자의 햇새벽이

솟아오를 때까지

〈노동의 새벽〉, 박노해

9

이 사람들을 어떻게 부르는 게 적절할까. 바로 내가 속해 있던 세대를 가리키는 말. 대학생들? 무언가 역겹다. 게다가 이미 학교를 졸업한 이들도 포함되어 있었다. 새로운 세대? 구별할 만큼 별로 새로울 게 없었다. 지식인들? 우리는 아직 그런 수준이 아니었다. 그러니 여기서는 그냥 인칭대명사 이들, 이라고 부르겠다. 흩어져 있던 이들이 한자리에서 만나게 된 것은 1984년 7월 7일과 8일, 장충동에 자리한 중앙국립극장 실험무대에서 '작은 영화를 지키고 싶습니다'라는 구호 아래 영화를 상영하기 위해서였다. 나는 이 자리의 대표가 아니기 때문에 간단하게, 게다가 주관적인 태도로, 아마도 부분적으로 오해하거나 어떤 점에 대해서 잘못 알고 있었을지도 모른다는 양해를 구하면서 돌아보겠다. 아마 그때 여기서 벌어진 일을 모두 알고 있는 사람은 없을 것이다. 우리는 서로 일을 분담하였고, 그리고 난 다음 문제가 생기지 않는 한 서로 간섭하지 않았다. 거기에는 어떤 조직도 없었고, 규칙도 없었다. 그러므로 권력도 없었다. 그저 이틀 동안만의 공동체. 그러므로 운동이라고 할 수도 없었다. 누구도 교리를 주장하고 나서지 않았다. 서로 다른 자리에서 왔지만 할 수 있는 한 상대방을 존중했고, 지금 다시 생각해 보면, 실망하고 싶지 않았다는 말이 맞을 것이다. 같은 말의 다른 판본. 기회를 망치고 싶지 않았다. 어쩌면 누군가는 일관성이 없다고 비판할 수도 있었다. 하지만 아무도 그렇게 말하지 않았다. 사용하는 언어는 매우 과격했지만 (영화법 철폐를 주장하고 충무로 제작과 배급 구조를 비판하였다.) 행동은 고분고분했다. (문화공보부와 공연윤리위원회에 가서 상영 영화 검열과 포스터 심의를 받았다.) 양쪽은 서로에게 해명을 요구하지 않았다. 내 기억이 틀리지 않다면 그해 여름날은 화창했다.

먼저 반문할 것이다. 그 자리에 다시 가는 데는 무슨 이유가 있나요? 하지만, 이렇게 접속부사를 사용해서 단서를 달 수밖에 없는데, 물론이다. 첫 번째, 서로 다른 학교, 다른 학과, 다른 학번이었지만 영화라는 대의명분 (과장한다고 말하겠지만 우리는 그때 그렇게 생각했다.) 아래 우정을 나눌 수 있다는 것을 처음 배웠다. 이 우정은 값진 것이었다. 이 자리에서 만난 다음 그해 가을, 그렇게나 빨리, 이들은 각자 제 갈 길을 가게 되었다. 마치 바빌론과도 같은 시간. 시인의 구절로부터의 인용.

우리가 장미를 찾아온 것은 아니었지만, 우리가 왔을 때 장미는 피어 있었다. 장미가 그곳에 피어 있기 전에는, 아무도 장미를 기대하지 않았다. 장미가 그곳에 피어 있을 때에는, 아무도 그걸 믿으려 하지 않았다. 출발도 한 적이 없는데 목적지에 도착했다. 하지만 모든 일이 워낙 이렇지 않던가요.

〈아, 어떻게 우리가 이 작은 장미를 기록할 수 있을 것인가〉, 베르톨트 브레히트 그렇게 우정을 나눈 다음, 누군가는 경멸하고 또 누군가는 적으로 간주하는 충무로에 갔고, 다른 누군가는 아무도 알아주지 않는데도, 누구도 그렇게 하라고 하지 않았지만, 여기에 머물렀다. 누군가는 결별이라는 표현을 사용했지만 우리는 상대방이 영화에 머물러 있는 동안에는 끝내 절교하지 않았다. 우리는 동지, 라는 표현을 사용하지 않았다. 대신 친구 사이, 라는 말을 주고받았다.

두 번째, 이틀 동안 네 번 가진 상영회에 이렇게 많은 사람이 찾아올 것으로 누구도 상상하지 못했다. 작은영화 모임 이외에는 전혀 알려진 바 없는 여섯 편의 단편영화. 〈강의 남쪽〉(장길수, 1980), 〈문〉(서명수, 1983), 〈승僧의 눈물〉(최사규, 1983), 〈전야제〉(황규덕, 1982), 〈천막도시〉(김의석, 1984), 〈판놀이 아리랑〉(박광수·김홍준·황규덕·문원립, 1982). 홍보라고 해 봐야 제한된 부수의 포스터를 대학교 벽보와 충무로 길거리 벽에 붙여 놓은 것이 전부였다. 어떻게 알게 된 것일까. 무엇을 기대한 것일까. 원하는 것을 보았을까. 나는 그 대답을 듣기를 오랜 시간 간절히 소망했다.

10

(…)

반죽이, 충분히 끈기가 날 정도로 되면

네 개로 나누어 둥글납작하게 빚어 속까지 익힌다

이때 명상도 따라 익는데, 뜨겁게 달구어진 프라이팬에

반죽된 고기를 올려놓고 일 분이 지나면 뒤집어서 다시 일 분간을 지켜

겉면만 살짝 익힌 다음 불을 약하게 하여—이렇게 하기 위해서는

절대 가스렌지가 필요하다—뚜껑을 덮고 은근한 불에서

중심에까지 완전히 익힌다. 이때

당신 머릿속에는 햄버거를 만들기 위한 명상이 가득 차 있어야 한다

머리의 외피가 아니라 머리 중심에, 가득히!

그런 다음,

반쪽 남은 양파는 고리 모양으로

오이는 엇비슷하게 썰고

상치는 깨끗이 씻어놓는데

이런 잔손질마저도

이 명상이 머릿속에서만 이루고 마는 것이 아니라

명상도 하나의 훌륭한 노동임을 보여 준다

(…)

이 얼마나 유익한 명상인가?

까다롭고 주의 사항이 많은 명상 끝에

맛이 좋고 영양 많은 미국식 간식이 만들어졌다

〈햄버거에 관한 명상-가정 요리서로 쓸 수 있게 만들어진 시〉, 장정일

11

"매체가 우리의 상황을 결정한다. (그럼에도 불구하고 혹은 그렇기 때문에) 그 상황을 자세히 설명할 필요가 있다."

프리드리히 키틀러Friedrich Kittler의 《축음기, 영화, 타자기》(문학과지성, 2019) 서문 첫 문장보다 이제부터 시작할 이야기를 더 잘 요약할 수는 없을 것이다. 토픽의 절단은 이데올로기가 아니라 테크놀로지에서 이루어졌다. 이제까지와 완전히 다른 이야기가 이어질 것이다. 하지만 두 가지 이야기가 평행 진행되면서 비동시적 동시대성이라고 할 만한 상황이 펼쳐졌다. 갑자기 비디오가 나타났다. 혁명은 일상생활에서 벌어졌다. VCR 데크는 1980년대 신혼부부 혼수품에서 텔레비전, 세탁기, 냉장고와 함께 빠지지 않았다. 국내 가전기업들이 경쟁적으로 뛰어들었다. 하드웨어가 먼저 도착하자 뒤이어 소프트웨어 공급업체들이 뒤따라왔고, 비디오 대여점은 우후죽순으로 동네 골목마다 생겨났다. 1980년대 한밤중에 도시에서 불야성을 이루는 불빛은 교회 십자가, 모텔, 그리고 비디오 대여점이었다. YMCA는 포르노가 비디오를 이용하여 호환 마마만큼 무서운 전염병처럼 번질 것이라고 경고했지만, 이 새로운 테크놀로지의 자기동일성을 바탕으로 한 복제 기술이 가져올 새로운 시장가치는 그렇게 단순하지 않았다. 무엇보다도 이 새로운 매체는 영화라는 상품의 저작권 앞에서 무질서하고 난잡했다. 비디오는 지식과 정보의 권리에 대해서 닥치는 대로 도둑질을 했으며. 누군가는 이 절도가 사회주의의 새로운 비전이라고 말하기조차 했다. 절도를 막는 기술이 개발되었지만, 그 기술을 무효로 만드는 또 다른 기술이 경쟁하듯이 뒤따라왔다. 핵심은 이 모든 일이 전 지구적 상황으로 동시에 전개되었다는 것이다.

여기서는 영화에 한정적으로 말할 수밖에 없다. 비디오가 도착하자 국가가 통제해 온 검열은 무효가 되었다. 가장 먼저 도착한 영화들의 목록. 1920년대 볼셰비키혁명기의 영화, 남한을 벗어나지 않으면 본다는 사실이 불가능했던 〈전함 포템킨〉(세르게이 에이젠슈타인, 1925)을 서로 복사해서 안방에서 누워서, 혹은 하숙방에 삼삼오오 모여 앉아서, 아니면 동아리에 모여서 태연자약하게 보았다. 하지만 그러면서 안드레이 타르콥스키Andrei Tarkovsky를 보았다. 폴란드, 체코, 헝가리 영화를 보았다. 아직 이 국가들은 공산권이었고, 법적으로 금지된 상태였다. 하지만 아무도 개의치 않았다. 상업 시스템도 이 복제 네트워크의 순환에서 무력해졌다. 책에서 읽은 브라질, 볼리비아, 아르헨티나, 칠레 영화들을 뉴욕, 혹은 LA에 유학 갔다가 돌아온 동료들은 무사히 세관을 통과한 다음 아낌없이 나누어 주었고, 그러면 재빨리 복사가 시작되었다. 카피에 카피를 거친 비디오. 누구의 손을 얼마나 거쳤는지도 모르는 상태에서 처음 이 비디오를 제공한 (내가 미처 알지 못하는) 사람에게 종종 감사의 마음을 갖곤 하였다. 유럽에 간 동료들은 별 도움이 되지 않았다. 남한은 NTSC 방식을 따랐고, SECOM이나 PAL 방식을 다시 변환시키는 과정은 까다로운 장애로 남겨졌다.˙ 그리고 언제나 허기졌던 일본영화들. 〈라쇼몽〉(구로사와 아키라, 1950)부터 섭렵해 나가기 시작했다. 서로의 과정이 별 차이가 없었던 것은 목록의 아카이브가 축적되는 과정을 공유하고 있었기 때문이다. 미조구치 겐지가 먼저였고, 그런 다음 오즈 야스지로(小津安二郎)를 보았다. 모두가 전후戰後 오즈를 이야기하는 동안 〈태어나기는 했지만〉(오즈 야스지로, 1932)을 보았을 때 얼마나 자랑스러웠던가. 쇼치쿠 누벨바그를 거쳐서 스즈키 세이준에 이르기까지 얼마 걸리지도 않았다. 그리고 미야자키 하야오가 함께 있었다. 물론 펠리니Federico Fellini, 안토니오니Michelangelo Antonioni, 파졸리니Pier Paolo Pasolini를 잊으면 안 된다. 하지만 비스콘티Luchino Visconti는 인기가 없었다. 아무도 로셀리니Roberto Gastone Zeffiro Rossellini를 보지 않았다. 미국영화의 왕은 스탠리 큐브릭Stanley Kubrick이었다. 두 편의 영화 〈2001 스페

˙ 편집자 주: NTSC(National Television System Committee System)는 미국 연방통신위원에서 정한 아날로그 컬러텔레비전의 색상 인코딩 방식으로, 미국 외에도 한국 · 일본 · 필리핀 등의 일부 아시아 국가에서 사용했다. NTSC 방식은 1개 영상 화면이 525개 주사선走査線으로 이루어져 있으며, 초당 30프레임, 60Hz의 주파수로 송신된다. SECOM(Sequential Color with Memory)은 프랑스 · 러시아 · 아프리카의 일부 국가 등에서 사용한 방식으로 1개 영상 화면이 625개 또는 819개의 주사선으로 이루어져 있으며 초당 25프레임, 50Hz의 주파수로 송신된다. PAL(Phase Alternating Lines)은 독일 · 영국 · 스위스 등의 서유럽 국가와 중국 · 북한 등에서 사용한 방식으로, 1개 영상 화면이 625개 주사선으로 이루어져 있으며초당 25프레임, 50Hz의 주파수로 송신된다.

이스 오디세이〉(1968)와 〈시계태엽 오렌지〉(1971)는 거의 통과제의 같았다. 아무도 존 포드John Ford, 하워드 혹스Howard Winchester Hawks, 라울 월쉬Raoul Walsh, 조셉 폰 스턴버그Josef von Sternberg, 윌리엄 A. 웰먼William A. Wellman, 킹 비더King Vidor, 에른스트 루비치Ernst Lubitsch, 니콜라스 레이Nicholas Ray, 더글라스 서크Douglas Sirk, 안소니 만Anthony Mann, 오토 프레민저Otto Preminger를 보지 않았다. 물론 위대한 명성은 알고 있었다. 하지만 세계 문학 전집을 위대한 이름순으로 읽는 사람은 없다. 그렇지만 버스터 키튼Buster Keaton은 보았다. 앨프리드 히치콕Alfred Hitchcock은 보았다. 그러면서 〈천국보다 낯선〉(짐 자무쉬, 1984)을 보았다. 카페에는 이 영화의 포스터가 걸려 있었다. 하지만 존 카사베츠John Cassavetes를 보지는 않았다. 충분히 예상할 수 있는 일이었지만 〈파리에서의 마지막 탱고〉(베르나르도 베르톨루치, 1972), 〈감각의 제국〉(오시마 나기사, 1976), 〈살로 소돔의 120일〉(피에르 파올로 파졸리니, 1975)은 모두에게 인기가 있었다. (잘 알려진) 비밀. 그때 모두 한 권씩 복사해서 가이드 북처럼 활용한 책은 아모스 보겔의 《전복적인 예술로서의 영화》[1]였다. 섹스와 폭력, 정치와 터부, 마르크스와 프로이트를 연결하는 이 목록의 백과사전은 1980년대 (이런 표현을 허락한다면) '영화주의자' 아이들의 《안티 오이디푸스》[2]였다. 우리는 이 책에 실린 명단을 암송했고, 그런 다음 보고 싶은 제목의 노트를 작성했으며, 누군가 이 책에 실린 영화 중에서 희귀한 비디오를 구했다는 소문을 들으면 처음 보는 사이인데도 수소문해서 감상회를 찾아갔다. 그 방문은 단 한 번도 거절당한 적이 없었다. 어떤 영화는 잘 알고 있는 영화였지만 어떤 영화는 맥락을 전혀 알 수 없었다. 때로 처음 보는 사이인데도 우리는 비디오를 보고 나서 대화를 나누었다. 상대방에게 망설이지 않고 내 생각을 말했고, 상대방은 예의를 갖추어 자신의 지식을 나누어 주었다. 전혀 다른 자리에서 왔지만 우리는 영화에 대한 참을 수 없는 호기심을 공유하고 있었다. 나는 그때 몇몇 친구들을 만났다. 그래서 처음 만나는 자리에 갈 때마다 비밀결사 단체 모임에 참석하는 느낌에 살짝 어깨를 움츠리고 다소 우쭐한 기분이 들곤 하였다.

하지만 집집마다 자리를 차지한 VCR 데크와 동네 골목마다 들어선 비디오 대여점을 잊으면 안 된다. 진정한 질적 전화는 거기서 벌어지고 있었다. 소프트웨어 공급업체들은 영화를 '보따리' 방식으로 구매한 다음 숫자로 넘겨주었고, 대여점들은 자신들의 가게 벽을 차지하는 영화들을 표지로 구별하여 분류하였다. 그들은 자신들이 가지고 있는 영화가 무언지 거의 몰랐다. 혹은 관심이 없었다. 그러자 그 목록에서 취향을 선별하는 역할은 대여자의 몫이 되었다. 잠시만 멈춰 서서 먼저 대여자의 존재를 생각해 보자. 영화를 본다는 것은 극장에 가서 본다는 것이었다. 정식화. 그건 극장이 정한 영화를 극장이 정한 시간표에 맞추어서 극장의 좌석에 앉아 영화를 보는 행위였다. 그러므로 관람은 그 영화를 선택한 내가 알지 못하는 사람들과 공유하는 약속의 시스템 안으로 들어가는 것이었다. 그런데 대여자는 관람객의 존재 양식을 전면 부정하는 것이 되었다. 이제부터 내가 보고 싶은 영화를 내가 원하는 시간에 (VCR 데크가 있다는 조건만 충족된다면) 내가 원하는 장소에서 볼 수 있게 되었다. 일주일 내내 옆에 비디오를 쌓아 놓고 본다면 대여자는 영화제 프로그래머가 되어 오직 자신만을 위한 영화제를 진행하는 것이 가능해졌다. 영화제보다 더 편한 것은, 원하기만 하면 상영을 중단하고 식사를 하거나 외출을 한 다음 돌아와서 계속 진행할 수도 있었다. 이 변화는 단순한 것이 아니다. 비디오는 영화를 경험하는 태도를 바꿔 놓았다. 원하면 빨리 감기를 할 수도 있고, 반대로 멈춰 세워 놓고 좋아하는 장면을 반복해서 볼 수도 있다. 단 한 번도 경험해 본 적이 없는 감상의 방법. 누군가는 경멸을 담아 적대감을 보였고, 누군가는 팔을 벌려 환대하였다.

물론 모든 것이 대여자에게 유리한 것은 아니었다. 나쁜 소식도 있다. 영화에 관한 전문적인 지식을 가지고 있어도 비디오 대여점에 방문해서 원하는 영화를 찾는 일은 쉽지 않았다. 물론 일차적으로는 도서실처럼 지식과 정보의 역사를 서로 이어 주는 목록으로 구성되어 있지 않았으며 게다가 그 안에서 비디오 옆에 놓이는 비디오 옆의 자리들은 빈곤했다. 이건 자본주의의 이야기이다. 하지만 두 번째 장애가 있었다. 도서실과 달리 여기서는 도서 카드에 해당하는 안내가 없었다. 아니, 오히려 벽 앞에 서면 누구라도 길을 잃었다. 제목은 원제와 무관하게 선정적으로 '오역'되었고, '보따리'로 넘겨준 판매자들은 영화 테이프 소스만을 보내고 홍보 자료를 넘겨주지 않아 종종 커버 디자인은 영화에 없는 장면들로 다시 '창작'되었다. 코미디를 기대하고 대여를 했으나 공포영화와 마주하게 되는 상황을 상상해 보라. 더 답답한 것은, 가까스로 찾아낸 영화에 대한 만족스러운 소개를 제공하는 데이터베이스에 접근할 수 있는 어떤 경로도 없었다. 인터넷은 다음 10년 뒤의 거의 마지막 부분에 해당하는 이야기이다. 대여자는 자신의 선택을 운에 맡기거나 감感에 맡겨야 할 때와 종종 마주쳤다. 새로운 관객들은 어떤 도움 없이 오직 자신의 시행착오를 통해서 학습했다. '보따리' 장사들은 '싼 맛'에 미국 B급 영화에서 Z급 영화에 이르는 컬트영화들과 유럽 아트하우스와 영화제들에서조차 버림받은 작가(라고는 하지만 무명에 가까운) 영화를 어떤 기준도 없이 구매한 다음 아낌없이 팔아넘겼다. 책으로 영화를 공부한 이들은 빈칸을 채워 나가는 과정이었고, 영화에 거의 관심을 두지 않고 시간을 허비하기 위해 무작위로 빌려 보던 이들은 자신도 모르게 어느 순간부터 전문적인 관람 행위로 옮겨 가고 있었다. 남한의 '비디오'필들은 자기 학습을 통해서 자생적으로 성장하였고, 그래서 이들은 어디에도 소속감이 없었다. 게다가 자신들의 취향에 대해서 누군가 개입하는 것을 좋아하지 않았으며, 그래서 비평가들의 견해를 무시하거나 대부분 관심이 없었다. 무엇보다도 이들은 영화에 교사가 있다고 믿지 않았으며, 그럴 필요를 느끼지도 않았다. '비디오'필들은 자신이 대여한 영화에 어떤 우열도 가리지 않고 동등한 시민권을 부여하였다. 이들은 이들 각자의 앙리 랑글루아Henri Langlois였다.

＊ 편집자 주: 앙리 랑글루아(1914~1977)는 1936년 조르주 프랑주, 장 미트리와 함께 시네마 테크 프랑세즈의 창립자 중 한 사람으로, 영화필름의 수집·보존·상영에 힘썼다.

12

"강호의 의리가 땅에 떨어졌구나." 자막을 그렇게 번역하기는 했지만 원래의 대사는 "江湖道義現在已經不存在了(강호의 도의가 이미 존재하지 않는구나)"이다. 홍콩 삼합회의 행동 대장 송자호는 대만에 거래하러 갔다가 함정에 빠진다. 그러자 송자호의 친구이자 삼합회의 해결사 소마에게 배신자들을 처치하라는 임무를 전하면서 원로는 그렇게 말한다. 〈영웅본색〉(오우삼, 1986)에서 이 대사는 임무를 전해 듣는 소마가 전철이 지나가는 육교 위에서 신문을 읽고 있을 때 마치 노래처럼 흐른다(voice-over-narration). 〈영웅본색〉은 서울에서 1987년 5월 23일에 개봉했다. 날짜를 주의 깊게 보아 주기 바란다. 그때는 전국 개봉이라는 개념이 없었고, 게다가 중심가 극장이 아니라 서울 외곽에 자리한 화양(서대문), 명화(영등포), 대지(미아삼거리)에서 분산 개봉하였다. 〈영웅본색〉은 개봉했을 때 박스오피스에서 성공하지 못했다. 그저 이 시기에 개봉한 홍콩영화를 찾는 일부 관객들만이 보았으며 반응도 거의 없었다. 이상한 일이 벌어졌다. 계절이 바뀌고 해가 바뀐 다음 비디오 대여점에서 '입소문'을 타고 번져 나가듯이 알려졌다. 극장 개봉과 달리 비디오 대여점은 수요층에 관한 어떤 데이터도 없었기 때문에 '실체 없는' 현상이 되었다. 오우삼의 어떤 영화도 이전에 성공한 적이 없으며, 주윤발과 장국영은 (한국의 팬들에게) 무명이었고, 적룡은 쇼브라더스 무협영화가 이소룡과 그다음 세대인 성룡에게 그 자리를 내준 다음 오랫동안 스크린에서 볼 수 없었다. 게다가 총을 쏘는 홍콩영화는 검술과 무술에 익숙한 이 장르의 팬들에게 위화감을 불러일으켰다. 어떤 무협소설도 총을 중심으로 진행되지 않는다. 무협은 청조 말末 외세의 총이 등장했을 때 끝났다. 이소룡이 죽는 유일한 영화 〈정무문〉에서 무술로 단련된 그의 육체는 총에 의해 파괴된다. 이소룡의 유일한 패배. 자신의 몸을 수련하고 그 과정을 통해서 경지에 이르는 대신 총을 들고 주인공의 자리를 차지했을 때 그 모습은 올드팬들에게 영웅의 타락처럼 보였다. 요점은 무엇인가. 〈영웅본색〉은 전통적인 홍콩영화 팬들의 뒤늦은 발견이 아니라는 사실이다. 이 영화의 현상은 영화 바깥에서 온 것이다.

영화의 바깥? 그게 어디인가요. 극장의 바깥. 길거리. 무슨 말인가요. 극장과 비디오 대여점 사이의 간극에 거리가 놓여 있음을 먼저 환기해야 한다. 시간의 거리. 그해 늦봄은 극장에 가기에 좋은 공기가 아니었다. 전두환이 대통령이었던 1986년 길거리는 전투경찰이 시민들을 감시하고 있었고, (나는 서울에 살았기 때문에 서울 주변의 풍경에 대해서만 말하겠다.), 종로와 퇴계로, 을지로, 신촌, 신림동에서 시위가 벌어지면 즉각 페퍼 포그Pepper Fog를 쏘았다. 4월 28일, 서울대 전방 입소 반대 시위 도중 김세진과 이재호는 분신했고, 병원에 실려 갔지만 사망하였다. 5월 3일, 인천 시민회관에서 대대적인 시위가 벌어졌다. 6월 4일, 부천

경찰서에서 연행된 학생 중 서울대 의류학과 권인숙을 성 고문하였고, 이 사실은 학교 인근 서점을 중심으로 유통된 비합법적 문건을 통하여 세상에 알려졌다. 10월 28일, 애학투련(전국반외세반독재애국학생투쟁연합)이 건국대에서 결성 집회를 열었다. 경찰은 여기서 1,525명을 연행하였고, 1,288명을 용공 좌경분자로 구속했다. 1987년 1월 13일, 치안본부 대공분실 수사관 6명이 서울대 인문대 언어학과 과대표 박종철을 연행했다. 박종철은 치안본부 대공수사단 남영동 509호실에서 전기 고문과 물고문을 받았고, 다음 날 사망하였다. 4월 13일, 대통령 전두환은 호헌조치 선언을 통해 대통령 직접선거제를 거부하였다. 6월 9일, 연세대에서 시위 도중 상경대학 경영학과 이한열이 최루탄에 맞아 병원에 실려 갔다. 그리고 7월 5일 사망했다. 6월 10일, 시민들의 시위가 서울 시청광장에서 시작되었다. 그리고 6월 29일, 민정당 대표 노태우는 국민이 요구하는 민주화와 대통령직선제를 받아들인다고 발표하였다. 그해 겨울, 대통령 직접선거를 치렀다. 노태우가 대통령이 되었다. 너무 많은 희생, 냉소적인 결말. 이듬해 서울에서는 올림픽을 준비하고 있었다.

먼저 조심할 것이 있다. 여기서 피해야 하는 해석은 1987년 길거리와 〈영웅본색〉을 일대일로 대응시키는 것이다. 그 둘 사이에 직접적인 원인-결과는 없다. 그러면 이 장황한 설명은 왜 필요한가. 거기 공백이 아니라 현상이 있기 때문이다. 그 자리가 처음에는 비어 있었다. 공백을 참을 수 없을 때, 거기서 공백을 만들어 낸 바로 그것을 찾는 대신 그것을 대신할 수 있는 대상을 가져다 놓아야 할 필요가 생겨날 때, 바로 거기에 그 무언가가 도착한다. 그것이 잘못된 대답이라고 말해 버리는 건 성급한 말이다. 그건 대답 '비슷한' 그 무언가이다. 만일 완전히 잘못된 대답이라면 그 대상은 거부되었을 것이다. 그렇게 함으로써 원하는 그것에 직접 가 닿을 수 없는 대신, 마치 그것이 진정 원했던 것 같은 환상을 채워 넣어서 공백을 견딘다. 여기서 그 대상은 가짜지만, 그러나 거기에 담긴 환상은 진심이라는 생각을 해야 한다. 이때 곤경은 바로 그것이 무엇인지 끝내 알 수 없기 때문에 (만일 알았다면 그것을 대신했던 대상은 즉시 그 지위를 잃었을 것이다.) 그것을 대신했던 대상으로부터 바로 그것을 끌어낼 수 없다는 것이다. 해결책은 무엇인가. 그것을 대신했던 대상의 존재 방식의 서사로부터 그것을 가능케 했던 상황과 가져 보았던 화해의 형식을 다시 물어보는 것이다.

1987년, 그리고 1988년에는 수많은 도착倒錯 지점이 있었다. 두 개의 시간, 두 개의 사건 사이의 간극. 그 사이, 라는 자리. 그 자리를 메우는 수많은 매듭. 그중 하나가 〈영웅본색〉이 되었다. 오해하면 안 된다. 〈영웅본색〉이 정치적으로 해석되었다는 뜻이 아니다. 그렇게 읽었다면 내 말을 완전히 오해한 것이다. 다만, 이 부사를 의미심장하게 음미해 주기 바란다, 누군가에게 하나의 메시지로 받아들여졌다. 간단하게 설명하겠다. 〈영웅본색〉에는 누군가를 위한 어떤 정치적 함의도 없지만 거기서 마법적인 은유의 순환이 발생하였다. 왜 그런 일이 벌어지는가. 〈영웅본색〉에 있는 비극의 파토스가 실패의 심정에 반응하였다. 이때 이 둘 사이를 매개한 것은 그들을 실망시킨 현실, 현실이라는 세상, 세상이라는 사회, 세상을 '江湖(강호)'로 바꿔 칠 수 있는 계기를 마련해 주는 그 자리 자체이다. 바꿔치기에는 어떤 장점이 있는가. 두 가지 장점. 첫 번째, 주변으로 밀려나는 역사의 구경꾼이 된 실망한 나를 '義(의)'와 '俠(협)'을 지키는 주인공의 자리에 되돌려 보낼 수 있을 것이다. 두 번째 그 과정에서 세상에 환상의 장막을 드리울 수 있다. '江湖'라는 세상. 이 실망스러운 세상은 잠시 동안에 지나지 않을 것이며, 자신의 '道義(도의)'를 되찾을 것이라(고 가정하)는 믿음을 약속한다. 물론 그걸 정말 믿는 바보는 없다. 하지만 그렇게 해서라도 일시적으로 덮어씌우지 않으면 견딜 수 없는 세상. 이것은 타락한 세상을 마주 보는 방식이 아니라 외면하는 기술이다.

같은 말을 좀 더 우회하겠다. 〈영웅본색〉이 만들어진 '1997년 홍콩 반환'이라는 배경의 홍콩은 고스란히 이 영화 안에 머물고 있다. 그러나 이 배경이 1987년 한국이라는 세상 안으로 옮겨 오는 과정은 오역誤譯이다. 물론 주관적인 오역, 의도적인 오역, 필사적인 오역. 이때 이 둘 사이에서 매듭을 만들 수 있는, 그래서 서로 잘 알지도 못하면서, 하지만 그렇기 때문에 차이의 논리 사이를 도약하면서 공유할 수 있는 파토스가 있다. 타락한 '江湖'. 하지만 그것이 '江湖'이기 때문에, 언젠가는 '道'와 '義'를 되찾을 수 있을 것이라는 희망. 만일 그 자리에 그저 사회, 라는 것이 버티고 있다면 거기엔 자신의 법칙에 따라 앞으로 나아갈 뿐인 역사가 있을 뿐이다. 역사란 이론의 정당화를 요구하지 않는다. 역사란 한 번 나아가면 되돌아올 수 없는 일회적인 경험이다. 그러므로 거기 멈추어 서서 무언가를 찾으려고 한다면 소외의 자리로 돌아올 뿐이다. 그때 환상의 스크린으로 눈 돌리면 세상을 향해 '江湖'를 논하면서 환멸로부터 희망의 원리를 담은 공동체의 장소로 도피할 수 있을 것이다. 그리고 거기서 위로를 받을 수 있다. 그러나 '江湖'는 단순하게 가상의 대체물이 아니다. 그 장소는 거기서 멈추지 않고 환상의 베일 저 너머를 텅 빈 상태로 만드는 것이다. 〈영웅본색〉은 그때 정확하게 무엇을 위로했는가. 그건 역사 앞의 책임으로부터의 면제이다. 베일 저 너머의 공백 상태. 그러므로 저 너머는 어떤 것이든 받아들일 준비가 되어 있었다. '江湖'라는 공백. 정확하게 이 공백이 그렇게 매혹적이었던 것이다. 왜 매혹인가. 공백은 아무것도 약속하지 않아도 되기 때문이다. 책임의 공백 상태. 그러므로 이렇게 말할 수 있을 것이다. 현상은 공백의 위장 상태였던 것이다. 다시 한 번 천천히 읽어 주기 바란다. "강호의 의리가 땅에 떨어졌구나."

13

(…)

그의 장례식은 거센 비바람으로 온통 번들거렸다

죽은 그를 실은 차는 참을 수 없이 느릿느릿 나아갔다

사람들은 장례식 행렬에 악착같이 매달렸고

백색의 차량 가득 검은 잎들은 나부꼈다

나의 혀는 천천히 굳어갔다, 그의 어린 아들은

잎들의 포위를 견디다 못해 울음을 터뜨렸다

그해 여름 많은 사람들이 무더기로 없어졌고

놀란 자의 침묵 앞에 불쑥불쑥 나타났다

망자의 혀가 거리에 흘러넘쳤다

택시운전사는 이따금 뒤를 돌아다본다

나는 저 운전사를 믿지 못한다, 공포에 질려

나는 더듬거린다, 그는 죽은 사람이다

그 때문에 얼마나 많은 장례식들이 숨죽여야 했던가

그렇다면 그는 누구인가, 내가 가는 곳은 어디인가

나는 더 이상 대답하지 않으면 안 된다, 어디서

그 일이 터질지 아무도 모른다, 어디든지

가까운 지방으로 나는 가야 하는 것이다

이곳은 처음 지나온 벌판과 황혼

내 입속에 악착같이 매달린 검은 잎이 나는 두렵다

〈입 속의 검은 잎〉, 기형도

미주

1   Amos Vogel, *Film as a Subversie Art*, Random House New York, 1974.
2   Gilles Deleuze · Félix Guattari, *Capitalisme et schizophrénie L'anti-Œdipe*, Les Éditions de Minuit, 1972; 국내 번역서는 질 들뢰즈·펠릭스 과타리, 김재인 옮김,《안티 오이디푸스: 자본주의와 분열증》, 민음사, 2014.

2

애도할 수 없는 1980년대

| 이효인 |

역사 서술의 객관적 정당성 문제는 역사학계의 오랜 쟁점이었다. 특히 역사학에서의 포스트모던한 입장과 문제 제기는 더욱더 역사의 객관성에 대한 회의를 불러일으켰다. 극단적으로는 역사 서술 허무주의와 손을 잡기도 했다. 하지만 이러한 논쟁들은 수용자들을 배제하거나 수동적 존재로 취급하는 경향이 있다. 그래서 나는, 오류가 있을 수 있다는 조심성과 함께 무엇인가에 홀려서 서술하고 있는 나의 내면의 좌표에 대한 성찰적 감각을 가지도록 노력할 것이다. '역사가 채택되는 것'은 항상 가변적이지만, 어쩌면 우연적 혹은 운명적인 것인지도 모르겠다.

1980년대 한국영화계는 역사의 실험실이었다. 동시에 공통의 척도가 없는 다수적 공간, 즉 헤테로토피아heterotopia였다. 이 글은, 그 실험된 시공간 중에서 1980년대 한국 뉴웨이브의 맥락 이해를 위한 보조적 서술이다.* 다원적 맥락의 진화에는 합목적적 의도가 있을 수 없다. 하지만 1980년대 한국영화를 보자면, 목적 없는 진화와 의도가 개입된 진화를 동시에 발견할 수 있다. 이 글에서는 사적인 회고를 통하여 의도적 진화의 흔적을 살펴보고자 한다. 그 흔적에는 멜랑콜리라는 정동affection이 개입되어 있는데, 그것을 나는 작은 역사로서의 주체가 행하

---

* 이에 관한 책으로는 《한국 뉴웨이브 영화》(2020)와 《한국 뉴웨이브 영화와 작은 역사》(2021) 등이 있다. 앞의 책은 많은 각주가 달린 학술적인 서술이고, 뒤의 책은 회고 형식으로 편하게 읽을 수 있게 쓴 것이다. 그 외에도 이 시기 주요 감독, 영화운동에 대한 다른 필자들의 글 또한 적지 않다.

는 코나투스conatus*와 연관되어 있다고 본다. 따라서 큰 역사라는 문양과 작은 역사라는 얼룩이 함께 읽히길 바란다.

1980년대 한국영화, 역사의 실험실

한국 뉴웨이브만을 중심으로 1980년대 한국영화계를 기억하면, 우리는 그 시대적 의미를 축소하게 될 것이다. 1985년에 영화법이 개정되면서 산업의 근저가 변했으며, 과거의 거장들이 퇴장하는 동시에 많은 신인 감독들이 등장하였고, B급 영화의 흥행과 예술영화가 공존하였다. 또 무엇보다 '코리안 뉴웨이브'라는 꽃망울이 맺어졌으며, 기존 충무로 영화를 비판하는 청년 영화인들이 등장하였다. 이들은 작은, 열린, 민족, 민중, 독립 등의 다양한 형용사를 붙이며 새로운 시도를 하였다. 이 과정에서 홍기선과 나는 허가 없이 영화를 만들고 상영하였다고 구속되기도 했다.

1980년대 후반 시기, 충무로에서 이명세, 장선우, 박광수 감독은 막 데뷔한 신인 감독에 불과했다. 이 시기 주류 흥행 감독은 장길수, 곽지

---

* 코나투스란 "각각의 사물이 자신의 존재를 끈질기게 지속하려는 노력"을 말한다. B. 스피노자, 황태연 옮김,《에티카》, 비홍출판사, 2014, 168쪽 참조.

균, 신승수, 박철수 등이었으며, 정지영 또한 〈남부군〉(1990)을 만들기 전까지는 1980년대 후반의 흥행 감독에 속했다. 임권택은 〈만다라〉(1981), 〈아제아제 바라아제〉(1989) 같은 진중한 영화도 만들었지만, 대중들은 〈길소뜸〉(1985), 〈씨받이〉(1986), 〈연산일기〉(1987), 〈장군의 아들〉(1990) 등을 더 기억할 것이다. 1985년 영화법 개정으로 영화제작업이 허가제에서 등록제로 바뀜으로써 충무로 영화는 다양해지고 신인들이 독립 제작 형식으로 뛰어들 수 있는 발판이 마련되었다. 하지만 1980년대 초기에 배창호, 이장호 감독이 큰 인기를 얻었을 때조차 이후 수차례 시리즈로 만들어진 〈애마부인〉(정인엽, 1982), 〈산딸기〉(김수형, 1982) 등이 더 대중적 인기를 얻었다. 당시로서는 기발한 크라우드펀딩을 시도한, "4천만 원을 훔치겠습니다. 나의 영화에 투자하는 사람을 찾습니다"라는 신문광고로 투자를 받아 그해 흥행 1위를 기록한 〈미미와 철수의 청춘 스케치〉(이규형, 1987)는 1987년 민주화 열기와는 아무런 상관없이 진행된, 지금은 잊힌 영화이다. 배창호가 1980년대 후반으로 들어서면서 〈기쁜 우리 젊은 날〉(1987), 〈황진이〉(1986) 등으로 자신만의 예술적 스타일 완성을 추구한 반면, 이장호는 〈어우동〉(1985), 〈이장호의 외인구단〉(1986) 등으로 충무로 흥행 영화들과 경쟁하였다. 흥행이 성공하면 그는 다시 예술의 세계로 들어서곤 했는데, 〈나그네는 길에서도 쉬지 않는다〉(1987)가 그 예이다.

　다시 말하자면, 1980년대 한국영화계의 주류는 충무로 영화, 즉 젊은 흥행 감독들의 영화와 〈뽕〉(이두용,1986), 〈애마부인〉, 〈변강쇠〉(엄종선, 1986), 〈매춘〉(유진선, 1988) 등이었다. 그리고 수많은 신인 감독들, 예컨대 송영수·김현명·김유진·황규덕·곽재용·강우석 등이 1980년대 후반에 등장하였다. 이 시기 혹은 좀 뒤에 등장한 많은 감독들은 뉴웨이브와도 연관된 동시에 기존의 한국 감독들과도 연관이 있다. 예컨대, 임권택 휘하에서 곽지균·김홍준은 조감독을 하였고, 송능한은 시나리오를 썼다. 정지영과 장길수는 김수용의 조감독이었으며, 신상옥의 조감독이었던 이장호 밑에서 배창호·신승수·박광수·오병철 등이 조감독을 했는데, 그중에서도 신승수는 하길종의 조감독이기도 했다. 배창호의 조감독으로는 이명세 외에도 곽지균이 있는데, 그는 임권택의 조감독으로 일하기도 했다. 그리고 박광수의 조감독으로는 황규덕, 이현승, 이창동, 허진호 등이 있었다.

1983년 신상옥 감독이 북한에 납치되었다는 정부의 발표와 1986년에 신상옥·최은희 부부가 탈북에 성공하였다는 보도는 우리를 정말 놀라게 하였다. 또 강수연이 〈씨받이〉로 베니스에서, 〈아제아제 바라아제〉로 모스크바에서 여우주연상을 받았으며, 〈나그네는 길에서도 쉬지 않는다〉는 도쿄에서 국제영화비평가상 금상을 받았다. 영화계와 일면식도 없던 배용균이 〈달마가 동쪽으로 간 까닭은?〉(1989)으로 로카르노국제영화제에서 최우수작품상을 받자 한국 영화인들은 김포공항으로 영접을 나갔다. 이후 명보극장에서 이 영화의 수상 축하 시사회가 열렸는데, 생경한 탈관습적 내러티브와 관조적인 스타일을 견디지 못한 적지 않은 영화인과 관객들은 잠을 잤다.* 미국영화 직배 저지를 위해 성명과 시위로 저항하던 영화인들은 지친 나머지 급기야 극장에 뱀을 풀어서 구속되기도 하였다. 김수용 감독은 〈도시로 간 처녀〉(1981), 〈중광의 허튼소리〉(1986) 제작에서 이해관계자들의 극심한 반대에 부딪혀 영화계 은퇴 선언을 하였고, 〈비구니〉(임권택, 1983)는 촬영 도중 제작을 중단하였으며, 〈여왕벌〉(이원세, 1985)은 검열로 만신창이가 되었고 결국 감독은 미국으로 이민을 떠났다.

1980년대 한국영화의 다양한 현상은, 여러 사회문화적 현상이 융화되지 않은 채 갈등을 일으키면서 혼재하는 상태, 즉 이종혼형성 heterogeneidad의 문화현상으로도 볼 수 있다.** 이러한 혼종성의 특징은 복합적이며 다원적으로 존재하는 주체들 사이에 '갈등'이 있다는 점이다. 그리고 정치경제적 변화나 문화적 상호관계를 통하여 다양한 입장들이 갈등·경쟁하는 모순적 통일체라는 점이다. 여기에서 가장 중요한 요소는 의식적 행위와 시장의 논리이다. 따라서 이 시기 합목적적 의도

---

* 한편 타르콥스키의 〈희생〉(1986)은 1995년 종로 코아트홀에서 11만 명의 관객을 불러 모았는데, 이는 전 세계에서 단일 도시 개봉 중 최대 관객 수였다고 한다. 하지만 시사회에 초대받은 김지하를 비롯한 내로라하는 문화예술인들이 시작 10분 만에 반 이상이 잠든 것을 보았다.

** 이는 안토니오 코르네호 폴라르Antonio Cornejo Polar의 개념이다. 우석균, 〈라틴아메리카의 문화 이론들: 통문화, 혼종문화, 이종혼형성〉, 《라틴아메리카연구》 vol. 15 no. 2, 한국라틴아메리카학회, 2002, 290쪽 참고

를 지닌 행위, 즉 뉴웨이브 영화가 제작 투자를 받을 수 있었던 것은 투자자들이 뉴웨이브적 요소가 흥행에 도움이 된다고 판단했기 때문이다. 즉, 합목적적 의도가 시장과 만나 힘을 얻은 것이다. 이러한 현상은 1990년대 적지 않은 뉴웨이브 영화(장선우, 박광수, 정지영, 홍기선 등)와 포스트 뉴웨이브 영화(〈넘버 3〉(송능한, 1997), 〈세상밖으로〉(여균동, 1994) 등)의 제작으로 이어졌다. 적어도 뉴웨이브와 포스트 뉴웨이브 영화들의 탄생은 의식적 노력의 결과였다.

하지만 이러한 의식적 노력이 완전히 새로운 것은 아니었다. 비경제적이며 어색한 당대의 관습적 내러티브를 벗어나지도 못했고, 문맥을 흩트리는 강간 장면 등은 여전했다. 그렇지만 이 영화들이 영화의 사회 반영성을 중요한 가치로 제시하고 다른 영화들에 영향을 끼쳤다는 점은 기억되어야 할 것이다. 이후 1990년대가 끝날 무렵 이런 경향들은 쇠퇴하고, 〈결혼이야기〉(김의석, 1992), 〈투캅스〉(강우석, 1993) 등의 전사前史(프리퀄)를 거쳐 뉴 코리안 시네마가 득세하게 된다.

1980년, 대학 풍경과 한국영화

어쩌면 나는 1980년대 한국영화에 대해 말하기에는 부적합한 필자일 수 있다. 문학평론가 김현이 '나의 의식은 4·19에 멈추었다'고 말했듯,

나의 의식과 감각 역시 지극히 1980년대적인 것에 매몰되어 있기 때문이다. 서울로 온 지 40년이 지났지만 여전히 '서울'이라고 하면 위압적으로 내려다보는 듯한 대우빌딩 앞 서울역과 집으로 가는 버스 번호를 분명 알고 있건만 난감한 감정에 빠지게 하는 황량한 강남터미널을 먼저 떠올린다. 그리고 박정희 사망 후 조속한 민주화 조치를 요구한 1980년의 시위와 대통령직선제 개헌을 요구한 1987년의 시위가 벌어진 서울역, 광화문, 종로 그리고 권세가들의 말발굽을 피한다는 뜻의 피맛골 골목 등을 떠올린다. 이제 종로와 광화문은 차마 마주할 수 없는 일상적인 시위에 점령당하였고, 피맛골은 사라졌다. 선뜻 다가설 수 없는 노동 투쟁과 무기력한 민주 시위 그리고 인간에 대한 연민조차 사라지게 만드는 탐욕, 광기, 증오로 점철된 태극기 시위를 보며 절망하고, 회의와 회피와 절망에 빠진 나를 보며 나는 애도와 멜랑콜리에 빠져든다. 프로이트에 의하면, 상실한 것의 떠나보내기를 완성한 감정이 애도라면, 여전히 그것을 붙들고 있는 감정은 멜랑콜리이다. 롤랑 바르트Roland Barthes가 어머니를 여의고 2년간 쓴 메모가 그의 사후 《Journal de deuil》로 발간되었는데 한국어로는 《애도 일기》로 번역되었다.[1] 바르트는 이 책에서 여전히 어머니를 붙들고 있고, 슬픔이 계속 슬픔을 불러일으키는 것을 반복하고 있다. 따라서 어쩌면 애도와 멜랑콜리는 그렇게 나눌 수 있는 것이 아닐지도 모른다는 생각이 든다. 마음속 애도의 영역과 멜랑콜리의 영역은 때로는 겹쳐 있기 때문일 것이다.

여하튼 시간이 흐를수록 애도가 짙어져야 하는데 그렇지만은 못하다. 과거를 분석하여 실타래를 풀고 다시 새롭게 시작하려는 교정의 유혹을 벗어나지 못했기 때문일 것이다. 과거의 교정보다 미래의 창조가 훨씬 유익하고 현명하다는 것을 알면서도 멜랑콜리라는 정동에서 벗어나려고 하지 않는 것은, 바르트가 그랬던 것처럼, 유한한 삶 속에서 그래야만 나 아닌 사람을 향한 충만한 사랑과 자기애가 완성될 수 있다고 막연히 생각하기 때문인지도 모른다.

애초에 1980년대 나의 영화 감각은 애도나 멜랑콜리로 시작된 것이 아니었다. 초등학생 시절 재재개봉관에서 본 〈닥터 지바고〉(데이비드 린, 1965)의 얼어붙은 듯한 실내 장면은 아직도 생생하다. 상념에 빠진 주인공이 장갑을 낀 채 먼지를 쓸어내리던 그 장면에서 나는 영화가 문학만큼 위대하다고 막연히 느꼈다. 고교 시절 〈바보들의 행진〉(하길종, 1975)을 보고는 흥분한 나머지 빨간불 신호등을 무시하고 건널목을 뛰어서 건넜다. 청년들이 무시당하고 억압받는 장면 그리고 주인공 병태가 자전거를 타고 바다 절벽에서 떨어지는 장면은, 사회가 우리를 지켜주지 못한다는 것을 깨닫게 했다. 아마 영화에 대한 사회적 자각은 이때 생겼을 것이다.

하지만 문학청년이었던 나는 고등학교 시절 영화를 잘 보지 않았고, 대학 진학 후에도 한동안 영화를 멀리했다. 세상에 대해 더 관심이 많았다. 분명 영화도 세상의 한 부분이건만, 영화는 처절한 현실과는 달리 달콤하거나 음흉할 뿐이었다. 1학년 입학 후 들어간 연극반 사람들은 〈맥베스〉와 〈고도를 기다리며〉는 공연했지만, 최인훈의 〈옛날 옛적에 훠어이 훠이〉에는 별로 관심이 없었다. 의대생 친구는 공강 시간이면 회기역 근처 재개봉관에 다녀와서는 시시덕거리며 영화 애기를 했다. 그는 시위 주도로 감옥에 갔을 정도로 사회의식이 있었는데, 영화만은 그냥 재미로만 보는 듯했다. 지금이야 좀 나아졌지만, 당시 사회의식이 투철했던 많은 이들 또한 그랬다. 내가 한창 민족영화에 열중할 때 만난 시인인 친구는 그때 수배 중이라 숨어 다녔는데, 나의 면전에서 '영화는 재미있으면 그만이지 않냐, 나는 홍콩 액션영화가 제일 좋더라'라고 말하여 나를 절망시키기도 했다.

연극반을 거쳐 2학년부터는 사회과학 언더서클 활동에 매진하면서 대학 앞 사회과학 서점에 진열된 각종 사회과학, 철학, 역사 서적 등에 빠져 있었다. 한편 1980년 전두환 정권의 언론 탄압으로《창작과 비평》,《뿌리 깊은 나무》등이 폐간되었지만 오히려 영화계에는 긍정적 기운이 꿈틀거렸다. 하지만 나는 〈만다라〉, 〈바람불어 좋은날〉(이장호, 1980) 등은 재개봉관에서 늦게 접했고, 서울영화집단(1982)이 창립되었던 것도 몰랐다. 나에게 가까웠던 문화예술은 문학, 탈춤 등이었다. 황색 표지의 김지하 시집《황토》[2]를 봤을 때 가슴은 떨렸고, 대학 탈춤반의 마당극을 보면서 양반을 조롱하는 대사에 전율하고 저절로 추임새를 넣었다. 지금이야 쉽사리 침묵과 회피를 비난하지만 당시 대부분의 사람들은 침묵하고 회피했다. 그런 와중에 접한 시 〈황톳길〉에는 "황톳길에 선연한 / 핏자욱 핏자욱 따라 / 나는 간다 애비야 / 네가 죽었고 / 지금은 검고 해만 타는 곳"이라는, 내가 기존에 알던 시어詩語와는 전혀 다른, 검은 글자가 붉은색으로 보이는 시어들이 있었다.

특히 1980년 광주의 참상을 기록한 사진과 영상은 마치 살아 있는 생물처럼 오랫동안 나를 지켜보는 '자기감시 주체'였다. 동시에 나는 영상의 엄청난 효력과 역할에 대해 조금씩 생각하기 시작했던 것 같다. 또 군 휴가를 나왔을 때 〈바보선언〉(이장호, 1983)을 본 젊은 여교사가 눈물을 펑펑 흘리며 감동했다는 말을 듣고는, 개인적이며 한정된 독자를 지닌 문학에 비해 집단적이며 폭넓은 대중성을 지닌 영화에 대해 깊이 생각하기 시작했다. 그때 서울영화집단에서 편역한 《새로운 영화를 위하여》[3]를 읽었고, 영화진흥공사에서 발간한 영화 번역서들을 보기 시작했다. 영화진흥공사에서 발간한 책들은 대체로 번역이 좋지 않았다. 1986년 서울영화집단에서는 《영화의 이해Understanding Movies》[4]가 번역되기 전이라 원서로 읽고 있었다. 제대 후 복학을 해서는 잘 알지도 못하면서 〈필요한 영화와 가능한 영화〉라는 글을 《대학주보》에 실었다.[5] 내가 처음 쓴 영화 글이자, 중학교 때 교지에 실었던 글 이후 처음으로 활자로 인쇄된 글이기도 했다. 그때 많은 학생들은 내심 대부분의 교수들을 무시하였다. 또다시 군사정권이 들어선 것이 마치 그들의 책임인 것처럼 대우한 것이다. 그러다 보니 많은 사회과학 출판사들이 이십대 청년들의 역사서나 사회과학 책을 곧잘 발간하곤 했다. 유시민이 만스물여덟 살에 쓴 《거꾸로 읽는 세계사》[6]는 당시 베스트셀러였다. 그때나 또한 대학신문이나 교지 등에 제법 많은 글을 썼고, 《한국영화역사 강의1》[7]를 서른한 살에 펴냈다. 지금이야 상상하기 어려운 출판 세태인데, 대학의 학문적 성과가 빈약할 때라 가능했던 일이었다. 만약 그때 엄격한 선생 아래에서 체계적으로 공부하고 글쓰기를 배웠더라면 하는 아쉬움은 제자들을 지도할 때 항상 드는 생각이다.

1980년대의 영화청년들

1980년. 5월 광주민주화항쟁이 시작되기 전에 이미 대학은 정상적인 기능을 상실하고 있었다. 내가 다닌 대학은 사학민주화 투쟁으로 특히 그랬다. 그 무렵 1학년 때부터 알고 지내던 강한섭(1958~2021)이 나에게 작은 책을 하나 건넸다. 《프레임 1/24》이었다. 강한섭, 전양준, 홍기선 등이 1979년부터 준비하여 1980년에 낸 50쪽이 채 되지 않는 팸플릿 같은 동인지였다. 강한섭은 2호를 낼 테니 글을 준비하라고 했지만 더 이상 나오지 않았다. '어제의 난장판 오늘의 현실 그리고 내일의 암시'라는 특집 아래 한국영화(계)의 각종 부정적인 현상들을 거칠게 비판하는 내용을 담은 이 동인지에 대해, 전양준은 4년 후 《열린 영화》 창간호에서 "유치한 '악마사냥'식 논리에도 불구하고 우리 영화에 대해 집중된 관심을 보여 주었다"고 자평했다. 여기에서 주목할 점은 '우리 영화에 대한 집중된 관심'이다. 1970년대 영상시대 동인, 특히 하길종의 한국영화에 대한 질타가 20대 초반 청년들에게 이어졌다는 것이다. 이 동인들의 생각은 프랑스문화원과 독일문화원을 중심으로 모였던 영화동호회 청년들의 생각과 크게 다르지 않을 것이다. 그들이 지향한 영화는 주로 서유럽 영화들이었고, 한국영화는 애증의 대상이었다. 그들은 1984년에 '작은 영화를 지키고 싶습니다'라는 연합 영화제를 열었으며, 같은 시기 《열린 영화》라는 작은 동인지를 발간하였다. 동서영화동우회로 대표되는 문화원 영화청년들과 대학 영화학과와 영화동아리의 청년들이 합심하여 만든 이 사건들은 '시작은 미약하나 끝은 창대한' 것이었다. 실제 여기에 참여했던 인물들을 일일이 열거할 수는 없지만, 그들은 1990년대 이후 한국영화계의 산업, 정책, 비평, 학계, 영화제 등을 주도했다. 이 중 일부는 과거 그들이 비판했던 영화인들의 노욕과 추태를 재현하고 있기는 하지만, 헤게모니를 쟁취한 그들의 힘은 적어도 20년간은 긍정적인 힘으로 작동했다.

당시 영화청년들은 취업 걱정보다 한국영화 걱정을 더 많이 했던 것 같다. 개개인의 정치 성향이 달랐음에도 불구하고 일반 민주주의 원칙에 합의하면서 사회 현안에 대해 진보적인 목소리를 내는 데 앞장섰다. 하지만 사람의 운명이란 새로운 일의 시작부터 30년 단위로 결절을 만든다고 나는 믿는다. 1980년대 뉴웨이브 세대의 역할은 2020년 무렵 끝났다고 생각한다. 아무튼 한국 뉴웨이브는 작품과 운동 그리고 이 둘을 아우르는 하나의 체제(시스템 혹은 에피스테메) 등 세 차원에서 봐야 할 것이다. 작품과 운동이 상호작용하면서 결국 어떤 에너지를 만들고 영향을 끼친 것이라고 보는 것이다. 1980년대 영화운동 역시 단일한 성격과 단선적 운동을 지닌 것만은 아니었다.

'우리 영화에 대한 집중된 관심'을 지닌 1980년대 영화청년들은 이미 서구영화 비디오테이프 혹은 인쇄매체를 통하여 한국영화를 비교적 관점에서 파악할 수 있었다. 반면 '우리 사회에 대한 집중된 관심'을 지닌 나는 그러한 비교적 관점보다는, 앞의 광주 영상 관련 서술에서 말했듯, 관객들에게 '자기감시 주체'가 될 수 있는 영상을 지향했다. 또, 서구영화에 대한 지식이 상대적으로 부족했던 만큼 당대 문청들이 가졌던 문학적 취향의 회의와 계몽주의적 환상이라는 상반되는 성향을 동시에 지니고 있었다. (이후 문학적 취향의 회의 성향은 부르주아적이라고 비판받으면서 잠복하고, 계몽주의적 환상은 혁명적 환상으로 승급되었다.) 당시 내가 보기에 '우리 영화에 대한 집중된 관심'이란 예술지향적 소시민적 행위로밖엔 보이지 않았지만, 그 관심이 현실화될 때는 내가 지향하는 '자기감시 주체'로서의 영상이 될 수 있다는 생각도 동시에 가지고 있었다. 따라서 그런 성향의 차이점은 결코 표면적인 갈등 요소가 되지는 못했다. 오히려 화기애애했다. 적어도 1980년 광주 참상에 대한 감정은 공유했으며, 무지하고 탐욕적인 비예술성으로 가득 찬 충무로 영화 반대편 전선에 함께 서 있다는, 막연한 동지의식을 공유했다. 하지만 성급하게 '동지의식'을 넘어 실제 동지가 되자고 손을 내밀면 좀처럼 악수가 이루어지지는 않았다.

1980년대 영화운동의 결절

외국 문화원을 통하여 교우 관계를 이루고 있던 영화청년들은 아마 1984년의 '작은영화제'와 《열린 영화》 등이 기폭제가 되면서 더 넓고 깊은 연대감을 형성했을 것이다. 나는 1985년 2학기 복학 후 영화동아리 그림자놀이에 가입하여 곽재용과 안동규를 만났다. 안동규의 소개로 《열린 영화》 사무실인 카페 8½에 가서 이정하를 만났으며, 서울영화집단에 가서 홍기선을 소개받았다. 이정하는 그때 서부역 근처 낡은 건물에 위치한 대학문화사에서 《레디고》라는 이름의 한국 최초 영화 무크지를 준비하고 있었다. 나도 미국의 영화시장 개방 요구를 비판하는 글을 실어서 1986년 6월에 책이 발간되었다. 하지만 내 글을 포함한 몇 개의 글이 문제가 되어 판매금지 처분을 받아 이른바 불온서적이 되어 버렸다. 그 책의 좌담회를 진행한 이정하는, 10년 이상씩 나이가 많은 선배들보다 한 시간 가까이 늦게 나온 어떤 감독이 별로 미안한 기색도 없이 앉자마자 자기 혼자 오므라이스를 시켜 먹더라는 이야기를 해 줬다.

이 시기는 얄라셩(서울대, 1979) 이후 서울 대부분의 대학에서 영화동아리가 탄생한, 이른바 문청을 대체한 '영청'들이 공식적으로 등장한 시기였다. 이 영화청년들의 성향에 대해 경희대의 그림자놀이 회원만을 대상으로 말한다면, 기본적으로는 전두환 정권에 반대하면서도 학생운동과는 일정한 거리를 유지하였고, 문학적 관심은 별로 없었으며 사회적 관심은 더욱 없었다. 당시 영화청년들은 영화예술이 지닌 시청각적 매력과 영화 세계의 은밀한 속물성을 동시에 탐닉하는 성향에서 공통점을 지녔다고 볼 수 있다. 나 역시 그런 영청의 속성을 어느 정도나마 지니고 있었다. 그러다가 1987년 6월 민주화대투쟁 시기를 전후하여 영청들 사이에서도 가시적인 분화가 일어났다. 뿐만 아니라 충무로 영화 역시 이 시기 전후로 나눌 수 있다.

전두환 군사정권이 국민 회유책으로 1981년에 컬러TV 방영을 허락하고, 1982년에 야간통행금지를 해제했지만 실제 민주화운동에는 여전히 강압적이었다. 하지만 지하활동을 통하여 국민들의 지지를 받던 운동권과 야당인 민주당은 1986년 대통령선거를 국민 직접선거로 하자는 이른바 개헌 정국을 조성하였다. 학생들의 저항은 1986년 성균관대의 학생 전방입소훈련 거부와 철야 농성으로 시작되었다. 이어 서울대는 '전방입소훈련 전면거부 및 한반도 미제 군사기지화 결사 저지를 위한 특별위원회'를 결성하여 시위에 돌입하였다. 그 과정에서 경찰의 과잉 진압으로 이재호·김세진 학생이 반강제로 분신, 투신하여 사망하였다. 하지만 언론은 이를 '자발적인 과격한 분신 투쟁'으로 보도하였고, 기사 속 미 제국주의라는 표현은 국민들의 경원을 사기에 충분했다. 이어 5월에는 민주당 주도 개헌 저지 집회가 인천에서 열렸는데, 여기에서도 경찰은 과잉 진압을 벌여 운동권을 정치권과 분리하여 '일부 과격분자'들로 몰아갔다. 그때 나와 홍기선은 집회장을 쫓아다니며 8밀리 카메라로 현장을 기록하였으며, 이정하는 우리와도 연락을 끊고 〈부활하는 산하〉를 몰래 만들고 있었다.[8] (만약 이정하가 발각되었더라면 이 사건은 북한 지령을 받은 간첩단 사건이 되었을지도 모른다. 왜냐하면 이정하의 할아버지 이순근이 일제 때 경성콤그룹 사건 등으로 두 번이나 징역을 살았고, 해방 후 월북하여 북한에서 주요 직책을 맡았기 때문이다. 다행히 이순근은 2007년 정부로부터 독립운동 공적을 인정받았다.)

이러한 과열된 시국은 자연스럽게 영화청년들 사이에서도 눈에 보이지 않는 분화를 조성하였다. 대학 동아리의 경우, 주도 그룹이 학생운동권과 어떤 관계를 형성하고 있느냐에 따라 성향이 아주 달랐다. 특

---

[*] 제작에 참여했던 안훈찬은 "그래서 동학농민운동부터 1986년 5·3 인천사태까지를 외세에 저항한 민족해방의 역사라는 관점에서 8mm 다큐멘터리를 상영시간 약 100분 정도로 만들었다"며, "5월 연고전 축제 기간에 첫 상영되면서 나름 엄청난 파란을 학생들 사이에서 일으켰다"고 말했다. 그는 "레드콤플렉스가 강고하게 유지되던 시절이라 일단 학생들에게도 '한국전쟁이 단순한 북의 남침이 아니라 외세에 저항하는 민족해방전쟁이라는 식'의 내레이션이 꽤 충격적으로 다가갔을 것"이라고 덧붙였다.

히 연세대는 이정하의 주도 아래 급진 운동가를 양성하는 곳이 되었다. 그때 서울영화집단 소속 홍기선, 이정하 등과 나는 가톨릭농민회의 지원 혹은 양해 아래 전북 정읍의 한 농가에서 밭일을 하면서 영화를 찍었다. 소 값 폭락으로 인한 농가 파탄을 다룬 러닝타임 30분쯤 되는 8밀리 필름 〈파랑새〉였다. 이 영화를 우리는 여름 내내 전국 가톨릭농민회가 조직된 지역을 돌며 상영하였다. 이후 〈부활하는 산하〉의 제작 주체를 서울영화집단으로 오판한 공안 당국은 사무실을 덮쳐서 홍기선과 변재란을 잡았으며, 나는 자취방에서 잡혔다. 이 사건은 영화의 사회적 역할을 제고했지만, 다른 한편에서는 사회적 영화운동을 경원 혹은 기피하게끔 하는 계기가 되었다.

이어서 건국대의 대규모 농성 사태와 천 명 이상의 구금, 박종철의 고문 사망, 대통령 간접선거를 계속하겠다는 전두환의 선언과 이에 반대하는 전국적 시위, 이한열 시위 도중 사망 등 정국은 걷잡을 수 없는 독재와 투쟁으로 치달았다. 결국 1987년 6월 1백만 명에 이르는 시민들이 시청 앞에 집결하였고, 일반 회사원들까지 시위에 동참하자 정권은 국민의 요구에 굴복하였다. 이 시기 충무로 영화인들은 정지영 감독의 주도로 호헌철폐 성명을 발표하여 세상을 놀라게 하였고, 이런 분위기 속에서 서명에 동참한 조감독들이 역사상 처음으로 한국조감독협의회를 발족하였다. 이른바 민주화 분위기가 영화계에도 깊숙이 들어온 것이었다. 다소 보수적인 분위기로 알려진 대학 영화학과 중 서울예대에서 단편 〈그날이 오면〉(장동홍, 1987) 등이 나온 것은 주목할 만한 일이었다. 1987년 3월에 서대문구치소에서 출소한 나는 활동가로서의 영화인이 아니라 직업인으로서의 영화인을 잠시 꿈꾸었다. 그것은 운동을 포기한다는 의미가 아니라, 충무로에 기댈 만한 인적 근거가 생겼기에 활동 무대를 큰 곳으로 옮기는 맥락이었다. 당시 조감독이었던 권영락과 함께 소설을 각색하여 송경식 감독에게 연출 의뢰를 하기도 하였다. 당시 이장호 감독의 판영화사에는 많은 청년 영화인들이 드나들었고, 장선우·박광수·장길수 등의 감독과 신철·전양준·임종재·서명수·안동규 등은 호형호제하며 지내던 시절이었다. 장선우 감독은 많은 독자가 주목한 시집 《접시꽃 당신》(도종환, 1986)을 영화화하려던 계획을 접고 다른 작품을 구상하다가 〈성공시대〉(1988)를, 박광수는 〈칠수와 만수〉(1988)를 공개함으로써 충무로 뉴웨이브의 문을 열었다.

따라서 1980년대 한국영화를 뉴웨이브 혹은 영화운동적 관점에서 보자면, 2개의 결절이 있다고 볼 수 있다. 하나는 1984년 '작은' 혹은 '열린'이라는 기치 아래 모인 대안적 영화 기운의 결집이며, 다른 하나는 1987년 민주화 열풍과 함께 진행된 '복수의 생성적' 기운의 분출이었다. '복수의 생성적' 기운은 정치적 민주화 열풍만이 아닌 경제적 풍요, 세계사적 변화 그리고 문화적 열풍과도 관련이 있다. 우선 3저 호황(저유가·저달러·저금리)의 조건 속에서 올림픽(1988)을 치를 때 한국의 국민 총생산액은 1980년에 비해 4배, 1인당 소득은 486만 원(1980)

에서 1,021만 원(1988)으로 2배 상승하였다. 이는 생계 활동 외에 문화에도 조금은 눈을 돌릴 수 있게 되었다는 것을 의미한다. 1989년 11월 베를린장벽이 붕괴되었는데, 이미 그해 초부터 사회주의 체제의 불안정성이 뉴스로 전해졌고, 특히 운동권에서는 사회주의적 이데올로기가 빛을 잃기 시작하였다. 이 무렵부터 운동권에 속했던 많은 청년들이 생계와 미래의 안전을 위해 생업을 찾기 시작하였다.

　1980년대 말부터는 체제비판적인 영화는 물론, 사회주의권 영화도 수입되었다. 1986년에 우리는 《레디고》를 발간한 대학문화사에서 직원들이 퇴근한 후 일본어 자막으로 된 〈전함 포템킨〉(세르게이 에이젠슈타인, 1925)을 숨죽이며 보았다. 하지만 불과 2년 후인 1988년에 동구권 영화 〈아빠는 출장중〉(에밀 쿠스트리차, 1985), 〈철의 인간〉(안제이 바이다, 1981)이 수입되었고, 특히 〈붉은 수수밭〉(장이머우, 1987, 한국 개봉 1989)은 공산주의 국가가 낳은 시대상을 담은 잘 만든 멜로드라마라는 점에서 충격을 주었다. 제한된 영화만 볼 수 있었던 영화청년들은 세계 영화사와 국제영화제에서 주목받은 영화들로부터 소외된 자신들의 처지를 새삼 자각하고는, 게걸스럽다는 표현이 지나치지 않을 정도로 영화 탐식에 나섰다. 또, 1989년 5월에는 서강대 커뮤니케이션센터 주최 '3중국영화제'가 열렸는데,* 여기에는 아마 영화에 관심 있는 거의 모든 청년들

----

* 편집자 주: 1989년 5월 1일부터 20일까지 서강대학교 서강커뮤니케이션센터 주최로, 서강

이 다 왔을 것이다. 행사의 말미에는 몇 명이 앞에 나가서 발표한 후 열띤 토론회를 가졌다. 어렴풋한 기억으로는 대학, 평론계, 영화운동 등의 분야로 나눠서 발제를 맡긴 것 같다. 그러다 보니 영화의 사회적 역할을 강조하는 나의 발언을 비판하는 영화학과 출신 학생도 있었다. 아무튼 그 자리에는 당시 영화학과의 커리큘럼을 크게 벗어나지 못한 인식, 모호한 정치적 모더니즘 그리고 영화의 사회적 실천 등의 기운이 정리되지 않은 채 혼재되어 있었다.

이러한 기운은 봉합할 수도 없고 타협할 수도 없는 것이었다. 오히려 한국영화의 새로운 출발을 알리는 다양한 경향이었다. 이는 1990년 마포에 위치한 '영화공간 1895'의 창립으로 이어졌다. 이곳에는 외국 유학생 혹은 지인들을 통해 들여온 천 편에 가까운 명작들의 불법복제 테이프들이 모였고, 그 영상들은 회원제, 간이 상영회 등을 통하여 현재의 한국영화 수준을 지탱하는 밑바탕 교재가 되었다. 또, 다양한 영화 관련 강좌도 열렸다. 그럼으로써 후발 영화청년들의 학교이기도 했던 이곳은 모순적 통일체로서의 역할을 톡톡히 했다. 이어서 유사한 공간인 씨앙시에가 혜화동에서 운영되었고, 여기에서는 천카이거 감독

대 메리홀대강당에서 열린 '3중국영화제'는 1980년 이후 중국·대만·홍콩에서 제작된 영화 15편을 상영했는데, 프로그램은 1일부터 6일까지 〈사랑스런 아이를 그리며〉(리아오칭숭, 1987), 〈재결합〉(코이쳉, 1986)을 포함한 대만영화 6편, 8일부터 13일까지는 〈황토지〉(천카이거, 1984), 〈대열병〉(천카이거, 1985), 〈부용진〉(셰진, 1987), 〈낡은 우물〉(오천명, 1987) 등 중국영화 4편, 15일부터 20일까지는 〈몽중인〉(구정평, 1986) 등의 홍콩영화 5편으로 구성되었다.

을 초청하여 강연과 질의응답을 하기도 하였다. 이후 1980년대 활동하던 세대들이 충무로 등 기성 영역으로 들어간 후 사당동의 '문화학교 서울'(1992)에서 새로운 세대들이 활동하였다. 이들은 10년 후에 한국 독립영화를 이끌어 가게 된다.

애도할 수 없는 1980년대

1980년대 나의 활동은, 잠시 지미필름에 근무하고 조감독 생활을 한 것 외에는 서울영화집단(1986년 11월 서울영상집단으로 개칭)과 민족영화연구소 활동에 한정되어 있다. 앞서 말했듯, 영화계에 아무런 연고도 없던 내가 서울영화집단에 들어간 것은 안동규의 소개였다. 실제 상근 활동가는 홍기선 한 명뿐이었고, 그는 학생운동 경험이 있는 사람은 아니었다. 이런저런 일 혹은 행사로 민중문화운동협의회에 가 보면 그곳엔 첫눈에 운동권 냄새가 나는 사람들이 들락거렸다.

　1984년 창립된 민중문화운동협의회는 이후 민문연(민중문화운동연합)(1987)으로 개편되었다. 기억나는 3인방은 김용태, 박인배, 정희섭이다. 문화운동계의 품이 넉넉한 큰형이었던 김용태는 당시 한국 미술계의 새로운 세력으로 떠오른 미술 동인 '현실과 발언' 시절부터 민중문화운동계의 큰일을 해내던 분이었다. 소설가 황석영이 바람을 잡고 일은 김용태가 맡는 식이었다. 사실 민문연에 영상 분과가 있었는지 기억이 확실하지 않다. 당시 문화운동권에서는 영화운동 역량이 상대적으로 약했으므로 미술의 하위 단위로 취급하는 듯했다. 김용태 아니면 유홍준은 언젠가 나에게 미술 분과로 들어오라는 말까지 하곤 했다. 결코 무시한 것이 아니라 선의였다. 용태 형은 나를 보면 언제나 친숙한 반말로 인사를 했는데, 고군분투하는 우리를 안쓰러워하는 마음이 전달되었다. 박인배 선배는 내성적인 이론가로서 그냥 눈인사를 하는 정도였지만 속 깊은 배려가 있었고, 정희섭 선배는 특유의 기획력과 살림 솜씨로 민문연을 꾸려 나가면서 하대하는 법 없이 나를 대해 줬다. 하지만 1988년 민예총(한국민족예술인총연합)이 발족할 때만 하더라도 영화 부문은 주로 장선우 감독에게 연락이 갔고, 나와 이정하는 뒤늦게 그 사실을 알 정도였다.

  민예총 창립총회 사진을 보면 영화 부문 대표로 이장호 감독이 황석영, 계훈제, 백기완 등과 함께 맨 앞줄에 앉아 있다. 우리는 사실 영화계에서도 아웃사이더였지만, 민중문화운동계에서도 아웃사이더였다. 결코 하대받지는 않았지만, 같은 대학과 동아리 등으로 연결된 인맥 속에서 민족영화연구소를 함께했던 나와 이정하는 언제나 '우리밖에 없다'는 외로움 속에서 고군분투했다. 영화운동 하던 동안 대학 내 운동을 이끌던 후배나 징역을 살고 나온 동료들은 나를 낙오자 혹은 이탈자쯤으로 보는 듯했다. 하지만 1988년에 민주동문회가 창립되자 사무국장에 임명되었다.

민족영화연구소(1988~1990)는 추계예술대학 앞 큰길 목욕탕 지하에 사무실이 있었는데, 20미터만 내려오면 풀빛, 녹두, 친구 등 당시 꽤 알려진 사회과학 출판사들이 있었다. 풀빛 출판사에는 채광석, 김명인 문학평론가가 주간으로 있었고, 녹두에는 당시 수배 중이던 시인 이산하(이상백)가 밤이면 몰래 드나들곤 했다. 채광석 선배는 대학 시절 강렬한 투쟁가이면서 문학평론으로 등단하였는데, 나는 그로부터 글을 배우기도 하였다. 아마 1986년으로 기억하는데, 민문연에서 발간하는 회보에 배창호의 〈깊고 푸른 밤〉 평론을 실을 때였다. 기획 편집을 맡은 그는 내가 써 온 원고지에 연필로 여러 군데 체크를 하면서, "너 한국 사람이야, 미국 사람이야?" 하고 꾸짖으며 내 문투가 번역 투라고 혼을 냈다. 그는 1987년에 안타깝게 마흔 살도 채우지 못한 채, 김수영처럼 교통사고로 세상을 떠났다. 친구 출판사에는 김근태와 함께 당시 운동권의 대표 격이었던 장기표가 책 출간 의논 겸 드나들다가 내가 살던 내발산동 주공아파트 옆 동으로 은신처를 옮겼다.

아현역 근처에는 참으로 넉넉한 인품의 장진영 선배가 이끄는 민중만화를 그리는 작화공방이 있었다. 가끔 술자리도 하고, 시각예술운동 단체의 연대 활동도 의논하곤 했다. 장진영은 '미술동인 두렁'의 창립 동인으로 참으로 많은 의미 있는 작업을 하였고, 내가 강화도에 살 때 (1990~1992) 어머니를 포함한 가족을 거느리고 강화로 이사 와서는 농사도 짓고 많은 만화를 그렸다. 아현역을 지나 마포 방향으로 내려가면 마포경찰서 근처에 민족문학작가회의 사무실이 있었고, 거기서 쭉 더 내려가서 용강동 쪽으로 들어가면 창작과비평 사무실이 있었다. 나는 지금도 북아현동부터 마포에 이르는 거리를 지나칠 때면 어떤 아련한 감정에 빠지곤 한다. 민족문학작가회의에서 행사 촬영 의논을 하던 자리와 민문연의 어떤 행사 뒷풀이 자리에서 만난 소설가 황석영은 당시 어디서 봤는지는 모르지만 특유의 입담으로 북한영화 〈월미도〉(리진우, 1983)와 〈피바다〉(최익규, 1969)의 한 장면을 얘기해 줬는데, 실제 그 영화를 보니 그리 대단한 장면은 아니었다. 문인들은 술을 마시면 자주 싸웠던 반면 우리들은 거의 그런 일이 없었다. 싸워 봤자 내가 신혼 집들이를 할 때 왔던 두 감독이 술이 거나해지자 통일이 될 시기를 두고 크게 언쟁하는 정도였다.

나는 그때 신혼이라서 먹고 자는 건 안정되었지만, 민족영화연구소 활동 등으로 마치 혁명 전야처럼 불안정한 상태에서 지냈다. 또, 시위 경험이 없는 감독들이 우리들을 필요로 했기에 미국영화직배저지 투쟁을 하느라 충무로의 감독협회 사무실을 내 집처럼 드나들었다. 우리들 입장에서는 영화계 통일전선 활동을 나간 것이었다. 지금 생각해 보면 무엇인가에 홀린 것처럼 활동을 했다. 세상을 바꿔야 한다는 '과거 지향적 교정 의지'로 충만했다고 착각했지만, 실제 김영삼과 김대중이 후보 단일화를 하지 않아 노태우를 당선시킨 1987년 대선 실패와 베를린장벽 철거를 겪으면서 막연하게나마 패배를 예견했던 듯하다. 그때 과거지향적 교정 의지 대신에 미래지향적 창조 의지를 발휘했더라면 현재 나의 삶은 달라졌을지도 모르겠다. 겉으로 보기에는 비슷한 영화 운동을 했지만 조직 구성과 활동 방식은 판이하게 달랐던 장산곶매, 즉 〈파업전야〉(이은기·이재구·장동홍·장윤현, 1990)의 제작진들이 우리와 결정적으로 달랐던 점은 교정 의지 대신에 미래지향적 창조 의지가 있었다는 점이었다.

결국 1989년 12월 총회에서 민족영화연구소는 점진적 해산을 암묵적으로 결의한 셈이 되었다. 이 총회 문건에는 여러 사안과 함께 1990년대 중반까지는 상업적 이윤이 담보되는 영화사 혹은 고정적인 사업체가 있어야 된다고 적혀 있다. 내가 가장 마음 아팠던 부분이자 동의하기 힘든 부분이 바로 이 부분이다. 우리가 지향한 것은 그런 것이 아니라, 비록 실패하더라도 적어도 세상을 바꾸겠다는 의지로 충만한 동지들로 뭉친 결사체였다. 그야말로 헛된 꿈이었는데, 그 당시로서는 그것이야말로 비록 실패했더라도 의미 있는 탈주였다고 생각한다. 여기에서 탈주란 욕망이 좌절된 곳에서 벗어나거나 새로운 지향을 시도하는 것을 의미한다. 이수정 감독은 최근 민족영화연구소 활동을 기록한 《영화운동의 최전선》[9] 출간 기념 자리에서 "민족영화연구소가 영원히 운영될 줄 알았는데, 해산 후 한동안 우울증을 앓았다"고 말했다. 그 말을 함으로써 그가 멜랑콜리와 애도 중 하나를 선택할 수 있기를 바랄

뿐이다. 멜랑콜리에서 벗어나지 못하더라도, 반복해서 말하지만, 유한한 삶 속에서 그래야만 나 아닌 사람을 향한 충만한 사랑과 자기애가 완성될 수 있으면 그만인 것이다.

다시 자문한다. 1980년대 역사적 실험실로서의 한국영화계에 영화운동은 어떤 역할을 했는가? 적어도 당대의 영화인과 관객을 향해, 영화란 무엇이며 무엇이어야 하는가에 대해 끊임없이 질문하는 역할을 했다고 생각한다. 그렇다면 남은 정동은 무엇인가? 여전히 멜랑콜리이다. 1980년대를 애도하고 떠나보내는 순간, 우리의 의식적 진화를 위한 노력과 1980년대는 그냥 잊힐 무의미한 대상이 되기 때문이다.

1 편집자 주: Roland Barthes, *Journal de deuil: 26 octobre 1977-15 septembre 1979*, Seuil Imec, 2009; 국내 번역서는 롤랑 바르트, 김진영 옮김, 《애도 일기》, 이순, 2012. 리커버 에디션이 걷는나무에서 2018년 재발간되었다.

2 편집자 주: 김지하, 《황토》, 한얼문고, 1970. 후술에서 인용된 〈황톳길〉은 이 《황토》에 수록된 시 중 하나이다.

3 서울영화집단, 《새로운 영화를 위하여》, 학민사, 1983.

4 Louis Giannetti, *Understanding Movies*, Prentice-Hall, 1972.

5 이효인, 〈필요한 영화와 가능한 영화(상·하)〉, 《대학주보》, 경희대학교 대학주보사, 1985년 9월 9일자(839호) 8면(상); 1985년 9월 16일자(840호) 8면(하).

6 유시민, 《거꾸로 읽는 세계사》, 돌베개, 1988.

7 이효인, 《한국영화역사강의 1》, 이론과실천, 1992.

8 성하훈, 〈[한국영화운동 40년 ⑨] 청년 영화인 구속시킨 '파랑새 사건'과 '대학영화연합' 결성〉, 《오마이뉴스》 https://star.ohmynews.com/NWS_Web/OhmyStar/at_pg.aspx?CNTN_CD=A0002629766(최종확인: 2023.11.7)

9 한상언, 《영화운동의 최전선: 민족영화연구소·한겨레영화제작소 자료집》, 한상언영화연구소, 2022.

2부

1980년대 한국/영화

총론

1980년대 한국영화를
이해하기 위한 지도

| 정종화 |

1980년대는 '문화'라는 지층이 한국사회의 수면 위로 올라온 시기다. 이때 문화의 양상을 선명하게 파악하기는 쉽지 않은데, 부정적 차원과 긍정적 성질 사이에서 일정한 방향 없이 요동쳤기 때문이다. 여전히 국가권력이 막강했던 시대, 무엇보다 문화는 당국의 정책으로 조율되는 것이었고, 그에 따른 관제 행사와 대중 오락이 사람들의 마음을 어지럽혔다. 그렇다고 해서 대중이 국가가 발신하는 문화적 영향을 한 방향으로 또 수동적으로만 받아들인 것은 아니다. 엔터테인먼트를 움직이는 자본과 이를 탐닉하는 대중의 취향이 그리 간단하게 결정되지는 않기 때문이다. 1980년대 들어 냉전체제의 와해와 신자유주의적 세계화가 가속화되면서 한국사회 역시 소비자본주의의 달콤함에 젖어 들 수밖에 없었지만, 사람들은 이전과는 달라진 새로운 지평에서 자신만의 대중문화를 능동적으로 만들어 갈 수도 있었다. 급진화된 학생운동 지형 역시 '민중'과 함께 군사정권에 대항하는 중요한 방법론의 하나로 문화적 실천을 선택하고 다채롭게 펼쳐 냈다.

이 시기 대표적인 대중문화인 한국영화 역시 여러 차원이 겹쳐 있고 중층적으로 결정되었음을 염두에 두고 살펴봐야 할 것 같다. 1980년대의 전반기는 유신정권의 영화정책이 고스란히 이어졌지만 자유롭게 영화를 제작하려는 영화인들의 의지와 열망을 더 이상 누를 수 없었고, 이는 당국의 은밀한 입장과도 이해관계가 맞아떨어지는 부분이 있었다. 예컨대 그 과정은 섹스에 관한 검열의 완화였고, 결과는 에로티시즘 영화의 범람이었다. 후반기의 영화계는 영화제작자유화가 성취되었다는 기쁨도 잠시, 할리우드 메이저 영화사가 직접 국내에 진출하며 위기를 맞았다. 직배 반대 투쟁으로 격앙됐던 이 시간은 1990년대 들어 영화산업이 제 궤도에 오를 수 있는 모색의 과정이기도 했다. 1980년대 후반 폭넓게 수입된 외국영화의 물결로 관객들의 심미안이 세련되어지기 시작한 점도 이전까지의 '방화邦畫'라는 호칭을 벗어나 '한국영화'의 시대가 도래함을 예비하는 것이었다. 이처럼 국가의 영화정책, 영화계의 자본과 창작 논리 그리고 대중의 상호작용이 활발하게 교차되었다.

〈애마부인〉(정인엽, 1982)과 〈달마가 동쪽으로 간 까닭은?〉(배용균, 1989)은 1980년대 한국영화의 일단을 설명하는 좋은 보기가 될 것 같다. 〈애마부인〉은 1982년 2월부터 6월까지 개봉관 한 군데에서만 32만 가까운 관객을 동원한 그해 최고 흥행작이었는데, 이는 에로티시즘 묘사에 관한 검열 시스템의 비공식적 완화 제스처, 해방 이후 37년 만의 통행금지 폐지와 심야 상영을 즐기려는 관객들의 해방감 등 여러 요소가 맞물린 결과였다. 서울 강남을 위시

---

* 우리나라에서 제작된 영화를 뜻하는 일본어 한자. 해방 이후 한국에서 방화라는 말은 국산영화와 함께 사용되었고, 한국영화라는 말을 주로 쓰게 된 1990년대까지도 같이 사용됐다. 방화라는 명칭에는 외국영화보다 만듦새가 떨어지는 한국영화에 대한 언론과 대중의 비하적·비판적 의미가 담겼다.

로 때마침 등장한 소극장들은 이 영화에 날개를 달아 주었다. 〈애마부인〉은 1980년대 중후반 비디오산업과 결합한 에로영화 시리즈의 원류가 되었지만, 사실 이 영화가 이후에 양산된 에로티시즘 영화와는 결이 달랐던, 예술영화 화법을 차용한 멜로드라마였음을 기억해야 한다. 충무로 영화계와 거리가 멀었던 한 미술대학 교수가 4년에 걸쳐 완성한 〈달마가 동쪽으로 간 까닭은?〉은 한국영화사상 처음으로 제42회 로카르노국제영화제에서 그랑프리를 받았고, 미지의 예술영화였음에도 불구하고 국내 개봉에서 14만 이상의 관객을 동원하고 흥행 베스트 6위까지 올라 화제가 되었

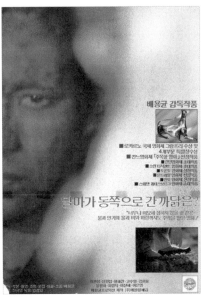

1980년대를 대표하는 두 한국영화. 〈애마부인〉(연방영화주식회사 제작, 정인엽, 1982)과 〈달마가 동쪽으로 간 까닭은?〉(배용균프로덕션 제작, 배용균, 1989)의 국내 개봉 포스터.

다. 제작자유화 조치로 영화인이 아닌 창작자가 직접 프로덕션을 설립할 수 있었고, 각본과 감독은 물론 촬영, 미술, 편집 등 전 영역을 혼자 작업하고 자본의 예속도 받지 않은 말 그대로 '독립영화independent film'의 출현이었다. 이 작품은 한국영화가 국제 영화계에서 진지하게 주목받는 계기를 만들었고, 1990년대 한국의 영화문화가 이전과 비교할 수 없는 새로운 차원으로 들어서게 됨을 상징하는 것이기도 했다.

| 3S 우민화 정책 |

1979년 10월 26일 박정희의 죽음으로 유신체제가 막을 내렸고, 전두환이 주축이 된 신군부가 12·12 군사반란과 5·17 비상계엄령을 단행하며 거침없이 정권을 장악했다. 민주화의 열기를 품은 '서울의 봄'은 5월 광주 시민들이 신군부에 학살당하며 신기루처럼 사라졌다. 이즈음부터 우민화 정책이 속속 등장했다. 신군부 세력은 유신정권이 사치 풍조를 조장한다는 이유로 막아 오던 컬러TV의 시판을 1980년 8월부터 전격 허용했고, 12월 KBS를 시작으로 컬러TV 방송이 시작됐다. 정권 홍보에 TV를 이용했음은 당시 '땡전 뉴스'라는 말이 회자된 것을 보면 알 수 있다.

  1981년 2월 전두환이 제12대 대통령에 취임하며 제5공화국이 출범했고, 곧이어 대중조작mass manipulation을 위한 초대형 관제 행사가 개최됐다. 바로 '국풍 81'이다. 일본을 상기시키는 국풍國風이라는 이름에 '전국대학생 민속국악 큰 잔치'라는 부제가 붙었던 행사는 1981년 5월 28일부터 6월 1일까지 5일간 열렸고, 전통예술제·연극제·가요제부터 국풍장사 씨름판까지 천만 가까운 관객을 동원하며 유사 이래 가장 큰 놀자판으로 기록된다.[1] 1982년에는 1월 5일 밤 12시를 기해 야간통행금지가 해제되면서, 2월 6일 서울극장에서 개봉한 〈애마부인〉은 가장 큰 수혜자가 되었다. 전 세계적 흥행에 성공한 에로티시즘 영화 〈엠마뉴엘Emmanuelle〉(1974)*의 제목과 장르성을 본뜬 이 영화는 심야 상영의 바람을 타고 커플 관객들을 모으며 넉 달이나 상영을 이었다. 그해 3월 23일에는 프로야구가 지역연고제의 6개 구단으로 출범했다. 노태우를 장관으로 앉힌 체육부까지 신설해 스포츠공화국이라는 수식이 붙었던 5공 정권이 불과 반년 만에 밀어붙인 결과였다. 전두환은 심판으로 가장한 경호원과 함께 마운드에 올라 프로야구 개막전 시구를 했다.[2]

이는 5공화국 문화정책의 핵심으로 불리는 '3S 정책'의 대표적인 사건들이다. 잘 알려진 것처럼 3S는 섹스Sex, 스크린Screen, 스포츠Sports라는 영단어의 앞 자를 딴 말이다. 물론 3S라는 우민화 정책이 1980년대 한국에서 가장 먼저 시작된 것은 아니다. 한국 언론 지면에서도 1960년대 초반부터 당대 사회에 대한 비판조로 심심치 않게 확인되는 용어다.[3] 해외에서도 독재국가나 미군정 지배의 우민화 역사에서 찾아볼 수 있는데, 가까운 시기로는 제2차 세계대전이 끝나고 일본에 주둔한 미군정의 점령정책에서 찾아볼

---

* 미국에서 X등급을 받은 〈엠마뉴엘〉 1편은 한국에서는 1994년에야 개봉했다.

수 있다.[4] GHQ[*] 점령기 미국은 패전국 일본에 대해 강경정책과 유연한 문화정책을 동시에 펼쳤는데, 후자의 경우 성풍속이 개방되었고 영화와 엔터테인먼트가 부흥하였으며 프로야구를 시작으로 한 스포츠가 국민행사로 활성화되었다. 구체적으로 보면, 오락성이 강한 영화는 물론이고 일본의 민주화에 필요한 선전적 가치가 있는 영화를 장려했으며, 성적 미디어가 범람하도록 허용했고, 카바레와 댄스홀뿐만 아니라 볼링장, 영화관 등 건전한 오락장도 개발되었다.[5]

사실, 3S라고 명명된 정책은 정권이 남긴 공공기록물에서는 확인할 수 없다. 실체가 없는 비판 프레임이라는 주장과 신군부 정권의 자율화·자유화 정책의 영향으로 자연스럽게 형성된 문화라는 의견이 존재하는 이유다. 3S 정책은 정부 문건을 뒤져 증명하기보다 5공 정권의 천박한 문화정책 그리고 대중과의 상호작용의 결과물로 해석하고 그 실체를 추적하는 편이 생산적일 것이다. 도시역사가 손정목 역시 5공 정책에서 최초의 3S 정책 제안자에 대한 분명한 정보는 찾을 수 없지만, 정권의 핵심적인 문화정책이었음을 분석한다. 그는 3S 정책의 기점을 5공 정권이 기획한 대대적 관제 행사 국풍 81로 보며, 심야극장의 성황과 3·4차로 이어지는 새로운 음주문화를 야기한 야간통행금지 해제 조치가 그 핵이었다고 기록한다. 또, 스포츠 정책은 프로야구·민속씨름·프로축구 출범으로 이어졌고, 스크린 정책은 컬러TV 시대와 함께 '성

---

[*] General Headquarters의 약자. 연합군최고사령부를 의미한다.

애영화' 〈애마부인〉이 스크린의 노출 수위를 높이는 시발점이 되었다. 3S 정책은 대중소비시대와 맞물려 엄청난 파급효과를 낳았고, 자가용 문화를 상징하는 스피드Speed까지 결합해 국민의 일상을 급속하게 변화시켰다. 손정목은 2000년대 초반 한국사회의 스포츠 내셔널리즘과 러브호텔 범람의 근원도 1980년대의 3S 정책에서 찾는다.[6]

당대에도 3S 정책의 실체는 국민과 언론의 비판을 통해 드러났다. 1982년 부산 미국문화원 방화 사건의 판결문을 통해 "정부는 스포츠, 섹스, 스크린 등 3S를 가지고 국민들을 기만하고 있다"는 대학생들의 학습 내용이 되려 노출되었고,[7] 《경향신문》의 〈여적餘滴〉란은 1960, 70년대에 이어 1980년대에도 어김없이 "스크린Screen, 스포츠Sports, 섹스Sex의 두문자頭文字를 따라서 현대를 3S가 지배하는 시대"라는 문장을 실었으며,[8] "3S가 오늘날 한국의 대중문화의 주축을 이룬다고 말할 수 있을 정도로 성의 상품화"가 날로 번창한다는 한 사회학자의 주장[9]처럼 당시 한국사회를 비판하는 기사의 골자는 3S였다.

1988년 2월 6공화국이 출범하자, 5공 정권의 은밀한 3S 정책이 가시화되고 본격적으로 비판받았다. 지금으로서는 믿기지 않지만, 1980년대 중후반 기승을 부린 여성 납치와 인신매매 행위가 3S 정책의 일환으로 향락산업의 확산을 조장하고 방치한 탓이 주요 원인이라는 분석과[10] 1980년대 문화계를 정리한 기사에서는 "양 방송사의 9시 뉴스를 비롯, 모든 보도 내용들은 정부의 정책을 과대홍보하거나 전시하는 데 급급했으며 오락·연예 프로들은

3S(스포츠, 섹스, 스크린) 정책을 적극 수용, 저질 오락 프로그램을 양산해 정부의 우민화 정책을 부추겼다"[11]며 3S가 5공의 정책적 산물이었음을 명기했다.

신군부 정권이 펼친 우민화 정책의 본질은 탈정치화는 물론, 3S를 대중소비책으로 직결시키는 것이었다. 스포츠 정책을 통해서는 국민 여가에 적극적으로 개입했는데, 프로야구를 출범시킨 한국야구위원회의 1982년 슬로건은 "어린이에게는 꿈을, 젊은이에게는 희망을, 대중에게는 건전한 여가선용을"이었다.[12] 1981년 88올림픽과 86아시안게임의 유치가 결정되고 1980년대 내내 그 열기가 관리되면서 스포츠·레저용품 산업, 관광레저업, 스포츠 관람 그리고 스포츠 TV 중계까지 새로운 경제가 창출됐다.

유흥·향락 정책은 처음에는 유흥·향락업이 영세업자의 생계수단이라는 명분으로 완화됐고, 통금 해제 조치와 물가를 억제한 긴축통화 정책과 맞물려 산업화되며 국가의 행정관리를 받게 된다. 유흥업소, 향락업소라는 말이 두루 쓰이게 되었고 '유흥'과 '향락'이 산업이라는 단어와 결합해 사용될 정도였는데, 마침 강남 개발은 그 기업화의 터전이 되었다. 스크린 정책은 컬러TV의 시판과 방송 그리고 비디오카세트레코더VCR의 판매와 시리즈를 양산한 에로영화 붐으로 이어졌고, 영상기기의 소비와 이용이 대중화·일상화되기 시작했다.[13] 특히 섹스와 스크린 정책은 긴밀하게 공조해 선정성과 퇴폐성이라는 새로운 소비 감각을 상품화하며 사회의 전면으로 부각시켰다.

| 영화정책과 영화계 |

1980년대의 영화정책 환경은 보통 1985년을 기점으로 전반기와 후반기로 구분해 파악하는 것이 용이하다. 전반기는 유신정권 때 인 1973년 2월 16일에 공포되고 시행된 제4차 개정 영화법이 지 속된 시기였고, 후반기는 1985년 7월 1일부터 시행된 제5차 개정 영화법 그리고 1987년 7월 1일부터 시행된 제6차 개정 영화법으 로 영화계의 판도가 크게 바뀌었다. 하지만 유신영화법의 연속성 아래 있었던 전반기 역시 한국영화의 불황 국면을 극복하고자 국 가 주도의 제작과 검열이라는 기존 방식에 대한 영화인들의 변화 요청이 끊이지 않았고, 그 요구가 혼란스럽게 조율되고 결국 방향 이 결정되는 시간이었다. 하반기는 프로듀서와 감독, 작가, 배우 등 창작자를 중심으로 한 영화인들의 염원이었던 '제작자유화'가 실현되어 활기를 찾았지만, 그 이면에는 할리우드 영화 직배라는 미국의 요청을 수용하기 직전에 처한 당국의 사정이 숨어 있다. 이렇게 1980년대 한국영화계는 격동의 시기로 진입한다.

지속과 변화 사이

우선 1980년대 전반기의 영화계를 구획한 기본 틀인 제4차 개정 영화법의 주요 내용을 일별하면 다음과 같다. 먼저, 영화제작업을 그간의 등록제에서 허가제로 바꿔 신규 영화사 설립을 정부의 강 력한 권한 아래 뒀다. 영화제작 기기 및 시설 기준은 본법에서 삭 제했지만, 시행령에 허가 기준을 별도로 두고 35밀리 카메라 3대 이상, 스튜디오 시설, 제작 자금 5천만 원 같은 요건을 분명히 했다. 다음으로 1970년 제3차 개정 때 분리했던 제작업과 수입업을 다시 일원화해 극영화 제작업자에게만 외국영화 수입이 가능하도록 했다. 또 문화공보부장관은 영화의 연간 제작 및 수입 편수를 조절할 수 있었고, 제작중지 명령을 내릴 수 있는 검열의 주체였다. 그리고 영화국책을 담당할 영화진흥공사 설립이 법제로 명문화됐다. 제4차 개정을 공포한 당국의 의도는 영화업을 허가제로 하여 영화사가 대형화·기업화하도록 더 강하게 관리하면서 국산영화 제작자만이 외화를 수입하도록 하여 그 이익을 다시 한국영화 제작에 투입하게 만들겠다는 취지였다. 1962년 영화법 제정 이후 계획대로 실현되지 않았던 기업화의 열망을 재점화하고, 1970년대 초반부터 닥친 한국영화의 불황을 타개하려는 시도였지만, 1973년의 개정안 역시 탁상공론의 기획안에 불과했다. 1980년대 초반에도 영화계의 불황은 해결될 실마리가 보이지 않았고, 국가가 허가한 20개 사 중심의 독과점 정책은 영화사들만 잇속을 챙기게 하고 한국영화는 명맥만 유지하게 만들었다고 해도 과언이 아니다.

제4차 개정 첫해인 1973년 11개 영화사가 허가됐고, 1974년 3개 영화사가 추가된 후, 1978년 6개 영화사가 허가되어,[14] 1980년부터 1985년까지 한국영화계는 정해진 20개 영화사만이 한국영화를 제작하고 이 회사들만 외국영화를 수입할 수 있었다. 핵심은 국가가 그 권리를 일일이 민간에 배정하는 시스템이었다는 점이다. 다시 말해, 각 영화사가 한국영화를 제작하고 수상받은 실

표 1 1980년대 전반기 영화시책 경과

연도	영화사 수	한국영화 의무제작 편수*	총 편수	한국영화 제작(검열) 편수	외국영화 수입 배정 편수	외국영화 수입(검열) 편수
1980년	20개 사	3편 이상	90편 내외	91편	22편 내외	32편
1981년	20개 사	4편 이상	100편 내외	87편	22편 내외	25편
1982년	20개 사	4편 이상	100편 내외	97편	23편 내외	27편
1983년	20개 사	4편 이상	100편 내외	91편	24편 내외	24편
1984년	20개 사	4편 이상	100편 내외	81편	24편 내외	25편
1985년 상반기	20개 사	3편 이상	60편 이상	80편(연간)	20편 내외	27편

※ 1980~1986년 각 연도 《한국영화연감》 참조. 단, 1980년도 영화시책의 경우 1980년 《한국영화연감》에는 실리지 않아(1981년 분을 게재), 연감의 〈'80 한국영화계 총관〉과 당시 신문 기사(〈우수영화 심사제도 폐지〉, 《조선일보》, 1980년 2월 22일자 5편) 등 참조. 한편 외국영화 관련 편수는 극영화만 산정했고 검열 편수는 전해 이월작 포함.

* '한국영화 의무제작 편수'는 검열 합격 기준에 따른 수치임.

적에 따라 확실한 흥행수익을 거둘 수 있는 외국영화를 수입할 권리를 정부가 나눠 줬다. 한 해의 구체적인 계획은 연초마다 발표하는 '영화시책'을 통해 영화계에 알렸고, 이러한 체제는 1985년까지 지속됐다. 영화계의 의견을 청취하되 큰 틀은 바뀌지 않았던 영화시책에는 그해 영화제작과 수입 배정 계획, 외국영화 수입권 보상과 우수영화 제작 장려, 영화진흥공사와 영화배급협회 운영 방침* 등이 고시됐다. 영화평론가 이명원은 당시 한국영화의 풍경에 대해 "시책의 발표와 함께 움직이기 시작하는 영화계의 운동법칙은 영화계가 관 주도형이어서 당국의 과잉보호 또는 과잉간섭

---

* 영화배급협회는 1973년 창립해 1985년까지 존속했지만 행정 단계만 추가시킨 유명무실한 기구였다. 한편, 1982년 영화시책부터 영화진흥공사가 우수영화 선정 통보에 따른 20편의 외화 쿼터를 각 영화사에 배정하도록 했다.

을 줄곧 받아 온 쌉쌀한 모습"으로 기록한다.[15]

표1에서 확인할 수 있는 것처럼, 매년 영화시책을 통해 그해 산업 규모를 결정하는 근간이 되는 정부의 영화 수급 계획, 즉 국산영화 의무제작 편수와 외국영화 수입 배정 편수가 결정됐다. 영화계가 관성대로 움직이고 타성에 젖을 수밖에 없었던 이유다. 국산영화 제작의 경우 연간 총 편수가 정해지고 20개 영화사의 의무제작 할당량*이 산정된다. 1980년의 계획 편수는 90편 내외, 1981~1984년은 100편 내외, 영화법 개정이 결정된 과도기였던 1985년 상반기는 60편 이상이었다. 그리고 20개 영화사는 각각 한국영화 제작을 1980년에 3편 이상, 1981~1984년 4편 이상, 1985년 3편 이상으로 배정받았다. 이는 검열 합격까지 통과한 기준이다. 사실 영화 수급 편수가 계획대로 진행되기는 힘들었기에 총 편수 역시 90~100편 내외로 잡은 것인데, 이 수치에서 짐작할 수 있듯이 각 영화사의 제작 상한선은 5편까지였다.

외국영화의 수입권은 우수영화 선정작, 대종상 수상작, 국제영화제 수상작을 낸 영화사에 우선 배정되었다. 1980년대 중반까지 각 연도《한국영화연감》에서〈영화시책〉지면에 바로 이어〈우수영화 · 영화관계상〉결과가 증빙처럼 실려 있는 이유다. 1981년 시책의 외국영화 수입 계획을 살펴보면 총 편수는 22편 내외였고, 각 영화사가 2편 이상의 우수영화를 제작한다고 가정하고 20편,

---

* 만약 영화사가 의무제작을 이행하지 않으면 다음 해 외국영화 수입권을 아예 배정받지 못하게 된다.

대종상의 최우수·우수작품상 수상작에 각 1편씩 해서 2편을 합하면 총 22편이었고, 칸·베를린국제영화제 본상(작품상, 감독상, 남녀주연상) 수상작에도 배정했다. 1982년 시책에서 23편 내외가 된 것은 대종상에서 계몽, 문예(1983년부터 '일반'으로 명칭 변경), 반공** 각 부문 작품상 수상작을 제작한 업자에게 각 1편씩 배정하여 늘린 결과다. 1983년 이후 24편 내외가 된 것은 칸과 베를린 외에, 베니스·시카고·멜버른영화제의 추가가 책정의 근거로 보인다. 1984년에는 멜버른이 빠지고 아카데미가 몬트리올·로카르노영화제와 함께 추가됐고, 본상의 범위도 각본상·촬영상·미술상까지 확대됐다. 미국영화수출협회MPEAA의 시장개방 압력이 본격화된 1985년에는 칸·베를린영화제와 아카데미상으로만 다시 한정됐다. 한편 영화법 개정이 결정된 1985년 상반기 영화시책에서는 2편 이상의 우수영화를 포함해 3편 이상의 극영화를 제작하고 종합촬영소 건립을 위해 1억 원 이상 출자한 영화사에게 외화수입권 1편을 배정했다. 제5차 개정 영화법이 실질적으로 작동한 1986년부터 각 영화사의 의무제작과 이에 연동된 외화 수입 배정 방식은 사라진다.

외화수입쿼터의 근간이 되는 우수영화 선정 제도는 구 영화법의 가장 큰 문제로 지적됐다. 1980년 신년 벽두 한국영화평론가협

** 1980년 영화시책부터 우수영화가 재정의되며 반공·계몽·새마을 등 유신이념을 구현하는 국책영화가 자취를 감추는가 싶었지만, 1982년 시책에서 다시 반공영화에 관한 언급이 등장했다. '반공영화제작'이 별도 항목으로 명기되어 영화진흥공사는 반공영화 진흥책을 강구하라는 내용에 덧붙여, 대종상 작품상 부문을 계몽·문예·반공으로 세분화하며 반공안보영화 제작을 독려했다.

회 회장 이영일은 "우수영화의 개념이 국책, 도식적 반공, 새마을 지도자상, 수신교과서적 지도자상, 계몽영화로 한정함으로써 예술작품이나 생생한 현실을 소재로 한 작품을 배제하거나 과소평가"했을 뿐만 아니라 "매년 심사 때마다 고의적으로 비전문가인 사회저명인사를 심사위원으로 위촉"해 우수영화 제도가 외화 쿼터 획득의 수단으로만 이용됐다고 비판의 목소리를 냈다.[16]

대중성과 거리가 멀었던 우수영화와 역시 잡음이 끊이지 않았던 관제 영화제 대종상의 수상작은 짧게 개봉하거나 바로 개봉관을 잡지 못하고 창고에 방치되기 일쑤였다. 예를 들어, 1980년 제작 편수 91편 중 실제 개봉된 영화는 72편으로 미개봉 19편과 1979년도 이월본을 포함해 무려 50편 정도의 영화가 빛을 보지 못하는 상황이었다. 또한, 각 20개 사에 배정된 의무제작 편수가 4편이라고 하면 이는 우수영화 2편과 일반 흥행용 영화 2편으로 상정한 것이다. 다시 말해, 각 사가 매년 외화수입쿼터 1편을 받도록 우수영화 2편을 무조건 만들 것이라는 가정이어서, 선정 기준을 포함한 시스템의 실제 작동이 혼란스러웠음을 어렵지 않게 짐작할 수 있다.*

1980년 연초 영화인들의 요청을 받아들여, 1979년 영화시책의 "민족의 자주성과 우리의 미풍양속을 드높이는 건전하고 명랑하

---

* 결국 2편을 받게 되는 것 아니냐고 반문할 수 있지만, 자본 논리가 첨예하게 작동하는 민간 영화사가 그저 기다릴 수만은 없었다. 예컨대 상반기 할당량 2편을 빨리 끝내면서 우수영화 판정까지 받으면 바로 외화수입쿼터를 받아 수익을 취할 수 있다. 물론 우수영화이면서 흥행까지 성공한다면 더할 나위 없으므로 계산이 복잡해진다. 물론 힘든 경우지만 우수영화를 4편 제작하면, 외화쿼터가 2편으로 늘어나는 점도 고려해야 한다.

며 예술성이 높은 작품"이라는 국책적 성격에서, 1980년 시책의 우수영화 정의는 "예술성을 지니고, 많은 사람이 보고 즐길 수 있으며 관객에게 감명을 주고 사회의 계도성과 교양성을 갖춘 독창적 작품"으로 오락성까지 포함해 규정됐다." 일정 부분 산업의 활력이 생길 여지가 만들어진 것이다. 또, 우수영화 선정은 검열을 담당하는 공연윤리위원회의 영화검열심사위에서 동시에 진행하기로 정했다.[17] 80점 이상을 받으면 우수영화로 선정됐고, 1983년부터는 만장일치의 가부제로 바꿔 문턱을 높였다. 황당무계한 폭력·무술영화, 저속한 코미디영화, 남녀 관계를 전반적으로 음란하게 묘사하거나 범법 및 타락을 미화한 영화 등은 우수영화 심사 대상에서 제외됐다.[18]

1980년대 전반기에 어느 정도 방향이 조율된 우수영화 제도가 영화 창작자들이 만들고 싶은 영화를 만드는 보루로 기능할 수 있었는지는, 당대 평론계에서도 미학적 완성도는 물론 독특한 작품으로 평가받았던 임권택 감독의 〈안개마을〉(1982)의 사례를 보는 것이 좋겠다. 영화를 제작한 화천공사가 기획 단계에서 영화 제목과 주인공 선정 등에 관해 20대 초반 대학생 중심으로 설문조사를 진행하는 등[19] 완성도 높은 상업영화를 지향하며 국제영화제 진출도 노렸던 작품이다. 12일 만에 집중적으로 촬영해 1982년 12월 30일 검열에 합격한 이 영화는 〈오염된 자식들〉(임권택), 〈겨울여자

** 1983년 영화시책에서는 "주제가 건전하면서도 예술성이 높고 관객에게 감명을 줄 수 있는 계도성, 교육성, 오락성을 갖춘 독창적인 작품"으로 정의를 수정하며, '오락성'을 문구로 구체화했다.

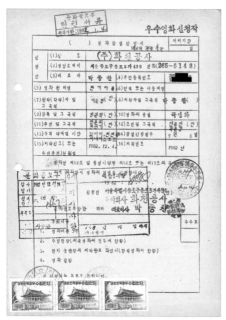

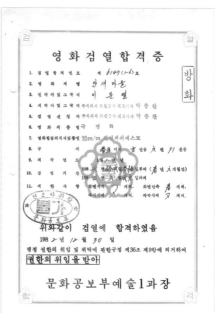

〈안개마을〉(화천공사 제작, 임권택, 1982) 영화검열신청서
(왼쪽). '우수영화 신청작'이라는 직인을 확인할 수 있
다. 〈안개마을〉 영화검열합격증(오른쪽). 완성된 영화
는 화면단축 1개 처분으로 검열에 통과해, 연소자관람
불가 등급을 받았다. 하단은 〈안개마을〉 포스터.

2부〉(김호선)에 이어 화천의 마지막 우수영화로 선정되었지만, 결과적으로 영화사의 외화수입쿼터에는 기여하지 못했다. 1983년 2월 개봉 후 그해 대종상에 출품되어 안성기가 남우주연상을 받았고, 다음 해 한국 대표로 제34회 베를린국제영화제에 출품되었으나 경쟁 부문에 오르지 못했다. 이후 영평상(한국영화평론가협회상) 등 국내 영화상 수상에 이어 런던영화제 비경쟁 부문에 출품해 호평을 받았다.

1980년대 전반기는 영화법과 검열제도의 불합리를 지적하고, 제작자유화를 요구하는 영화인들의 목소리가 높아졌다. 그 주체를 정확히 말하면 창작자 중심의 영화인들이었고, 20개 사 중심의 제작자들은 종래의 제도를 고수하려는 입장이었기 때문에, 영화계의 상황을 전하는 언론 지면은 찬반 의견이 극명하게 갈렸다. 예를 들어, 1980년 영화시책 발표를 앞두고 한국영화인협회, 한국영화제작자협회, 전국극장연합회, 그리고 한국영화평론가협회가 각각 문공부에 건의서를 제출하는 식이었다.[20] '사전검열의 폐지와 검열 기준의 완화'를 주장하는 대목만 의견이 일치할 뿐, 기존 영화계의 지분을 가지고 있는 20개 사로 구성된 영화제작자협회가 '제작자유화' 주장에 동의할 리 만무했다.

사실 영화제작보다는 이와 연동된, 한 편당 4억 원 이상의 막대한 이권이 된 외화수입쿼터의 향방이 더 첨예한 이슈였다. 영화평론가 이영일이 1973년 개정 영화법이 "한국영화와 영화예술을 창조하는 영화인을 위한 것이 아니라 오로지 영화제작사와 제작자를 위한 것이 됐다"[21]고 비판했듯이, 제작자유화를 쟁취하기 위한

표 2 1980년대 영화법 개정 골자

법제	공포 및 시행 일자	주요 내용
제4차 개정 영화법	1973년 2월 16일 동일	• 영화제작업을 등록제에서 허가제로 변경해 신규 허가를 제한할 수 있는 근거 마련(제4조) • 문화공보부장관은 필요시 연간 제작 및 수입의 편수를 조절할 수 있음(제6조) • 극영화 제작업자만 외국영화의 수입추천을 받을 수 있고 국산영화 진흥자금을 영화진흥공사에 납부해야 함(제10조) • 영화(예고편 포함)는 문화공보부장관의 검열을 받음(제12조) • 영화진흥공사 설립(제14조)
제5차 개정 영화법	1984년 12월 31일 1985년 7월 1일	• 영화제작업, 영화수입업을 등록제로 완화(제4조) • 영화업자가 아니어도 연 1편의 독립제작 가능(제5조의2) • 제10조 2항의 극영화 제작업자만 외국영화의 수입추천을 받을 수 있도록 한 조문 삭제
제6차 개정 영화법	1986년 12월 31일 1987년 7월 1일	• 제4조의2 2항의 영화업자의 결격사유였던 외국의 법인 또는 단체를 삭제해 외국영화사 국내 진출 허용 • 제10조 3항의 국산영화 진흥자금 납부 조문 삭제 • 영화(예고편 포함)는 공연법에 의해 설치된 공연윤리위원회의 심의를 받음(제12조)

열망은 제작자가 아닌, 영화인협회*와 영화평론가협회가 주도했다. 전자는 감독·배우·작가·기획자 등 8개 분과 위원회의 상부 조직이었고, 후자는 영화평론가와 대학교수들의 모임이었다.

1981년부터 매년 영화법 개정 움직임이 가시화되고 여하튼 영화계를 유지해 온 공이 인정되는 20개 사의 반발로 가라앉길 반복하다가,[22] 1984년 2월 영화제작과 외화 수입을 분리하고, 영화제작을 허가제에서 등록제로 바꿔 자유화시키며 독립프로덕션 제도까지 도입하는 것을 골자로 한 문공부의 개정안이 확정됐다.[23] 5월에

---

* 한국영화인협회는 1962년 1월 3일 창립(이사장 윤봉춘)하며 감독·배우·기술·음악·시나리오 5개 분과로 시작했다. 제작사를 제외한 각 직능의 영화 창작자들이 집결한 성격의 단체이다.

는 영화진흥공사가 영화법 개정을 위한 공청회를 개최해 영화인 130여 명이 모여 토론했는데, 영화제작자유화 건은 찬성에 도달했으나 외화 수입과 한국영화 제작의 분리 문제는 끝내 합의에 이르지 못했다.[24] 12월 11일 국회 문공위가 개정법안을 통과시킬 때까지, 영화배우들의 호소문이 지면광고로 실리고[25] 영화인협회 감독분과위원회가 일체 제작 활동을 거부하고 대종상 보이콧을 결정하는[26] 등 개정파 영화인들은 끝까지 긴장의 끈을 놓지 않았다. 1984년 12월의 마지막 날, 창작자 중심의 영화인이 발의한 개정안이 공포되며 1980년대 후반기의 상황이 결정된다.

활기와 위기 사이

문화에 대한 통제만이 능사가 아니라고 판단했던 5공 정권은 정치적 억압과는 별개로 영화를 포함한 대중문화 영역에 대해서는 규제를 완화하는 방향을 택했다. 1985년 7월 시행한 제5차 개정 영화법은 한국영화계의 체질을 바꾸는 시발점이 된다. 영화사 등록제와 동시에 독립영화 제작도 신고제를 허용해 영화제작의 자유화를 유도했고, 국산영화 제작과 외국영화 수입을 분리해 외화수익을 국산영화 진흥자금으로 유입되도록 당국이 직접 관리했으며, 문공부가 주체였던 영화 검열을 공연윤리위원회에 이관해 영화심의로 바꿨다. 물론 사실상의 검열은 존속했지만, 유화 국면을 예고한 것이다. 또한, 국산영화 의무상영일수를 연간 5분의 2(146일) 이상으로 정하는 스크린쿼터제 조항이 신설됐다. 이때 이영일은 "한 마디로 영화법 제정 이후 제4차의 개정(1962~1973)을 거쳐 시행되어 온 영화법은 통제영화법"이었다면, "이번 제5차 개정 영화법은 개방영화법이라고 불러도 좋을" 만큼의 큰 변화였다고 기록한다.[27] 물론 '개방'이라는 말이 상대적 표현임을 덧붙이는 예리함도 놓치지 않았다.

문화공보부의 영화시책이 《한국영화연감》에 실린 것은 1987년 판이 마지막이다. 1986년 4월에 발표한 기존의 영화시책과는 다른 어조인 '한국영화발전시책'이 그것이다. "개정영화법의 취지에 따라 영화제작의 자율성을 보장하는 한편 외국영화 수입개방에 대처, 우리 영화의 국제경쟁력을 높이기 위해 (중략) 적극적인 시책을" 펴 나가겠다는 문장으로 시작해 다음의 내용을 포함하고 있다.

우선 제작자유화를 활성화할 실질적 시책으로 1985년 7월 5일 개정된 영화법 시행규칙의 예탁금 기준을 수정했다. 극영화 제작사는 1억 5천만 원에서 5천만 원으로, 외국영화 수입업자는 7억 원에서 5천만 원으로 대폭 인하했고, 독립영화 제작자의 예치금은 영화제작비의 90퍼센트에서 10퍼센트로 낮췄다. 한국영화 제작사의 예탁금 기준만 내리지 않은 것에서 외국영화사의 국내 진출을 허용하기로 한 1986년 12월 영화법 6차 개정의 전초적 성격임을 감지할 수 있다. 또한 영화진흥자금의 규모를 확대 조성하고, 그 자금을 통한 한국영화 지원을 기재와 시설, 시나리오 공모, 영화인 교육 같은 구체적인 방향으로 전환했으며, '좋은영화'를 선정해 제작비 일부나 광고비 등을 지원하는 것으로 정했다. 1990년대 후반 본격적인 궤도에 오르게 되는 한국영화산업을 예비하는 단초들이 이때부터 발견된다.

제5차 개정 영화법으로 제작의 문호가 열리자, 그간 대명제작(20개 영화사의 이름만 빌리고 실질적으로 영화를 만들던) 방식으로 실력을 발휘하던 프로듀서와 역량과 의욕 충만한 감독들이 자신들의 영화사를 만들어 직접 흥행 전선에 뛰어든다. 영화법 개정 이후 가장 먼저 등록한 영화사는 〈고래사냥〉(배창호, 1984) 등을 성공시킨 기획자 출신 황기성의 '황기성사단黃奇性社團'이다. 그는 1978년부터 영화사 설립 신청을 냈으나 10여 차례나 반려당하던 차, 1985년 7월 19일 영화진흥공사에 법정예탁금을 제출하면서 신규 영화사 1호가 되었다. 황기성사단의 창립작은 윤여정이 주연하고 김수현이 시나리오를 쓴 〈어미〉(박철수, 1985)*로, 인신매매라는 예민한 사회문제가 속도감 있는 화법에 실려 강력한 에너지를 뿜어내는 수작이다. 〈고래사냥 2〉(배창호, 1985), 〈안개기둥〉(박철수, 1986), 〈성공시대〉(장선우, 1988) 등을 연이어 발표한 황기성사단은 1990년대 한국영화의 변화를 선취하고 견인했다.

자본금과 예탁금을 합해 2억이라는 자본이 필요해 영화사 등록 신청이 활발한 수준은 아니었지만, 1985년 연말까지 변장호 감독의 대종필림, 김유진 감독이 주축이 된 대진엔터프라이즈, 배우 김지미의 지미필름 등이 뒤를 이으며 7개 사가 최종 등록했다. 1년에 한 편 제작할 수 있는 독립프로덕션 1호는 9월 5일 등록한 하명중영화제작소였고 홍파프로덕션, 세진프로덕션 등 뒤이어 최

---

* 최초 제목은 '에미'였으나, 윤흥길의 소설 《에미》의 영화화권을 갖고 있던 우진필름(대표 정진우)과의 제명 시비로 '어미'로 제목을 바꿨다.

제작자유화 이후 황기성사단의 대표작 〈어미〉(박철수, 1985), 〈고래사냥 2〉(배창호, 1985), 〈안개기둥〉(박철수, 1986), 〈성공시대〉(장선우, 1988) 포스터.

종 5개 프로덕션이 등록했다.[28] 하명중영화제작소의 첫 작품은 배우 하명중의 세 번째 감독작이기도 한 〈태〉(1986)였다. 미국영화 시장개방 압력과 함께 예탁금 조항 장벽이 낮아지면서, 기존 20개 영화사가 1986년 연말 기준으로 59개 사가 되었고, 독립프로덕션 도 20개가 생겨났다. 1986년 한국영화 흥행 10위에 진입한 작품을 보면 기존 20개 사 작품 사이에, 이장호 감독이 설립한 판영화 사가 제작하고 그가 연출한 〈이장호의 외인구단〉(1986)이 2위, 황기 성사단의 〈고래사냥 2〉가 5위(전해 12월에 개봉해 3위로 이월), 태 흥영화사 출신 방규식의 방프로덕션이 제작한 〈돌아이 2〉(이두용, 1986)가 9위를 차지했다. 신규 영화사의 약진이 시작된 것이다.

외국영화 직배가 예고된 상황이었지만, 안전한 수익을 기대할 수 있는 외화 수입도 과열 경쟁 시대가 열렸다. 1985년 5월 영화 진흥공사가 외화수입사 등록을 받기 시작하자 4일 만에 34개 사가 신청했다. 합동, 동아흥행 등 기존 영화사 12개 사와 황기성사 단, 하명중영화제작소 등 신규 영화사 10개 사 그리고 명보영화 사, 단성영화 같은 극장주의 5개 사였다. 미국의 영화시장 개방 압력으로 예탁금이 크게 줄었고, 전통적인 외화 선호 열기가 여전했기 때문이다.[29] 1986년 말 기준으로 외화수입사가 54개 사에 이르며, 외화 수입가 상승과 개봉관 확보의 어려움으로 치열한 경쟁이 점화됐다.

제작자유화로 인한 영화계의 활기도 잠시, 미국의 영화시장 개방 압력이 수면 위로 불거졌다. 1985년 9월 9일 미국영화수출협 회MPEAA가 한국이 미국영화에 대해 불공정한 수입 규제를 하고 있고 또 지나친 검열 규제를 하고 있다는 이유를 들어 미상공 대표부에 제소한다. 미국 측이 제기한 16개 요구 사항은 10월 27일부터 3일간 한국의 정부 협상팀과 미국영화수출협회 간의 워싱턴 협상에서 논의됐다. 바로 제1차 한미영화협상인데, 외화수입가격 상한선을 조기 철폐하고 미국 영화업자가 1987년부터 한국 지사를 설치할 수 있도록 하며, 외화수입사의 등록 예탁금을 대폭 인하하고 국산영화진흥자금 납부제를 폐지하는 대신 현행 스크린 쿼터 일수는 유지하는 것으로 타협했다. 협상 결과에 기반해 한국 영화시장을 개방하기 위한 정부의 영화법 개정 작업이 진행되어 1986년 5월 13일 제6차 개정안이 확정된다. 영화업자의 등록 예탁금 인하는 5월 2일 영화법 시행규칙 개정에 먼저 반영됐다. 제작자유화의 취지를 살리자는 국내 영화산업계의 요구가 수용된 것이기도 하지만, 사실상 한국 영화시장에 대한 미국발 개방 압력의 결과였음을 알 수 있다.[30]

1986년 12월 31일 개정된 제6차 영화법으로 영화업자의 결격 사유였던 '외국의 법인 또는 단체' 문구가 삭제되어, 외국인이 국내에서 영화업을 할 수 있는 법적 기반이 마련되었다. 단지 외국 영화사가 국내에 들어와 영업을 시작한다는 의미에 그치는 것이 아니라, 전 세계에서 영화 매체에 대한 가장 막강한 영향력을 행사하던 할리우드 영화사가 직접 국내에 진출하는 상황이 전개된 것이다. 또한, 6차 개정은 외국영화를 수입할 때 국산영화 진흥을 위한 자금을 영화진흥공사에 납부하는 규정이 삭제됨에 따라 국산영화진흥기금 설치 조항 역시 삭제됐고, 영화진흥공사의 사업 및 운영에 필요한 자금을 국가에서 보조할 수 있는 규정이 신설됐다. 이는 타의에 의한 변화였지만, 한국영화진흥사업의 국고지원 체제가 마련됐다는 점에서 의미가 있다. 한편 1987년 7월 시행령을 통해서는 영화업자 등록 기준을 자본금 5천만 원 이상으로 규정한 것을 외국 법인의 국내 지사일 경우 적용을 제외하는 등 완화 조치가 잇달았다.[31] 미국의 10대 영화사들이 주축이 된 미국영화수출협회는 1986년 12월부터 대형 스튜디오의 영화 판권을 국내 수입사에 아예 판매하지 않았고, 지사 설립 인가를 받기 전인 1986년 9월경에 이미 한국 지사인 미국영화수출회사AMPEC를 설치해, 한국영화계 상황을 조사하고 국내 사업 파트너를 물색하는 기민함을 보였다.[32] 1988년 10월에는 제2차 한미영화협상이 이어져, 수입 외화 프린트 벌수 제한의 단계적 완화 및 폐지, 영화 심의 절차 간소화 등 외국 영화사의 활동을 제한하는 제도들이 변경되며, 한국영화 시장은 완전히 개방된다.

1988년 1월 다국적 영화 배급사인 UIP(MGM, 파라마운트, 유니버설, UA의 배급 대행)를 시작으로 미국의 20세기폭스사가 국내에 현지 법인을 설립하여 영화시장에 진출했다. UIP는 지역의 영화 흥행업자를 통해 간접 배급하는 기존 관행이 아닌, 서울과 지방 가릴 것 없이 영화관과 직접 상영 계약을 맺는 직접 배급 방식을 내세웠다. 처음에는 개봉관들의 외면으로 대관에 어려움을 겪었지만, 선전비를 부담하고 극장 측에 일정 수익을 보장해 주는 이례적인 조건으로 개봉이 성사된다. 한편, 20세기폭스코리아는 자사와 국내 배급사가 수익을 반으로 나누는 간접 배급으로 시장에 진입했다.

UIP가 몇 차례의 시도 끝에 직접 국내 흥행에 나선 첫 영화는 〈위험한 정사〉(1987)였다. 1988년 추석 대목 프로그램으로 9월 24일 서울의 코리아극장과 신영극장을 비롯한 전국 9개 영화관에서 동시에 개봉한다. 〈위험한 정사〉의 상영이 결정되자, 가장 먼저 9월 15일 영화인협회 감독분과위원회가 시장개방 정책을 즉각 철회하라는 성명을 발표하고 한국영화업협동조합(이사장 이태원)도 함께 투쟁하기로 결의한다.[33] 영화감독 50여 명이 19일부터 협회 사무실에서 철야 농성을 시작했고, 22일 감독분과위원회를 주축으로 시나리오작가와 청년영화인협회 등이 함께한 '미국영화 직배저지 영화인 투쟁위원회'(위원장 조문진 감독)를 결성하고 직배반대 운동을 본격화했다. 상영 하루 전인 23일에는 서울 시내 20개 개봉관과 13개 재개봉관이 '우리는 미국영화사 직배영화의 수급을 일체 거부한다'는 플래카드를 내걸고 휴관했고,[34] 개봉 날 2백여 명의 영화인들이 명동 코리아극장과 신촌의 신영극장 앞에서 연좌 농성을 벌이는 등 영화인 투쟁위원회의 항의시위가 거세졌다. 〈위험한 정사〉는 코리아극장에서 20일 상영으로 2만 2천, 신영극장의 43일 상영으로 4만 2천 관객을 모으는 데에 그쳤지만, 미국영화 직배 저지 투쟁은 해를 넘겨 더 격앙되었다.

1989년 2월 정진우 감독이 운영하는 씨네하우스가 〈007 리빙데이라이트〉(1987)를 개봉하며 UIP 직배망에 가담하자, 5월 27일 〈레인맨〉(1988)을 상영하던 관객석에서 뱀이 든 자루와 암모니아 가스통이 발견되는 소동이 있었다. 8월에는 5개 직배 상영관에서

〈위험한 정사〉를 상영하는 신영극장 앞에서 영화인들이 벌인 직배 반대 시위. 〈인디아나 존스: 최후의 성전〉의 심야 상영 후 방화 사건이 일어난 씨네하우스 객석 모습. ※ 출처: (왼쪽)《한겨레》, 1989년 9월 5일자 7면 기사. (오른쪽)《경향신문》, 1989년 8월 14일자 14면 기사.

최루가스 분말로 관객이 대피하는 소동과 방화 사건이 일어나기도 했다.[35] 1989년 외국영화 흥행 10위를 살펴보면 UIP 영화는 모두 2편이 순위에 들었는데, 〈인디아나 존스: 최후의 성전〉(1989)이 3위, 〈레인맨〉은 5위를 차지했다. 두 영화는 각각 서울 개봉에서만 49만과 33만 이상의 관객을 동원했다. 1990년에는 UIP의 〈사랑과 영혼〉(1990)이 1위를 차지한 것을 위시로 2위 〈귀여운 여인〉(1990), 3위 〈다이하드 2〉(1990) 등 5편이 미국 직배사 영화였다. 1996년 뒤늦게 밝혀진 일이지만, UIP 직배를 둘러싼 일련의 사태 이면에는 직배 영화를 확보하기 위한 극장주들의 암투가 있었다. 이때 서울시극장협회장 곽정환이 구속됐다. 1989년 7월 3개 관의 복합관으로 재개관한 서울시네마타운의 대표가 곽정환이었는데, 그 역시 1990년 12월 〈사랑과 영혼〉으로 UIP 직배망에 가담했다.

직배에 대한 위기의식과 이권 사이에서 한국영화산업의 구성원들은 결국 분열되었다. 영화인, 제작자, 영화관 소유주 등 각자 입장에 따라 이해관계가 달랐기 때문이다. 1989년 11월에는 문화부가 한국영화 의무상영일수 146일을 장관 재량으로 20일 단축할 수 있도록 결정하자, 스크린쿼터 일수에 대한 영화계의 입장 차도 첨예해졌다. 쿼터 축소는 서울시극장협회 등 극장업 단체는 물론 한국영화인협회까지 요구한 것이었다. 이미 1년 전인 1988년 12월 영화인협회 감독분과위원회 소속 감독 60여 명이 영화인협회를 구시대의 유산으로 규정하고 탈퇴해 한국영화감독협회를 별도로 만들었고,** 1989년 12월에는 한국영화업협동조합 101개 회원사 가운데 25개 사 대표가 모여 한국영화제작가협회를 결성했다. UIP 직배 반대 투쟁 이후 표면화된 영화계 내부의 갈등과 이해관계의 대립이 표출된 상징적 사건이었다.

1989년에 제작된 한국영화는 모두 110편으로 1980년대 들어 가장 많은 편수였고, 제작자유화가 시작된 1985년의 80편에 비하면 30퍼센트 가까이 증가한 셈이었다. 한편 1989년에 수입된 외국영화는 공륜의 심의를 끝낸 작품을 기준으로 264편, 실제로 개봉한 영화는 179편이었다. 1985년 심의 편수인 27편에 비하면 10배 정도 증가한 수치였고, 1989년에 제작된 한국영화 110편에 비해서도 2.5배에 달했다. 제작자유화가 시행된 제5차 개정 영화법은 한국영화 제작의 활기를, 외국 영화사 국내 진출이 허용된 제6차 개

---

* 1990년 1월 3일 영화법 시행령에 반영됐다.

** "박정희 군사독재정권의 문화통치 수단의 일환으로 타율성으로 구성되어 정부의 시녀 노릇을 해 온 한국예술단체총연합회(예총) 산하 영화인협회를 탈퇴한다"고 밝힌 영화감독협회는 이장호, 배창호 등 영화계 중진과 유현목, 김기영, 김수용 등 선배 그룹뿐만 아니라, 박철수, 장선우, 정지영 등 1980년대에 두각을 나타낸 감독들이 주축이 됐다. 〈영화감독협회 '독립선언'〉, 《한겨레》, 1988년 12월 2일자 7면 기사.

UIP가 한국 극장가에 직배한 〈위험한 정사〉(에드리안 라인, 1987), 〈007 리빙 데이라이트〉(존 글렌, 1987), 〈레인맨〉(배리 레빈슨, 1988), 〈인디아나 존스: 최후의 성전〉(스티븐 스필버그, 1989) 포스터.

정 영화법은 한국영화계의 위기 국면을 만들었다. 본질적으로 다른 차원이었지만, 두 단계의 개방이 한국영화의 현대화를 촉진시킨 것만은 분명하다. 한국영화의 진검승부가 이때부터 시작됐다.

| 영화문화의 변화 |

1980년대 초반 영화계는 당시 표현을 빌려 '불황 일로一路' 속 '타개 노력'으로 짚어 볼 수 있다. 1979년 이후 급변한 정치 지형으로 인한 사회적 혼란과 고물가의 경제적 불안이 가중되자, 영화관을 찾는 관객들이 급격히 줄었다. 한국영화계는 1980년 12만 관객으로 흥행 2위를 차지한 이주일의 〈평양맨발〉(남기남, 1980)과 7만 7천 관객으로 흥행 9위를 차지한 〈망령의 곡〉(박윤교, 1980)과 6만 관객을 동원한 〈월녀의 한〉(김인수, 1980)을 불황 타개책으로 설정하고, 저예산 코미디영화와 괴기영화를 남발해 한국영화에 대한 관객들의 기대와 관심에 찬물을 끼얹었다. 1979년 9월 국도극장에서 개봉한 〈취권〉(1978)이 1980년 3월까지 장기 상영하며 개봉관에서만 90만 관객을 모아 국내 흥행 사상 유례없는 기록을 세웠지만, 외화 흥행 역시 전반적으로 부진했다.

사람들이 극장을 찾지 않게 된 가장 큰 원인으로, 컬러TV 수상기의 판매와 컬러 방송이 1980년을 기점으로 시작된 것이 지목됐다. TV 프로그램 중에서 외화 방영이 가장 높은 시청률을 보이자 1981년 한국영화제작가협회는 TV에서의 한국영화 방영권을 일절 거부하기로 결의하는데, 사실상 큰 영향력은 없는 항의의 표시였다.

불황 속에서도 변화는 감지됐다. 1982년 3월 개정 공연법 시행령으로 객석 300석 이하의 소규모 공연장을 당국의 허가 없이 설치할 수 있게 되자 서울 부도심을 위시로 소규모 영화관이 속속 등장했고, 이와 더불어 통금 해제로 심야 상영까지 가능해졌다. 이는 극장가의 불황을 극복할 묘수로 포착됐다. 또, 1986년부터는 기존의 단관(대형 스크린이 하나 걸려 있는) 극장이 아닌, 여러 스크린을 보유한 복합상영관이 개관해 기존 흥행 질서에 균열을 내기 시작했다.

무엇보다 영화산업이 새로운 판도를 만들 수 있었던 것은 컬러 TV와 함께 비디오플레이어VCR가 빠르게 보급된 덕분이었다. 이처럼 비디오시장이 형성되며 영화를 담는 매체는 더 이상 극장에서 상영하는 프린트로만 한정되지 않았다. 1980년대 후반 영화를 창작과 공부의 차원에서 진지하게 수용하는 단체와 개인이 등장하고, 필름 라이브러리의 공공적 역할이 강하게 요청되었던 것은 어쩌면 비디오산업이 만든 가장 의미 있는 문화적 효과였을 것이다. 1990년대 한국사회의 변화를 상징하는 '영화청년'들은 바로 비디오문화를 토양 삼아 발아했다.

위기가 만든 극장의 변화

1980년대 초입 극장가의 불황은 수치로 확인된다. 영화 흥행의 최전성기였던 1969년 전국 극장 관람객 수는 1억 7,304만 3,272명이었고, 국민 1인당 평균 관람 횟수는 5.6회였는데, 이를 정점으로 1970년대 내내 매년 영화 관객이 감소했다. 1980년과 1981년 전국 극장 관람객 수는 5,377만 415명과 4,444만 3,122명으로, 1인당 평균 관람 횟수는 각각 1.4회와 1.2회로 말 그대로 급격하게 줄어들었다. 전국의 극장 수 역시 가장 많았던 1971년 717개에 비해 1980년에는 447개로 줄었다. 서울 시내 극장만 좁혀 보면 1969년 106개에서 1980년 84개, 1981년 80개로 줄었고, 입장 인원은 1969년 8,446만 7,662명에서 1980년 2,746만 1,954명, 1981년 2,241만 5,921명으로 떨어졌다.[36] 1969년에는 서울 시민 1인당 한 해 17.7회 극장에 갔지만, 1980년은 3회를 기록한 것에서 1960년대 전성기의 열기에 비해 무척 한산해진 흥행가를 상상해 볼 수 있다.[37] 한편, 텔레비전 수상기는 1980년 662만 6,584대였는데, 1981년은 컬러TV 119만 6,431대를 포함해 모두 693만 9,347대였고, 1986년 전체 820만 대 중 컬러TV만 500만 대에 육박한 후 1989년에는 컬러TV로만 통계를 잡아 670만 대를 기록했다.[38]

흥행계는 안방극장에 빼앗긴 관객을 극장으로 다시 불러내기 위해 대작 외화의 리바이벌 상영과 심야극장 등 새로운 흥행 방식을 모색했다. 외화 재개봉은 1980년 11월 〈닥터 지바고Doctor Zhivago〉(1965)로 시작해, 1981년 신정 프로그램인 〈사운드 오브 뮤직The Sound of Music〉(1965), 구정 프로그램인 〈멀고 먼 다리A Bridge Too Far〉(1977) 등이 이어졌다. 세 번째 개봉이었던 〈닥터 지바고〉는 중앙극장에서 두 달 넘게 상영하며 30만 관객을 모았고,[39] 1981년에도 극장을 바꿔 상영을 이어 갔다. 〈닥터 지바고〉의 흥행 성공을 계기로 대형화면의 매력과 함께 관객의 복고적 감수성을 자극하는 '옛날영화'들이 재소환되었고, 〈벤허Ben-Hur〉(1959)와 〈콰이강의 다리The Bridge on the River Kwai〉(1957)가 각각 서울 개봉관에서만 30만, 18만 관객을 동원하며 1981년 상반기의 흥행을 책임졌다. 사실 〈벤허〉는 1970년대 초반의 불황 국면 때 먼저 활용된 바 있다. 1972년 재개봉 때는 시네마스코프 사이즈의 35밀리 필름으로 상영해 42만 관객을 모았는데, 1981년 대한극장에서는 70밀리 화면의 입체음향으로 영사되어 이해 외화 흥행 3위를 차지했다. 《1981년도판 한국영화연감》부터는 아예 '외국영화재상영' 목록표를 따로 정리했는데, 재상영작이 모두 21편에 달했다.* 특히 코리아극장의 〈사운드 오브 뮤직〉이 10만, 서울극장의 〈속 대부The Godfather Part II〉(1974)가 11만, 허리우드극장의 〈타워링The Towering Inferno〉(1974)이 14만을 넘기는 등 재상영으로 적지 않은 관객을 모았다.

1950년대 할리우드 영화산업이 TV의 공세에 대항하기 위해 시네마스코프와 70밀리 같은 대형화면 영화뿐만 아니라 섹스와 폭력의 수위를 높이고 공상과학영화와 공포영화 등 저예산 장르영화를 앞세웠던 것처럼, 한국영화계 역시 할리우드 대작 영화의 재상영뿐만 아니라 한국식 괴기영화 제작에 열중했다. 1981년에 제작된 한국영화 87편 중 상위 흥행 장르로 통속멜로 30편, 액션 25

---

* 한편 〈벤허〉(윌리엄 와일러, 1959)와 〈콰이강의 다리〉(데이비드 린, 1957)는 《1981년도판 한국영화연감》에서 '외국영화개봉작'으로 정리됐다. 〈벤허〉의 경우 상영 규격이 바뀌었지만, 두 작품 다 20년 전의 작품이었던 것이 그 이유로 추정된다.

1980년 흥행에 성공한 괴기영화 〈망령의 곡〉(대양필름 제작, 박윤교, 1980)과 〈월녀의 한〉(한진흥업 주식회사 제작, 김인수, 1980) 포스터. ※양해남 컬렉션

편 그리고 괴기물이 8편으로 세 번째 순위였다. 괴기 장르는 1981 년 개봉작만 따져도 〈괴시〉(강범구, 1980), 〈망령의 웨딩드레스〉(박윤 교, 1981), 〈흡혈귀 야녀〉(김인수, 1981), 〈귀화산장〉(이두용, 1980), 〈춘색 호곡〉(박윤교, 1981), 〈한녀〉(이유섭, 1981), 〈깊은밤 갑자기〉(고영남, 1981) 가 줄을 이었다. 사실 괴기영화는 전해인 1980년 5편을 시작으로, 1982년에는 5편, 1983년 6편으로 1980년대 초반에 장르적 정점을 보였다. 1980년대 한국영화의 장르 경향을 좀 더 살펴보면 통속과 활극이 각각 1위와 2위를 점하는 구도 속에, 1979년부터 1981년 까지 희극의 강세, 1983년부터 1980년대 내내 이어 간 청소년영 화 붐이 있었다. 한편 1982년부터 50편 내외로 만들어진 통속멜 로에는 대부분 에로티시즘 영화가 포함된 것이고, 1987년 18편과

1981년 제작된 괴기영화 〈망령의 웨딩드레스〉(합동영화주식회사 제작, 박윤교, 1981), 〈흡혈귀 야녀〉(한진흥업
주식회사 제작, 김인수, 1981), 〈한녀〉(동협상사 제작, 이유섭, 1981), 〈깊은밤 갑자기〉(남아진흥주식회사 제작, 고영
남, 1981) 포스터. ※양해남 컬렉션

1988년 16편으로 시대극 장르가 두드러진 원인 역시 에로사극이 유행한 덕분이다.

1982년 통금 해제 조치와 맞물려 극장가에 등장한 또 다른 불황 타개책은 '심야극장'이다. 스카라극장이 3월 13일 토요일 밤 11시 30분에 나이트쇼라는 이름의 특별 시사회로 〈엄마결혼식〉(김원두, 1981)을 상영해 2천여 명의 관객이 몰리기도 했다. 하지만 이 영화는 일회성 이벤트로 그친 후 흥행으로 이어지지는 못했다. 심야극장의 본격적인 출발은 서울극장(대표 곽정환)이 3월 27일부터 시작한 '미드나이트스페셜'로, 첫 상영작은 바로 〈애마부인〉이었다. 심야에 추가된 회차는 주로 토요일 자정 12시부터 2시경까지 상영하며 주간보다 25퍼센트 정도 할인된 가격으로 관객을 모았다.[40] 특히 〈애마부인〉은 20대의 젊은 연인들이 관객의 대부분을 차지하고 매회 좌석점유율 70퍼센트 이상을 보이며, 심야 상영을 새로운 흥행 모델로 제시했다. 이에 국도극장은 〈바람과 함께 사라지다Gone with the Wind〉(1939), 단성사는 〈샤키 머신Sharky's Machine〉(1981)을 심야 상영해 각각 좌석점유율 40~50퍼센트와 70퍼센트 이상의 성공을 거뒀다.[41] 이장호 감독이 현진영화사의 기획을 맡아 제작된 〈속 영자의 전성시대〉(심재석, 1982)는 5월 국도극장에서 개봉한 후, 심야 회차를 토요일 밤뿐만 아니라 수요일 밤에도 추가한 첫 사례였다.

한편 심야극장의 프로그램으로 주로 에로티시즘 영화가 걸리다 보니, 선정적 분위기로 인해 청소년의 탈선을 조장한다는 기사들이 등장한 것도 이때다.[42] 1983년 5월 시점 서울에서만 개봉관 14

〈애마부인〉(1982) 심야 상영 회차의 서울극장 모습. 1983년 5월 28일 〈김마리라는 부인〉(정인엽, 1983) 특별무료 시사회를 연 서울극장 모습. ※출처: (왼쪽)《1982년도판 한국영화연감》화보면. (오른쪽)《경향신문》, 1983년 5월 31일자 12면 기사.

사진 밑에 "외설을 파는 심야극장"이라는 문구가 눈에 띈다. ※출처:《경향신문》, 1982년 5월 31일자 6면 기사.

곳을 비롯, 재개봉관과 소극장을 합쳐 모두 30여 군데서 심야 상영이 이뤄졌고, 전국 대도시 극장가로 확산된 것은 물론이다. 당시 사람들이 심야 생활을 즐기게 된 것은 지금의 우리가 상상할 수 없을 만큼의 해방감을 부여했던 것 같다. 관람객의 경우 초기에는 성인 전반이었으나, 곧 10대 후반이나 20대 그리고 데이트족을 중심으로 좁혀졌고, 노인층의 비중이 증가한 것도 주목할 현상이었다.[43]

1980년대 영화문화의 변화를 추동한 요인을 꼽자면 소극장이라는 새로운 형태의 영화관이 등장한 것이다. 기존의 극장가가 크게 개봉관과 재개봉관 이하로 구성되었다면, 1982년부터 소규모 영화관이 등장하며 기존의 상영 질서를 재편했다. 1981년 12월 개정 공연법 7조와 1982년 3월 공연법 시행령 8조에 기반해, 좌석 3백 석 이하 또는 객석 면적 300제곱미터 이하 극장 설립이 신고만으로 가능해지자 서울시 부도심 개발과 맞물리며 소극장이 폭발적으로 증가한다. 1982년 첫해에는 영화를 상영하는 소극장이 전국에 모두 11개가 문을 열었다. 1982년 9월 강남의 영동극장이 관객석 183석으로 개관한 것을 시작으로, 서울에서만 마천극장, 뉴코아예술극장, 이수극장, 공항극장, 금강극장이 차례로 개관했다. 1982년 연말까지 부산의 동아극장, 대구의 푸른극장, 충남의 당진극장이 문을 열었고, 서울에는 신대림극장이 뒤를 이었다. 1983년 1월 언론이 새로운 변화를 감지하며 관련 기사를 앞다투어 낸 것을 보면, 소극장이 전통적인 영화문화를 바꾸는 촉매가 된 것은 확실한 것 같다.

집과 가까운 새로운 시설에 입장권까지 저렴한 소극장에 관객들이 몰리자, 당시 기사들은 미국이나 일본, 홍콩에서는 예전부터 소극장 문화가 발전해 왔다며 한국의 소극장도 지역에 따라서는 에로영화 재개봉작이 아닌 관객의 의식에 맞는 영화를 틀어야 하고, 재개봉관 성격이 아닌 개봉관으로 격상해야 한다고 썼다. 강남의 뉴코아예술극장은 연극 공연장에서 변신해 〈환타지아 Fantasia〉(1940) 등 가족 단위 관객이 이용할 수 있는 영화를 틀어 소극장 운영의 한 모델이 되었다.[44] 소극장이 입지를 굳히자, 지역의 문화공간으로서 또 예술영화 상영관으로서 역할을 맡아야 한다는 의견도 나오기 시작했다. 전국 극장 수가 가장 적었던 1982년 전체 404개에서 소극장이 11개였지만, 1983년부터 소극장 덕분에 극장 수가 늘기 시작해 전체 450개에서 소극장이 74개였다. 1986년 전체 640개 극장에서 소극장이 335개로 처음으로 절반을 넘겼고, 1989년은 772개 극장에서 소극장이 513개를 기록했다.[45] 관객 수 역시 개봉관과 소극장의 비중이 1985년 58대 42에서, 1986년 들어 48대 52로 뒤집힌다.[46]

1980년대 중반 두 차례의 영화법 개정으로 영화 공급 물량이 늘어나고, 1988년 이후 소련, 중국은 물론 동구권 영화까지 수입이 허용되면서,[47] 1989년에는 서울 시내 수십 개의 소극장들이 개봉관 역할을 맡게 된다. 정책과 산업의 변화로 관객이 만나는 상영작들에 이전과는 차원이 다른 다양성이 생기기 시작하자, 능동적으로 영화를 고르는 관객들이 등장하는 계기가 되었고, 극장 공간도 이를 놓치지 않았다. 복합상영관도 등장했다. 1986

년 12월 400~500석 규모의 세 개 스크린으로 개관한 다모아극장, 1987년 2개 관의 씨네하우스처럼 중소 규모 영화관이 한 건물에 같이 있는 새로운 극장 형태였다. 본격적인 '시네마콤플렉스' 시대는 1989년에 열렸는데, 대표적인 개봉관이던 서울극장이 1,000~1,100석 규모의 대형 극장 2개와 600석의 중형 극장 1개의 3개 관으로 확장한 서울시네마타운(대표 곽정환)과 기존 소형관 2개 외에 800석 대형관 1개, 500석 중형관 2개로 확장한 씨네하우스(대표 정진우, 1990년 700석 극장을 추가해 6개 관으로 확장)가 대표적이다. 복합상영관이 등장한 가장 큰 배경은 외국영화 프린트 벌 수 제한 규정이 1989년 12벌에서 매년 1벌씩 늘린 이후 1994년부터 폐지되어 와이드 릴리즈 방식이 본격화되었기 때문이다. 특히 1989년에 개관한 소극장 코아아트홀은 1990년 2관, 1993년 3관을 늘려 복합상영관으로 변신하며 예술영화 전용극장의 선구적 모델을 만들었다. 1990년 544개를 정점으로 이후 소극장 수가 빠르게 줄어든 것은 복합상영관의 성장과 함께 개봉관으로 변신하지 못한 소극장들이 정리됐기 때문이다.

변화를 만든 동인들

1990년대 한국의 영화문화가 2000년대 한국영화의 르네상스를 일구는 토양이 되었다면, 1980년대 한국영화 지형이 그 씨앗을 품고 있었음을 간과해서는 안 된다. 사실 1980년대는 한국영화가 국제영화제의 문을 적극적으로 두드리고 세계 주요 영화제의 관심을 받기 시작한 시기다. 본상 수상으로까지 이어지지는 않았지만,

베를린국제영화제의 경우 1982년 제32회 〈만다라〉(임권택, 1981)를 시작으로, 1985년 제35회 〈땡볕〉(하명중, 1984), 1986년 제36회 〈길소뜸〉(임권택, 1985)이 경쟁 부문에 올랐다. 칸국제영화제는 1984년 제37회 〈여인잔혹사 물레야 물레야〉(이두용, 1983)와 1989년 제42회에 〈달마가 동쪽으로 간 까닭은?〉이 '주목할 만한 시선'에 초청됐다. 특히 전자의 이두용 감독은 〈피막〉(1980)이 1981년 제38회 베니스국제영화제의 비경쟁 부문에서 특별감독상 성격의 ISDAP상을 받으며 한국영화계가 국제영화제를 본격적으로 경험하는 기회가 되었고, 후자의 배용균 감독은 1989년 제42회 로카르노국제영화제에서 황금표범상을 비롯해 국제기자협회상 등 4개의 특별상까지 수상하며 국내 영화계를 아연하게 만들었다. 한편, 1988년 제38회 베를린영화제에서는 이장호 감독의 〈바보선언〉(1983)과 〈나그네는 길에서도 쉬지 않는다〉(1987)가 영시네마 포럼 부문에 출품돼 각각 ZITTY상과 칼리가리영화상을 받았다. 주지하다시피 한국영화의 유럽 국제영화제 수상은 2000년대 초반에 본격적으로 점화된다.

〈달마가 동쪽으로 간 까닭은?〉이 한국영화 사상 처음으로 서구 주요 국제영화제의 대상을 받은 것은, 앞서 1987년 제44회 베니스국제영화제에서 〈씨받이〉(임권택, 1987)가 경쟁 부문에 올라 배우 강수연이 여우주연상을 받은 것과 함께 1980년대(를 넘어선) 한국영화의 성취로 기록된다. 당시 국제영화제에 출품된 한국영화들이 국가적 제도에 의한 '국제영화제용 영화'라는 비판도 받았지만, 1980년대 매년 국가의 필터링을 거쳐 주요 국제영화제에 출품하고

1980년대 영화진흥공사가 만든 해외용 홍보 포스터. 왼쪽부터 〈피막〉(세경영화주식회사 제작, 이두용, 1980), 〈만다라〉(화천공사 제작, 임권택, 1981), 〈여인잔혹사 물레야 물레야〉(한림영화주식회사 제작, 이두용, 1983), 〈바보선언〉(화천공사 제작, 이장호, 1983), 〈땡볕〉(화천공사 제작, 하명중, 1984), 〈길소뜸〉(화천공사 제작, 임권택, 1985), 〈달마가 동쪽으로 간 까닭은?〉(배용균프로덕션 제작, 배용균, 1989).

국제영화제 수상 결과를 강조한 〈땡볕〉(화천공사 제작, 하명중, 1984), 〈씨받이〉(신한영화주식회사 제작, 임권택, 1987), 〈나그네는 길에서도 쉬지 않는다〉(판영화사 제작, 이장호, 1987) 국내 극장용 포스터.

결국 예선을 통과해 경쟁 부문에 오르다가 1987년 배우 강수연의 주연상과 1989년 배용균 감독의 작품상으로 맺어진 것이다. 이는 한국영화가 드디어 세계적 인정을 받았다는 의미에 그치지 않는다. 한국의 청년들이 유럽의 예술영화에 대한 관심을 넘어, 우리 영화의 미학적 존재감을 새롭게 인식하게끔 했고, 세계 영화 속 한국영화의 자리를 처음 상상하게 만들었기 때문이다. 한국영화로는 처음으로 프랑스 파리에서 개봉한 〈달마가 동쪽으로 간 까닭은?〉은 국내에서는 수입 영화에 준하는 3억 원에 국내 배급권과 비디오 판권을 획득한 영화사 예필름(대표 고규섭)의 배급으로 관객과 만났다.[48]

1989년에는 비디오시장 규모가 900억 원대의 영화시장을 따돌리고 1,000억 원대를 돌파했다는 기사가 등장했다.[49] 비디오 매체가 영화산업의 새로운 수익 창구로 떠오른 것이다. 비록 대부분의 콘텐츠는 할리우드 영화와 국산 에로티시즘 영화가 차지하고 그마저도 불법복제물로 시장이 왜곡되었지만, 그 틈바구니에 예술영화의 자리가 생기고 영화마니아와 시네필이 형성되기 시작한 것은 비디오 매체의 긍정적 효과로 볼 수 있다. 비디오플레이어(이하 VCR)가 일반 가정에 보급되기 시작한 것은 국내 생산이 본격화된 1982년 9월 이후다. 1984년 56만 대의 VCR이 보급되어 6.2퍼센트에 달했던 보급율은 1988년 들어 210만 대로 20퍼센트, 1989년 340만 대로 30퍼센트에 달하며 빠르게 확산됐다.[50] 4가구당 1대가 보급된 비율이었고, 이때 전국의 비디오숍은 약 2만 개로 추산됐다.

한국영화계가 극장을 넘어 비디오 판권을 인식하기 시작한 것은 1980년대 중반 들어서이다. 비디오시장이 영화 관객의 일부를 빼앗음으로써 영화시장을 축소시키는 원인이 되었지만, 제작 자본의 새로운 공급처로 부상하게 된 것이다. 1987년경부터는 한국영화의 비디오 판권료가 급등하기 시작했다. 특히 강수연의 베니스 영화제 수상을 계기로 〈씨받이〉가 불타나게 팔리면서 〈뽕〉(이두용, 1985), 〈변강쇠〉(엄종선, 1986), 〈내시〉(이두용, 1986), 〈어우동〉(이장호, 1985) 등의 작품들이 비디오로 출시되어 5천 개 이상 팔렸다.[51] 아무래도 가정에서 개인적인 감상을 가능하게 만든 것이 비디오 매체의 장점이어서, 에로티시즘의 은밀한 소비가 부각된 것은 당연한 일이었다. 이즈음부터 에로티시즘 사극을 위시로 한국영화가 외국영화만큼 장사가 된다는 인식의 전환이 일어났고, 수요보다 공급이 부족한 형편이 되자 기획 단계부터 비디오 판권이 팔리기 시작했다. 1988년 12월에는 대영비디오프로덕션의 〈산머루〉(김영한, 1988)를 위시로 중소프로덕션에서 저예산 제작이 가능한 16밀리 필름으로 만든 비디오용 에로영화가 한 번에 50여 편이 등장하며, 비디오의 역기능에 대한 사회적 우려가 나오기도 했다.[52]

1980년대 한국영화를 영화기술의 관점에서 규정하면, 비스타비전 화면의 시대라고 명명할 수 있다. 이는 영화의 비디오 출시와 관련이 크다. 1.85:1이나 1.66:1의 비스타비전 화면 사이즈*로 영화가 제작되었다는 것은 영화의 기획 단계에서 이미 비디오 매체로의 전환을 고려하게 되었음을 말해 준다. 비스타비전 사이즈는 2.35:1의 시네마스코프보다 1.37:1의 스탠다드 프레임에 더 가까워 4:3 사이즈의 TV 화면에 맞춘 비디오테이프로 변환 시 버려지는 화면이 적었기 때문이다. 현재 한국영상자료원에 보존되어 있는 한국영화 프린트 목록에서 이를 확인할 수 있다. 1970년대는 총 880편의 프린트가 보관되어 있는데 그중 스탠다드가 44편, 시네마스코프가 719편, 비스타비전이 117편이다. 그에 비해 1980년대는 모두 567편이 보관되어 있는데 스탠다드가 59편, 시네마스코프가 208편, 비스타비전이 300편을 차치한다. 현재 보존 중인 필름으로만 한정하더라도 1960년대에 이어 여전히 시네마스코프 화면이 주도했던 70년대에 비해 80년대는 비스타비전 화면이 가장 큰 비중을 차지하고 있음을 알 수 있다. 한편 1990년대까지의

---

* 비스타비전은 파라마운트에서 개발한 와이드스크린 방식으로, 네거티브필름을 수평으로 두 프레임을 사용해 선명한 이미지를 만들어 냈다. 한국에서 사용한 비스타비전 화면은 한 프레임을 비스타비전의 화면 사이즈로 촬영한 것을 말한다.

화면비 역시 보유 프린트 586편 중 스탠다드가 64편, 시네마스코프가 3편, 비스타비전이 519편을 차지하는 것에서 비디오의 시대가 지속되었음을 알 수 있다.

시네마테크의 초보적 모색

1977년부터 프랑스문화원을 거점으로 한 '시네클럽'과 1978년 12월 결성된 독일문화원의 '동서영화동우회'(1980년부터 '동서영화연구회')가 활동하며 한국 시네필 문화의 원류를 만들었다. 물론 이 공간들은 일반 영화관에서 보기 힘든 유럽영화를 필름으로 감상하고 토론할 수 있는 기회를 만들었지만, 자국 영화 중심으로 상영되고 매월 상영 편수도 10여 편에 머물러 막 태생한 시네필들의 역동적인 영화 수용에는 한계가 있었다.

1980년대 초반 새로운 메카로 떠오른 곳은 서강대 커뮤니케이션센터이다. 원래 이름은 매스컴센터였는데, 1981년 10월 케빈 커스턴 신부가 소장으로 취임하며 이름을 바꿨다. 1983년 여름, 대학가에서 처음으로 정기 영화감상회를 시작한 주체가 바로 커뮤니케이션센터이다. '서구 고전영화제'라는 명칭으로 〈국가의 탄생〉(D. W. 그리피스, 1915), 〈외침과 속삭임〉(잉그마르 베르히만, 1972) 등 책에서만 보던 영화를 상영했다. 서강대가 영화제를 이어 가면서 다른 대학들도 동참했다. 한국외국어대 영화연구회 울림이 1985년 5월 8밀리·16밀리 독립영화 12편을 튼 제1회 작은영화제에 이어,* 1985년

---

* 서울영화집단의 〈그 여름〉, 영화마당 우리의 〈스카프〉, 민중문제연구소의 〈이 땅의 갈릴리 사

11월 칸영화제 역대 그랑프리 수상작 9편 무료 상영,[53] 1986년 11월 제1회 영화작가영화제로 유현목영화제를 개최해 16밀리 필름으로 10편을 상영했고,[54] 1987년 5월 동국대는 〈천국보다 낯선〉(짐 자무쉬, 1984)을 비롯해 80년대 화제작 외국영화감상회를 개최했다.[55] 이후 커뮤니케이션센터는 외국영화를 비디오로 감상하는 상영회를 정기적으로 열어, 대학 부속시설이었지만 공공 시네마테크의 효시로 평가된다. 한편, 1984년 3월 만들어진 영화모임 '영화마당 우리' 출신의 이언경이 1989년 설립하고 이하영 등과 함께 1992년까지 운영한 '영화공간 1895'는 사설 시네마테크의 시작이었다.[**]

　서강대 커뮤니케이션센터의 정기 감상회는 1985년 들어 정착된 것으로 보인다. 1985년 2월 앨프리드 히치콕 감독의 작품 14편을 상영했는데, 대학생뿐만 아니라 일반인들까지 참가해 성황을 이뤘다. 박찬욱이 이곳에서 앨프리드 히치콕의 〈현기증〉(1958)을 보고 나서 영화감독이 되기로 결심했다는 것은 잘 알려진 일화다. 상영은 45인치 스크린에 비디오로 이뤄졌다. 이때 해설과 비평이 담긴 책자도 같이 만들었으며, 이와 연계한 영화감상 토론회도 개

람들〉 등이 상영됐다. 〈외대 '작은영화제'〉, 《조선일보》, 1985년 5월 8일자 12면 기사 참조.

[**] 〈우리나라 영화광 '시네마키드'의 생애: 80년대 영화광 이언경〉, 《키노》, 1995년 5월호, 209~210쪽 참조. 1989년 마포구 대흥동에 둥지를 튼 '영화공간 1895'가 회원 모집을 시작하며 정식 개소한 시점은 1990년 10월이다. 〈국내외 명작영화 비평감상〉, 《한겨레》, 1990년 9월 23일자 10면 기사 참조. 영화공간 1895가 시작한 1990년대 시네마테크운동의 흐름에 관해서는 다음 책을 참조할 것. 성하훈, 《한국영화운동사 1: 영화, 변혁운동이 되다》, 푸른사상사, 2023, 323~336쪽.

최했다.[56] 1985년 3월에는 정기영화감상회(제7회)를 통해 1970년대 뉴 아메리칸 시네마 감독군의 대표작 12편,[57] 5월에는 찰리 채플린의 대표작 9편[58] 등의 상영이 이어졌다. 1985년부터 언론들은 서강대 커뮤니케이션센터를 중심으로 여러 영화감상 모임과 영화 제작 워크숍을 취재하는 등 영화문화의 새로운 변화 기운을 감지했다.[59] 일본 대중문화 수입이 금지되어 있었지만, 1986년 1월 센터는 일본 영화감독 구로사와 아키라와 오시마 나기사의 작품이 포함된 감상회를 열기도 했다.[60]

이처럼 센터가 정기적인 상영회를 지속할 수 있었던 이유는 미국인 교수 케빈 커스턴 신부가 미국과 유럽의 예술영화는 물론 소비에트와 아시아 각국 영화까지 폭넓게 비디오를 수급했기 때문이다. 1987년 3월부터 5월까지 잉그마르 베르히만 영화제(제14회 정기영화감상회)를 개최해 8편을 상영할 때는 신문에 일반인을 대상으로 한 홍보 기사도 실렸다. 이때 기사들은 일반 극장의 영화 관람 방식을 넘어선 영화 보기가 이뤄지는 것을 주목하며, 센터 상영 외에도 한국대학문화협회가 연 제2회 작은영화제에서 한국·일본·프랑스의 단편영화를 튼 것을 비롯해,* 영화전문지《스크린》이 〈꼬방동네 사람들〉(배창호, 1982)과 〈난장이가 쏘아올린 작은공〉(이원세, 1981) 등 한국 리얼리즘 영화를 선정해 무료 우수영화

---

* 1984년 7월 7일~8일 이틀간 국립극장에서 개최한 '작은 영화를 지키고 싶습니다! 16/8mm 단편영화발표회'는 최초의 독립영화제로 규정해 '작은영화제'로 부른다. 성하훈, 같은 책, 76~92쪽 참조. 이 영화제는 한 번으로 끝났지만, 당시 대학가에서는 학교마다 '작은영화제'라는 명칭의 행사를 이어 갔다. 한편, 1987년의 행사가 2회인 것은 지금으로서는 1984년 행사와의 연관성을 파악하기 힘들다.

감상회를 연 것을 함께 보도했다.[61]

올림픽을 앞둔 1988년 6월 문화공보부가 북한을 제외한 동구권 등 비수교국의 예술 작품 수입을 개방한다고 발표한 후, 커뮤니케이션센터는 1988년 9월부터 제17회 정기감상회를 통해 에이젠슈타인의 〈전함 포템킨〉(1925)을 비롯해 동유럽 영화 7편을 상영했고,[62] 1989년 5월 3중국영화제를 개최해 천카이거의 〈황토지〉(1984)를 위시로 중국·대만·홍콩의 1980년대 이후 문제작을 상영하기도 했다.[63] 이어 11월에는 독일의 1980년대 신인 감독 작품 10편을 모은 독일영화제를 개최했다. 이처럼 1989년의 상황은 분명히 1990년대의 변화를 선취하고 있는 것으로 보인다. 이전과 차원이 다른 다양한 영화들이 소개되고 곳곳에서 소규모 영화제가 열리는 새로운 현상이 펼쳐졌다. 이때 관 조직인 영화진흥공사 역시 한국영화 70주년을 기해 〈자유만세〉(최인규, 1946)를 비롯한 8편의 연대별 한국영화감상회와 미국·프랑스·소련·체코·일본 등 10개국의 영화 14편을 감상하는 우수영화 초청시사회를 10월부터 열었다.[64] 이처럼 서강대 커뮤니케이션센터는 공공 시네마테크의 역할을 주도하며 한국의 영화문화가 변화의 전기를 맞는 데에 일조했다. 1992년 3월부터 센터는 영화비디오와 영화 관련 외서가 갖춰진 영상자료실을 학생 및 일반인에게 개방한다.

한국영상자료원이 필름 보관고 기능을 넘어 공공 필름 라이브러리와 시네마테크 역할을 강하게 요청받기 시작한 것도 1980년대 중반부터이다. 지금의 한국영상자료원은 1974년 문화공보부 산하 영화진흥공사가 운영한 재단법인 한국필름보관소로 시작했다. 한국의 필름아카이브는 사실 1974년 북한의 국가영화문헌고가 국제필름아카이브연맹FIAF 정회원으로 가입한 것을 계기로 급하게 설립됐다. 당시 한국필름보관소가 한국영화 보존을 제도화한 것은, 1981년 정부의 '영화시책'을 통해서이다. 이때 "우수영화는 35밀리 프린트 1벌을 한국필름보관소에 제공하여 영구보존토록 한다"는 문구가 처음 보인다. 한국필름보관소가 말 그대로 보관고 기능을 넘어 보존 필름의 라이브러리 역할과 국제 교류 기능을 요청받기 시작한 것은 1985년 4월 제41회 FIAF 총회에서 정회원 승인을 앞두고서다.

1980년대 한국필름보관소 시절, 상영과 전시를 통해 한국영화 자료를 공개하는 사업은 말 그대로 모색하는 수준이었다. 영화진흥공사 시사실과 로비를 기반으로 1년에 1~3차례 정도 행사가 진행됐다. 그 시작은 1982년 9월 대종상 20주년 회고 영화주간으로 영화진흥공사 시사실에서 수상작 6편 상영과 로비에서의 관련 스틸사진을 전시한 것이다. 1983년 1950~1960년대 회고 영화감상회와 한국 사극영화감상회를 열어 각각 고전영화를 6편씩 상영했다. 1984년에는 상영전을 3개로 늘려, 고 이만희 감독 작품 시사회, 반공영화 감상회, 5인 영화감독 첫 작품 감상회를 통해 각 5편씩 상영했다. 1985년 국제영화제 수상작 감상회 등이 이어졌고, 첫 외국영화 프로그램으로는 1986년 한불수교 100주년을 기념해 1910년대 프랑스 무성영화 감상회가 개최됐다. 1989년에는 영화진흥공사와 별도로, 7월부터 '한국영화 70년전'을 동방플라자의 미술관과 국제회의실에서 열어, 신출 변사 공연의 〈검사와 여선생〉(윤대룡, 1948)

등 4편의 영화감상회와 포스터·사진전을 진행했다. 이후 대구시민회관 등 5개 도시 순회 상영회도 이어졌다.[65] 한국필름보관소의 상영 행사는 대체로 전시와 연계됐는데, 영화진흥공사 로비나 서울 지하철 충무로역에서 소규모 전시회를 개최하는 식으로 진행됐다. 특히 충무로 지하철역에서는 1985년 한국영화 60년 사진전, 1986년 제24회 대종상 기념 포스터 전시회, 1988년 서울올림픽 문화예술축전 한국영화 사진전이 개최됐다.

1980년대 한국필름보관소의 상영과 전시 작업은 분명 한계가 있었지만, 보존된 필름을 중심으로 한국영화의 정전正典과 주요 감독의 목록을 학계와 평론계와 함께 만들어 가는 시기였고, 포

한국필름보관소의 전시 모습. ❶ 1983년 4월 개최한 1950년대 한국영화 포스터·전단 전시회, ❷ 10월 개최한 한국사극영화사진전, ❸ 1984년 6월 개최한 반공영화사진전, ❹ 1985년 3월부터 연중 전시한 국제영화제 수상작 사진전 모습. ※출처: 각 연도판 《한국영화연감》의 화보면.

스타나 사진 등 문헌 자료들을 수장고에서 꺼내어 대중에게 선보이기 시작한 때였다. 한국필름보관소가 대중들이 이용하는 비디오 라이브러리를 구축한 것은 1990년 시점이다. 예술의전당으로 이전한 1990년 처음 영상자료실을 설치해 비디오영화 서가를 구축했고, 영화학도를 주축으로 한 이용자가 늘어나면서 1992년과 1998년 두 차례에 걸쳐 확장했다. 본격적인 시네마테크 활동 역시 1990년대 들어서다. 한국영상자료원으로 기관명을 변경한 1991년부터 상암동청사로 이전하기 전 2003년까지 한국고전영화를 집중적으로 공개하는 한편, 외국 대사관과 문화원의 협조로 해외 예술영화도 필름으로 상영하며 공공 시네마테크로서의 정체성을 확립하고 지금에 이르고 있다.

1980년대 후반 공공과 민간 영역 모두 비디오테크 기능을 포함한 시네마테크의 역할을 고민하고 모색하기 시작했고, 극장의 위기 국면에 등장한 소극장과 복합상영관은 극장가의 재편을 촉발하며 예술영화를 상영하는 공간이 열리는 계기가 되었고, 영화청년들은 다채롭게 펼쳐진 영화의 스펙트럼을 살펴보며 자신이 원하는 작품을 비디오로 복사해 각자의 컬렉션을 꾸릴 수 있었다. 이처럼 1980년대는 1990년대 한국사회가 영상문화의 시대로 진입하고 그전까지와는 본질적으로 다른 양상으로 영화문화가 전화轉化하는 동력들을 만들어 내고 있었다.

미주

1 강준만, 《한국 현대사 산책-1980년대편 광주학살과 서울올림픽 2권》, 인물과사상사, 2003, 48~50쪽 참조.

2 강준만, 위의 책, 104~108쪽 참조.

3 〈여적〉, 《경향신문》, 1962년 8월 27일자 1면 기사.

4 〈프로야구/ 국내팀 창설 전망과 미·일의 예〉, 《동아일보》, 1975년 3월 29일자 12면 기사; 〈프로야구시대(10) 일본스포츠의 꽃〉, 《조선일보》, 1981년 12월 23일자 9면 기사.

5 구견서, 〈일본에 있어서 미군점령기의 문화정책〉, 《일본학보》 제94집, 2013년 2월, 165~167쪽 참조.

6 손정목, 〈도시50년사(22) 5공 정권의 3S 정책〉, 《도시문제》, 2004년 2월호, 103~122쪽 참조.

7 〈부산 미문화원 방화사건 판결문(요지)〉, 《조선일보》, 1982년 8월 12일자 10면 기사.

8 〈여적〉, 《경향신문》, 1983년 5월 25일자 1면 기사.

9 〈성의 상품화/ 주부들이 나서 기생관광은 막아내야〉, 《매일경제》, 1985년 1월 15일자 9면 기사.

10 〈여성납치·매매 이대로 둘 것인가(5) 정치·사회적 원인〉, 《한겨레》, 1988년 12월 18일자 8면 기사.

11 〈80년대 문화계 무엇을 남겼나(6) 방송〉, 《매일경제》, 1989년 12월 7일자 19면 기사.

12 〈프로의식 없는 프로야구 2년(1) 팬 환호에 졸전으로 막 내려〉, 《경향신문》, 1983년 10월 25일자 8면 기사.

13 김학선, 〈신군부 정권의 가속 통치와 '3S 정책'〉, 《사회와 역사》 제136집, 2022, 255~306쪽 참고.

14 허가번호 상의 등록일 기준이다. 《1986년도판 한국영화연감》, 영화진흥공사, 174~177쪽.

15 이명원, 〈겨울잠 속에 빠진 한국영화계〉, 《신동아》, 1981년 3월호, 394쪽.

16 〈영화법 개정 건의안 제출〉, 《경향신문》, 1980년 1월 22일자 5면 기사.

17 1980년 2월 21일 발표된 1980년 영화시책부터 변경되었다. 〈우수영화 심사제도 폐지/ 문공부, 공윤 검열심의위서 선정〉, 《조선일보》, 1980년 2월 22일자 5면 기사 참조.

18 〈우수영화 전원일치 가부제로〉, 《경향신문》, 1983년 2월 10일자 6면 기사.

19 〈관객과 함께 영화 만든다〉, 《동아일보》, 1982년 12월 9일자 12면 기사.

20 〈스케치/ 영화시책 발표 앞두고 4개 단체 서로 엇갈린 건의〉, 《동아일보》, 1980년 1월 19일자 5면 기사.

21 위의 기사, 《동아일보》, 1980년 1월 19일자 5면 기사.

22 〈고치긴 고치는지 말도 많은 영화법〉, 《동아일보》, 1981년 10월 30일자 12면 기사; 〈개정영화법안 득보다 실이 많다〉, 《중앙일보》, 1982년 10월 20일자 기사. https://www.joongang.co.kr/article/1659645#home (최종확인: 2023.11.7.)

23 〈영화제작·수입 분리〉, 《경향신문》, 1984년 2월 28일자 1면 기사.

24 〈영화법 개정 공청회〉, 《경향신문》, 1984년 5월 4일자 12면 기사; 영화진흥공사, 《1985년도판 한국영화연감》, 69쪽 참조.

25 〈영화법 개정을 촉구하는 영화배우들의 호소문〉, 《동아일보》, 1984년 11월 26일자 10면 광고.

26 〈영화법 개정안 통과 때까지 제작활동·대종상 거부키로〉, 《조선일보》, 1984년 11월 28일자 11면 기사.

27 이영일, 〈1985년도 한국영화계총관〉, 《1986년판 한국영화연감》, 영화진흥공사, 44쪽.

28 〈신규 영화사 등록 활발〉, 《조선일보》, 1985년 12월 19일자 12면 기사; 〈영화/ 스타·소재 빈곤 속 '벗기기 경쟁'〉, 《동아일보》, 1985년 12월 23일자 7면 기사.

29 〈외화수입 '과열경쟁' 예고〉, 《조선일보》, 1986년 5월 10일자 12면 기사.

30 안지혜, 〈제5차 영화법 개정 이후의 영화정책(1985~2002년)〉, 김동호 외, 《한국영화정책사》, 나남출판, 2005, 286~288쪽 참조.

31 안지혜, 같은 글, 288~289쪽 참조.

32 〈미·영 영화업자들 대한 진출 러시〉, 《경향신문》, 1986년 9월 4일자 12면 기사.

33 〈미영화직배 영화인들 거센 반발〉, 《동아일보》, 1988년 9월 16일자 16면 기사.

34 〈극장 33곳 휴관〉, 《경향신문》, 1988년 9월 23일자 15면 기사.

35 〈미영화 직배극장 5곳/ 방화·최루가스로 소동〉, 《동아일보》, 1989년 8월 14일자 14면 기사.

36 《한국영화자료편람》과 각 연도 《한국영화연감》 통계 참조. 이하 통계 수치는 주석 생략함.

37 신정철, 〈'80 흥행·영화관〉, 《1980년도판 한국영화연감》, 영화진흥공사, 1981, 73쪽.

38 〈21. 텔레비전 수상기 연도별 보급현황〉, 《1990년도판 한국영화연감》, 영화진흥공사, 1990, 141쪽.

39 〈불황 모르는 '닥터 지바고'〉, 《동아일보》, 1981년 1월 21일자 12면 기사.

40 〈심야극장/ 통금 해제 후 흥행가 새 풍속도〉, 《경향신문》, 1982년 3월 20일자 10면 기사.

41 〈심야극장 전국 확산/ 대구서도 흥행 호조〉, 《동아일보》, 1982년 5월 15일자 12면 기사.

42 〈심야극장/ 청소년 탈선 부채질〉, 《경향신문》, 1982년 5월 31일자 6면 기사.

43 〈자리 잡는 심야극장/ 관람객도 다양〉, 《경향신문》, 1983년 5월 31일자 12면 기사.

44 〈강남으로 확산/ 소극장 운동〉, 《매일경제》, 1983년 1월 10일자 9면 기사; 〈뿌리내리는 영화소극장〉, 《동아일보》, 1983년 1월 20일자 12면 기사; 〈극장가 새바람 미니영화관〉, 《경향신문》, 1983년 1월 27일자 12면 기사 참조.

45 〈17. 전국극장 연도별 증가현황〉, 《1991년도판 한국영화연감》, 1991, 133~134쪽.

46 〈영화관객 소극장 많이 찾아〉, 《동아일보》, 1986년 11월 11일자 8면 기사.

47 〈본격 수입되는 공산권 영화/ 〈서태후〉 등 이어 동구권 작품 잇단 계약 추진〉, 《한겨레》, 1988년 8월 4일자 5면 기사.

48 〈안푸곱사 한국영화계/ 독립프로덕션이 나선다〉, 《한겨레》, 1989년 9월 23일자 7면 기사.

49 〈'1천억 시장'…그 현황과 역기능〉, 《조선일보》, 1989년 11월 1일자 9면 기사; 〈비디오 전성시대/ 재벌사 시장 선점 각축〉, 《경향신문》, 1990년 12월 19일자 24면 기사 참조.

50 〈VTR 대중화 물결 타고 첨단 경쟁〉, 《경향신문》, 1990년 5월 16일자 17면 기사.

51 〈하늘 높은 줄 모르고 치솟는 비디오 판권료〉, 《스크린》 1988년 8월호(통권 54호), 280~283쪽.

52 〈비디오용 국산영화/ 저질·졸속 제작 문제〉, 《매일경제》, 1989년 7월 29일자 12면 기사.

53 〈칸영화제 역대 수상작 소개〉, 《동아일보》, 1985년 11월 6일자 8면 기사.

54 〈외대 '유현목영화제', 19일 개막〉, 《조선일보》, 1986년 11월 12일자 12면 기사.

55 〈동국대, 외국영화 감상회/ 80년대 화제작 4편 상영〉, 《동아일보》, 1987년 5월 26일자 8면 기사.

56 〈젊은이 새 문화운동/ 영화감상모임〉, 《동아일보》, 1985년 1월 22일자 6면 기사.

57 〈서강대 영화감상회〉, 《조선일보》, 1985년 3월 7일자 12면 기사.

58 〈커뮤니케이션센터 영화감상회〉, 《동아일보》, 1985년 5월 17일자 6면 기사.

59 위의 기사, 《동아일보》, 1985년 1월 22일자 6면 기사.

60 〈방학 중 영화감상회 열려/ 서강대 매주 화·금요일〉, 《경향신문》, 1985년 12월 24일자 12면 기사.

61 〈"좋은 영화 우리가 선택한다"/ 동호인 영화감상회 활기〉, 《동아일보》, 1987년 3월 11일자 8면 기사.

62 〈서강대 정기감상회〉, 《한겨레》, 1988년 9월 10일자 7면 기사.

63 〈서강대서 '3중국영화제' 20일까지〉, 《경향신문》, 1989년 5월 1일자 16면 기사.

64 〈한가을 '작은 영화제' 풍성〉, 《한겨레》, 1989년 10월 21일자 7면 기사. 이 기사를 포함해 당시 안정숙 기자(전 《씨네21》 편집장, 전 영화진흥위원회 위원장)는 한국영화문화의 저변 확대에 동력이 되는 보도에 힘썼다.

65 〈'한국영화 70년전' 개막〉, 《경향신문》, 1989년 7월 24일자 16면 기사.

에로물의 시대,
그래도 다양한 장르적 시도가 있었다

| 허남웅 |

"도대체 방화는 왜 이처럼 비참한 몰골의 나목이 되었을까?" 격월간지《영화》의 1982년 1·2월호〈82 한국영화〉특집기사에 시나리오작가 임하가 한탄하듯 쓴 문장이다.〈안개〉(1967),〈갯마을〉(1965)의 김수용 감독은 같은 특집기사 내에서 "1980년대에 들어선 한국영화는 그 어느 때보다도 복잡한 양상을 띠게 되었습니다"라고 당시의 판세를 분석했다.

'방화邦畵'로 통칭되는 한국영화의 낮은 질적 수준은 1980년대 내내 지적된 것이었지만, 그 배경에 대해서는 영화인마다 생각하는 바가 조금씩 달랐다. 김수용 감독은 해당 기사에서 "여러 가지 현실적인 어려움을 모두 현행 영화법 때문이라고 굳게 믿는 많은 영화인과, 한때 호황을 누렸지만 지금은 고전을 면치 못하는 제작사의 수지타산 사이에는 끊임없는 알력의 회오리가 일고 있기 때문입니다"라고 주장했다. 시나리오작가 유동훈은〈한국영화 오늘!〉이라는 제목의《스크린》1985년 3월호 좌담에서 "소재의 제한은 표현의 자유에 결정적인 장애 요소예요. 사회를 조명하려 해도 한계가 있고, 그렇다고 종교를 쉽사리 다룰 수 있나. … 쓸 수 있는 대상은 조합이 없는 창녀, 거지뿐이에요. 시나리오에서부터 제한을 받으니 영화는 더 할 수밖에 없죠. 툭하면 여기저기서 상영금지를 요구해 오니까요"라고 의견을 밝혔다.

정부가 허가한 20개 영화사만이 영화를 제작하고 수입할 수 있는 폐쇄된 구조, 군사 반란으로 정권을 잡은 전두환 체제의 정부 비판적인 소재와 이야기의 무참한 사전검열, 억압과 폭거로 쌓여가는 민중의 불만을 돌리기 위한 정부 주도의 프로스포츠 출범과 스크린과 비디오를 활용한 에로영화의 보급 등은 1985년 7월 영화법이 개정되기 전까지 한국 극장가에 성性이 중심이 된 에로물과, 멜로드라마의 형태를 띠고 눈물을 흘리게 만드는 신파물이 성행하는 데에 결정적인 역할을 했다.

| 에로물과 에로물 사이 |

1981년부터 1989년까지, 에로물은 한국영화 박스오피스의 터줏대감인 양 매년 10위권에 많은 작품을 올려놓았다.[1] 〈앵무새 몸으로 울었다〉(정진우, 1981), 〈뻐꾸기도 밤에 우는가〉(정진우, 1980), 〈색깔 있는 여자〉(김성수, 1980)는 1981년 서울 개봉관 한국 극영화 중에서 각각 흥행 순위 5위와 8위, 9위를 기록했다. 1982년 한국영화 흥행 1위를 차지한 정인엽 감독의 〈애마부인〉이 서울에서만 31만 5천 명의 관객을 동원하며 바야흐로 한국 극장가는 에로물 전성시대로 돌입한다. 이후 정인엽은 〈김마리라는 부인〉(1983)(4위), 〈애마부인 2〉(1983)(3위), 〈애마부인 3〉(1985)(6위), 〈파리애마〉(1988)(4위)를 발표하며 흥행보증수표 연출자이자 에로영화 전문 감독으로 이름을 날렸다.

엄종선 감독은 색정 남녀의 조상 격인 변강쇠와 옹녀의 사랑, 아니 잠자리 대결을 다룬 〈변강쇠〉(1986)(7위), 〈속 변강쇠〉(1987)(3위), 〈변강쇠 3〉(1988)(9위)를 통해 정인엽 못지않은 흥행력을 뽐냈고, 유진선 감독의 〈매춘〉(1988)과 고영남 감독의 〈매춘 2〉(1989)는 각각 그해 한국영화 흥행 1위와 8위에 오르며 극장가에서 식지 않은 에로물의 인기를 과시했다. 에로물은 꼭 이 장르에 특화한 연출자만 손을 대는 것은 아니어서 당대를 대표하는 감독들도 이 대열에 동참했다. 이장호 감독은 〈무릎과 무릎사이〉(1984)(2위)와 〈어우동〉(1985)(2위)을, 이두용 감독은 〈뽕〉(1985)(6위)을 만들어 흥행에 재미를 보았다.

에로물로 분류되지는 않아도 자극적인 에로 묘사 혹은 그러한 상황을 연상하게 하는 제목과 소재로 흥행에 도움을 받은 작품도 즐비하다. 〈자유부인 '81〉(박호태, 1981)(1위), 〈여자가 밤을 두려워하랴〉(김성수, 1983)(9위), 〈내시〉(이두용, 1986)(4위), 〈이브의 건넌방〉(변장호, 1987)(8위), 〈서울무지개〉(김호선, 1989)(1위) 등이 그런 예에 속한다. 1980년대 내내 한국영화의 흥행을 최전선에서 주도한 에로물의 성행을 두고 《스크린》은 1988년 8월호 〈한국영화, 포르노시대를 예고하는가?〉 기사에서 그 배경을 다음과 같이 짚었다.

제작비가 적게 들고, 지방 장사에 강한 점, 비디오시장에서 꽤 비싼 값에 판권이 팔린다는 점, 그래서 비교적 안정적인 흥행을 바라볼 수 있다는 것이 하나요, 사회의 어두운 부분이나 정치·체제 비판에 자유롭지 못해 창작의 자유가 제한받는 상황에서 에로물과 에로성의 영화가 양산될 수밖에 없었던 게 또 하나요, 할리우드 영화가 강세를 보이는 상황에서 이에 맞서는 궁여지책으로 우리 전통의 풍습이나 생활상을 경유해 성 문제를 끄집어내어 의식 있는 작품처럼 포장한 경우가 많은 것도 주요한 이유로 제시했다.

세 번째 이유를 들며 기사는 "이것은 에로물 중 사극이 반 이상을 차지하는 것을 봐도 알 수 있다"고 언급했다. 현대 배경의 에로물에 비해 사극 형태의 에로물, 즉 토속 에로물은 꽤 다양한 장르로 변주된 것이 특징이다. 김유정 원작의 〈땡볕〉(하명중, 1984), 나도향 원작의 〈뽕〉, 김동인 원작의 〈감자〉(변장호, 1987) 등은 문예영화의 외피를 두르고 성애 묘사를 끌어들였고, 만화가 고우영은 변강쇠와 옹녀가 등장하는 판소리 〈가루지기〉(1988)를 만화로 개작한 데 이어 동명의 영화로 연출까지 맡아 해학미가 돋보이는 코미디

박호태 감독 (1935~)

박호태는 1970년대에는 〈나는 77번 아가씨〉(1978)와 같은 호스티스물, 1980년대에는 다섯 편에 달하는 〈빨간 앵두〉 시리즈를 만들어 성인물 연출자로 대중에게 각인됐다. 〈악명 높은 사나이〉(1966)로 연출 데뷔한 그는 매년 서너 편의 작품을 쉬지 않고 발표한 다작의 연출자이기도 했다. 연출자 초반에는 〈대전장〉(1971), 〈격동〉(1975) 등의 액션물로 인정받았다. 1970년대 후반부터 장르를 바꿔 〈사랑이 깊어질 때〉(1979), 〈아낌없이 바쳤는데〉(1980), 〈자유부인 '81〉(1981) 등 성인 멜로물에 치중했다.

〈미스김〉(대영영화주식회사 제작, 박호태, 1985) 촬영 현장에서 박호태 감독(왼쪽).

풍의 토속 에로물을 선보이기도 했다.

배경이 과거인 까닭에 토속 에로물은 비교적 창작의 자유를 누릴 수 있어서 정치성과 사회성이 가미된 작품도 심심찮게 출현했다. 유영진이 연출을 맡고 김용옥 교수가 각본으로 참여한 〈깜동〉(1988)은 사랑하는 남자가 후실의 자식이라는 이유로 정혼하지 못한 여성이 강제로 다른 남자에게 보내지는 과정을 주요 내용으로 한다. 이와 같은 설정은 보수적인 조선의 유교 사회를 비판하는 동시에, 영화가 발표된 시기의 남성폭력적인 체제를 은유한 시도로 주목받았다. 또한, 정절과 칠거지악이 중요한 가치로 신봉되는 전통사회에서 희생당하는 여인의 수난사를 다룬 이두용의 〈여인잔혹사 물레야 물레야〉(1983)는 한국영화 최초로 칸영화제의 주목할 만한 시선에 진출하며 호평을 받았다. 《스크린》은 1984년 3월호 〈본지가 선정한 볼만한 방화〉 코너에서 "폐쇄적 전통사회 속에 희생된 여인의 기구한 삶을 집요하게 추적하고 있는 점이나, 우리의 향토적 색채를 왜곡하지 않고 제대로 그려내고 있다는 점에서 높이 살 만"하다고 평가했다.

이와 같은 나름의 성과에도 불구하고 에로물을 바라보는 평단이나 관객의 눈길은 곱지 않은 게 사실이었다. 혹자는 "애초에 벗기기를 작정한 영화라면 이미 에로티시즘의 미학과는 거리가 멀다"면서 "엄밀하게 말하자면 현재 우리나라에 시네마 에로티시즘은 없다. (중략) 보다 근본적인 개선이 있어야 한다"[2]라고 강한 우려를 표했다. 창작자의 입장은 그와 달라서 〈색깔있는 여자〉의 김성수 감독은 이렇게 반론을 폈다. "우선 에로틱한 영화에 대한 사회적 인식입니다. 영화는 언제나 그 당시 그 상황에 대한 반영입니다. 영화에 에로티시즘이 주요 테마가 되고 있다면 현실적으로 성이나 성애에 대한 사람들의 관심도가 높다는 반증이죠."[3]

평행선을 긋는 양측의 주장은 에로물이 강세를 보인 1980년대 내내 '저질영화 양산 VS 시장 상황에 따른 선택' 구도로 시소게임 양상을 보이면서 당시 한국영화계가 직면한 문제의 본질을 뚜렷하게 드러냈다. 이 주제를 가지고 〈애마부인〉의 작가 이문웅과 당시 신인 감독이었던 〈꼬방동네 사람들〉(1982)의 배창호는 《영화》의 1982년 11 · 12월호가 마련한 〈1982 한국영화의 축도〉 특별대담 자리에서 이야기를 나눴다.

배창호는 사회적 규범을 중시하는 가정이냐, 여성의 육체적 자유냐, 고민하는 애마부인의 선택을 에로의 관점에서 묘사한 〈애마부인〉의 흥행을 두고 "연간 제작 편수의 반수 이상이 이와 같은 아류 영화로 메워지지 않나 하는 생각도 갖게 되는데요. 우리 영화의 먼 장래로 볼 때 우려할 만한 경향이 아닙니까?"라고 지적했다. 이문웅은 "작가나 감독들이 이 영화에서의 성공 요소를 간과하고 이 영화보다 작품상으로 훨씬 우수한 영화를 만들도록 노력해야 되는데…"라고 끝내 말을 흐리며 작품에 대한 고민보다 손쉽게 흥행을 얻으려는 창작자들에게 아쉬움을 표했다. 실제로 《동아일보》 1990년 10월 12일자 〈1980년대 제작 방화 흥행 1위 배창호 감독 〈깊고 푸른밤〉〉 기사에 따르면, "이 기간 중에는 총 886편의 한국영화가 제작됐으며 흥행 톱텐 가운데 8편이 성인물인 것으로 나타났다." 1980년대 한국영화계는 에로물이 아니면 시장 자체가 존속할 수 없었다. 시쳇말로 에로물 천하였던 셈이다.

| 신파여 다시 한 번 |

1980년은 한국영화계에 그야말로 보릿고개였다. "1980년 상반기 통계를 보면 서울 극장가의 관객 동원 수가 작년에 비해 23퍼센트, 1978년에 비해 32퍼센트나 감소했다. 하반기 통계는 아직 모르지만, 비슷한 선으로 추정된다. 영화관도 13개가 폐관, 25개가 휴관을 했다. 끔찍한 불황이다."[4] 관련한 신문 기사들의 헤드라인 논조도 다르지 않았다. 〈쓸쓸했던 극장가 히트작 가뭄〉(《동아일보》 1981년 7월 9일자 12면 기사), 〈올해 극장가 불황으로 썰렁〉(《조선일보》 1980년 12월 28일자 5면 기사) 등으로 암울했던 당시 한국영화계의 상황을 단적으로 보여 준다.

　관객 수 10만 명 이상을 기록한 1980년의 한국영화는 단 세 편으로, 코미디언 이주일 주연의 〈평양맨발〉(남기남, 1980)(약 12만 명), 김호선 감독의 〈죽음보다 깊은 잠〉(1979)(약 15만 명), 그리고 변장호 감독의 〈미워도 다시 한번 '80〉(1980)(약 36만 명)이었다. 이 중 〈미워도 다시 한번 '80〉의 흥행은 당시 평단에 의외의 결과로 비쳤다. 1968년에 히트했던 〈미워도 다시 한번〉의 세 번째 리바이벌 작품이었고, 첫 번째 영화의 내용과 비슷한 데다 완성도는 오히려 원작에 못 미친다는 평가가 지배적이었던 까닭이다.

　윤일봉, 김영애 주연의 〈미워도 다시 한번 '80〉의 주인공은 8년

전 결혼을 약속했지만, 헤어진 후 지금은 각자 다른 배우자가 있는 남녀다. 남자는 모종의 이유로 여자에게 자신의 아이를 맡기고 여자는 이 때문에 남편과 불화가 생긴다. 《서울신문》 주간국의 조권희 취재부장은 이 영화를 두고 "어떤 필연성이나 사실성을 따질 것 없이 누선이나 자극하는 통속극. 그런데 이게 히트를 했으니 알다가도 모를 일"이라면서 "〈미워도 다시 한번〉이란 제목이지만, 왕년의 괴력이 다시 살아났달 수밖에"[5]라고 다소 비아냥대는 투로 흥행을 분석했다.

같은 잡지에서 영화평론가 임영은 조금 다른 각도로 이 작품을 평가했다. 그가 보기에 〈미워도 다시 한번 '80〉은 '신 신파 新 新派'다. "이른바 신 신파에 속하는 변종 멜로드라마 군은 재래식 멜로드라마 구조에 약간의 감각적인 신풍을 가미하거나 남녀 또는 어린애의 위치를 변경 배열하고 대사와 해석에 현대 속어를 사용했을 뿐 그들의 인간관계나 인생관은 재래종에 비해 한 치의 전진이나 탈피를 보여 주지 못하고 있다는 점에서 신 신파라고밖에는 호칭할 수 없다고 생각한다."[6]

임영이 표현한 신 신파의 도래는 1979년 개봉했던 할리우드 영화 〈챔프〉(프랑코 제페렐리, 1979)의 인기에 힘입은 바 크다. 술과 도박으로 방탕한 생활을 보내던 왕년의 복싱 챔피언 빌리(존 보이트)의 곁에는 어린 아들밖에 없다. 자식을 위해 다시 한 번 링 위에 오르는 빌리의 인생 여정은 아들을 연기한 아역배우와 눈물샘을 자극하는 결말로 국내에서 높은 흥행수익을 올렸다. '누선이나 자극하는' 신파물의 여전한 가능성을 확인시켜 준 셈인데, 이윤복 어린이가 쓴 일기를 다시 영화화한 김수용의 〈저 하늘에도 슬픔이〉(1984)처럼 극 중 아이의 역할이 두드러진 신 신파물은 〈미워도 다시 한번 '80〉 이후 한국 극장가의 새로운 조류가 되었다.

변장호는 〈미워도 다시 한번 '80〉의 흥행 여세를 몰아 그 이듬해 속편 격인 〈미워도 다시 한번 '80 제2부〉(1981)를 발표했지만, 4만 명에 채 미치지 못하는 관객 수로 전작의 영광을 이어 가지 못했다. 오히려 같은 해 더 주목받은 영화는 고영남 감독의 〈빙점 '81〉(1981)이었다. 딸을 죽인 범인의 자식을 양녀로 키우는 남자가 주인공인 이 영화는 일본 작가 미우라 아야코의 소설을 김수용이 1967년에 먼저 영화화한 적이 있는 작품이다. 남궁원, 김영애, 원미경, 이영하, 정한용, 한진희, 박원숙, 오미연, 진유영, 선우용녀, 이혜숙, 윤유선 등 호화 캐스팅을 자랑하는 〈빙점 '81〉은《동아일보》1981년 4월 14일자 기사에 의하면, "모처럼 이 정도의 한국영화라면 주위에 권하고 싶은 충동을 느낄 만했다. 화면과 음향도 깔끔"하다는 호평을 받았다.[7]

신 신파 영화는 과거에 히트한 한국영화를 리메이크하거나 일본에서 히트한 작품을 원작으로 가져와 한국을 배경으로 개비한 경우가 많았다. 〈오싱〉(이상언, 1985) 또한 〈빙점 '81〉처럼 후자의 경우에 속하는데, 일본에서 드라마로 크게 히트한 이야기를 가져와 가난과 차별과 폭력을 이겨 내고 크게 성공하는 여성의 일대기로 그렸다. 드라마 〈달동네〉(KBS, 1980~1981)의 똑순이 역할로 크게 인기를 얻은 아역배우 김민희가 신 역을 맡아 관객의 눈물샘을 자극한 전략이 성공해 〈오싱〉은 국도극장에서만 5만 명 가까운 관객을 모으며 그해 한국영화 9위를 차지했다.

　한국전쟁 피난길에 헤어진 9살, 6살 자매가 등장하는 배창호의
〈그 해 겨울은 따뜻했네〉(1984)는 설정상 신 신파에 속하는 것 같
아도 헤어진 이들이 자라 겪는 분단 비극의 후폭풍이 더 큰 비중
을 차지한다는 점에서 앞서 언급한 영화들과는 눈물을 흘리게 하
는 방식이 다르다. 아이들이 등장하는 에피소드는 초반에 제시되
고 영화는 헤어진 자매가 성인이 되어 우연히 만난 이후의 사건들
에 더 많은 시간을 할애한다. 영화평론가 임영이 제안한 신 신파
라는 용어는 특정 영화에만 유효할 뿐 장르의 보편을 대변하지 못
한다는 얘기다.

　신파는 신 신파를 포함해 남녀 관계에서 파생한 기구한 운명을
바탕으로 한다. 그래서 신파물은 로맨스 형태를 띠는 것이 보통이
다. 특별 휴가를 받은 여자와 범죄 조직에 쫓기는 남자가 시한부 사

고영남 감독 (1935~2003)

공포물 〈깊은밤 갑자기〉(1981)와 액션물 〈훼리호
를 타라〉(1971), 〈명동의 12 사나이〉(1971), 〈코리
안 커넥션〉(1990), 또 한국의 '007'이라 할 만한 첩
보물 〈스타베리 김〉(1966), 〈지옥의 초대장〉(1975)
등 장르를 가리지 않았던 고영남은 신파 연출에도
일가견을 보인 감독이다. 1981년 한국영화 흥행 4
위를 기록한 〈빙점 '81〉은 말할 것도 없고, 슬픈 첫
사랑 테마의 원형과 같은 이미지를 제공하는 〈소
나기〉(1978)는 지금의 젊은 관객에게도 통할 정도
로 심금을 울리는 그의 최고 작품으로 평가받는다.

〈매춘 2〉(춘우영화주식회사 제작, 고영남, 1989) 촬영 현장에
서 고영남 감독(가운데).

랑을 나누는 〈만추〉(김수용, 1981), 이뤄질 수 없는 첫사랑과의 사연을 남자의 비극적 죽음으로 전개해 여자의 가슴을 아프게 하는 〈겨울나그네〉(곽지균, 1986), 무엇보다 도종환의 동명 시가 원작인 〈접시꽃 당신〉(박철수, 1988)은 개봉한 해에 한국영화 흥행 2위에 오르며 신드롬에 가까운 인기를 끌었다. 《조선일보》는 〈관객 몰리는 국산영화〉라는 제하의 1988년 4월 9일자 기사에서 〈접시꽃 당신〉의 인기 비결을 다음과 같이 썼다. "무애무덕하게 일상을 살던 부부에게 들이닥친 아내의 암 선고. 필사의 투병과 간병도 허사인 채 한줌 풀꽃을 무덤에 뿌리고 돌아서야 하는 남편. 우리 주변에 있을 수 있는 일이지만, 관객의 가슴을 저리게 하는 이유는 바로 그것이 우리의 이야기도 된다는 공감성에 있다."

눈물을 흘린다는 건 '공감'한다는 얘기다. 인용한 기사처럼 '우리의 이야기'가 되어서다. 그렇다고 눈물을 흘린 관객 모두가 영화와 같은 사연을 가진 것은 아닐 테다. 눈물을 흘리고 싶던 차 신파물이 적절한 기회를 제공했다는 게 더 그럴듯한 설명일 것이다. 영화평론가 양윤모는 1997년 11월 28일자 《조선일보》의 〈멜로드라마 부활〉이라는 기사에서 1997년 갑자기 나타나 많은 관객을 울린 〈편지〉(이정국, 1997)의 흥행 배경을 살폈다. 신파의 흥행에는 이유가 있다며 1980년대 신파 영화의 사례를 들기도 했다. "신군부 세력 등장과 민주화운동의 좌절을 맛본 대중들에게 극장은 도피처가 됐고, 스스로 위안을 주어 새로운 삶의 전기를 가다듬을 수 있는 카타르시스를 제공했다." 양윤모의 말처럼 신파물은 사회 구성원에게 깊은 인상을 남긴 사건·사고가 있을 때면 감정의 공

론장 역할을 하며 많은 관객을 끌어들였다. '신군부 세력이 등장'
한 1980년에는 〈미워도 다시 한번 '80〉이, 1987년 민주화운동 이
듬해인 1988년에는 〈접시꽃 당신〉이 1980년대 신파물의 문을 여
닫았다.

| 무덤에서 살아나온 공포 |

한국영화사에서 공포물이 주류였던 적은 한 번도 없다. 여름철에
는 오싹한 공포물을 즐긴다는 공식 아닌 공식이 있긴 해도 일종
의 한철 장사로 인식되는 것이 보통이다. 1980년대만 해도 한국
영화 흥행 베스트 10에 오른 공포물은 1980년 7만 8천 명의 관객
수로 개봉 그해 9위에 오른 박윤교 감독의 〈망령의 곡〉(1980)이 전
부다. 같은 해 발표된 또 한 편의 공포물은 고영남 감독의 〈깊은
밤 갑자기〉(1981)다. 남편이 가정부로 고용한 젊은 여성 때문에 부
인이 서서히 미쳐 가는 과정의 연출이 일품인데, 당시 시장에서는
이 영화의 제목처럼 '갑작스러운' 공포물의 개봉 자체를 놀라워하
는 분위기가 지배적이었다. "… 공포영화를 만들기는 거의, 8년 만
의 일. 지난 1972년 〈며느리의 한〉이 나온 뒤론 거의 없었다. (중
략) 오랜만의 국산 공포영화라는 점이 관객들의 관심을 끄는 것
같다."[8]
　〈망령의 곡〉의 주인공은 5대 독자 남편의 아이를 밴 행자 출신
의 며느리다. 집안의 경사도 잠시, 며느리의 몸에 이상이 발견되

자 시어머니는 아이를 위해 며느리를 희생시킨다. 이에 앙심을 품은 며느리가 귀신이 되어 시댁 식구에게 복수하는 내용은 가부장제의 폐단과 고부 갈등에 따른 '며느리의 한'의 귀환이다. 〈망령의 곡〉의 흥행을 촉매제 삼아 공포물 제작은 활기를 띠었다. 다음은 《경향신문》의 1981년 3월 17일자 〈탈불황의 시도 괴기영화 제작 붐〉 기사의 일부다. "최근 영화계는 귀신영화, 이른바 괴기영화가 11편이나 만들어지고 있다. (중략) 현재 기획 진행 중이거나 제작되고 있는 영화는 〈유령의 계곡〉, 〈망령25시〉, 〈전설의 고향〉, 〈요妖〉, 〈무덤에서 나온 여자〉, 〈몽녀〉, 〈사후의 세계〉, 〈백녀의 한〉, 〈흡혈귀 야녀〉, 〈귀화산장〉, 〈괴시〉 등. 우리나라 괴기영화의 특징은 미국 등 서구의 심령과학(오컬트) 소재와 달리 괴담이나 전설에서 따오는 귀신 얘기가 대부분이다."

기사에서 언급한 공포물들은 대개 제목에서도 유추가 가능한 '여자의 한'을 배경으로 한다. 왜 여자귀신(女鬼)일까? 관련해 흥미로운 대목이 있어 소개한다. "음력 오뉴월에도 서리를 내리게 한다는 여귀들이 본격적으로 출몰하기 시작한 건 1960년대 후반. 박정희 정권이 위로부터의 근대화를 채근하기 시작하던 시기였다. 폭력적인 근대화 과정에서 여성들은 끊임없이 타자화되고 주변화되어 갔다. 이 억압받은 여성들이 귀신이 되어 벌이는 한바탕의 칼춤, 피비린내 나는 복수극이 바로 공포영화였다."[9] 이 기사를 나침반 삼는다면 〈망령의 곡〉의 깜짝 흥행과 1980년대 초반의 공포영화 부활의 배경이 설명 가능해진다.

공포물은 장르 특성상 사회 분위기를 반영하는 경우가 적지 않다. 1980년은 전두환 신군부가 1979년 12 · 12 군사 반란으로 정권을 잡은 후 집권을 정당화하기 위해 광주민주화항쟁처럼 무고한 시민을 학살하며 피의 통치를 본격화한 해였다. 작가 허지웅은 '1960~80년대 한국 공포영화'를 다룬 책《망령의 기억》에서 박윤교의 두 번째 '망령' 시리즈 〈망령의 웨딩드레스〉(1981)에 관해 "정당하지 않은 권력의 출발과 도덕적 해이에 관련해 민감하고 적극적으로, 더불어 영화적으로 발언하는 작품이다. 〈망령의 웨딩드레스〉는 어떤 방법으로도 당대 정치 · 사회 풍경과 별개로 독해될 수 없다"[10]고 썼다. 다시 찾아온 독재의 망령, 한동안 한국 극장가에서 자취를 감췄던 공포물은 무덤에서 손을 내밀듯 살아 돌아왔고, 많은 선량한 시민의 의식에 침투한 독재정권을 향한 공포심은 괴기영화 붐을 타고 더 구체적인 형태를 드러냈다.

박윤교 감독 (1933~1987)

한국영화계에서 하나의 장르만 파는 감독은 손에 꼽을 정도다. 1970~80년대에는 더욱 그랬다. 그런 풍토에서 박윤교는 공포물 외길을 걸은 대가다. 데뷔는 멜로물 〈뜬구름아 말물어 보자〉(1965)로 했지만, 〈백발의 처녀〉(1967)부터 필모그래피의 3분의 2를 공포물로 채웠다. TV 드라마 〈전설의 고향〉이 인기를 끌면서 극장 공포물의 인기가 시드는 가운데서도 그는 공포물에 대한 애정을 놓지 않았다. '한'을 주제로 〈옥녀의 한〉(1972), 〈며느리의 한〉(1972), 〈꼬마 신랑의 한〉(1973)을, '망령'을 제목 삼아 〈망령의 곡〉, 〈망령의 웨딩드레스〉를 만들었다.

〈월하의 사미인곡〉(동협상사 제작, 박윤교, 1985) 촬영 현장의 박윤교 감독.

이 같은 관점에서 주목할 만한 영화가 강범구 감독의 〈괴시〉(1980)다. 한국 최초의 좀비물로 평가받는 〈괴시〉의 배경은 농작물에 피해를 주는 해충을 퇴치하겠다고 과학자들이 진행하는 전파 실험이다. 이게 시체의 뇌를 자극했는지 죽은 이들이 깨어나고 사람들을 공격해 좀비로 변하게 한다. 두 팔을 앞으로 펼치고 살기를 드러내기보다 멍한 눈으로 두리번거리는 움직임이 현대 관객에게 익숙한 좀비의 형태와 다르지만, 이들이 모두 나이가 좀 있어 보이는 기성의 남자 시체를 기반으로 한다는 설정이 예사롭지 않다. 이들이 공격하는 대상은 주로 힘없는 여성이거나 극 중 주인공으로 등장하는 대만인처럼 소수자나 외지인인데 (박정희 대통령이 살해당한 10 · 26 사태로) 죽어도 (12 · 12 군사 반란으로) 웬만해서는 죽지 않는 남성 폭력의 형태로 극 중 공포 분위기를 주도한다.

이와 같은 영화 읽기는 민주화운동과 대통령직선제를 거치며 1990년대 이후 한국사회에 자유로운 분위기가 정착하고, 2000년대 초중반 마니아층을 중심으로 〈괴시〉에 관한 일종의 재평가가 이뤄지면서 그제야 가능해진 해석이다. 괴기영화 제작 붐이 일었던 1980년대 초반 당시에는 오히려 "이와 같은 현상은 컬러TV에 맞서 TV에서 찾기 힘든 대형화면의 활용과 관객의 호기심을 끌어보자는 의도가 크게 작용한 듯"[11]이라고 쓴 기사처럼 시장 차원에서 분석한 내용이 전부였다.

그나마 공포영화에 대해 이 정도의 기사가 나온 것만으로도 감지덕지인 것이, 1980년대 초반의 활발한 제작 분위기와 다르게 크게 인기를 얻은 영화가 없어서였다. 이혁수 감독의 〈여곡성〉(1986)

은 1980년대 당시의 기술력으로 쉽게 구현하기 힘들었을 특수효과와 강한 수위 묘사로 2018년에 동명 제목으로 리메이크되며 한국영화의 대표적인 공포물로 인정받고 있지만, 개봉 당시에는 관객의 이목을 끄는 데에 실패했다. 자신을 버린 남자의 가문에 복수하고자 귀신이 되어 그 아들들을 모두 살해한다는 며느리의 '한' 테마는 이전의 공포물과 차별점을 갖기 어려웠으며, TV 드라마 〈전설의 고향〉(KBS, 1977~1989)에 익숙한 시청자들을 극장으로 호객하기에도 역부족이었다. 억압적이었던 정치적·사회적 분위기도 1980년대 중반 들어 변화가 찾아와 민주화를 향한 국민적 열망은 공포와는 거리가 먼 것이었다. 그 이후로 한국 공포물은 외환위기(IMF)로 온 국민이 힘들던 그해 〈여고괴담〉(박기형, 1998)이 등장하기까지 10년 넘게 개점휴업 상태였다.

| 액션 몸으로 울었다 |

가부장제와 사회 곳곳에 스며든 군대식 문화로 인한 여성들의 피해가 공포물의 서사를 받드는 골자였다면, 남성적 힘의 과시는 액션물의 지배 체계였다. 거의 대부분의 분야가 남성주도적인 양상을 보이는 당시에 액션물이 대중적인 장르로 인기를 끈 건 당연한 결과였다. 그 인기의 기반은 홍콩영화, 그중 성룡의 액션물이었다. "성룡, 일명 재키 챈이란 스물여섯 살짜리 홍콩 배우가 우리 영화에 끼친 영향은 한마디로 놀랄 노 자다. (중략) 〈취권〉의 히트는 곧바로 우리 영화계 근성을 드러냈다. 남의 것 모방하는 근성 말이다. 〈애권〉, 〈소권〉, 〈복권〉 등 '권拳' 자 행렬의 영화가 쏟아져 나온 게 그것이다."[12]

1980년 이후 3~4년간 서울 개봉관에서 한국영화 흥행 베스트 10에 든 액션물은 〈평양맨발〉(2위), 〈소림용문방〉(유가량·김종성, 1980)(5위), 〈사망탑〉(오사원·강범구, 1980)(8위), 〈소림사 주방장〉(김정용, 1981)(10위), 〈금강혈인〉(김진태·나유, 1981)(6위), 〈신서유기〉(김종성·진준량, 1982)(1위) 등과 같은 홍콩과의 위장합작이거나 홍콩 액션물의 영향을 받은 작품이었다. 이 중 서울 피카디리에서만 35일 동안 12만 3천 명을 모은 〈평양맨발〉은 당대 최고의 코미디언 이주일이 출연한 영화로, 작품성보다는 이주일의 인기에 기댄 인상이 컸다. "홍콩 스타 아닌 우리 스타는 그럼 누구였나? 1980년에 등장한 우리 영화계의 스타, 그건 이주일이다. (중략) 그런데 작품으로도 성공을 했

〈평양박치기〉(동협상사 제작, 남기남, 1982) 촬영 현장에서 남기남 감독.

남기남 감독 (1942~2019)

어떤 작품이든 저예산으로 빨리 찍는다고 해서 남기남은 '한국의 에드우드'로 불린다. 최고 흥행작은 심형래와 함께한 〈영구와 땡칠이〉(1989)다. 코믹한 아동물을 만들 때에도 극의 저변에는 액션의 기운이 강하게 흐르는데, 1000여 편에 달하는 그의 연출작 중 아동물과 함께 액션물이 상당수를 차지한다. 세계관을 창조하기보다 다른 영화를 모방한 혐의가 짙은 것이 특징이다. 홍콩 액션물의 영향을 받은 〈소림대사〉(1983), 〈불타는 소림사〉(1978), 〈불타는 정무문〉(1977) 등이 먼저 눈에 띄고, 토속 액션물의 향취가 나는 〈평양박치기〉(1982), 〈평양맨발〉 등도 있다.

는가? 이주일의 우스꽝스러운 얼굴을 보여 주는 것 이외 뭐가 있었나? 졸속제작에 작품의 질을 따지는 것도 우스운 일이지만 오죽하면 이주일이 '저질영화 안 하겠다'고 돌아섰을까?"[13]

당시 홍콩 액션물의 영향에서 벗어난 한국적인 액션물로 유일하게 평가를 받은 감독은 단연 이두용이다. 영화평론가 임영은 《영화》 1982년 1·2월호 기사에서 정의감 있는 해결사와 돈만 주면 무슨 일이든 마다하지 않는 청부업자가 등장하는 이두용의 〈해결사〉(1981)를 '현대적 태권 액션물'로 정의했다. "도입부에서 어떤 사기꾼을 흠뻑 때려서, 그가 지불해야 할 액수의 수표를 쓰게 하는 장면이 있는데, 이 부분에서도 그 묘사는 남달리 난폭하고 실감 있어서, 저쪽 액션물의 거물 샘 페킨파를 능가한다는 인상마저 주었다"고 감탄하며, "이 영화는 지금까지의 이른바 액션영화의 결정판이 된다"라고 극찬을 아끼지 않았다.[14]

이두용은 발차기에 특화된 태권 액션물의 효시 〈용호대련〉(1974)을 비롯하여 1970년대에 이미 20편에 달하는 액션물 연출로 이 장르에서 독보적인 능력을 인정받은 터였다. 〈돌아온 외다리〉(1974), 〈분노의 왼발〉(1974) 등에서 발차기 액션을, 〈아메리카 방문객〉(1976), 〈뉴욕 44번가〉(1976)에서는 해외 로케이션 액션을 선보인 이두용은 새로운 분위기와 테마로 진화를 거듭하여, 1980년대 들어 〈해결사〉로 자기 세계를 구축한 후 〈돌아이〉(1985)로 정점을 찍었다.

서울에서만 9만 관객을 모아 그해 한국영화 다섯 손가락 안에 드는 흥행 성적을 올린 〈돌아이〉는 오락성이 뛰어난 액션물이다.

사귀던 재벌 2세에게 폭행을 당한 멤버를 위해 정의의 주먹을 휘두르는 극 중 걸그룹 매니저 '석아石兒'는 당대 최고의 가수이자 하이틴스타 전영록이 맡았다. 극 중 무대에 올라 노래를 부르는 단 한 장면을 제외하면 이두용은 '가수' 전영록의 스타성이 아니라 그가 가진 신체 기능을 활용해 맨몸 액션부터 카체이싱까지 당시 한국영화산업에서 가능한 모든 액션을 풀어 보인다. 이두용의 영화적 적자라고 할 만한 〈베테랑〉(2015), 〈밀수〉(2023) 등을 감독한 류승완은 《류승완의 본색》에서 "10대 시절 마지막으로 본 액션영화다운 액션영화는 진유영 주연의 〈인간시장, 작은 악마 스물두 살의 자서전〉(1983)과 전영록 주연의 '돌아이 시리즈' 정도가 아닌가 한다"[15]라며 남다른 애정을 드러냈다.

액션이 신체를 사용하는 행위라고 할 때 스포츠물 역시 액션물의 자장 안에서 소개해도 될 듯하다. 1980년대 스포츠물의 주인공이 '싸나이 중의 싸나이', 즉 자기가 수호하는 가치와 대상을 위해 몸이 먼저 반응하고 그 결과로 맞대결의 형태로 목숨도 걸 수 있는 유형이라는 점에서 액션물과 직접적으로 통한다. 그렇게 액션물과 스포츠물을 동일 선상에 둘 때 이 장르의 게임체인저 역할을 한 작품은 〈이장호의 외인구단〉(이장호, 1986)이다. 1980년대는 야구와 축구의 프로리그 태동은 물론, 농구와 배구와 같은 인기 구기 종목의 빅 이벤트로 스포츠가 그 어느 때보다 화제의 중심에 섰던 시기다. 그에 따라 관련 콘텐츠도 인기를 끌었는데, 대표적인 작품이 이현세의 야구 만화《공포의 외인구단》(1983~1984)이었다.

삐쭉빼쭉한 헤어스타일에서 '싸나이'의 분위기가 물씬한 일명

'까치' 오혜성은 고아 출신의 아웃사이더이면서, 전혀 다른 삶의 배경을 가진 마동탁과는 리그 우승을 다루는 라이벌이면서 사랑하는 엄지를 두고 경쟁(?)하는 연적이다. 엄지를 위해서라면 목숨도 걸 수 있는 까치는 마동탁의 아내가 된 그녀가 게임에서 져 달라는 부탁을 해 오자 '난 네가 기뻐하는 일이라면 뭐든지 할 수 있어' 하는 노래 가사처럼 자기 몸을 던져 사랑의 가치를 수호한다. 새 시대에 걸맞은 새로운 남성성의 출현이었다. 의리에 죽고 사는 남성적 가치가 이제 사랑에 죽고 사는 낭만으로 변모했다. 독재와 폭력에 신음하던 이 사회가 원하는 남성적 가치가 변하고 있음을 보여 준 징후였다.

이를 증명이라도 하듯 《공포의 외인구단》은 베스트셀러가 되었고, 이장호는 자신의 영화사를 세우며 이 만화를 원작 삼아 창립작 〈이장호의 외인구단〉을 만들어 약 29만 명의 관객을 동원하며 1986년 한국영화 흥행 2위의 기록을 세웠다. 그 여파는 상당해서 《스크린》은 1986년 11월호 〈'까치'와 '강타'가 몰려온다!〉 이슈 기사를 마련하여, "〈외인구단〉이 영화로도 화제를 모은 지금, 그와 비슷한 스타일인 스포츠를 소재로 인간의 의지와 비극적 사랑을 그린 장편 만화의 영화화가 속속 착수되어 또 다른 유행을 낳으려고 하고 있다"[16]라고 변화한 한국 극장가의 흐름을 짚었다.

이장호는 이현세의 또 다른 야구 만화 《제왕》(1986)의 영화화를 기획했(지만 무산됐)고, 최재성을 다시 까치 역에 기용해 〈이장호의 외인구단 2〉(조민희, 1988)를 제작했다. 또한, 이현세의 작품 중 까치가 야구가 아닌 권투를 하는 〈지옥의 링〉(1987)이 장영일 감독, 조상구·전세영 주연으로 만들어졌다. 종목은 다르지만, 모두 스포츠를 배경으로 해서 까치와 동탁이 엄지를 두고 대립하는 이야기가 펼쳐진다. 이현세와 함께 영화계가 주목한 만화가는 박봉성이었다. 화천공사는 박봉성의 53권짜리 만화《신의 아들》(1983)의 판권을 확보해 신인 지영호 감독에게 메가폰을 맡겼다. 지영호는 강타 역에 최민수를 캐스팅하고 기업 논리에 휘둘리는 링 주변의 이야기에 집중하며 다른 이현세 원작 영화와 차별을 시도했다.

어떤 작품은 성공하고, 어떤 영화는 흥행에 고배를 마시는 등 희비는 엇갈렸지만, 특정 시기에 스포츠물이 붐을 일으킨 건 1980년대라는 시대 정서가 작동한 탓이 크다. "지금도 까치를 보면서 우리는 진실을 용납 않는 세상에 항거해 어떤 가치를 치르고서라도 자신의 진실을 지켜 내려 했던 한 인간의 영웅적인 안간힘을 읽게 되며 이제는 용도 폐기된 듯하지만, 실은 고귀한 가치를 담고 있었던 한 약한 인간의 흔적을 뒤돌아보게 된다. 까치는 무서운 시절이 낳은 무서운 인간이었고 흉포한 사회가 낳은 진실의 희생자였던 것이다."[17] 당시 관객들이 스포츠물을 보며 열광하기보다 눈물을 흘렸던 이유가 여기에 있다.

| 감독들이 종교로 간 까닭은 |

정성일 영화평론가는 임권택 감독의 〈만다라〉(1981)에 관해 "'무자비하고도 살벌한 시대'에 임권택은 자비를 찾아서 두 승려와 함께 세상 속을 느리게 걸어가며 세상을 둘러본다"[18]라고 썼다. 또 다른 종교물 〈허튼소리〉(1986)의 김수용은 이 영화의 제작 배경을 이렇게 말한다. "경제 지상주의와 조국의 근대화를 표방한 군사정권 아래서 이제는 반항의 몸짓조차 잊어버린 군중들에게 미친 중의 허튼소리를 통해 무엇인가 일깨워 주고 싶은 충동을 느꼈다." 하지만, 당시 공연윤리위원회(지금의 '영상물등급위원회')의 이영희 위원장은 "관객은 감독보다 수준이 낮기 때문에 사전에 말썽 생길 곳을 제거하는 게 영화 검열"이라는 궤변으로 영화의 열네 군데를 삭제했다.[19]

1980년대 종교물의 운명은 이렇게 두 가지 경우로 요약할 수 있다. 〈만다라〉의 임권택처럼 군부가 장악한 사회로부터 받은 상처를 정화하려는 시도로 영화를 통한 구도의 길을 걷던가, 〈허튼소리〉의 김수용처럼 도무지 상식이 통하지 않는 정권을 향해 신의 말씀을 대리한 종교를 우회하여 탈골한 정의를 바로잡으려 저항의 목소리를 높이던가. 이는 다른 듯해도, 실은 사회 전반을 장악한 5공화국 정부가 그들의 입맛에 맞추려 시도 때도 없이 검열과 제작 중단을 가해도 감독들이 이에 굴하지 않고 "그 안에서 그 자신의 성찰로 밀고 나아가는 다짐의 영화"[20]를 만들고자 한 시도였다.

전두환이 정권을 잡은 1981년부터 권좌에서 물러난 1988년까지 거의 매년 종교물이 제작되거나 개봉한 배경은 이와 무관하지 않아 보인다. 1981년에는 불교 배경의 〈만다라〉 외에도 천주교 수난사의 〈초대받은 사람들〉(최하원, 1981), 그리고 〈저 높은 곳을 향하여〉(임원식, 1977)가 한국영화 흥행 베스트 10 목록에 포함됐다. 그 중 관객 수 25만 5천여 명으로 3위에 오른 임원식 감독의 〈저 높은 곳을 향하여〉는 "1944년 4월 21일 일제의 신사참배를 반대하며 민족운동을 편 고故 주기철 목사의 저항 일대기를 담은 한국 기독교 수난사"를 다룬 작품으로, "1977년 검열을 마치고서도 신앙의 군중심리 표현 문제로 상영이 보류됐던 영화"였다.[21]

종교물의 검열 수난은 〈저 높은 곳을 향하여〉에서 보듯 전두환 정권 이전부터 자행됐던 것으로, 종교물을 기획 · 제작하는 영화사 입장에서는 '가위손' 정권과 경직된 사회 분위기를 살필 수밖에 없었다. 당시 태흥영화사의 이태원 대표는 임권택의 〈비구니〉를 제작하던 중 비구니를 비하했다는 이유로 불교계의 항의를 받았고, 불교계 탄압 불똥이 자신들에게 튈 것을 우려했던 전두환 정부에게서 제작 중단을 강요받기도 했다. 〈비구니〉의 여파는 비슷한 시기 기획된 다른 영화들에도 영향을 미쳤는데, 화천공사에서 준비 중이던 〈수녀 아가다〉는 개봉 후 말썽이 일어날 것을 우려하여 사전에 수녀들을 초청해 '사전 특별시사회'를 열고도 영화 제목을 〈아가다〉(김현명, 1984)로 바꿨다.[22]

임권택은 〈비구니〉 제작 중단의 충격에도 종교물을 향한 관심과 탐구를 멈추지 않았다. 무속을 재조명한 〈불의 딸〉(1983)에서는 우리 것을 잃어 가는 엄혹한 시대에 우리 정신의 원류를 찾겠다는 의도를 숨기지 않으며 정권의 비상식에 굴하지 않는 의지를 내비쳤다. 또한, 상반된 길을 걷는 두 비구니의 여정으로 종교와 삶의 깨달음을 구하는 한승원의 동명 소설을 원작 삼아 〈아제아제 바라아제〉(1989)를 만들어 〈비구니〉에서 꺾였던 날갯짓을 다시금 펼쳐 보였다. 이 영화에 출연한 강수연은 모스크바영화제에서 여우주연상을 받았고, 임권택은 대종상영화제에서 최우수작품상을 받았다.

종교물로 〈아제아제 바라아제〉가 대종상영화제에서 최우수작품상을 받은 건 이장호의 〈낮은데로 임하소서〉(1982) 이후 7년 만이었다. 검열과 삭제의 수모 속에서도 관객과 만난 1980년대의 종교물은 아이러니하게 상복(?)이 있었다. 1981년 대종상에서 최하원 감독의 〈초대받은 사람들〉이 최우수작품상을, 〈만다라〉가 우수작품상을, 1982년에는 안요한 목사의 실화를 바탕으로 한 〈낮은데로 임하소서〉가 최우수작품상을 받았고 의미 있는 흥행을 올리기도 했다. 그리고 1989년 달라진 시대와 사회 분위기를 반영

최하원 감독 (1937~)

독실한 가톨릭 신자로 알려진 최하원 감독은 황순원 원작의 〈나무들 비탈에 서다〉(1968)와 〈독짓는 늙은이〉(1969), 김동리의 〈무녀도〉(1972) 등 문예물로 감독의 위상을 쌓았다. 〈새남터의 북소리〉(1972)로 천주교 박해 소재의 영화를 만든 후 관련한 배경으로 '초대받은' 3부작을 기획해 1980년대에 결과물을 내놓았다. 그처럼 한국 가톨릭의 역사를 영화화하는 일을 평생의 염원으로 삼았다고 하는데, 〈초대받은 사람들〉, 〈초대받은 성웅들〉(1984) 두 편을 만들고 세 번째 작품은 끝내 연출 기회를 얻지 못했다.

〈초대받은 성웅들〉(연방영화주식회사 제작, 최하원, 1984)의 촬영 현장.

이라도 하듯 배용균 감독의 〈달마가 동쪽으로 간 까닭은?〉(1989)이 예고도 없이 찾아왔다.

큰스님과 젊은 스님과 동자승, 말하자면 불교 삼대가 등장하는 〈달마가 동쪽으로 간 까닭은?〉은 부처의 뜻을 헤아리려는 이들의 행보를 독백조로 바라본다. 배용균이 홀로 연출과 각본, 촬영과 편집 등 주요 부문을 모두 맡고 아마추어 배우를 기용하는 등 순전히 예술적인 관점에서 개인 차원으로 이뤄 낸 성과였다. 그와 같은 노고를 인정받아 한국 최초로 로카르노영화제 대상 격인 황금표범상을 받았다. 엄혹한 시대에 저항하거나 검열과 삭제로 상처받은 마음을 정화하려고 했던 1980년대의 종교물과는 전혀 다른 성격이었다는 점에서 〈달마가 동쪽으로 간 까닭은?〉의 출현은 극적이었다. 독재에서 민주화로, 집단에서 개인으로, 순응에서 독립으로, 시대의 성격이 변화하자, 영화 또한 예상할 수 없는 형태로 나아갔다.

| 누구의 존재도 아닌 여성 |

1985년은 1980년대 한국영화계에 시장 면에서나 작품 면에서 분기점에 해당하는 해年라 할 만하다. 20개 영화사의 독점제를 골자로 했던 영화법이 1973년 2월 대통령령으로 시행된 이후 창작의 자유에 목마른 영화인들은 10년 넘게 제작자유화, 국산영화 제작업과 외화수입업의 분리 등을 요구하는 개정법을 줄기차게 요구해 왔다. 그 결실로 1985년 7월 영화법 개정에 따라 제작자유화를 맞이하면서 한국영화계는 그동안 경험하지 못했던 가변적인 시기로 접어들었다. 첫 번째 변화의 낌새로 한국영화 속 여성 캐릭터가 이전과는 확연하게 달라졌다.

"1985년, 86년, 87년이 여성에겐 '강인해지기로 작정한' 해였나? (중략) 이제 더 이상은 한숨만 쉬며 남자의 그림자만으로도 행복해하는 그런 사랑은 하지 않겠다는 것이다. 자신이 주체가 되어 당당하게 요구하는 여성상, 그것이 현대의 영화 속 여성이다."[23] 이 기사는 특별하게 다섯 편을 주목하면서 각 작품에 관해 이렇게 코멘트를 달았다.

〈어미〉 방송 DJ 어머니, 딸이 납치당해 사창가로 넘겨져 결국 자살하자 주변 인물들을 차례로 찾아 잔인한 복수를 한다./ 〈안개기둥〉 방송 PD를 그만둔 후 생기는 자아의 상실, 남성 우위의 부부 생활로 인해 고뇌하다가 결국 이혼을 단행하며 주체적인 삶을 추구한다./ 〈먼 여행 긴 터널〉 방송 리포터인 혜원은 취재 때문에 알게 된 중년의 공학박사를 사랑, 집요하게 구애를 한다. 결국은 그녀의 죽음을 앞두고 무릎을 꿇은 그와 마지막 짧은 시간을 보낸다./ 〈이브의 건넌방〉 무용과 졸업반인 재숙은 한 중년 남자를 좋아하나 그는 결국 형부가 되고 … 유학을 떠나기 전 형부에게 섹스를 요구하고 불륜은 이어져 언니의 죽음을 부르며 둘 역시 파탄에 이른다./ 〈레테의 연가〉 잡지사 여기자인 희원은 노처녀, 우연히 전에 같은 직장에 근무했던 기혼의 화가를 사랑, 적극적인 애정 표시를 하나 결국 맺어질 수 없는 사람임을 깨닫고 대학 동창 친구와 결혼을 한다.

이 다섯 편 중 네 편이 1987년에 개봉한 것과 달리, 〈어미〉는 2년 앞선 1985년에 등장했다. 그만큼 이 영화가 내포한 파격성은 여성물에서 각별하다. 《경향신문》은 1985년 10월 25일자 기사에서 "영화법 개정 후 국산영화제작사로 첫 등록한 황기성사단이 처음으로 내놓은 김수현 원작, 박철수 감독의 〈어미〉는 분명히 한꺼풀 벗은 수준작으로 평가받을 만하다"[24]고 호평했고, 《스크린》은 〈어미〉와 함께 박철수의 또 다른 작품 〈안개기둥〉까지 언급하며 "1985년 〈어미〉를 기점으로 우리 여성들이 강해지기 시작하더니 〈안개기둥〉에선 여성 문제가 정면으로 제시되었다"[25]고 의미를 부여했다.

이들 현대 배경 여성물에서 발견할 수 있는 공통적인 특징은 여성 주인공의 직업이 DJ, PD, 리포터, 기자 등과 같은 전문직이라는 점이다. 1970년대 중반까지 한창 유행했던 호스티스물의 호스티스와 1980년대 신파물의 가정주부 등 여성의 직업군이 단순했던 것과 비교하면 실로 엄청난 진화였다. 호스티스물과 신파물의 여성들이 가엾고 버림받은 데다 끝내 관객에게 동정 어린 눈물을 끌어냈다면, 이후 여성물의 주인공들은 슬퍼도 눈물로만 신세 한탄하지 않고 오히려 여성을 둘러싼 부조리한 환경을 개인 차원에서 바꾸려고 적극적으로 나서는 전위적인 모습을 선보였다.

한때의 유행이라고 치부하기엔 한국사회가 빠르게 변화했고, 그에 따른 시대적 요구라고 할 여성물의 흐름도 꾸준히 이어졌다.

호스티스물을 현대에 맞게 비틀기한 김영효 감독의 〈가까이 더 가까이〉(1986)는 유흥업소를 없애야 한다는 보수적인 교수에 맞선 여성들의 유쾌한 반란이, 옛사랑을 사이에 둔 자매의 심리를 관찰하는 곽지균 감독의 〈두 여자의 집〉(1987)은 당대 신구 여배우 한혜숙과 이미숙의 연기 대결이 여성물의 다양성으로 이목을 끌었다. 이는 급하게 생긴 변화라기보다 1985년 이전부터 감지되던 새로운 여성성에 대한 요구가 폭발한 경우라고 할 수 있다.

지금은 사회파로 널리 알려진 정지영 감독은 에로틱 스릴러 〈안개는 여자처럼 속삭인다〉(1982)로 데뷔했다. 남편이 패션모델인 내연녀와 짜고 패션디자이너인 아내를 살해해 재산을 가로채려 한다는 내용인데, KMDb '한국영화걸작선코너'에서 이 영화를 추천한 영화평론가 정민아는 강한 여성과 관련한 의미심장한 문장을 적었다. "영화는 소비자본주의의 핵심 주체로 등장한 여성들로 인해 권력의 자리에서 점차 물러나게 되어 버린 남성의 위기감과 불안을 투사하는 한 측면이 있고, 또 한 측면에는 소비 주체로서 자신의 위치를 공고히 하게 된 중산층 여성의 섹슈얼리티에의 욕망이 있다."[26] 다시 말해, 이미 〈어미〉 이전부터 한국영화에는 여성을 대상화하지 않고 주체로서 호명하는 움직임이 있었다.

1980년에 등장한 새로운 유형의 여성은 현대물에만 유효한 것은 아니어서, 앞서 인용한 《스크린》의 〈한국영화 속의 여주인공〉 기사는 사극에서도 현대적인 여성성을 감지할 수 있다고 덧붙인다. 〈황진이〉(배창호, 1986)의 황진사 딸로 태어난 황진이(장미희)는 일신의 행복을 모두 걷어차고 자신이 원하는 사랑과 삶을 찾으려 현실에 안주하지 않는다. 〈어우동〉(이장호, 1985)의 사대부집 규수 어우동(이보희)과 〈뽕〉(이두용, 1985)의 안협(이미숙)은 각각 미천한 신분의 사내와 사랑을 나눌 뿐 아니라 양반계급에 분노를 느껴 자신의 몸을 미끼로 복수에 나서고, 남편 대신 살림을 꾸려야 하는 까닭에 몸을 팔아도 절대 상대편에게 굽실거리지 않는다. 천하장사 〈변강쇠〉(엄종선, 1986)에게 전혀 꿀리지 않는 옹녀(원미경)의 능동적인 성의식도 변화한 시대상이 여성 캐릭터를 어떻게 변모시켰는지 살필 수 있는 경우라고 할 수 있다.

여성 캐릭터의 변화를 추동한 여성물이 대부분 멜로 형태를 띠고 있는 점도 짚어 볼 만하다. 멜로물은 극 중 남녀의 역할과 비중이 동등한 편이라 시대를 읽을 수 있는 요소가 다른 장르에 비해서 유연하다는 특징이 있다. 가령, 강한 여성이 한국영화의 트

정지영 감독 (1946~)

〈거리의 악사〉(고려영화주식회사 제작, 정지영, 1987)의 제작 발표회(맨 오른쪽이 정지영 감독).

2023년에 연출 40주년을 맞아 기념 회고전을 열고 신작 〈소년들〉(2020)의 개봉까지, 건재를 과시한 정지영은 사회파 감독으로 유명하다. 〈남부군〉(1990), 〈하얀전쟁〉(1992), 〈부러진 화살〉(2011), 〈남영동 1985〉(2012) 등 정치적·사회적으로 민감한 소재를 영화화해서다. 의외(?)로 필모그래피 초창기는 여성물에 가까운 작품 위주였다. 데뷔작 〈안개는 여자처럼 속삭인다〉를 포함해 〈추억의 빛〉(1984), 〈거리의 악사〉(1987), 〈위기의 여자〉(1987) 등 두 명의 여성이 중심이 되어 남성 권력에 맞서 전복하는 내용은 충무로에 새로운 바람을 일으키기에 충분했다.

렌드를 선도했던 시기에 등장한 〈겨울나그네〉(곽지균, 1986)의 다혜(이미숙)는 첫사랑이 기지촌에 잠적해 그곳의 여성과 아이를 가졌음에도 끝까지 그를 기다리는 보수적인 유형의 인물이다. 오히려 그런 올드한 감성이 적중해 명보와 동아극장에서만 22만 명의 관객을 모았다. 그러니까, 진보한 역할과 보수적인 감수성이 충돌한 1980년대 중반의 한국영화계는 여성물(과 멜로물)을 중심에 두고 살펴볼 때 그 변화가 더욱 확연해진다.

| 어른들은 모르는 청춘 |

개봉 40일 만에 20만 넘는 관객을 모은 〈어른들은 몰라요〉(1988)의 이규형 감독은 성공 비결을 묻는 질문에 "전에 호현찬 선생님이 말씀하시길, 고급 관객은 외화에 뺏겼고, 고무신 신은 아줌마 층은 안방극장 TV에 뺏겼고, 한국영화를 보는 층은 10대, 20대 청소년층이 남았을 뿐이다라고 하셨는데, 저는 거기에서 한 걸음 더 나가야 된다는 생각이죠. 그래서 더 어린 층, 즉 10대가 될 국민학생들까지 한국영화의 관객으로서 소중하게 다뤄야 되고 그들이 재미있게 볼 수 있는 영화를 만들어야겠다는 것이 제 소견"[27]이라고 답했다.

이 답변에서 '한국영화를 보는 층은 10대, 20대'라는 이규형의 말을 우선 주목한다면, 1980년대 흥행 시장에서 청춘물은 꽤 의미 있는 지분을 차지했다. 에로와 멜로물처럼 한국영화 전체의 흥행을 주도한 것은 아니어도 청소년이 극장가에서 무시할 수 없는 관객층이라는 사실은 흥행 기록에서도 확인할 수 있다. 1980년대 한국영화 흥행 베스트 10 결과를 보면 〈모모는 철부지〉(김웅천, 1979)(10위), 〈대학얄개〉(김웅천, 1982)(9위), 〈사랑만들기〉(문여송, 1983)(3위), 〈고래사냥〉(배창호, 1984)(1위), 〈고래사냥 2〉(배창호, 1985)(3위), 〈차이나타운〉(박우상, 1984)(8위), 〈미미와 철수의 청춘스케치〉(이규형, 1987)(1위), 〈어른들은 몰라요〉(3위), 〈아스팔트 위의 동키호테〉(석래명, 1988)(8위), 〈행복은 성적순이 아니잖아요〉(강우석, 1989)(3위) 모두 10편이 이름을 올렸고, 평균적으로 매년 한 편의 청춘물이 크게 성공했음을 알 수 있다.

청춘물로 묶었지만, 이들 영화는 개봉 시기에 따라 극 중 양상을 달리하고 있어 흥미롭다. 〈모모는 철부지〉와 〈대학얄개〉는 모두 김웅천 감독의 작품이다. 1970년대부터 〈여고졸업반〉(1975), 〈고교 우량아〉(1977), 〈고교 명랑교실〉(1978) 등의 하이틴물을 만들었던 그는 1980년대 들어 대학생을 주인공 삼은 영화를 만들어 유쾌하면서도 낭만적인 캠퍼스 생활을 스크린에 담았다. 〈고래사냥〉 시리즈는 성격이 완전히 달라서 방황하는 대학생이 계급이 전혀 다른 여인과 사랑을 나누는 등 로드무비 형식을 통해 혼란한 사회에서 이상을 찾아 떠나는 젊음에 초점을 맞췄다.

1985년의 영화법 개정 이후 좀 더 자유로운 창작 분위기 속에서 이규형은 톱스타 강수연과 박중훈을 기용해 청춘의 사랑과 낭만에 신파를 더한 장르 결합으로 〈미미와 철수의 청춘스케치〉를 성공시키며 흥행 감독의 입지를 굳혔다. 기세를 몰아 해외 입양을 동심의 눈으로 바라본 〈어른들은 몰라요〉를 통해 어린이의 세계와 20대 젊은이의 사연을 버무려 전작 못지않은 결과로 청춘물의 소재 확장은 물론 관객층 발굴이라는 성과까지 얻었다.

낭만을 기본 정서로 깔고 있는 이들 영화와 다르게, 강우석 감독의 〈행복은 성적순이 아니잖아요〉는 기존과 다른 접근으로 청춘물의 트렌드를 완전히 뒤바꾼 경우다. 대학입시에 스트레스를 받는 고등학교 3학년 학생들의 비극적인 사연으로 비인간적인 입시제도를 비판하는 한편, 극 중 주인공 또래의 공감을 사게 만들어 비슷한 종류의 영화들이 나오는 데에 결정적인 역할을 했다. 시나리오작가로 참여했던 김성홍 감독이 속편 격인 〈그래 가끔 하늘을 보자〉(1990)를 만들어 연출 데뷔했고, 황규덕 감독의 〈꼴찌부터 일등까지 우리반을 찾습니다〉(1990)는 〈행복은 성적순이 아

김응천 감독 (1935~2001)

일간지 문화부 기자 출신의 김응천은 〈영광의 침실〉(1959)로 감독 데뷔해 1960년대에는 멜로물을 주로 연출했다. 1970년대 들어 청춘물로 장르를 선회, 〈여고졸업반〉(1975), 〈푸른 교실〉(1976), 〈우리들의 고교시대〉(1978), 〈모모는 철부지〉(1977) 등을 흥행에 성공시키며 〈진짜 진짜 좋아해〉(1977)의 문여송, '얄개' 시리즈의 석래명과 함께 청춘물의 트로이카 감독으로 주목받았다. 남들이 시도하지 않는 청춘물을 만들기도 했는데, 최민수와 신혜수 주연의 〈그녀와의 마지막 춤을〉(1988)에서는 뮤지컬 요소를 도입해 의대생과 통기타 가수의 사랑을 그렸다.

〈담다디〉(대경필름 제작, 김응천, 1989) 촬영 현장에서 김응천 감독(오른쪽).

니잖아요〉와는 다른 결의 입시지옥을 보여 주며 참교육의 가치를 물었다.

이외에도, 고등학교 친구들 간의 심장이식이라는 소재로 감동을 준 〈있잖아요 비밀이에요〉(조금환, 1990), 강우석의 또 하나의 고등학교 배경 영화 〈열아홉의 절망 끝에 부르는 하나의 사랑노래〉(1991), 강구연 감독의 〈인생이 뭐 객관식 시험인가요〉(1991) 등 긴 제목의 영화들이 〈행복은 성적순이 아니잖아요〉의 트렌드를 따랐다. 모두 1990년 이후에 발표되었지만, 대개는 1989년에 기획되어 1980년대 청춘물에 뿌리를 두고 있다는 점에서 같이 언급해도 무리는 아닐 듯하다. 무엇보다 이 시기의 청춘물이 중요한 건 1990년대 중반쯤에 찾아온 한국영화 산업화의 국면에서도 이와 같은 붐의 형태를 재현하지 못했기 때문이다. 전 세대를 아우르는 블록버스터가 1990년대 후반부터 이목을 끌면서 특정 세대를 대상으로 한 영화의 제작은 줄어들 수밖에 없었다. 그래서 청춘물은 1980년대 한국영화의 다양성을 증명하는 흔치 않은 장르의 사례라고 할 수 있다.

| 수렁에서 건진 사회물 |

밑바닥 인생을 주인공으로 내세워 자본주의를 조롱하고 부르주아의 허위의식을 까발리는 이장호의 〈바보선언〉(1983)은 불균질이 영화의 정체성으로 작동하는, 한국영화사에서 유례를 찾아보기 힘든 작품이다. 기존의 룰을 무시한 채 감독 본인의 세계관을 구르는 돌의 기운으로 밀고 가는 영화라니, 검열이 일상화되고 창작자의 아이디어를 수시로 제한한 1980년대 한국영화계 환경에서 이 작품이 퍼뜨린 충격파는 그 어느 시기보다 강렬했다. 이장호 본인이 오프닝에 깜짝 출연해 옥상에서 뛰어내리며 남기는 내레이션은 목적이 확실한 도발 그 자체다.

"옛날 옛날 우리나라에서는 사람들이 스포츠에만 열광하고 영화에는 관심을 갖지 않았습니다. 그래서 한 영화감독은 자살을 결심하였습니다." 스포츠가 제공하는 재미와 감동에 못 미치는 영화를 만드느니 죽고 말겠다는 의지의 표현으로 읽히는데, 이런 분위기를 유도한 폭력적인 정권은 창작자의 반동을 부르는 법이고 반동의 기운은 새로움, 그러니까 '뉴웨이브'를 추동하는 원동력이 된다. "나는 〈바보선언〉을 내가 만든 작품이라고 하지 않는다. 독재 시대가 낳은 작품이다. 〈바보선언〉을 시작할 때 나는 철저히 영화를 포기하고 그것도 아니면 영화판을 떠나겠다는 결단을 내렸다."[28]

영화감독이란 본디 좋은 영화를 만들어야겠다는 의식으로 중심을 잡는 존재다. 아무리 1980년대 한국영화계가 작품성 면에서 역대급의 불황이었다고 해도, 시대 상황에 순응하지 않는 감독들은 사회물로 존재감을 과시했다. 〈바보선언〉과 함께 이장호의 날카로운 사회의식을 보여 주는 〈바람불어 좋은날〉(1980)은 1980년대의 고도성장이 무색하게 낙후한 서울 변두리의 환경에서 고군분투하는 젊은이들의 생활을 사실적으로 묘사하며 사회적 모순을 짚어 낸다. 조감독으로 참여했던 배창호는 이 영화의 리얼리즘 사조를 이어받아 연출 데뷔작 〈꼬방동네 사람들〉(1982)에서 개발 현장과 빈민촌을 한 숏에 담아내며 이중적인 서울의 풍경을 기막힌 이미지 편집으로 포착했다.

에로물과 멜로물이 판을 치던 1980년대에 이들 사회물은 1980년대 한국영화계에 그야말로 소중한 자산이었다. 다만, 사회물이 한국사회의 부정적인 면모를 비판 혹은 풍자의 언어로 고발했던 까닭에 이들 작품을 향한 정권의 견제는 물론 관련 업계와 이해 당사자의 반발은 지금으로서는 상상하기 힘들 정도로 격렬했다. 버스 안내양의 인권 문제를 다룬 김수용의 〈도시로 간 처녀〉(1981)는 검열 과정에서 시나리오 전면 개작 통보를 받았고, 우여곡절 끝에 개봉한 후에는 "300여 명의 차장들이 극장으로 몰려와 시위를 했으며 과격한 여성들은 지붕으로 올라가 간판을 뜯어 내렸다. 자신들을 모독했다는 이유에서였다."[29]

영화가 가진 사회적 위상이 낮았기 때문에 발생한 해프닝으로, 이런 분위기 속에서 사회물을 만든다는 건 창작자에게 엄청난 부담으로 작용할 수밖에 없었다. 그래서 1985년 영화법이 개정되기 전까지 다른 장르에 비해 그 수가 현저하게 적은 사회물 중에서 또 하나 언급하고 싶은 영화가 〈수렁에서 건진 내 딸〉(이미례, 1984)이다. 1980년대 거의 유일한 여성 연출자로 알려진 이미례 감독의 연출 데뷔작이기도 한 〈수렁에서 건진 내 딸〉은 상영 내내 불량 청소년 딸을 교화하기 위한 가족의 눈물겨운 악전고투가 이어진다. 불량한 친구들이 가한 폭력으로 비뚤어진 딸이 중심에 서지만, 영화는 사회적 횡포와 불평등한 구조가 어떻게 한 가정을 수렁으로 내모는지, 일을 빌미로 외도를 일삼는 아버지, 가정주부라는 이유로 딸의 돌봄을 독박(?)으로 책임져야 했던 어머니에게도 고루 포커스를 맞춘다.

사회물의 판도에 변곡점이 생긴 건 1985년 영화법 개정이다. "영화법이 개정되면서 소자본으로 영화를 만들려는 사람들이 대작은 불가능하니까 사회 주변의 어두운 현실을 고발하려는 경향이 큰 것 같다."[30] 실제로 사회물은 1986년부터 그전보다 수를 늘려 가며 관객과 만났고, 무엇보다 이장호와 배창호 등 기존의 뉴웨이브 기수를 잇는 새로운 사회파 감독의 출현으로 한국영화계는 새로운 판을 깔 포석을 마련할 수 있었다.

〈서울예수〉를 만들었지만 기독교계의 반발로 제목이 〈서울황제〉

이미례 감독 (1957~)

이미례의 필모그래피는 〈고추밭의 양배추〉(1985), 〈학창보고서〉(1987), 〈영심이〉(1990), 〈사랑은 지금부터 시작이야〉(1990)와 같은 청춘물로 채워져 있다. 그럼에도 대표작으로 거론되는 건 〈수렁에서 건진 내 딸〉이다. 가족드라마를 표방해 비행 청소년 문제를 제기한 이 사회물은 영화적으로도 강렬했고, 여성 감독의 출현으로 더욱 놀라움을 선사했다. 연출 당시 나이가 스물여덟이었고 여성 감독이 드문 충무로에서 이미례는 별종으로 통했다. 에로물이 만연한 시기에 나온 〈수렁에서 건진 내 딸〉도 별종과 같은 작품이었는데 그래서 더욱 오래 기억되는 것일 테다.

〈학창보고서〉(혜성영화주식회사 제작, 이미례, 1987) 촬영 현장의 이미례 감독.

(선우완 · 장선우, 1986)로 바뀌고, 그마저도 검열 때문에 제대로 된 극장 상영이 이뤄지지 않는 등 곤욕을 치른 장선우 감독은 이에 아랑곳하지 않고 자본주의에 함몰된 한국의 소비사회를 풍자하는 〈성공시대〉(1988)를 만들었다. 높은 곳에 있다는 이유로 고공 농성을 벌이는 줄로 오해받는 이들의 이야기를 그린 〈칠수와 만수〉(박광수, 1988)의 박광수 감독은 장선우와는 또 다른 개성의 블랙코미디를 만들어 다른 차원으로 이행하는 사회물의 '성공시대'를 알렸다. 또한, 장길수 감독의 〈불의 나라〉(1989)와 박종원 감독의 〈구로아리랑〉(1989)은 각각 룸살롱과 구로공단이라는 서울의 음지 공간을 주요 배경으로 삼아 비인간적으로 흘러가는 사회 실태를 고발한다.

기존의 감독 중에서는 임권택이 이산가족 문제를 배경으로 분단 한국을 이념이 아닌 휴머니즘으로 바라본 〈길소뜸〉(임권택, 1985)과 항구의 티켓다방에서 근무하는 기구한 여인들의 삶을 사실적으로 표현한 〈티켓〉(임권택, 1986)으로 클래식한 사회물이 지닌 가치를 증명했다. 김호선 감독의 〈서울무지개〉(1989)는 에로물의 혐의가 짙긴 해도 유력 정치인이 스타의 꿈을 안은 여인을 성적으로 유린하는 내용으로 절대 권력자의 허울을 까발린다. 특정 정치인을 지목한 건 아니라고 해도 1980년대 초중반 같았으면 감히 시도조차 하기 힘들었을 내용이 영화화되고, 그해 흥행 1위를 차지한 것은 달라진 사회 분위기를 전제하는 것이었다.

사회물이 침체에 빠진 1980년대 한국영화계의 상황을 역전시킨 트리거 역할을 했다고 보기는 힘들어도 이 장르를 필터 삼아 바라볼 때 변화가 감지된 건 사실이다. 신구 감독이 조화를 이뤄

사회물의 지층을 두껍게 쌓았고, 1987년 직선제 개헌 이후 이뤄진 정권교체로 명목상 민주화가 이뤄지면서 검열도 이전만큼 악랄하게 창작자를 괴롭히진 못했다. 그동안 1980년대 한국영화 관련 결산 기사를 볼 때면 클리셰처럼 등장하는 저질, 퇴보, 불황 등과 같은 단어는 점차 지면에서 사라졌다. 1990년대를 앞두고 희망이 싹을 피우고 있었다.

다양성은 길에서도 쉬지 않는다

장르 형태로 1980년대 한국영화계를 일별하는 일은 그 시대의 영화시장이 세간에 알려진 것보다 산업적으로 탄탄했다거나 충분히 조명받지 못한 작품들이 많기 때문에 시급한 재평가가 필요하다는 의미와는 거리가 멀다. 그보다 예술의 본연이라고 할 만한 다양성이 크게 눈에 띄지는 않아도 미약하게나마 기조를 유지하며 극장에서 소개가 됐고, 한국 관객에게 신뢰를 잃은 한국영화가 반등할 수 있는 토대를 다졌다는 데에 있다.

에로, 사극, 신파, 공포, 액션, 스포츠, 종교, 여성, 청춘, 사회물 외에도 1980년대 한국 극장가에는 〈장남〉(이두용, 1984)과 같은 가족드라마, 의미를 파악하기 힘든 실험적인 내러티브가 상영시간 내내 이어지는 〈내일은 뭐할거니〉(이봉원, 1986), 〈외계에서 온 우뢰매〉(김청기, 1986)로 대표되는 아동용 SF와 희대의 유행어 '영구 없다!'를 탄생시킨 〈영구와 땡칠이〉(남기남, 1989)의 아동용 코미디, 개봉 당시에는 철저히 외면당했지만 지금은 컬트영화의 반열에 오른 〈개그맨〉(이명세, 1988), 그리고 광주민주화운동을 다룬 〈오! 꿈의 나라〉(이은·장동홍·장윤현, 1989)가 제도권 밖에서 독립영화 형식으로 제작되기도 했다.

창의성이 공권력에 짓밟히는 상황에서도 다양성의 뿌리는 잡초처럼 그 힘을 잃지 않아 1990년대를 향하는 한국영화계의 희망이라는 새싹을 피우게 했다. 풀숏으로 조망하는 1980년대 한국영화계는 에로물의 시대라고 할 정도로 비정상적인 풍토였지만, 클로즈업으로 세세하게 관찰하면 나름 다양한 장르가 시도되었음을 확인할 수 있다. 제한된 선택지 가운데서도 골라 볼 수 있는 장르의 폭이 있었다는 건 건강한 영화생태계의 복원 가능성이 존재했다는 의미다. '비참한 몰골의 나목'으로 미래가 불투명했던 1980년대 한국영화계는 다양한 장르의 시도로 장르적으로 더 풍성해지고 산업적으로 울창해질 1990년대 한국영화계를 예비할 수 있었다.

1 본문의 한국영화 흥행 베스트 관련 기록은 이 책의 부록에 수록된 '1980년대 서울개봉관 흥행 베스트 10'을 참조함.

2 〈한국영화, 포르노시대를 예고하는가?〉, 《스크린》, 1988년 8월호(통권 54호), 272쪽.

3 〈한국영화의 에로티시즘 무엇이 문제인가〉, 《스크린》, 1984년 6월호(통권 4호), 46쪽.

4 조권희, 〈[특집] 1980년도 한국영화계 총평: 1980년의 한국영화〉, 《영화》, 1980년 11·12월호, 26쪽.

5 조권희, 위의 글, 26쪽.

6 임영, 〈[특집]한국 멜로드라머의 재평가: 멜로드라머와 신 신파의 거리〉, 《영화》, 1980년 9·10월호, 42쪽.

7 〈[새영화] 빙점 '81-'양심의 갈등' 그린 깔끔한 수작〉, 《동아일보》, 1981년 4월 14일자 12면 기사.

8 〈[스케치] 8년 만의 국산 공포영화 인기〉, 《동아일보》, 1980년 5월 3일자 5면 기사.

9 이유란, 〈오뉴월에 서리 내리는 '여귀들, 고전 납량영화전〉, 《씨네21》, 2004년 8월 27일(통권 467호), http://www.cine21.com/news/view/?mag_id=25827(최종확인: 2023.9.22)

10 허지웅, 《FilmStory 총서 10 망령의 기억》, 한국영상자료원, 2010, 123쪽.

11 〈탈불황의 시도, 괴기영화 제작 붐〉, 《경향신문》, 1981년 3월 17일자 12면 기사.

12 조권희, 위의 글, 25쪽.

13 조권희, 위의 글, 25쪽.

14 임영, 〈[이달의 한국영화평] 신작 기다려지는 작가와 작품: 고영남, 정소영, 이두용 감독의 활동〉, 《영화》, 1982년 1·2월호, 72쪽.

15 류승완, 《류승완의 본색》, 마음산책, 2008, 155쪽.

16 〈[충무로ISSUE] 만화＋영화 Boom: '까치'와 '강타'가 몰려온다!〉, 《스크린》, 1986년 11월호(통권 33호), 96쪽.

17 〈[만화] 20세기 캐릭터 열전 4: 까치〉, 《씨네21》, 1999년 11월 2일(통권 224호), 90쪽.

18 임권택·정성일·이지은, 《임권택이 임권택을 말하다 1》, 현문서가, 2003, 443쪽.

19 김수용, 《나의 사랑 씨네마》, 씨네21북스, 2005, 227쪽.

20 임권택·정성일·이지은, 위의 책, 443쪽.

21 〈4년 만에 햇빛 본 순교영화〉, 《경향신문》, 1981년 2월 7일자 12면 기사에서 인용.

22 이와 관련한 자세한 내용은 박진희, 〈태흥영화사를 완성하는 또 다른 퍼즐〉, 《위대한 유산: 태흥영화 1984-2004》, 한국영상자료원·전주국제영화제 엮음, 한국영상자료원, 2022, 181쪽 참조.

23 〈[긴급취재] 멜로드라마의 여성변화: 한국영화 속의 여주인공〉, 《스크린》, 1987년 5월호(통권 39호), 98쪽.

24 〈인신매매조직에 분개한 모성애 그려〉, 《경향신문》, 1985년 10월 25일자 12면 기사.

25 위의 글, 《스크린》, 1987년 5월호(통권 39호), 104쪽.

26 정민아, 〔한국영화걸작선〕 안개는 여자처럼 속삭인다' https://www.kmdb.or.kr/story/10/930(최종확인: 2023.9.22.)

27 〈〔스크린 집중토론회〕〈어른들은 몰라요〉: 아이들을 웃기는 것과 올바르게 그린다는 것〉, 《스크린》, 1988년 9월호(통권 55호), 268쪽.

28 KMDb 〈바보선언〉 페이지 '상세정보' https://www.kmdb.or.kr/db/kor/detail/movie/K/03735(최종확인: 2023.9.22)

29 김수용, 위의 책, 221쪽.

30 〈〔HOT ISSUE〕 '검열' 논쟁〉, 《스크린》, 1986년 2월호(통권 24호), 163쪽.

미학

1980년대 작가주의

| 김영진 |

| 1980년대를 조망하며: 혼돈의 용광로 시대 |

1980년대의 한국영화계는 1970년대와 근본적으로 다를 게 없는 상황에서 출발했다. 1979년 10월 26일 박정희 대통령이 암살당하고 유신정권이 종식되었지만, 민주화 열망이 타오르던 1980년 이른바 '서울의 봄'은 5월 광주항쟁의 비극으로 귀결된 끝에 장군 출신 전두환 씨의 제5공화국이 출범했다. 이는 1970년대 내내 한국영화를 옥죄던 검열제도가 여전히 표현의 자유를 구속할 것임을 예고했다. 허가받은 영화사들이 1년에 4편의 한국영화를 의무제작하면 외화수입쿼터를 받는 기형적이고 폐쇄적인 영화시장의 형편도 나아질 기미가 없었다. 심하게 말해, 한국영화는 외국영화 수입권리를 얻기 위한 방편이었다. 소수의 허가받은 영화사들은 의무제작 편수를 날림으로 채워 외화수입쿼터를 받고 대종상 수상작에 주는 보너스 외화수입쿼터를 얻기 위해 그중 일부만을 성의 있게 제작했다.

1960년대부터 한국영화의 자산을 채웠던 김기영, 유현목 등의 거장 감독들에게도 1980년대는 그들의 명성이 지워지는 암흑기였다. 그들과 어깨를 나란히 했던 김수용은 거듭되는 검열관과의 갈등에 시달린 끝에 〈허튼소리〉(1986)를 끝으로 영화계 은퇴를 선언했다. 1970년대부터 TV에 밀려 사양산업화됐던 영화계의 물적 조건은 저예산으로 눈요깃거리를 제공하는 에로영화의 양산에 몰입하게 만들었다. 엄혹한 겨울공화국의 시대에 정권은 대중의 억압심리를 달래 줄 유화책으로 '3S(스크린, 섹스, 스포츠) 정책'을 시행했고, 통금 해제 조치와 더불어 시작된 극장들의 심야 상영에 힘입어 크게 흥행한 〈애마부인〉(정인엽, 1982)의 성공 이후 한국영화계는 비슷한 아류 영화들, 〈빨간 앵두〉 시리즈, 〈산딸기〉 시리즈 등을 양산했다. 한국영화는 저급 대중문화로 천덕꾸러기 대우를 받았다.

희망은 있었다. 낙후된 물적 조건과 검열의 이중고 속에서도 작가의식과 형식에의 자의식을 잃지 않은 젊은 감독들이 등장했다. 〈별들의 고향〉(1974)으로 1970년대 청년영화의 기치를 올렸던 이장호는 대마초 파동으로 수년간의 활동정지를 당한 끝에 기층 민중의 삶에 카메라를 들이대는 사회비판 의식을 장착한 〈바람불어좋은날〉(1980)로 제2의 전성기를 열었다. 그의 영화들은 정부 검열의 견제 대상이었지만, 그는 경력 단절의 숱한 위기를 극복하고 상업영화 감독으로서의 입지를 다지는 데에도 성공했다. 이장호의 조감독 출신이었던 배창호는 청출어람의 수식을 붙이기에 부족함이 없는 놀라운 성공 기록을 1980년대 내내 수립했다. 그의 영화들은 '촌스러운 저질영화＝한국영화'라는 대중의 인식에 제고를 꾀하는 날렵하고 세련된 스토리텔링으로 '한국의 스필버그'라는 별명을 얻었으며, 〈황진이〉(1986) 이후에는 형식주의자로서의 새로운 길을 개척하는 모험가의 면모를 보여 줬다. 이장호-배창호의 계보를 잇는 또 다른 감독은 이명세였다. 배창호의 조감독

출신인 이명세의 〈개그맨〉(1988)은 장차 21세기 영화의 형식에 관한 화두를 제시하는 그의 시대를 알리는 징후적인 문제작이었다.

1986년 영화제작업이 허가제에서 신고제로 바뀌고 88올림픽이 다가오면서 유화적인 정국이 펼쳐지는 가운데 대학가를 중심으로 관념적인 민중영화론이 펼쳐졌던 시대의 공기는 한국영화계에도 조금씩 스며들었다. 방송계와 충무로를 오가며 상업영화를 만들던 정지영과 충무로에서 시나리오작가와 조감독으로 입지를 모색하던 장선우, 박광수 등은 1980년대 말에 비로소 자기들의 존재감을 드러낼 것이었다. 타성에 젖은 충무로를 새로운 감성으로 견인할 가능성을 보여 준 감독들은 또 있었다. 〈골목대장〉(1978)으로 데뷔했으나 충무로에서 입지를 굳히지 못했던 박철수는 방송계로 넘어가 스타 연출자로 이름을 얻은 후 충무로에 복귀해 〈어미〉(1985), 〈안개기둥〉(1986) 등의 영화로 종래의 한국영화에서 보지 못한 새로운 앵글의 화면들을 구사했다. 곽지균은 〈미워도 다시 한번〉류의 전통적인 신파 멜로드라마와 결을 달리하는 차별된 감성의 멜로영화들로 성공을 구가했고, 장길수 역시 미국에 식민화된 젊은이들의 윤리를 나름의 박력 있는 멜로드라마로 묘사하려 한 젊은 감독이었다.

그러나 그 누구보다 1980년대를 늠름하게 맞이한 감독들은 따로 있었다. 1971년에 데뷔한 이두용은 제작자들의 구미에 맞는 다양한 영화들을 연출하면서 충무로에 입지를 굳힌 끝에 1970년대 중반 단기간에 엄청나게 찍어 낸 액션영화들로 자기 스타일을 단련한 뒤, 1980년대에 어떤 감독들도 흉내 내기 힘든 독특한 색깔의 영화들을 찍기 시작했다. 가장 경이적인 행보를 보인 감독은 임권택이다. 1961년에 데뷔한 그는 1970년대 내내 〈증언〉(1973) 등의 전쟁영화와 〈족보〉(1978) 등의 우수문예영화 연출로 제작자들의 신뢰를 받는 유능한 장인이었고, 〈만다라〉(1981) 이후 본격적으로 자기 세계를 펼치는 전성기를 맞이했다. 그의 전성기는 이후로도 지속될 것이었고, 2000년대 한국영화 르네상스 시기가 도래하기 전까지 한동안 그의 영화들은 한국영화의 미학을 대표했다.

| 이두용의 거두절미 미학 |

화면을 잡아채는 활기

이두용의 〈최후의 증인〉(1980)은 한국영화사상 가장 불운한 영화의 사례로 꼽힐 만한 고초를 겪었다. 1978년에 크랭크인해 사계절을 담는 지난한 촬영 끝에 1979년에 완성되고 1980년에 개봉한 이 영화는 검열로 158분의 원래 편집본에서 40분 여가 잘려 나간 필름으로 상영됐다. 대종상 수상을 염두에 두고 당시로선 파격적인 1년여의 제작 기간을 들여 만들어진 이 영화는 다른 영화사들의 모함으로 청와대에 투서가 들어가 '빨갱이 영화'라는 딱지를 단 채 검찰 조사를 받는 소동을 겪고 불구의 형체로 세상에 나와 온전한 평가를 받지 못한 채 묻혔다.

김성종의 꽤 방대한 줄거리를 지닌 동명의 추리소설을 영화화하기 위해서 충분한 상영시간이 필요했다. 하명중이 연기하는 오

〈최후의 증인〉(세경영화주식회사 제작, 이두용, 1980) 촬영장에서 대본을 보고 있는 이두용 감독(왼쪽)과 영화 속 한 장면(오른쪽).

병호 형사가 서장의 특별 지시로 어느 시골 양조장 주인의 살해 사건을 맡게 되는 것으로 시작되는 이 영화는, 오형사가 탐문하는 사람들로부터 6·25 당시 지리산 공비들과 그들을 토벌하던 우익들 사이에 얽힌 비극적 사연을 풀어낸다. 오형사가 새로운 인물을 탐문할 때마다 플래시백 구조를 거쳐 굵은 이야기 덩어리가 화면에 펼쳐지는데, 덜커덕거리기 쉬운 대하 서사물 분량의 플롯이 한 호흡으로 쭉 치닫는다.

한 장면 내에서 격한 속도감을 꾸미며 달려가는 이두용의 화면 구성 감각은 1970년대 중반 이후 경이적인 속도로 1년에 서너 편을 찍었던 액션영화 연출에서 익히 발전되어 온 것이다. 대표작 〈돌아온 외다리〉(1974)를 비롯해 이두용은 홍콩의 쿵후영화 유행과 차별되는, 호쾌한 발차기의 직선적 쾌감을 최대한 화면에 구현하는 다수의 액션영화들을 만들었다. 저예산영화의 자취를 감추지 못하는 싸구려 세트를 가건물처럼 지어 놓고 그 안에서 액션

전문 배우들이 벌이는 기예는 가히 압도적인데, 상투적인 플롯의 결함에도 불구하고 풀숏과 클로즈업을 어떤 매개 화면 없이 곧장 이어 붙이는 충돌의 쾌감은 화면에 낯선 긴장감을 부여하며 배우들이 직선으로 쭉 뻗는 발차기의 쾌감에 실려 무한 증폭되는 즐거움을 준다. 부러지기 쉬운 듯한 그 직선의 멋은 생략적인 이두용의 커팅 감각과 선 굵은 화면 연출 속에서 기진하고 소모되어 인상적인 여운을 남긴다.

〈최후의 증인〉은 액션영화 감독 이두용이 추리 드라마의 서사 얼개에 역사의 상흔을 추적하는 주제를 만났을 때 얼마나 힘 있게 그걸 단단히 직조했는지를 증명한다. 직설화법으로 아무것도 가진 게 없었던 순한 사람들을 끝까지 착취한 분단체제의 권력자들을 분노에 찬 시선으로 바라본다. 우익이냐, 좌익이냐 어느 편이냐고 권력자들이 을러대는 동안, 순한 사람들은 겁먹은 눈동자를 이리저리 굴리면서 그저 자신과 자신이 사랑하는 사람이 기거할 조그만 공간을 바랐으나, 시대는 그들의 최소한의 생존조차도 허용하지 않는다. 급격한 줌 인/아웃 렌즈 효과를 빈번하게 쓰고 패닝panning으로 카메라가 수평 이동하는 가운데 줌렌즈로 특정 인물이나 사물에 쓱 다가서는 식의 연출을 마다하지 않는 이두용의 카메라 워킹 연출은 박력 있는 화면의 외관과 관객의 집중력을 동시에 이루는 드문 스타일의 매력을 보여 준다. 〈최후의 증인〉에는 빠르게 흘러가는 이야기 곳곳에 잊혀지기 힘든 장면들이 산재해 있다. 비바람이 몰아치는 광야를 오형사 홀로 헤매고 다니는 흔한 인서트 컷 몇 개가 이 영화의 정서를 한달음에 요약해 버릴 수 있는 것은 영화적으로 축적되는 감정이 과연 무엇인가에 관한 훌륭한 실례가 될 것이다. 한순간도 누군가의 감정을 음미할 순간조차 주지 않은 채 이 영화는 6·25 당시부터 1970년대 말 현재까지 빠르게 달리는 기분으로 관객에게 역사적 상흔의 참극을 전해 준다.

평단의 외면을 받는 액션영화 연출에 지쳐 1970년대 말부터 본격 드라마 연출로 선회했던 이두용은 역작 〈최후의 증인〉이 소리 없이 사장된 뒤에도 주춤하지 않고 자기 스타일의 만개를 알렸다. 휴가를 즐긴다는 기분으로 한 달 만에 뚝딱 만들어 냈다고 하는 〈피막〉(1980)은 초반 30여 분간 관객의 혼을 빼놓듯이 몰아치는 호흡으로 원귀의 저주가 내린 양반가의 초현실적 재앙을 묘사한다. 〈해결사〉(1981)는 인물들이 실제 기거하는 집의 좁은 방 안에 카메라를 놓는 걸 괘념치 않았던 〈최후의 증인〉에서처럼 실제 지형지물을 이용해 서울이라는 대도시 이면의 누추하고 좁은 공간에서 지옥도 같은 액션을 보여 준 영화였다. 〈여인잔혹사 물레야 물레야〉(1983)는 조선시대를 배경으로 정사에 나오지 않는 민간전승 설화를 극화한 것으로, 봉건 가부장제 하의 여성이 아들을 낳는 도구로 거래되고 버려지는 잔혹사를 경이적인 박력으로 묘사했다. 특히 중반부를 포함한 영화의 상당 부분을 거의 무성영화를 보는 것처럼 최소한의 대사만으로 상황을 시각적으로 전개시킴으로써 당대의 어떤 한국영화와도 비교할 수 없는 순수영화의 밀도를 성취했다. 이들 영화에서 이두용은 세련된 영화에서 흔히 금기시되는 줌렌즈를 자유자재로 구사하는 가운데 공간의 신축성을 마음대로 요리한다. 카메라가 움직이고 특정 대상이나 상황으로

가부장제 하에서 도구화된 여성의 수난사를 그린 〈여인잔혹사 물레야 물레야〉(한림영화주식회사 제작, 이두용, 1983)(왼쪽)와 산업화사회에 적응하지 못하는 노부부를 통해 전통과 현대의 충돌을 그린 〈장남〉(태흥영화사 제작, 이두용, 1984)(오른쪽)의 한 장면.

파고 들어가면 우리는 주목하게 되는데, 그 리듬이 담대하고 자연스러우며 프레임 안과 바깥의 경계를 넘나들며 긴장을 창출하는 것이어서 고풍스런 사극의 공간에 활기를 불어넣는다.

〈피막〉이 베니스국제영화제에서, 〈여인잔혹사 물레야 물레야〉가 칸국제영화제에서 주목받으며 이두용은 임권택과 더불어 서구에서 주목하기 시작한 현대 한국영화 감독들 중 선두가 되었다. 그럼에도 이두용의 이후 행보는 예민한 예술가의 행보라기보다는 주어진 제작 조건에 충실한 장인의 행보에 가까웠다. 영화사의 의뢰를 받아 대종상 수상을 노리고 만드는 작품들과 흥행성을 의식한 작품들로 나뉜 그의 연출 경력은 곧 마감할 전성기를 예감하는 것처럼 서둘러 달려 나갔다. 〈장남〉(1984), 〈낮과 밤〉(1984) 등의 계몽영화 성격이 강한 작품들이 대종상 출품용이라면, 〈뽕〉(1985)과 〈돌아이〉(1985)는 상업영화였고 두 편 모두 시리즈로 제작될 만큼 반응이 좋았다. 그런데도 이 시기 이두용의 영화는 고유한 개성을 잃지 않았다. 〈장남〉은 오즈 야스지로의 〈동경 이야기〉(1953)를 떠올리게 하는, 산업화사회에 적응하지 못하고 과거의 생활양식이 체화된 노부부가 고향을 떠나 자식들이 있는 서울에 올라오면서 벌어지는 이야기를 담고 있다. 전통과 현대의 충돌은 가족과 효의 문제를 통해 도드라지지만, 가장 인상적인 것은 역시 이미지다. 이 영화에선 곤돌라가 일종의 극적 충격장치처럼 기능한다. 영화 속 장면에서 막내아들이 살 아파트로 거처를 옮기는 노부부가 곤돌라를 고층아파트 이사에 사용하는 것을 보고 사람이 죽으면 관도 곤돌라로 내린다는 사실에 충격을 받는다. 자신이 죽으면 절대 그렇게 하지 말아 달라고 부탁하는 어머니에게 장남 태영은 약속을 지키겠다고 말하지만 결국 그렇게 하지 못한다. 영화 결말에 사망한 어머니의 관이 곤돌라에 실려 아파트 벽면에 쾅쾅 부딪히며 내려올 때의 시청각적 충격은 영화라는 매체의 힘을 보여 준다.

이두용의 거두절미하는 커팅 감각과 대담한 화면구성 연출은 이후로도 유려하게 발휘됐다. 한 마을을 배경으로 벌어지는 관능적인 소극笑劇인 〈뽕〉 시리즈에서 그가 별로 넓지 않은 마을의 공간을 박력 있게 분할하며 소동극을 액션 찍듯이 처리하는 것, 〈해결사〉의 액션 연출을 코미디 장르로 옮겨 경쾌하게 응용한 〈돌아이〉에서 좁은 골목 안을 무대로 쌓여 있는 연탄재를 이용해 벌이는 장면과 같은 슬랩스틱 액션은 종래의 한국영화에선 볼 수 없었던 것이다.

〈내시〉(1986)는 이두용이 직접 영화사를 설립해 비교적 많은 예산을 들여 만든 궁중사극으로 그의 마지막 걸작이다. 신상옥의 영화를 리메이크한 〈내시〉는 후궁으로 간택된 사랑하는 여자 자옥을 만나기 위해 내시 신분으로 위장해 궁에 들어간 양반 출신 사내 서정호의 이야기다. 세도가인 아버지의 정략에 따라 후궁이 된 자옥을 정호는 쉽게 만날 수 없다. 이뤄질 수 없는 러브 스토리의 외피를 쓴 〈내시〉의 진정한 플롯 포인트는 따로 있다. 군대를 방불케 하는 엄한 규율로 지탱되는 내시들의 삶과 그들을 지휘하는 내시감의 눈을 통해 본 절대왕정의 잔혹한 시스템을 가감 없이 드러내는 것이다. 궁궐 내의 여자는 모두 왕의 여자이며, 왕의 권력에 봉사하기 위한 모든 기관과 그 수하들은 도구에 불과하다.

이 영화의 독특하고 흥미로운 지점은 서정호와 자옥 두 남녀 주인공이 종종 플롯의 흐름에서 사라진다는 것이다. 그런데도 아무 지장이 없다. 이를테면 이런 장면이다. 한 궁녀가 임신하자 궁궐은 성기능이 되살아난 내시를 찾아내느라 발칵 뒤집힌다. 관객은 당연히 주인공 서정호가 발각될 것을 예감하지만, 이 장면의 서스펜스는 또 다른 되살이 내시가 발각되면서 싱겁게 종결된다. 관습적인 연결이라면 이 장면의 끝에는 자신의 정체가 발각될 것을 두려워한 서정호의 반응 화면이 배치됐을 테지만, 이두용은 내시들이 하의를 도로 입는 롱숏으로 가차 없이 장면을 끝낸다. 느닷없이 종결되는 이 장면전환의 힘은 주인공의 감정이입에 소용되는 것보다 왕실 권력의 잔인함에 방점을 찍는 감독의 관점에서 나온다.

〈내시〉의 클라이맥스는 왕과 자옥의 정사, 왕의 침실로 가려는 정호와 그를 돕는 내시감이 그들을 가로막는 내시들과 군사들을 상대하는 칼싸움 장면의 크로스커팅으로 전개된다. 성과 폭력의 교차 속에 자옥은 왕의 급소에 침을 꽂고 자신도 자결하며, 정호와 내시감은 밀려드는 군사들 속에서 시차를 두고 육신이 너덜너덜해진 채 장엄한 최후를 맞는다. 왕의 침실 내부의 은밀하고 격한 육체의 움직임과 집단 군무를 보는 듯한 액션신의 병치는 구로사와 아키라黑澤明 영화의 미학적 핵심이었던 움직임의 상응과 대비를 연상시키는 우람한 자취를 화면에 남긴다. 영화의 결말 장면에서 무슨 일이 일어났는지 발설하지 말라는 어린 왕비의 명령이 내려지고 널려 있는 수많은 시체들을 치우는 여명의 안개가 자욱히 퍼진 궁궐의 풍경은 5공화국의 서슬 퍼런 압제적 분위기가 지배하던 1980년대 극장에서 예외적인 것이었다. 전성기 이두용이 보여 준 박력의 스타일은 한국영화사에서 유일무이하고 〈내시〉는 그것을 마지막으로 증명한 작품이었다.

| 이장호와 배창호의 시대

〈바보선언〉의 예술과 저항

이장호가 1983년에 만든 〈바보선언〉은 어느 소년의 내레이션이 깔리며 영화감독이 자살하는 장면으로 시작한다. "옛날 옛날 우리나라에서는 사람들이 스포츠에만 열광하고 영화에는 관심을 갖지 않았습니다. 그래서 한 영화감독은 자살을 결심하였습니다." 이장호가 직접 연기한 영화감독은 빌딩 옥상에서 떨어져 죽는다. 이렇게 시작한 영화는 주인공 동칠이 국회의사당 앞에서 시위하듯이 춤을 추는 장면으로 끝을 맺는다. 침묵을 강요당했던 1980년대를 우회적으로 풍자하는 결말이었다.

호쾌하게 출발했던 이장호의 1980년대 경력은 순탄치 않게 전개됐다. 유신정권 종식과 함께 대마초 파동 때 받은 활동정지 처분이 풀린 이장호가 짧은 민주화 기간에 기획해 만든 재기작 〈바람불어 좋은날〉(1980)은 겨울공화국이 시작되던 그 시절에 운 좋게 개봉한 영화이다. 개발 열풍이 불던 강남을 무대로 천민자본주의의 증식으로 가난한 사람들이 더 고통받는 현실을 그리면서 중국음식점 배달원 덕배와 여관 종업원 길남, 이발관 종업원 춘식이 가난한 상경 청년들의 동병상련을 나누며 겪는 다종다기한 에피소드를 엮은 이 영화는, 최일남의 원작 소설을 솜씨 좋게 엮은 캐릭터 묘사의 재기가 빛나는 것과 더불어 종래의 한국영화에선 볼 수 없었던 과감한 형식을 감행했다. 애니메이션으로 처리한 타이틀 장면에 이어 세 주인공의 상경 장면 몽타주로 구성한 크레디트 시퀀스가 압축적으로 담아내는 캐릭터들의 활기는 영화의 전체적 톤을 압축하는 것이었다. 이장호는 촘촘하게 인과적으로 이어지는 구성보다 느슨하게 병렬되는 에피소드들 사이로 덕배를 비롯한 주인공들과 주변 사람들의 캐릭터 인장을 화면에 강하게 새긴다. 구심형이 아니라 원심형으로 퍼지는 플롯에서 건져 내는 것은 생생하게 살아 있는 인물들이다. 그들은 선악의 인과응보 규율을 넘어서 섣부른 판단을 하기 이전에 여하튼 같이 살아가야 할 사람들, 당시 우리 이웃들에게서 뽑아낸 전형들이었다. 이는 한국영화의 약한 고리였던 리얼리즘의 어떤 성취를 이뤄 냈다.

이장호의 다음 영화는 베스트셀러를 영화화한 〈어둠의 자식들〉(1981)이었다. 당시 영화사와의 계약에 묶인 이장호는 〈어둠의 자식들〉과 〈그들은 태양을 쏘았다〉(1981)를 거의 동시에 찍었다. 이장호 영화의 트레이드마크처럼 여겨진 즉흥연출은 이장호 개인의 왕성한 창조력의 산물이기도 하지만, 동시에 이처럼 열악한 제작 조건을 순응적으로 받아들인 결과물이기도 했다. 매춘업에 종사하는 사람들의 강인한 생활력과 인정을 그들의 참혹한 삶의 조건과 대비시킨 원작과 달리, 영화 〈어둠의 자식들〉은 시나리오 사전검열로 원작의 상당 부분을 훼손할 수밖에 없었던 상황을 감안하더라도 매춘부들의 일상을 거친 풍속극처럼 훑어 가는 전반부와 주인공 영애의 아이를 관계 기관에서 강제로 입양시키는 사건을 축으로 전개되는 감상적인 후반부가 충돌하는 이질감 때문에 사회비판 드라마를 최루성 소재로 착취했다는 일부 비평을 들었다. 그럼에도 〈낮은데로 임하소서〉(1982), 〈바보선언〉(1983), 〈과부춤〉(1983) 등으로 이어지는 영화들에서 이장호는 구원이라는 기독교적 메시지를 잡고 사회의 어두운 곳을 주목하는 사회참여적 시선을 다양한 형식 실험에 녹였다.

리얼리즘 정신으로 야심 차게 1980년대를 시작했던 이장호는 즉흥성과 실험성을 두려워하지 않는 모험가적인 기질이 있었다. 그의 영화가 긴 호흡의 서사보다는 파편화된 에피소드 구성을 선호하고, 화면도 몽타주 기법을 파격적으로 추구한 것은 리얼리즘과 모더니즘의 변증법적 종합이 왕왕 이뤄지는 마술을 보여 줬다. 즉흥적 실험성을 향한 이장호의 기질은 프리프로덕션과 포스트프로덕션을 충실하게 꾀할 수 없었던 당대의 충무로 여건에서 배태된 습관이었지만, 이는 장점이자 독이었다. 사회비판적 성향에다 스토리 전개가 난삽하다는 평판이 돌면서 이장호는 충무로에서 기피 인물이 되는 게 아닌가라는 불안감에 시달렸다. 청산리 독립군의 활약을 담은 일종의 국책영화 〈일송정 푸른솔은〉(1983)이 실패한 후 이장호의 압박감은 더 커졌다.

사전 계약을 맺은 영화사에서는 정해진 기한 내에 새 영화를 만들 것을 요구했고, 이때 자포자기 심정으로 만든 것이 바로 〈바보선언〉이었다. 시나리오 검열에 통과하기 위해 대충 꾸민 각본을 제출해야 했던 이장호는 배우들과 스탭들을 데리고 뭘 찍어야 할지 모르는 상태에서 현장에 나가 모든 판단과 선택의 기준을 기존 영화에서 하는 것과 철저히 반대로 하자는 원칙으로 연출했다. 상영 20분이 지나도록 대사 한 마디 나오지 않는 〈바보선언〉은 영화사 창고에 버려졌고, 후속작이었던 세 과부 이야기를 마당극처럼 자유롭게 펼쳐 나가는 옴니버스영화 〈과부춤〉도 또다시 흥행에 실패했다.

이때 단성사에서 개봉한 외화에 관객이 들지 않자 일주일 시한부 상영 조건으로 대신 상영된 〈바보선언〉에 대학생 관객들이 몰리는 기적이 일어났다. 관객들은 찰리 채플린 흉내를 내는 동칠과 여대생으로 위장한 매춘부 혜영, 그리고 이들과 우연히 동행하게 된 택시 기사 육덕이 해프닝을 벌이는 가운데 가치 상실을 확인하는 로드무비에서 시대를 향한 저항의 포즈와 버티어 내겠다는 의지를 읽었다. 젊은 관객의 호응으로 자신감이 생긴 이

〈낮은데로 임하소서〉(화천공사 제작, 이장호, 1982) 촬영 현장에서 이장호 감독(왼쪽)과 영화사 창고에 묻힐 뻔했으나 시대적 분위기를 타고 흥행에 성공한 〈바보선언〉(화천공사 제작, 이장호, 1984)의 한 장면(오른쪽).

장호는 당시 신흥 유력 제작사로 떠오르던 태흥영화사에서 〈무릎과 무릎사이〉(1984)를 만들어 크게 흥행했다. 성과 정치를 결합시킨다는 명분을 내건 이 상업영화는 서양 선생에게 성추행당한 기억으로 방황하는 여대생의 이미지를 반미 분위기에 묘하게 접속시키면서 영화의 선정성을 무겁게 가라앉혀 줬다. 이장호는 "내 영화의 겉포장은 섹스, 내용물은 정치"라고 공공연히 말했고, 스크린의 섹스로 대중에게 접근한 그의 영화는 큰 호응을 얻었다.

기세가 오른 이장호는 조선조 최고의 성 스캔들에 기초한 영화 〈어우동〉(1985)을 만들어 흥행함으로써 성과 정치라는 그의 주제의식이 지닌 대중성을 증명했다. 이 영화는 현장 즉흥연출로 경력을 쌓은 이장호가 처음으로 사전 제작 준비에 총력을 기울여 사극의 소품, 의상 등에서 기존 충무로 영화의 관습과 완전히 결별한 장인으로서의 능력을 보여 준 작품이기도 하다. 이장호는 1960년대 신필름에서 신상옥의 연출부로 일할 당시 선망을 품었던 사극영화 연출에 대한 꿈을 이룬 동시에 신상옥 감독이 흥행시킨 사극 영화들에 결여되어 있었던 것, 곧 고증에 기초한 조선시대의 색감을 의상과 소도구를 통해 태흥영화사의 풍부한 재정지원으로 재현할 수 있었다. 아울러 검열의 척도를 아슬아슬하게 넘나드는 성애영화의 외관을 취하되, 왕을 비롯한 지배층의 도덕적 타락을 간접적으로 비판함으로써 본격적으로 파고든 테마는 아니었지만 도발적인 권력 훼손 의지를 은밀히 감춰 두었다.

영화법이 바뀌어 누구나 신고만 하면 자유롭게 영화를 만들 수 있게 되자, '판영화사'를 설립한 이장호는 여러 편의 영화를 직접 제작하고 연출했다. 이현세 만화 원작의 〈이장호의 외인구단〉(1986)은 흥행에 성공했지만, 그 밖의 영화는 모두 실패했다. 신상옥의 뒤를 이어 한국영화계의 리더가 되려던 이장호의 야심은 좌절됐다. 1990년대는 그에게 긴 암흑의 터널이 될 것이었다. 이 모든 흥망성쇠의 덧없음을 위로할 유일무이한 성과는 〈나그네는 길에서도 쉬지 않는다〉(1987)였다. 이제하의 원작 소설을 각색하면서 이장호는 순전히 작품성만을 보고 이 영화를 만들었고, 심지어 지방 배급업자들에게도 팔지 않겠다는 배짱이었다. 죽은 아내의 유골함을 품고 길을 떠난 남자의 행로를 담은 이 영화는, 남자가 (이보희가 1인 3역을 한) 세 여자를 만나는 과정을 담으면서 현실의 시간과 환상의 시간을 경계 없이 몽타주한다. 현실의 시간과 환상의 시간은 각기 결이 다른 모노크롬 색조로 재현되며, 인물들의 상흔이 새겨진 풍경들에서 분단이라는 역사의 통증이 상기되는데, 연대기적 서사를 해체해 나가며 꿈처럼 펼쳐 놓은 아스라한 화면들이 몽롱하게 이어진다. 현장에서 포착되는 것이 무엇이든 감이 오면 찍어 나간다는 즉흥연출의 무모한 태도로 만들어진 〈나그네는 길에서도 쉬지 않는다〉는 이장호라는 천재적인 예술가 숙주가 해낼 수 있는 가장 뛰어난 스크린의 풍경을 만들어 냈다.

대중영화감독에서 예술영화감독으로

이장호의 연출부를 거쳐 1982년 〈꼬방동네 사람들〉로 데뷔한 배창호는 1980년대 중반까지 스토리텔링이 약한 한국영화계의 구세주였다. 작품 경력의 부침이 심했던 이장호와 달리, 배창호의 초기 이력은 순풍에 돛 단 듯 술술 풀렸다. 빈민들이 사는 꼬방동네를 배경으로 '검은 장갑'으로 통하는 여주인공, 그의 건달 남편, 그리고 감옥에서 출소한 그의 전남편을 축으로 전개되는 삼각관계 멜로드라마인 〈꼬방동네 사람들〉은 공동화장실을 이용하기 위해 동네 주민들이 새벽부터 줄을 서야 하고, 공동 빨래터에서 여자들이 팬티 한 장을 놓고 서로 내 것이라고 아귀다툼을 벌여야 하는 척박한 삶의 현장을 과장 없이 묘사하며, 그 와중에 곧잘 따스한 정을 서로 확인하는 주민공동체의 덕목을 자연스레 드러낸다. 춤 무형문화재 보유자 공옥진이 등장인물로 분해 주도하는 동네 잔치의 흥겨운 춤판 등에서 가난에 짓눌리지 않는 생활의 기운을 지닌 사람들의 진면목을 보여 주기도 한다.

한편으로 여주인공의 플래시백 단락을 통해 그가 어떻게 해서 전남편과 헤어지게 되었는지를 보여 주는 장면들은 한번 잘못 발을 들인 남편의 인생을 제물 삼아 끝까지 범죄자가 되기를 집요하

〈꼬방동네 사람들〉(현진영화사 제작, 배창호, 1982)은 삼각관계의 멜로드라마와 가난한 동네의 주민공동체를 배창호만의 따뜻한 시선으로 그려 낸다.

게 강요하는 경찰의 억압에서 기존 사회의 완강한 차별의 그물을 비판한다. 아이를 잊지 못해 검은 장갑의 주변을 맴도는 전남편의 존재를 현재 남편이 알게 되면서 벌어지는 갈등의 클라이맥스는 상투형으로 흐르지 않고 호쾌한 상호긍정에 기초한 화해를 제시하는데, 이 뜻밖의 낙관이 설득력을 갖는 것은 와이드스크린 화면의 팽팽한 긴장을 인물들의 움직임, 동작, 얼굴들에서 뽑아내는 배창호의 신인 감독답지 않은 감각이다.

주연배우 김보연에게 대종상 여우주연상을 안겨 준 〈꼬방동네 사람들〉은 흥행에도 성공하고, 그의 재능을 인정한 대학 선배 최인호 소설가는 당대 베스트셀러 작가로서의 든든한 후광을 품고 배창호의 지원자가 됐다. 최인호의 소설을 영화로 옮긴 〈적도의 꽃〉(1983)은 앨프리드 히치콕의 〈이창〉(1954)과 유사한 설정으로 시작하는 세련된 도시 멜로드라마이다. 아파트에서 거의 자폐에 가까운 삶을 사는 젊은 남자 M이 반대편 아파트에 사는 선영이라는 여자를 흠모해 매일 그녀를 망원경으로 훔쳐보는 장면들이 이어진다. M은 선영을 흠모하고 선영이 사랑하는 남자를 질투한다. M의 스토킹으로 점철된 집착의 비극은 차가운 도시의 아파트 숲에서는 진실한 사랑의 추구가 불가능하다는 도덕적 변명에 가까운 결말에 이르지만, 히치콕처럼 배창호는 관객에게 엿보는 자의 쾌감과 뒤틀린 사랑의 비극이 주는 당혹감을 동시에 선사하는 스토리텔러로서의 능란함을 증명했다. A+B=AB라는, 선행 숏과 후속 숏을 붙이면 두 숏이 합쳐진 의미와 감정의 증폭이 생긴다는 고전적인 편집미학의 도식을 탄탄하게 증명하는 연출력이었다.

박완서의 동명 소설을 영화화한 후속작 〈그 해 겨울은 따뜻했네〉(1984) 역시 흥행에 성공했다. 한국전쟁 당시 피난길에 헤어지게 된 자매가 성인이 되어 서로 다른 계급적 처지로 만나 갈등하는 상황을 냉정한 심리묘사로 파고든 원작과 달리, 배창호는 주인공 자매가 따뜻하게 화해하는 결말을 담았다. 상업영화의 기대 충족 관습에 순응한 결과일 수도 있지만, 이는 배창호의 인간관에 기초한 선택이기도 했다. 배창호의 이런 활기찬 낙관주의는 한 매춘부의 고향을 찾아 주러 그녀와 함께 떠나는 대학생과 괴짜 거지의 여행담을 그린 〈고래사냥〉(1984)을 통해 그에게 대중영화 감독의 튼튼한 지위를 마련해 주었다.

하길종의 〈바보들의 행진〉(1975)과 유사한 테마의식을 공유하지만 휴교령이 남발되던 1970년대 영화의 우울한 정조와 달리 활달한 소동극처럼 관객에게 어필한 〈고래사냥〉은, 뜻밖에도 오늘날 다시 보면 여전히 무거운 멜랑콜리의 분위기를 띠고 있다. 명시

청각장애인 매춘부 춘자의 고향을 찾아 주려는 괴짜 거지 민우와 대학생 병태의 여정을 그린 〈고래사냥〉(삼영필름 제작, 배창호, 1984)(왼쪽)과 미국시민권 취득을 위해 위장결혼을 한 남녀의 이야기를 다룬 〈깊고 푸른 밤〉(동아수출공사 제작, 배창호, 1985)의 한 장면(오른쪽).

적이진 않지만 운동권 학생 출신이었다는 것이 암시되는 괴짜 거지 민우는 명랑한 기운으로 소심한 대학생 병태와 청각장애인 매춘부 춘자를 앞으로 내달리게 하는 존재이면서, 동시에 그 자신의 어둠을 강인하게 감추고 있는 인물이다. 고향은 어떤 상실된 낙원의 대체공간, 막연한 이상향의 공간, 그곳에 도달하는 것만으로도 어떤 인간회복의 목표를 이루는 것으로 설정되지만, 이 상투적 희망의 근저에 있는 것은 공허이다. 영화의 결말에 민우가 과장된 태도로 각설이타령을 부르며 화면에서 멀어져 갈 때 왠지 모를 슬픈 기운이 감도는 것이다.

　〈깊고 푸른 밤〉(1985)은 배창호의 대중적 인기의 정점을 표시한다. 미국에 있던 장미희를 캐스팅하고 당시로선 파격적이었던 미국 올로케이션으로 촬영한 이 영화는 당시 한국영화 최다 관객 동원 기록을 갱신했다. 관객들은 미국에서 촬영된 이 영화의 색감 풍부한 화면, 장미희의 얼음여신 같은 존재감, 아메리칸드림의 파멸을 비판하는 메시지와 로만 폴란스키의 〈차이나타운〉(1974)을 떠올리게 하는 마지막 장면의 비장한 감흥에 열광했다. 이 영화는 미국 횡단 여행을 통한 중견 소설가의 자기발견과 각성을 다룬 최인호의 원작 소설과 달리, 한국인 남성 주인공이 미국 시민권을 취득하려는 과정에서 제인이라는 이름의 미국인이 된 한국 여성과 위장결혼을 하고 여자는 진정한 사랑을 주지만 남자는 그것을 무시하는 데에서 파생되는 사랑의 불모성을 다룬다. 원작의 문학적 언어가 섬찟할 정도로 차갑고 고독한 미국이라는 땅의 '깊고 푸른 밤'을 드러냈다면, 영화는 미국 데스밸리와 대도시의 풍광에서 겉은 화려하지만 속은 공허한 미국이라는 소비사회의 표면을 스크린에 옮겨 내면서 원작과 맞먹을 만한 고독감을 재현했다.

매너리즘의 흔적이 짙었던 〈고래사냥 2〉(1985) 후에 배창호가 결단한 미학적 변화는 당시 영화평론가 정영일의 표현에 따르면 '한국영화의 쿠데타'였다. 배창호는 인위적으로 보이는 극적인 요소를 삭제한 버전으로 차기작 〈황진이〉(1986)를 만들었다. 당대의 윤리를 정면으로 거스른 예인의 삶을 스펙터클로 보여 줄 것을 기대한 관객들에게 이 영화는 충격을 주었다. 〈황진이〉의 평균 숏 길이는 31초, 롱숏은 132개, 롱테이크는 42개였다. 드라마는 좀처럼 진척되지 않았고 명상적인 고요한 화면들이 이어졌다. 〈황진이〉의 느리게 이어지는 시간 리듬은 황진이의 정신적 삶의 리듬과 조응한다. 정인이 오기를 기다리는 안타까운 마음을 강하지만 절제된 리듬으로 가야금을 튕기며 달랬던 예인의 그것과 다를 바 없는 마음의 내적 표상은 좀처럼 나아가지 않는 느린 사건의 리듬 속에

〈황진이〉(동아수출공사 제작, 배창호, 1986)에서 배창호는 정교하고 절제된 화면을 통해 황진이의 내적 표상을 그려 냈다. 〈황진이〉 촬영장에서 왼쪽부터 정일성(촬영), 김동호(조명), 배창호(감독)의 모습(왼쪽)과 영화의 한 장면(오른쪽).

서 고요히 흐른다.

이를테면 첫 장면에서 황진이는 대청마루에 앉아 악기를 타고 있다. 이 장면의 좌우 · 전 · 중 · 후경은 기둥, 황진이, 내리 쳐진 발, 꽃나무 등의 구성으로 대칭적 조화를 이룬다. 어머니가 등장해 밤이 깊었으니 자리에 들라고 하자, 황진이가 악기를 걷고 자기 방으로 들어간다. 어머니의 등장은 이 장면의 균형에 미세한 균열을 낸다. 이후의 서사 전개를 감안하면 이 장면은 황진이의 내적 평정과 그걸 무너뜨리는 주변의 힘을 공간의 기운으로 암시한다. 하나의 예를 더 들자면, 황진이가 벽계수와 연분을 맺은 후 묘사되는 장면이 있다. 황진이를 부르는 전갈을 갖고 온 사람이 문전박대당한다. 그의 툴툴거리는 소리가 들리는 가운데 황진이와 벽계수가 있는 방의 내부로 화면이 바뀌면 발과 벽을 이용한 프레임 인 프레임 구도 안에 두 인물이 위치해 있다. 이 구도의 느낌은 안온하며 그들이 함께 공유하는 심리적 평정과 내적 충만감을 전달하지만, 그것은 동시에 공백을 남겨 둔 구도이며 허전함을 지울 수 없다. 그들의 관계는 한시적인 것이고 어떤 사회적 공인도 받을 수 없는 유희적인 것이다. 이것은 그들이 서로 주고받는 엄정한 존중과 예절에 비할 때 금방이라도 무너질 것 같은 무상성의 정서를 방 안에 배어나게 한다.

배창호는 특이하게도 황진이가 스스로 택한 삶의 비극을 예수와도 같은 수난의 고행으로 해석한다. 잘 다듬어진 영화의 후반부 장면은 평범한 인간의 경지를 넘어선 황진이의 희생을 담는다. 가뭄과 흉년으로 아사자가 속출하던 시대에 어느 움막에서 떠돌이 사당패 사람들이 밥을 먹고 있다. 그 움막에 선비 이생이 들어와 하룻밤 머물 것을 청한다. 이생이 황진이를 데리고 들어올 때 창을 부를 사람이 필요하다는 사당패 사람들의 대화가 오간다. 180도로 넘어간 화면에서 움막 2층으로 올라가는 황진이와 이생이 보이고, 2층에서 다시 내려온 이생은 사당패에게 먹을 것을 청하다 면박당하자 황진이를 팔아넘기려고 흥정하는 추악한 모습을 보인다. 인품과 기개를 지녀 황진이가 거둬 먹였던 선비 이생은 굶주림 끝에 비천한 인품의 소유자로 전락했다. 화면이 바뀌고 2층에 있는 황진이는 화면 밖 소리를 통해 아래층 대화를 다 듣고 있다. 이생은 2층으로 올라와 잠들고, 고정 화면 상태에서 시간이 흐르면 기척 없이 자리에서 일어난 황진이가 겉옷으로 이생을 덮어 주고 나간다. 아침에 이생은 황진이가 가고 없음을 깨닫는데 그가 남긴 패물을 발견하고 오열한다. 자신을 짝사랑했던 갓바치의 죽음에 충격을 받아 기생이 됐고, 벽계수의 배반으로 인한 상처로 유랑의 삶을 택하고, 불우한 선비 이생에게 헌신했던 황진이에게 가해지는 최종의 가혹한 절망을 이 장면에서의 롱테이크 화면들은 담백하게 응시한다. 절망에 조용히 응대하는 황진이의 무심한 태도는 고정된 화면 공간의 긴 시간 속에 구체화된다.

〈황진이〉 이후 배창호의 영화는 더욱 담백하고 유려해졌다. 〈기쁜 우리 젊은 날〉(1987)은 상업적으로도 성공했지만, 롱테이크 스타일의 구사에서도 부드럽고 자연스러운 경지를 이뤄 냈다. 안성기가 연기하는 주인공 영민이 연극배우 혜린을 짝사랑하면서 시작되는 영화는, 거듭된 실연 끝에 마침내 결혼하지만 혜린이 돌발적인 죽음을 맞이하고 영민은 그와의 사이에서 태어난 딸을 통해 여전히 작은 행복을 이어 간다는 소담한 이야기다. 낭만적인 러브 스토리의 상투형에 갇히지 않고 상처한 아버지와 장성한 아들의 과묵하지만 친밀한 관계, 주인공이 사는 동네 사람들과의 친밀한 일상적 관계 등을 관찰자의 위치에서 충만하게 묘사하는 롱테이크 표현의 이상에 도달하였다.

배창호의 초기 영화가 미국영화의 속도감에 필적하는 몽타주의 관습에 충실했다면, 〈황진이〉 이후 배창호의 스타일은 그 자신의 표현대로 '기체에 가까운 영화', 영혼을 포착하려는 카메라의 담백함을 꾀한 형식미의 정점을 보여 준다. 그러나 당대의 한국영화계는 배창호의 이 당찬 예술적 야심을 끌어안을 기운이 없었다. 〈꿈〉(1990)의 찬란한 미학적 성취는 그 레퀴엠이었다.

미완의 작가주의,
그리고 코리안 뉴웨이브의 가능성

몰개성의 시대를 뚫으려는 의지의 감독들

한국영화에 텍스트의 완결성을 기대할 수 있는가. 역사적으로 대다수 한국영화에 던질 수 있는 근본적인 질문이다. 1980년대에 이 질문은 더 심각해졌다. 1960년대와 1970년대에 누적된 구조적 문제가 치유 불가능한 상태에 이른 건 아닌가라는 절망이 깊어졌기 때문이다. 강화된 검열과 부족한 물적 토대라는 전 시대의 유산이 곪을 대로 곪아 있는 상태였다. 정치적 민주화를 가로막는 독재권력의 감시 속에 충무로의 기획 제작 관행이 답보 상태를 벗어나지 못하는 상황에서 젊은 감독들의 새롭고 활기찬 재능을 기대하긴 어려웠다. 한국영화는 여전히 외화수입권을 따기 위한 구색 맞추기용 생산물의 성격이 강했고, 많은 영화들이 프로덕션의 낙후성과 부실한 완성도를 감추지 못했다. 임권택, 이두용 등의 원숙한 영화들이 버티는 가운데 이장호, 배창호의 영화가 평단이나 대중의 관심을 끌었지만 그들의 영화가 새로운 세대, 집단의 흐름을 대표하는 것은 아니었다. 그들은 어디까지나 예외적인 존재감을 지닌 감독들이었다.

한국영화의 미래에 관한 전망이 닫혀 있던 시절에 상대적으로 깔끔한 스타일로 주목받은 이가 곽지균이다. 그는 정소영의 〈미워도 다시 한번〉류로 인식되는 한국 멜로드라마의 스타일을 진화시킬 수 있는 감독으로 당대에 평가받았다. 〈겨울나그네〉(1986), 〈두

여자의 집〉(1987), 〈상처〉(1989), 〈그후로도 오랫동안〉(1989) 등의 영화는 흔히 신파로 폄하되는, 모성애를 건드리며 감정을 고조시키는 작법에서 한 발 비켜난 듯 보였다. 최인호, 김수현 등 원작자의 영향도 있을 것이지만,[*] 곽지균의 영화에서 일관성 있게 도모하는 것은 겉으로는 어른이되 어른되기에 실패한 남성 주인공의 자기연민에 적극적으로 호소하는 정서다. 〈겨울나그네〉의 주인공 한민우가 곽지균 영화의 캐릭터 전형을 대표하는 주인공이다. 그는 세상에 다시 없을 것 같은 이상형의 여자 다혜를 만나 사랑에 빠지지만 불우한 가정사의 후유증에 갇혀 자꾸 잘못된 선택을 하고 밑바닥 삶으로 추락한다. 아버지가 없는 민우에게 형 같은 존재인 현태는 민우와 다혜 사이에서 그들의 관계를 회복시켜주려 하고 그 과정에서 다혜에게 사랑의 감정을 느낀다. 비극적인 삼각관계로 축조한 멜로드라마의 틀 안에서 몰락을 거듭하는 민우를 언제까지나 기다릴 것 같은 다혜의 존재는 실은 슬쩍 다른 자리에 이동시킨 모성애의 현현이다.

비틀린 방식으로 애타게 모성을 구하는 실패한 어른 남자의 비극성을 강조하기 위해 곽지균의 멜로드라마에서 뜻밖에 자주 돌출되는 것은 폭력이다. 순애보로 치장된 낭만적인 분위기의 드라마 한편에선 느와르 영화에서나 볼 법한 폭력적 상황이 남자 주인공의 불행한 삶의 당위성을 쌓기 위해 자주 등장한다. 이를테면 〈겨울

---

[*] 편집자 주: 곽지균의 〈겨울나그네〉는 최인호의 소설 《겨울나그네》(문예출판사, 1984)를 각색한 작품이며, 〈상처〉는 김수현의 동명소설 《상처》(제3기획, 1986)를 각색한 것이다.

나그네〉의 민우는 자기 어머니의 출신 성분을 알아내고자 찾아간 미군 기지촌에서 스스로 선택한 파멸적인 삶에 빠져들어 폭력적인 일상에 갇혀 허우적댄다. 대학 캠퍼스에서 우연히 부딪히며 인연이 시작되는 〈겨울나그네〉의 단아한 오프닝 속 낭만적인 정조는 이처럼 느와르 영화의 상투형을 보는 것 같은 비균질적인 장면들과 충돌하며 덜컹거리는데, 결국 이를 순화하는 것은 주인공의 불행을 대하는 모성의 여인 다혜의 기다림과 슬픈 체념이다. 모성애 갈구의 은밀한 저류가 흐르는 가운데 결핍을 결핍으로 받아들이지 못하고 기어코 자기파멸적인 삶을 택하는 남성의 폭력이 돌출하는 비균질적인 구성은 〈상처〉, 〈그후로도 오랫동안〉을 비롯해 1990년대 곽지균의 다른 영화들에서도 발견되는 특징이다. 그런데도 대중이 곽지균의 영화를 서정적인 멜로드라마로 기억하는 것은 그가 드문드문 보여 주는, 풍경과 인물을 멀리서 조망하는 화면들의 시정 덕분일 것이다.

멜로드라마 화법과 폭력의 충돌은 장길수의 영화들에서도 확인할 수 있다. 그의 데뷔작 〈밤의 열기속으로〉(1985)는 이태원 일대를 부유하며 밀수와 폭력 청부 등으로 살아가는 젊은이들의 삶을 다뤘는데, 주인공 민기는 대학생 인희를 알게 되고 사랑에 빠지면서 그 세계를 빠져나오려 하지만 뜻대로 되지 않는다. 속도에 대한 강박감을 감추지 못하고 툭툭 튀는 장면 연결을 감수하며 거친 스타일을 보여 주는 이 영화에서 흥미로운 것은, 벗어나고 싶어도 벗어나기 힘든 이태원 일대의 퇴폐적이고 매력적인 유흥문화를 마치 르포를 찍어 내듯이 구성한 장면들이다. 때로 드라마의 전개를 멈추고 유흥장에서 펼쳐지는 록밴드와 팝가수의 공연을 공들여 보여 주는 몇몇 장면들은 기지촌에서 나고 자라 뼛속까지 미국문화의 영향을 받아들인 주인공의 의식을 반추하는 듯이 보인다. 음악과 술과 마약이 뒤섞이며 순환되는 퇴폐적인 생활의 독버섯 같은 매혹은 그 이면에 돈과 소비를 향한 인간들의 맹렬한 집착과 폭력을 추동시킨다. 순정한 삶을 살고 싶지만 그렇게 할 수 없는 기지촌 출신 청년의 파멸적인 삶의 조건을 다룬 이 영화는 주인공이 사랑에 빠진 순간 무력해지고 자신이 버티고 있던 폭력의 세계에서 무기력하게 패배한다는 비극적 결말을 향한다. 이문열의 소설을 영화화한 〈추락하는 것은 날개가 있다〉(장길수, 1989)에서도 남녀 주인공의 낭만적인 사랑의 정조는 미국 소비문화에 물들어 자기 삶을 방치하는 여주인공의 파멸적인 행동이 초래한 어두운 비극으로 귀결되는데, 등장인물들은 삶의 주요한 갈림길에서 폭력적으로 대응하며 더 나쁜 선택을 한다. 한국 현대사에 깊이 스며든 미국문화의 영향과 그로 인한 인물들의 불행을 비극적으로 다루는 장길수의 작가적 관심사는 〈아메리카 아메리카〉(1988), 〈은마는 오지 않는다〉(1991), 〈웨스턴 애비뉴〉(1993) 등으로 이어졌으며, 다른 한편으로 〈레테의 연가〉(1987), 〈불의 나라〉(1989) 등 다양한 장르 연출에 대한 강박도 드러내었다.

이 시기 한국영화의 정형화된 틀을 나름 끊임없이 부수고자 했던 또 다른 감독은 박철수였다. 데뷔작 〈골목대장〉(1978)에 이어 두 번째 영화 〈밤이면 내리는 비〉(1979)로 대종상에서 신인감독상을 받았던 그는 〈아픈 성숙〉(1980), 〈이런 여자 없나요〉(1981), 〈들개〉(1982),

〈땜장이 아내〉(1983) 등의 후속작에서 영화사 의뢰로 찍는 멜로드라마와 문명비판적인 진지한 드라마를 오가는 기세 좋은 감독으로 평가받았으나 거듭된 흥행 실패로 방송국으로 작업터전을 옮겨 인기 드라마 연출자로서 명성을 쌓았다. 그가 충무로에 복귀한 〈어미〉(1985)는 스타 작가였던 김수현 각본의 후광을 업고 종래의 한국영화에선 보지 못했던 파격적인 표현법을 시도한 영화였다. 인기 작가이자 방송 진행자인 중년의 여주인공이 딸과 함께 사는 부르주아 가정 내부의 아침 일상을 묘사하는 도입부부터 영화적 디테일에 대한 박철수 감독 특유의 집착을 보여 주는데, 예쁜 찻잔 하나, 토스트기에서 툭 튀어나오는 식빵 조각 등을 클로즈업하는 등의 집적된 사물들 묘사로 환경을 통해 등장인물의 캐릭터를 충만하게 하려는 연출은 당시의 충무로에선 신선한 것이었다. 연인과의 밀회로 딸을 제시간에 픽업하지 못한 주인공의 부주의로 딸이 인신매매단에 납치되어 온갖 잔혹한 상황에 내몰리는 상황부터 영화의 톤은 완연히 바뀌는데, 무능한 경찰의 도움 없이 자력으로 구출해 온 딸이 정신적 충격을 이기지 못하고 자살한 후 딸을 가해한 인간들을 차례차례 처단하는 복수극으로 치닫는 후반부는 모성에 대한 정형화된 관습적 인식을 도발적으로 부수는 파격으로 가득 차 있다. 제목이 '어머니'나 '엄마'가 아닌 '어미'인 것에서 짐작할 수 있듯이, 이 영화는 새끼를 지키려는 본능이 새끼를 잃어버린 슬픔과 분노로 바뀌었을 때 날것 그대로 표출되는 폭력적 장면들을 차마 외면할 수 없는 관객의 도덕의식 앞에 던져 주고 도발하는 태도를 취한다. 주인공을 연기하는 윤여정 배우의

장길수와 박철수는 한국영화의 정형화된 문법의 틀을 깨려는 시도를 보여 준 1980년대에 나타난 젊은 세대의 감독들이다. 왼쪽은 〈밤의 열기속으로〉(우성사 제작, 장길수, 1985), 오른쪽은 〈안개기둥〉(황기성사단 제작, 박철수, 1986) 속 한 장면.

왜소한 몸과 대비되는 카랑카랑한 음성과 단호한 동작들은 그 동물적 폭력성의 예리함에 날개를 달아 준다.

〈어미〉는 충분히 파격적이었으나 대중의 환영을 받지는 못했고, 후속작 〈안개기둥〉(1986) 역시 흥행에는 실패했으나 평단의 주목을 받을 만한 문제작이었다. 커리어와 육아 사이에서 혼자서 과중한 짐을 떠맡아야 하는 가부장제 하의 부조리한 여성의 결혼 생활을 냉정하게 조망한 이 영화에서도 중산층 가정 내부의 곳곳에 카메라를 들이대는 박철수의 세부 묘사 감각은 특출했다. 육아와 일의 양립 문제로 여주인공이 남편과 입씨름을 하는 침실 장면에서 침실 옆의 화장실에서 용변을 본 남편이 휴지가 떨어졌다고 하자 침대맡의 티슈통에서 티슈를 쭉쭉 빼내는 여주인공의 손을 보여 주는 것과 같은 클로즈업 묘사는 가부장적 결혼제도의 부당함을 외치는 어떤 연설보다 효과적이다. 장을 보고 복도식 아파트에서 아이들을 데리고 귀가하는 여주인공을 멀리서 보여 줄 때에도 여주인공의 형체가 포커스 아웃되고 전경의 아이들이 포커스 인되는 식의 테크닉은 촬영감독 정일성의 솜씨를 빌려 가정에서 존재감이 지워지는 여성의 위치를 시각적으로 웅변한다. 〈어미〉와 〈안개기둥〉은 감탄할 만한 세부 묘사의 기교에도 불구하고 관객의 감정이입을 끌어내는 데에는 실패했는데, 신파적 구습을 멀리했다는 것 외에 정서적 파토스를 꾀해야 할 순간에도 외과의사의 집도를 연상케 하는 카메라의 냉정한 관찰이 어떤 맥락의 리얼리즘이냐에 관한 관객의 동의를 구하지 못했기 때문이다. 이후에도 박철수는 〈접시꽃 당신〉(1988), 〈오늘여자〉(1989) 등의 영화를 통해 세련된 호흡의 멜로드라마로 자기 정체성을 세웠으며, 그가 테크닉을 내세워 스타일의 전복을 꾀하려는 시도는 1990년대 중반 이후에도 계속된다.

코리안 뉴웨이브의 싹을 향해

정지영은 박철수와 마찬가지로 충무로에서 데뷔한 후 상황이 여의치 않자 방송국에서 드라마 연출자로 입지를 쌓는 과정을 병행하면서 영화감독의 경력을 이어 간 경우이다. 그의 데뷔작 〈안개는 여자처럼 속삭인다〉(1982)는 상류층 가정을 둘러싼 치정극 소재의 서스펜스 스릴러영화로, 이만희 감독 이래 변변한 서스펜스 장르물의 전통이 약했던 충무로에 자그마한 충격을 주었다. 실제 자매였던 오수미와 윤영실이 출연해 팜므파탈의 재현 관습을 한국식으로 변주하려 시도했던 이 영화는 훗날 〈하얀전쟁〉(정지영, 1992)에서 원숙하게 구현되는 미스터리 서사 스타일의 단초를 보여 줬다. 프랑수아 트뤼포Francois Roland Truffaut의 〈쥴 앤 짐〉(1961)을 떠올리게 하는 로드무비 〈추억의 빛〉(1984)에서도 드러나듯이, 젊은 날의 정지영 감독은 그의 작가적 본성, 1990년대부터 본격적으로 발휘되는 사회파 감독으로서의 정체성을 추구하기 전에 여러 환경적 이유로 서스펜스물이나 멜로드라마의 대중장르적 영화를 찍어야 하는 상황에서도, 미약하나마 새로운 영화를 찍겠다는 결기의 흔적을 보여 줬다. 캐릭터의 입체화와 풍경의 인장이 빈약한 로드무비 〈추억의 빛〉은 실패했지만 〈거리의 악사〉(1987)와 〈위기의 여자〉(1987)가 흥행하면서 그는 비로소 충무로 중견 감독의 입지를 다지게 된다. 한수산의 동명소설을 각색한 〈거리의 악사〉는 네 남녀의 엇갈리는 사랑의 사각관계를 다룬 멜로드라마였다. 학생운동이나 반정부 언론투쟁과 같은 남자 주인공이 얽힌 현대사의 단면을 묘사하는 장면들이 삭제된 결함에도 불구하고, 그가 이미 TV 드라마 연출자로서 입증한 안정된 연출력을 보여 줬다. 그러나 정지영이라는 이름을 굵은 활자체로 각인시키기 위해선 당대의 삼엄한 정치적 분위기를 이겨 내고 용감하게 만들어 낸 〈남부군〉(1990)이 나올 때까지 기다려야 했다.

정지영은 1980년대 후반, 진보적 열망이 가득했던 다른 문화예술 분야와 마찬가지로 대정부투쟁에 나섰던 한국영화계의 맨 앞에 섰던 활동가이기도 했다. 유신시대를 거치며 패배주의적 순응주의로 일관했던 영화인들은 1988년의 미국영화 직배 반대 및 영화진흥법 쟁취 투쟁 등에서 과거와는 다른 모습을 보였다. 이는 넓게 보면 당시 한국영화계도 1980년 광주항쟁에서 1987년 6월 민주항쟁으로 이어지는 시대정신의 흐름을 탄 것이었다. 또한, 이는 1980년대 초중반 대학가에서 관념적인 대항영화운동을 부르짖었던 청년들이 일부 충무로에 유입된 외적인 지표이기도 했다. 이들은 새로운 영화운동을 산업 내에서 가시화하려는 열망을 품고 있었다. 1980년대 말에 가시적으로 존재감을 드러낸 사회비판적 리얼리즘 성향 감독들의 영화는 1990년대부터 본격적으로 개화하기 시작했고, 해외 일부에서 '코리안 뉴웨이브'로 명명됐다.

나중에 '코리안 뉴웨이브' 세대라 불리게 될 감독들의 선두 주자는 박광수였다. 박광수의 데뷔작 〈칠수와 만수〉(1988)는 동명의 인기 연극을 스크린에 옮긴 것으로, 칠수와 만수라는 두 페인트공의 삶을 통해 억압된 한국사회를 비판하는 영화였다. 미군 기지촌에서 성장해 그림에 소질이 있지만 변변한 직업을 갖지 못한 채미국에 이민 간 누나의 초청장만을 기다리고 있는 철수가 사상범이었던 아버지 때문에 연좌제에 묶여 해외에 취업을 하고도 출국하지 못하는 페인트공 만수의 조수로 들어가 함께 일하면서 펼쳐지는 내용의 이 영화는, 빌딩 외벽을 칠하는 상황에 한정된 드라마로 풀어 가는 원작 연극과 달리 미대생을 짝사랑하는 칠수의 어설픈 러브 스토리를 드라마에 길게 삽입하는 등 구성상의 관습적 결함을 안고 있지만 힘이 넘치는 구도와 카메라 움직임으로 화면을 장악하는 박광수 스타일의 절제미를 보여 줬다. 영화 초반 만수가 기거하는 작업실에서 칠수와 만수가 나누는 일상적인 생활의 면면들을 보여 주는 엄격한 숏 구성과 연결은 세트촬영의 한계를 넘어서는 리얼리즘적 실감을 잘 드러내며, 특히 본격적으로 칠

〈칠수와 만수〉(동아수출공사 제작, 박광수, 1988)는 시위하는 것으로 오해받는 두 페인트공을 통해 당대 한국의 현실을 압축적으로 보여준다. 왼쪽은 〈칠수와 만수〉 촬영 현장에서 대화 중인 박광수 감독(좌)과 유영길 촬영감독(우), 오른쪽은 영화 속 장면.

수와 만수의 소외자로서의 처지가 웅변되는 클라이맥스 장면의 폭발감은 '영화적'이라고 불릴 만한 포토제닉한 질감과 리얼리즘 스타일의 객관적이고 엄정한 카메라워크가 잘 조화된 결과였다. 칠수와 만수는 빌딩 옥상에서 페인트 작업을 하는 도중에 자신들의 처지를 한탄하며 세상을 저주하는데, 이를 시위로 오해한 시민과 언론에 의해 경찰이 출동하고 포위당하는 비극적인 해프닝이 벌어진다. 시민들과 언론의 주시 하에 그들은 옴짝달싹 움직이기 힘든 고층 빌딩 옥상 위의 좁은 공간에 갇히는데, 이는 개인의 자유가 극도로 제한된 대한민국 현실의 상징적 축도였다.

　운동권 출신으로 1980년대 초반 민중문화패에서 활동했던 장선우는 제3세계의 대항영화 개념과 마당극 개념을 혼용한 '열린영화를 위하여'란 글을 쓰기도 했는데, 그가 열린영화의 관념을 육체화하기에 당시의 충무로는 너무 원시적인 영토였다. 그가 선우완과 공동연출한 〈서울황제〉(1986)는 '서울예수'란 제목을 검열로 쓰지 못하고 장면들 일부가 삭제당한 끝에 개봉해 흥행에 실패했다. 이후 장선우가 단독으로 첫 연출한 〈성공시대〉(1988)는 리얼리즘을 표방하기는 했으나 현실에 대한 비판적 칼날을 여기저기 숨긴 풍자극이었다. 한국 자본주의를 정면으로 비판하기보다는 히틀러를 숭배하는 상품지상주의자 김판촉과 육체를 무기로 출세를 도모하는 성소비의 관계를 축으로 신분 상승을 꾀하는 주인공들과 그들의 활동 무대인 한국의 대기업 문화를 조롱·풍자하는 이 영화는, 슬랩스틱과 촌철살인의 선언적 대사들을 통해 마케팅에 사활을 걸며 경쟁 회사를 누르려는 대기업 풍속도를 희화화한다. 드라마는 현실을 해부한다기보다는 요약 스케치하는 톤으로 일관하는데, 그 과정에서 떠오르는 것은 어떤 숏들이다. 이를테면 도입부 장면에서 김판촉은 자기 집 거실에 걸어 둔 히틀러 사진에 거수경례를 한다. 면접관들 앞에서 무엇을 팔 것인가를 과제로 받고 김판촉은 결국 면접 임원의 호승심好勝心을 자극해 자기 주먹 안에 든 걸 파는 데에 성공하는데 그것은 '상술'이었다. 나치 시대의 다큐멘터리를 떠올리게 하는 이 장면의 권위적인 앵글과 구성은 풍자코미디로서 이 영화의 활력을 가능하게 만든다. 〈성공시대〉는 전체적으로 속도감을 놓치지 않으면서 과장된 풍자코미디의 기운을 끌어내지만, 이게 '열린영화'를 주장했던 장선우 영화의 본령은 아니었다. 리얼리즘 풍속극의 재미가 강했던 〈우묵배미의 사랑〉(1990) 이후 장선우는 서구적 규범에 기초한 영화 서사와 형식을 여러 방향으로 해체하고 재구축하는 본격적인 자기 세계를 열어 간다.

형식주의자들

정치적 민주화를 향한 열망이 고조되는 가운데 사회비판적 참여영화의 기치가 시대의 어젠다로 부상하던 시기에 이명세의 존재감은 희귀한 것이었다. 그가 조감독으로 일했던 배창호 감독이 〈황진이〉 이후에 견고한 형식주의자로서의 입지를 모색했다면, 배창호와 공동각본을 쓰고 배창호가 공동주연을 맡기도 했던 그의 데뷔작 〈개그맨〉(1988)은 표면적으로는 코미디 장르의 외피를 쓰되 영화 이미지의 본성을 화두로 삼은 문제작이었다. 개봉 당시에는 시대착오적인 영화로 보였고 훗날에는 너무 앞서간 영화로 평가된 이 획기적 데뷔작은, 이종세와 문도석이라는 1970년대의 유명한 무장강도의 이름을 빌려 와 펼치는 한여름밤의 꿈과 같은 소극이다. 찰리 채플린 분장을 하고 무대에 서는 삼류 개그맨 이종세의 쇼를 보여 주는 초반부에서 관객은 그가 재잘재잘 스탠드업 코미디를 하는 무대가 실은 관객이 없는 텅 빈 무대였다는 것을 알게 된다. 그리고 그 무대에 탈영병이 난입하고, 이종세는 엉겁결에 그 탈영병이 남긴 소총을 손에 쥐게 된다. 프레임 안에 보여지는 것은 프레임 바깥의 것을 감추기도 하고, 그것과 의미 있는 연관을 맺기도 하며 그것으로부터 영향을 받기도 한다. 찰리 채플린의 영화들에서 관객을 깜짝 놀라게 했던 코미디 효과로 빈번하게 쓰였던 (이를테면 뱃머리에서 흐느끼는 채플린의 뒷모습을 보여주다가 카메라 위치를 바꾸면 그가 사실은 배멀미로 구토를 하고 있었다는 게 밝혀지는 식의 화면들) 프레임 인/아웃 효과를 통해 이명세는 영화와 현실의 관계를 경쾌하게 탐구한다. 도입부의 장면은 관객이 보는 것이 착각에 의한 환영이라는 걸 드러낸다. 이종세는 관객 앞에서 공연한 게 아니라 독백 연습을 하고 있었다. 그리고 공연업계 종사자인 그는 영화감독을 계획하다가 무장강도가 된다. 기대와 예측이 매 시퀀스마다 어긋나는 구성으로 희극 효과를 축적하면서 이명세는 이 모든 소동극이 한여름 이발소에서 일어난 일장춘몽이라는 결말을 내리며 극중인물을 통해 그럴듯한 화두를 던진다. '아, 우리가 보는 것은 꿈속의 꿈인가, 꿈속의 꿈처럼 보이는 것인가.' 환영과 현실의 관계를 비추는 그림자놀이로서의 영화, 활동사진의 매력을 순수영화의 가치로 고양시키는 형식에 대한 집착은 이후 1990년대 내내 이명세 영화의 절대 목표가 되었다.

이명세가 산업의 제도 안에서 영화라는 꿈이 어떻게 구성되는가를 화두로 형식미의 추구에 매진했다면, 산업 바깥에서 순전히 수공업적으로 영화예술의 가능성을 탐구한 감독은 배용균이었다. 〈달마가 동쪽을 간 까닭은?〉(1989)은 배용균이 제작, 연출, 각본, 촬영, 조명, 미술, 편집을 맡아 완성한 영화였다. 비전문 배우들을 데리고 4년의 시간을 소요하며 만든 이 영화는 '예술로서의 영화'란 무엇인가에 관한 가장 근본주의적인 질문이었다.

영화는 노스님 혜곡과 동자승 해진, 젊은 스님 기봉의 세 사람이 겪는 수행자로서의 생활과 그들이 끊임없이 주고받는 선문답을 화면에 담는데, 번뇌를 뛰어넘은 노스님 혜곡과 앞 못 보는 어머니를 놔두고 수행해야 하는 번뇌에 갈등하는 기봉, 그리고 혜곡 스님이 거둘 때부터 부모의 존재를 몰라 인연에 대한 번뇌가 아예 없는 동자승 해진의 모습을 교차시킨다. 별다른 드라마의 굴곡이 없는 이 영화의 변곡점은 해진이 기르던 새 한 쌍 중 한 마리가 죽는 사건이 발생하면서부터다. 이로써 해진도 죽음과 인연의 끝을 놓고 번민의 기로에 놓이고, 곧이어 노스님 혜곡도 입적하게 된다.

이 영화에서 인물들은 사물들이 그물처럼 얽힌 프레임의 틈 사이에 배치된다. 몽타주와 장면 구성의 폐쇄성은 기봉과 사바세계의 대립을 더욱 옥죄인다. 동승 해진이 더 이상 짝 잃은 새를 염려하지 않게 될 때 그 새가 비상하는 화면을 보며, 그제서야 관객은 희미한 해방감을 느낀다. 이 장면에서 비로소 화면은 조금씩 열려 간다. 새가 날아가는 곳은 무한한 하늘의 여백 공간이다. 고속 촬영은 새의 떨리는 날갯짓을 한층 부각시키고, 그 움직임의 감흥은 해탈의 가능성을 향한 몸짓으로 연상된다. 새는 무한한 하늘의 공간을 끝없이 날고 있다. 언제까지나 그 새를 쫓아갈 듯하던 카메라의 화면은 기봉이 소를 몰고 지평선으로 향하는 마지막 숏과 연결되면서 구도와 해탈의 가능성으로 읽힌다. 이 영화에 등장하는 수많은 자연과 사물, 인간 형상들의 몽타주 연결은 서로 연관되는 듯하면서도 각자 따로 존재하는 세계의 구성물로서 존재한다. 그것들은 어떤 의미로 흡수되거나 연결되지 않는다. 아我와 피아彼我로 구분되고 아의 인식으로 분별하는 세계가 사라질 때, 곧 분별이 없는 세계의 해탈을 향해 배용균은 지속적으로 몽타주 처리한 이미지들로 우리를 습격하는데, 그 이미지들의 연속의 결말에서 관객으로 하여금 먼 화면의 끝점 또는 그 이면의 피안에 다다를 수 있을 것 같은 공의 느낌을 전달한다. 물리적 구체성을 확보하기 위해 원시적 노동의 수고를 감내해야 하는 영화 매체의 고단한 속성을 구도적 열정과 비슷한 과정을 거쳐 만든, 가장 고도의 관념을 구체적인 이미지의 물질성으로 표현하려 한 이 예술적 성과물은 배용균의 작품 경력에서도 유일하다. 그는 〈검으나 땅에 희나 백성〉(1997) 한 편의 영화를 더 만들고 영화계를 떠났다.

| 임권택이라는 고유명사 |

장인에서 국민감독으로

다시 플래시백. 시나리오작가 송길한은 1970년대 내내 영화사에서 의뢰받은 작품을 속성으로 써내는 잘 팔리는 작가였다. 자신이 소모품처럼 여겨져 제대로 된 영화를 하고 싶다는 생각이 간절할 무렵, 그의 선망의 대상은 임권택 감독이었다. 송길한은 〈깃발없는 기수〉(임권택, 1979) 등을 보면서 1960년대부터 자신처럼 주문받은 영화를 찍던 임권택 감독이 유능한 연출자로 거듭나 있는 걸 부러워했다. 임권택은 〈잡초〉(1973)를 기점으로 자신의 영화 세계를 진지하게 고민하기 시작한 이래 〈족보〉(1978), 〈깃발없는 기수〉에 이르러 드디어 고유한 임권택 스타일이라고 할 만한 자기 세계를 갖추게 되었다.

송길한이 마침내 임권택과 함께한 첫 작품이 〈짝코〉(1980)였다. 김중희의 3페이지 분량의 짧은 단편소설을 영화로 만든 이 영화는 빨치산 망실공비 백공산, 일명 '짝코'와 그를 쫓는 지리산 토벌대 경찰 송기열의 평생에 걸친 추적극인데, 그들은 자기 삶이 다 망가진 후에도 왜 그러는지도 모른 채 쫓고 쫓긴다. 그들은 왜?라는 질문을 죽기 직전에야 던진다. 잦은 플래시백으로 두 인물의 삶을 응축해 달려가는 이 영화의 각본은 기법적으로 우수할 뿐만 아니라 개인들의 이야기에 남한의 역사를 은유하는 깊이를 이뤄 낸다. 분단을 소재로 한 영화 중에 아직 이만 한 무게를 지닌 영화는 나오지 않았다. 〈짝코〉는 대종상 반공영화상 수상을 빼면 개봉 당시 전혀 대중과 평단의 반응을 얻지 못했는데, 그때 허리우드극장에서 이 영화를 관람한 소수의 관객들을 통해 입에서 입으로 전해지는 전설의 걸작이 되었다. 두 남자의 일생에 걸친 추적극답게 다양한 시공간이 배경인 이 임권택식 로드무비는 훗날 길 위의 여정을 플롯의 축으로 삼는 임권택 영화의 시그니처가 되었다.

〈짝코〉의 뒤를 이은 〈만다라〉(1981)는 롱숏의 풍경에서 세상의 공기를 포착하는 임권택 스타일의 완성을 세상에 공표했다. 〈만다라〉의 첫 장면은 영화의 주제와 형식적 열쇠를 압축하는, 한국영화사에서 보기 드문 장면이다. 멀리서 달려오는 시외버스 한 대를 오랫동안 보여 주던 화면은 이윽고 버스가 멈추고 경찰이 불심검문을 하는 장면으로 이어진다. 두 승려 지산과 법운도 검문을 받는데 그들의 행동은 상반된다. 젊은 승려 법운이 순순히 검문에 응하는데 반해 지산은 검문을 거부한다. 그들의 행동에서 그들의 성격화와 이후 행보가 암시되는데, 지산은 번뇌와 대결할 것이고 법운은 번뇌를 피할 것이다. 경찰에 의해 버스에서 하차당하는 지산을 따라 검문소까지 동행한 법운은 신원확인 문제를 해결한 후

검문소를 나서며 지산과 헤어진다. 이 장면에서처럼 법운은 이후 지산과 한동안 동행하나 결국 지산과는 다른 자신만의 구도의 길을 떠날 것이다.

해탈의 길을 찾아가는 법운과 지산의 만남과 헤어짐을 모티브로 한 이 영화의 첫 장면은 그들이 어떻게 만났다 헤어질 것인지를 축약해 담는다. 한적한 시골길을 달리는 버스를 오래 지켜보는 첫 숏이 보여 줬듯이, 아름답지만 스산하고 서늘한 당대 공간의 흔적을 박음질하며 개인의 구도라는 주제에 천착한 이 영화는 파계를 서슴지 않는 지산과 진지한 청년 스님 법운의 인연을 다루면서 전국 곳곳의 사찰과 세속의 공간을 돌아다니며 수행하는 그들의 행적을 길의 이미지에 아로새긴다. 그들은 끝없이 걷고 또 걷는다. 그들의 걷는 이미지 위로 고도의 관념을 토로하는 문어체의 대사들이 나오지만 그것들의 관념성은 이미지의 구체성을 통해 살과 피를 부여받는다. 길의 이미지를 축으로 겹쳐 엇갈리는 인물의 행보를 유장한 호흡의 화면으로 응축하는 것이다.

〈만다라〉이후 임권택의 영화들은 〈오염된 자식들〉(1982), 〈나비품에서 울었다〉(1983) 등 영화사 의뢰를 받아 촉박한 기한에 찍은 영화들에서조차 임권택적 세계관의 너비와 깊이를 드러내는 인상적인 화면을 품고 있었다. 그중 압권인 것은 이문열의 소설 〈익명의 섬〉을 영화화한 〈안개마을〉(1982)이다. 〈나비품에서 울었다〉와 거의 동시에 만든 이 영화는 촉박한 제작 기한 때문에 12일 만에 촬영을 마쳤는데도 완성도가 준수하다. 시골 마을이 이야기의 무대인 이 영화에서도 두드러지는 건 감독의 공간에 대한 감각, 곧

롱숏에 함축하는 아우라를 통해 주제를 형상화하는 모티브를 만들어 내는 능력이다. 주인공 수옥이 시골 마을 초등학교 선생으로 부임하는 첫날 마주치는 깨철은 지능이 모자란 청년이다. 눈빛이 강렬한 이 남자의 존재감이 거북했던 수옥은 그의 동선을 유심히 관찰하며 더불어 마을의 지형을 속속 알게 된다. 수옥의 시점/눈을 따라 카메라가 안내하는 이 마을의 지형은 낮게 깔려 흐르는 안개에 가리어 있으며 그 천혜의 조건에서 마을 아낙네들이 속이 보이지 않는 무성한 풀밭이나 수수밭을 무대로 깨철과 성교를 나누는 듯한 정황을 수옥은 의심한다. 마을 남정네들은 주막의 언어장애인 작부 산월이를 통해 성욕을 충족하고, 아낙네들 역시 말이 없는 깨철과 성관계를 주고받는 이 폐쇄적 집성촌의 은밀한 성적 교환거래에 불쾌감을 느낀 수옥은 그들의 부도덕을 경멸하는 마음 한편으로 유교적 규범에 익숙한 자신 내부의 결핍을 느낀다. 한눈에 들어오는 집성촌의 마을 공간을 축으로 은폐와 배제와 탐닉이 비밀리에 이뤄지는 광경을 임권택은 흡사 로드무비처럼 찍는다. 영화 중후반, 수옥이 오기로 한 약혼자를 기다리며 눈 내리는 텅 빈 역사驛舍에서 시간을 보내는 낭만적인 정조의 장면은 그녀 내부의 결핍을 잠시나마 잊게 해 주는 도피의 환상을 제공한다. 결혼제도의 틀 안에서 성적 나눔을 갖지 못하는 남자와 여자들이 서로 다른 상대를 정해 은밀하게 해소의 출구를 찾는, 겉으로는 평온하고 인정 많아 보이는 마을 사람들의 도덕적 위선은 마을 곳곳의 길, 숲, 주막, 물레방앗간, 마을 바깥의 역을 순회하는 영화의 지리학을 통해 냉정하게 해부된다. 이들 공간에서 사람들의 비밀스

〈안개마을〉(화천공사 제작, 임권택, 1982)은 임권택 감독 특유의 공간 감각을 잘 보여 주는 작품이다. 사진은 〈안개마을〉의 촬영현장. 왼쪽부터 정일성 촬영감독, 주연배우인 안성기와 정윤희, 임권택 감독, 차정남 조명감독. ※정일성 기증 자료

런 성적 교환을 감싸는 안개는 끝내 드러나지 않을 수 없는 그들의 도덕적 위선과 그에 따른 필연적 일탈을 가리고 지운다.

임권택의 영화에 등장하는 인물들은 대체로 결함이 많으며 비극적인 결말을 맞곤 하는데, 그 원심력의 흐름에 운명과 역사와 사회적 모순을 가늠하는 척도를 두면서도 임권택은 동시에 개인의 의지와 기질을 냉정하게 응시하는 연출자의 시선을 드러낸다. 전상국의 소설을 영화로 만든 〈우상의 눈물〉(1981)에서도 교육제도의 억압에 포획되는 개인의 비극을 비판하지만, 어떤 시스템에도 쉽사리 굴복하지 않는 개인의 날것 그대로의 의지를 생생하게 드러내는 감독의 관점은 인상적이다. 폭력적인 문제아 최기표가 일등주의를 고집하는 담임선생의 전략에 말려 순응적인 모범생으로 변하는 스토리 전개의 한편에는 자기 내부의 결핍을 자해라는 수단으로 드러내는 최기표의 행동을 보여 주는 것과 같은 박력 있는 묘사가 너무 생생해서 이물감을 뚫고 단번에 그 인간을 이해하게 만들어 버린다. 검열에 막혀 상투적인 묘사가 횡행하던 시절에도 이 영화에는 교육제도의 폭압이라는 것을 개인의 불순한 폭력으로 되받아쳐 묘사하는 특이체질의 결기를 품고 있다.

임권택의 영화에는 늘 그런 관점이 있었다. 전두환 정권 시절 국가적 이벤트로 추진된 이산가족의 상봉을 다룬 멜로드라마 〈길소뜸〉(1985)에서도 임권택의 관심은 혈육의 상봉이 주는 감동이 아니라 수십 년을 따로 떨어져 살아온 사람과 아무리 혈육이어도 함께 살아간다는 것이 가능할까라는 인물들의 당혹감에 초점을 맞춘다. 이 영화는 이산가족이었던 부모 자식이 핏줄을 확인한 후에도 다시 합칠 수 없는 과정이 해후의 과정만큼이나 질기게 묘사된다. 또한, 〈길소뜸〉은 여러 숏으로 찍을 장면을 하나의 집약적인 롱테이크로 담는 임권택의 만개한 스타일을 확인할 수 있는 영화이다. 이를테면 주인공 동진이 방송국의 이산가족 상봉 생방송 현장 주변을 돌아다니면서 매일 늦은 밤 귀가할 때 아내와 갈등을 빚는 상황에서 온돌방 중심의 한국식 집에서 가능한 롱테이크의 절묘함을 드러내는 장면이 있다. 6·25 때 헤어진 첫사랑 여자 화영을 잊지 못하는 동진을 현재의 아내는 이해할 수 없다. 여느 때와 마찬가지로 이산가족 행사에 다녀온 남편이 집 안에 들어서는 기척을 느낀 그의 아내는 그냥 안방의 이부자리에 누워 있다. 동진이 방에 들어오고 이부자리에 들어오자 아내는 돌아누워 완곡하게 동진을 비난하는 말을 하기 시작한다. 동진은 주전자에 든 물을 마시러 몸을 일으킨다. 동진은 화면 밖으로 프레임 아웃 된다. 물을 마신 동진이 다시 자리에 누우며 화면에 들어오는 동안에도 아내는 몸을 돌리지 않는다. 두 사람은 고정된 하나의 화면에서 한 사람이 들어왔다 나가면서 부재의 공백을 화면에 남겨 놓고 그 공간의 구도적 감각으로 그들이 서로 느끼는 마음의 장벽을 우리에게 전해 준다. 카메라가 고정으로 담은 그 장면은 등장인물의 감정을 따라 화면을 나누지 않는데도 더 큰 진폭으로 정서적 파장을 낳는 임권택 연출의 저력이다.

〈길소뜸〉의 끝 장면에서 수십 년 만에 아들을 만났던 화영은 무학의 가난한 아들을 끝내 외면한다. 아들을 뿌리치고 떠난 길에서 화영이 탄 차가 고속도로의 언덕길 저 너머로 멀어질 찰나, 돌연 화영의 차가 멈춰 서고 하염없이 그냥 그대로 있다. 그녀는 수십 년을 함께 살며 안락하게 일궈 온 자신의 중산층 가정에 파문을 일으킬 마음이 전혀 없다. 그녀의 선택은 현실적인 것이지만, 또한 비극적인 것이기도 하다. 말로 하면 한없이 누추해질 이 비극적 상황이 과묵한 카메라를 통해 멀리 롱숏으로 보여질 때 그건 겉으로 드러내지 않고도 속내를 표현하는 임권택 스타일의 핵심을 가리키는 것이었다.

〈비구니〉(1984)가 불교 종단의 반대로 제작 도중 무산되는 사건을 겪은 후에도 임권택은 왕성하게 연출 경력을 이어 나갔고, 〈씨받이〉(1986)로 강수연이 베니스국제영화제 여우주연상을 받는 경사가 생기면서 영화계 내부에서뿐만 아니라 대중적으로도 크게 유명해지는 세속의 명예를 얻었다. 조선시대의 남아선호사상에 뿌리박은 유교적 규범의 억압을 비판적으로 조명한 〈씨받이〉는 전통적인 한옥의 아름다움을 유미적으로 형상화하는 프레임 인 프레임 구도의 체계적인 반복 속에서 그 아름다운 건물의 주인이 자 비인간적 규범의 집행자인 양반들이 그 건물에 갇힌 것처럼 보이게 하는 아이러니를 만들어 낸다. 주인공 옥녀가 양반댁 씨받이로 들어가는 대목부터 빡빡한 건물의 정연한 아름다움에 질식할 듯 폐소공포증을 자아내지만, 영화 초반 옥녀가 사는 천민들의 산골 마을을 보여 줄 때 여성의 육체를 닮은 그 마을의 구조를 조감하는 가운데 힘차게 뛰어다니는 망아지처럼 생래生來적인 기운을 발산하며 놀고 있는 옥녀를 보여 주는 장면들의 에너지는 압도적이다.

〈씨받이〉가 예기치 않게 국제적 명성을 얻었던 시기에, 임권택은 다방 레지들의 매춘업 실상을 소재로 만든 〈티켓〉(1986)으로 리얼리즘 스타일의 경지를 열었다. 이 영화에는 김지미가 연기하는 다방 마담이 종업원들을 모아 놓고 신세 한탄을 하는 유명한 롱테이크 장면이 나온다. 이 장면 말고도 이 영화에는 부분에서 전체로, 또는 전체를 있는 그대로 조감하는 카메라의 효율적이고 압축적인 묘사를 실감하게 하는 장면들이 많다. 〈연산일기〉(1987)는 권력의 광기와 폭압을 공간의 절도 있는 아름다움에 실어 담은 영화였으며, 〈아제아제 바라아제〉(1989)는 〈만다라〉, 〈비구니〉에 이은 자기 구도의 여정을 총괄적으로 추구한 끝에 주연을 맡은 강수연에게 또다시 국제영화제 여우주연상 수상(모스크바국제영화제)이라는 영광을 안겼다. 이제 임권택은 '국민감독'이라는 부담스러운 칭호로 불리는 유명 인사였다. 1960년대부터 충무로의 영세한 제작 조건과 정권의 검열이라는 이중고 속에서 자기 세계를 벼려 온 그는 1990년대를 온전히 자기 호흡으로 접수하게 되었다.

배우

어둠 속에서 역동하다

| 김혜선 |

'한국영화의 긴 암흑기'라고 평가되는 1980년대는 확실히 배우들에게 힘겨운 시기였다. 뿌리를 내릴 양질의 토양이 허락되지 않았기 때문이다. 1970년대 중반부터 몰락을 거듭해 80년대 내내 부진을 거듭한 한국영화는 어떻게든 이 시기를 돌파하려 애썼지만, 1981년 국내에서 컬러TV 방송이 시작되고 TV쇼와 드라마가 대형화되면서 경쟁은 더욱 심화됐고, TV와 외화 사이에서 굳이 힘들게 한국영화를 제작하려는 이들은 소수에 불과했다. 이런 상황에서 한국영화가 좋은 배우들을 배출하기 어려웠던 것은 어쩌면 당연하다. 하지만 어떤 시대이든 그 시대를 끌어안는 매혹적인 스타들은 있게 마련이다. 반짝스타로 한계를 넘어서지 못한 이들이 많았지만, 1970년대 한국영화의 기운을 이어 가며 1980년대를 지켜 낸 한국영화 속 의미 있는 얼굴들이 많았음을 기억할 필요가 있다.

무엇보다도 군사독재정권과 검열의 칼날 아래에서 만들어진 리얼리즘 영화들이 흥행에 성공하면서 '시대의 상흔'을 은유한 얼굴들이 대중적으로도 큰 사랑을 받았다는 사실이 눈에 띈다. 성장주의에 눈먼 1980년대 한국사회의 극단적인 성공과 실패가 배우들을 통해 스크린에 새겨졌다. 1970년대 후반부터 한국영화계를 사로잡았던 여성 트로이카는 1980년대 중반 등장한 신新 트로이카

로 서서히 교체됐다. 한편에선 호스티스영화, 신파영화, 토속 에로
물 등으로 불리는 성애영화들이 우후죽순 제작됐는데, 오랜 기간
작품성이 평가절하됐던 이 분야에서 자기만의 성과를 이룬 배우
들도 생겨났다. 판에 박힌 캐릭터나 소재, 장르의 틀에 매몰되지
않고 더욱 강한 생명력과 카리스마를 발산하는 배우들까지 등장
했다. 검열과 정해진 수위, TV와의 경쟁 등으로 신인배우들이 유
입되기 어려웠던 영화계에 이미 그 인기가 검증된 가수와 개그맨
들이 진출해 새로운 배우층을 형성하기도 했다.

　1980년대 후반에는 한국경제의 성장과 함께 주요 관객층으로
떠오른 대학생들을 비롯해 20대 관객을 사로잡은 청춘스타들이
출현했다. 그들은 동세대 청춘의 희로애락을 담은 얼굴로 1970년
대 배우들과는 전혀 다른 개성을 드러냈다. 1980년대의 암울한 정
치사회적 상황에서 개인의 억제된 욕망을 시대극으로든 현대극으
로든 깊이 체현해 준 배우들 덕분에, 한국영화의 암흑기는 곳곳에
서 역동기로 변모할 수 있었다.

| 1980년대 최고의 배우 안성기, 미남스타 이영하 |

1980년 제5공화국이 출범하고 검열이 완화되기 시작한 것은 한국
영화계에 일종의 신호였다. 신인 감독들은 물론 신인배우들의 영
화계 입성이 쉬워지는 분위기가 조성됐기 때문이다. 1960, 70년대
활발히 활동했던 신성일, 김진규, 남궁원 등 한국영화계의 중심을

이뤘던 일군의 남자 배우들이 서서히 퇴조하면서 새 시대의 얼굴이 필요했던 영화계는 앞다퉈 신인을 발굴하고자 했다. 군사독재 정권의 검열과 3S Sex · Sports · Screen 정책으로 양산되던 획일적인 영화들 사이에서, 1970년대 후반의 실패 이후 재기에 성공한 감독 이장호, 신인 감독 배창호 등을 중심으로 리얼리즘 영화들이 새로운 바람을 일으켰다. 그리고 그들과 함께하며 '1980년대 한국영화의 얼굴'로 자리매김한 배우가 바로 안성기다. 당대부터 현재까지의 영화인들이나 연구자들 가운데 이에 이견을 갖는 이는 없을 것이다.

1957년 김기영 감독의 〈황혼열차〉에서 아역으로 데뷔했던 안성기는 당시 영화계에 큰 인상을 남기지 못한 채 학업과 ROTC 군복무를 마쳤다. 그리고 돌아온 〈바람불어 좋은날〉(이장호, 1980)에서 시골 출신 더벅머리 중국집 배달부 덕배 역할로 성인 배우로서의 성공적인 출발을 알린다. 세상에 계속 뒤통수를 맞는 청년 덕배를 통해 관객들은 1980년대의 대한민국이 어떤 계층을 희생시키며 단단히 구조화되었는지, 당대의 청춘이 어떻게 시대에 절망했는지를 이해하게 된다. 서글픈 그늘 밑에 엉뚱하고 희미한 미소가 공존하는 안성기의 얼굴은 덕배가 지닌 어리숙함과 비통함을 모두 담을 수 있는 탁월한 그릇이었다. 그는 이 역할로 1982년 대종상 신인남우주연상을 수상했다. 이후부터는 안성기의 전성시대가 도래한다. 이장호 감독과는 그 이후로도 〈어둠의 자식들〉(1981), 〈낮은 데로 임하소서〉(1982), 〈무릎과 무릎사이〉(1984), 〈어우동〉(1985), 〈이장호의 외인구단〉(1986)을 함께했다.

하지만 안성기가 가장 놀라운 연기를 보여 준 작품들은 아무래도 '80년대의 흥행 귀재' 배창호 감독의 영화들이다. 두 사람은 〈꼬방동네 사람들〉(1982)에서 만난 이후 〈고래사냥〉(1984), 〈깊고 푸른 밤〉(1985), 〈황진이〉(1986), 〈안녕하세요 하나님〉(1987), 〈기쁜 우리 젊은 날〉(1987) 등에서 함께하며 흥행과 비평에서 뛰어난 성과들을 낳았다. 배창호가 꾸준히 다루던 주제와 형식적·미학적 실험이 안성기의 얼굴을 통해 프레임 안에서 실현됐다고 할 수 있다.

이외에도 1980년대 안성기의 필모그래피는 단연 압도적이다. 〈난장이가 쏘아올린 작은공〉(이원세, 1981)을 비롯해서 임권택 감독과 작업한 〈만다라〉(1981), 〈안개마을〉(1982), 〈오염된 자식들〉(1982), 장선우 감독과의 〈성공시대〉(1988), 박광수 감독과의 〈칠수와 만수〉(1988), 이명세 감독과의 〈개그맨〉(1988)까지 1980년대 한국영화의 거의 모든 문제작들에서 활약했기 때문이다. 작품을 철저히 분석하고 치밀하게 계산된 연기로 캐릭터를 구체화하는 배우가 드물었던 시절, 1980년대의 안성기는 흥행과 연기력 면에서 모두 한국영화의 최전선에 있었다. 1980년대의 흥행배우 안성기가 지녔던 티켓 파워 또한 1990년대의 한석규만큼이나 강력했다.

연기의 내용 면에서 보면, 안성기의 초기작들은 이유 있는 반항과 슬픔, 욕망을 떠안은 캐릭터들로 채워진다. 〈오염된 자식들〉이나 〈그 해 겨울은 따뜻했네〉(배창호, 1984)에서 고아 출신으로 등장했고, 〈안개마을〉이나 〈고래사냥〉에서는 뿌리 없는 부랑자이자 대한민국 근대화가 낳은 비극과 소외를 체현하는 캐릭터로 황폐한 청춘을 연기했다. 2017년 4월 영화주간지《씨네21》과의 인터뷰에서 그는 1980년대에 자신이 도맡았던 캐릭터와 시대에 대한 이해를 이렇게 들려줬다. "지금이야 나 자신이 앞서는 인물들이 영화의 주인공이 되겠지만, 당시 내가 맡은 주인공들은 대부분 어리바리하고 현실을 잘 모르는 인물들이었다. 돌아보면 그 시기도 잘 맞아떨어졌고, 시대의 요구에도 잘 맞는 새로운 인물들이었다. 그런 인물들이 사회에 눈떠 가는 과정을 그린 작품들이 막 나올 때였다."[1]

신성일이 연기했던 1960~70년대의 청춘들과 비교하면 안성기의 얼굴은 확실히 더 넓은 스펙트럼을 지녔다. 고도성장을 내세운 사회의 성공과 실패에 관한 극단적인 모습들을 소화할 수 있었기 때문이다. 〈적도의 꽃〉(배창호, 1983)에서 사회생활에 실패하고 맞은편 아파트의 여자를 훔쳐보고 욕망을 기르던 백수 '미스터 엠'과 〈깊고 푸른 밤〉에서 영주권으로 아메리칸드림을 실현해 보려고 위장결혼을 한 남자 백호빈은, 그 양상은 달라도 자기 욕망에 골몰해서 범죄를 불사하는 캐릭터들이었다. 〈성공시대〉에서는 2대 8 가르마에 각 잡힌 수트를 입고, 벽에 걸어 놓은 돈 만 원(자신의 얼굴을 그려 넣은)을 향해 "하이!" 하며 나치식 경례를 하고 출근하는 인물로 등장한다. 자본주의에 처절히 복무하다가 결국 실패하는, 사실상 물질만능주의를 저격하는 캐릭터였다. 〈칠수와 만수〉에서는 양심수 아버지 때문에 사회적 기회를 박탈당하고 간판쟁이로 살아가는 한 남자의 세상을 향한 응어리를 대변했다.

1980년대 산업화·도시화·근대화의 시대를 살아가는 남성의 얼굴이 모두 안성기의 얼굴에 모여 있었다. 한국사회의 정신적 혼란과 고통을 반영하려는 노력이 1960,70년대 한국영화에서 없었던 것은 아니지만, 삶의 중심에서 처절하게 추락하고 성공을 향해 모질게 질주하던 1980년대의 얼굴은 안성기로 기억되지 않을 수 없다. 2017년 4월 한국영상자료원에서 열린 데뷔 60주년 기념 특별전 '한국영화의 페르소나, 영화배우 안성기전'에서 1980년대를 뒤돌아보며 밝힌 소감은 그가 배우로서 그 시기를 어떻게 살아냈는지 알 수 있다. "검열도 많았고 녹록치 않은 시대였다. 그때 1970년대에는 하지 못했던 이야기들을 많이 선택했다. 영화를 대하는 대중의 인식이 안 좋을 때였다. 영화하는 사람도 좀 더 존중받고 동경의 대상이 됐으면 좋겠다는 생각에 작품을 선택할 때에도 신중했다."[2]

1980년대에 기획 · 제작되는 거의 모든 영화에 출연 제의를 받았던 만큼 대종상, 백상예술대상, 청룡상을 모두 수상했으며, 남우주연상 수상 기록만 30여 회에 달하는 안성기의 발자취가 곧 한국영화사다. 그는 한국영화사를 통틀어 질적으로나 양적으로나 가장 풍성한 필모그래피를 보유하고 있다. 이장호, 배창호, 이명세, 박광수, 정지영으로 이어지는 한국영화계의 '문제적 작가'들에게는 든든한 동지이자 친구였다. 1990년대부터 2020년대인 현재까지 훨씬 어린 세대의 감독들과도 꾸준히 작업해 왔고, 최근작인 블록버스터 〈한산: 용의 출현〉(김한민, 2022)까지 21세기를 뛰어넘어 활약했다.

안성기와 더불어 80년대 한국영화의 핵심 남자 배우로 꼽히며 다양한 역할을 했던 배우는 이영하다. 1980년대 내내 안성기와 대

안성기(왼쪽)가 세속의 욕망을 떠안은 캐릭터들을 주로 연기했다면, 이영하(오른쪽)는 부드러운 미남형 배우로 멜로영화에서 주로 활약했다. 사진은 안성기가 주연을 맡은〈만다라〉(화천공사 제작, 임권택, 1981)와 이영하가 출연한 〈종군수첩〉(영화진흥공사 제작, 최하원, 1981) 속 한 장면.

종상을 번갈아 수상하던 배우 이영하는 연극계에서 무명 시절을 거친 후 1977년 유현목 감독의 영화 〈문〉으로 데뷔했다. 같은 해 KBS 특채 탤런트로 발탁돼 스크린과 안방극장에서 동시에 얼굴을 알렸다. 이후 1970~80년대 영화계가 주목했던 '트로이카' 정윤희 · 장미희 · 유지인과 멜로물에서 여러 차례 호흡을 맞췄고, 멜로영화에서 한국영화의 간판 미남 배우로 인기를 모았다. 겹치기 출연을 하지 않았던 안성기와 달리, 데뷔 이후 1980년대 내내 매해 적게는 4편, 많게는 9편의 출연작이 있었을 정도로 인기가 높았다. 영화 〈안개기둥〉(박철수, 1986), 〈우리는 지금 제네바로 간다〉(송영수, 1987), 〈단지 그대가 여자라는 이유만으로〉(김유진, 1990)로 대종상 남우주연상을 세 차례 수상한 이력도 그의 활약상을 증명한다. 특히 〈우리는 지금 제네바로 간다〉에서 연기한 월남전 참전 용사 필운은 전쟁의 후유증으로 가족과 사회에서 도피한 수많은 이들의 상흔을 영화적으로 끌어안은 캐릭터다. 이영하는 이후

현대적 섹시미를 지닌 남성캐릭터를 주로 연기한 임성민(왼쪽)과 부드러운 미남형으로 사랑받은 강석우
(오른쪽). 사진은 임성민의 〈바람난 도시〉(대영영화주식회사 제작, 김양득, 1984)와 강석우가 출연한 〈위험한
향기〉(극동스크린 제작, 고영남, 1988)의 한 장면.

2000년대까지 스크린과 TV를 넘나들었고, 1980년대에 가장 활발
하고 화려한 나날을 보낸 배우였다. 1987년 격월간지《영화》에는
당대의 스타 안성기와 이영하의 대담이 실리기도 했다.[3]

이영하와 더불어 '부드러운 남자' 계열의 배우로 1980년대 충무
로의 주목을 받았던 배우가 임성민이다. TBC 탤런트로 데뷔해서
언론통폐합 후 KBS 전속 배우가 됐던 임성민은 당시 남자 배우
기근에 시달리던 영화계에서 기꺼이 눈독 들일 만한 미남형 배우
였다. 1983년 이황림 감독의 영화 〈달빛 멜로디〉에 캐스팅되어 영
화계에 본격적으로 발을 들인 후, 1984년 한 해 동안 〈무릎과 무
릎사이〉, 〈탄드라의 불〉(김성수, 1984), 〈바람난 도시〉(김양득, 1984)에
연속해서 주연으로 캐스팅되며 이보희, 안소영, 오혜림 등과 호흡
을 맞췄다. 〈색깔있는 남자〉(김성수, 1985), 〈몸 전체로 사랑을〉(홍파,
1986), 〈애란〉(이황림, 1989) 등에서는 현대적인 섹시미를 지닌 남성
캐릭터를 도맡았다. 시원시원한 이목구비, 큰 키가 주는 월등한

비주얼은 여성 팬들에게 큰 호감을 샀다. 〈무릎과 무릎사이〉에서 처럼 가학적인 남성의 성적 판타지를 연기한 면도 있지만, 연기력을 인정받은 배우이기도 했다. 1986년 〈장사의 꿈〉(신승수, 1985)으로 백상예술대상 남자신인연기상, 1991년 〈사의 찬미〉(김호선, 1991)로 청룡영화상 남우주연상을 수상했다.

한편, 이루어질 수 없는 사랑과 잃어버린 젊은 날에 관한 멜로 〈겨울나그네〉(곽지균, 1986)로 스타가 된 강석우도 부드러운 미남형 배우로 사랑받은 경우다. 이후에는 영화보다는 드라마에서 활약의 폭이 더 넓었다.

서울대학교 재학 시절 연극배우로 활동하다가 1970년대 후반에 잡지사 기자, 배화여자고등학교 독일어 교사 등 여러 직업을 거쳐 영화 〈바보선언〉(이장호, 1983)으로 데뷔한 배우 김명곤도 이 시기 남자 배우들 가운데 빼놓을 수 없는 이름이다. 당시 대학가에서 수업용 주제로 쓸 만큼 〈바보선언〉이 갖는 사회적 함의가 컸고, 감독의 비판적 시선과 철학을 현실적으로 표현한 배우 김명곤의 연기가 그 울림을 키웠다. 물론 그의 실질적인 전성기는 〈서편제〉(임권택, 1993), 〈태백산맥〉(임권택, 1994), 〈영원한 제국〉(박종원, 1994) 등에 출연했던 1990년대다. 하지만 〈서울황제〉(선우완 · 장선우, 1986), 〈나그네는 길에서도 쉬지 않는다〉(이장호, 1987)에 출연하며 1980년대를 관통했던 김명곤의 얼굴이 당시 낯설고 초현실적인 분위기로 한국영화 괴작(!)들의 완성도를 높여 주었다는 사실은 기록해 둘 만하다. 훗날 그가 제42대 문화부 장관이 된 이력의 뿌리는 연극, 영화, 문학, 공연에 넓게 퍼져 있는 예술적 감각은 물론이요,

당시 사회를 깊이 풍자했던 영화감독, 작가들과의 만남과 영화 작업에도 닿아 있다.

1970년대 트로이카와 김지미의 묵직한 동행

1980년대 전반의 한국영화는 호스티스영화, 에로영화, 신파영화 위주의 작품들이 많았던 1970년대 후반의 경향을 따라갈 수밖에 없었다. 이 와중에 〈겨울여자〉(김호선, 1977)로 스타덤에 오른 장미희, 〈나는 77번 아가씨〉(박호태, 1978), 〈꽃순이를 아시나요〉(정인엽, 1978) 등 호스티스영화들을 연달아 히트시키며 인기를 누린 정윤희, 〈마지막 겨울〉(정소영, 1978), 〈내가 버린 남자〉(정소영, 1979), 〈피막〉(이두용, 1980) 등으로 인기를 누린 유지인까지 이른바 '트로이카'로 불린 세 여배우가 1970년대 후반부터 1980년대 중반까지 압도적인 인기를 누렸다. 멜로드라마가 1970년대 전체 영화제작 편수의 40퍼센트였던 것에 비해, 1980년대에 들어와 55퍼센트까지 이르며 기세를 회복한 것은 그 멜로영화들을 소화해 줄 트로이카가 있었기 때문이기도 하다. 정윤희, 장미희, 유지인 3인방은 1960년대 트로이카 남정임, 문희, 윤정희에 못지않은 절대적인 인기를 누리며 한 시대를 사로잡았다.

트로이카 중 가장 외모가 출중하다고 평가받았던 배우는 정윤희다. 어느 각도에서 찍어도 화면에 완벽하게 나온다고 알려지며 이경태 감독의 〈욕망〉(1975)으로 영화에 데뷔해 주목받았지만, 연기력이

데뷔 초반 정윤희는 출중한 외모로 주목받았지만, 1980년대에 들어서면 연기력을 인정받기 시작했다. 사진은 〈최후의 증인〉(세경영화주식회사 제작, 이두용, 1980) 촬영 현장에서 쉬고 있는 정윤희.

떨어진다는 혹평에 시달려야 했다. 1979년 〈죽음보다 깊은 잠〉(김호선, 1979), 〈도시의 사냥꾼〉(이경태, 1979), 〈사랑이 깊어질 때〉(박호태, 1979), 〈가을비 우산속에〉(석래명, 1979), 〈우요일〉(박남수, 1979), 〈꽃순이를 아시나요〉를 연속으로 선보였는데, 이 중 〈사랑이 깊어질 때〉와 〈우요일〉을 제외한 4편의 영화가 흥행에 성공했다. 배우로서의 흥행 파워를 확실히 증명한 이후에는 1980년 정진우 감독의 〈뻐꾸기도 밤에 우는가〉와 1981년 〈앵무새 몸으로 울었다〉에서 연기력을 인정받아 대종상 여우주연상을 수상하며 미모에 가렸던 연기력도 재평가받았다. 발랄한 젊은 여성 캐릭터와 최루성 멜로 캐릭터를 오가며 많은 팬들에게 각인된 정윤희는 1980년대의 여러 배우들이 그랬듯이 1980년대 중반 결혼으로 은퇴한 이후 활동을 접었다. 하지만 독보적인 뉘앙스를 지닌 미모로 인해 은퇴 이후에도 상당 기간 언론의 끊이지 않는 관심을 받았다.

　장미희는 박태원 감독의 〈성춘향전〉(1976)으로 데뷔, TBC 드라마 〈해녀 당실이〉(1976)에 출연하며 배우 생활을 시작했다. 1977년에는 공전의 히트를 기록한 김호선 감독의 〈겨울여자〉와 인기 드라마 〈청실홍실〉(TBC, 1977)에 출연해 영화와 TV에서 모두 인기를 구가했다. 하지만 배우로서 본격적인 인정을 받은 시기는 사실상 1980년대다. 장미희가 미국에 머물고 있을 당시 촬영한 배창호 감독의 〈적도의 꽃〉과 〈깊고 푸른 밤〉이 당대 최고 인기 스타였던 그의 1980년대 대표작이다. 특히 〈깊고 푸른 밤〉에서 아메리칸드림의 허상에 시달리며 위장결혼 계약으로 살아가는 제인 역할을 맡아 영화의 과감한 숏과 캐릭터, 이야기에 어울리는 매혹적인 연기를 보여 주었다. 서울 관객 49만을 동원한 〈깊고 푸른 밤〉의 대대적인 흥행은 지금으로 치자면 '천만영화'에 가까울 정도라니, 배우로서 장미희의 위상이나 입지는 대단할 수밖에 없었다. 1980년대 이후에도 꾸준히 영화와 드라마에 출연하며 자기관리에 성공한 여배우의 대명사가 되었다. 2019년 이장호 감독과 함께 한국영화 100주년 기념사업추진위원회 공동위원장을 맡을 만큼 한국영화계에서 공로를 인정받고 있다.

　중앙대 연극영화과 재학 중이던 1974년 연방영화사와 《주간한국》이 공동으로 주관한 신인배우 공모를 통해 배우의 길을 걷게 된 유지인은 그해 2,300대 1의 경쟁률을 뚫고 〈그대의 찬손〉(박종호, 1974)으로 데뷔한 이후 CF, TV 드라마에서 지적이고 도시적인 모습을 보여 주었다. 트로이카를 이뤘던 정윤희가 관능미를, 장미희

〈황진이〉(동아수출공사 제작, 배창호, 1986)에서 황진이의 내면을 드러내는 연기를 통해 배우로서 인정받은 장미희(왼쪽)와 지적이고 도시적인 캐릭터로 인기를 얻은 〈내 모든 것을 빼앗겨도〉(우성사 제작, 박호태, 1981)에서의 유지인(오른쪽).

가 유혹이 깃든 청순함을 과시했다면, 유지인은 도회적인 발랄함과 이지적인 세련미를 지닌 배우였다. 〈바람불어 좋은날〉에서 맡았던 상류층 여성 명희의 스타일과 캐릭터는 지금 봐도 매우 현대적이다. 말을 더듬는 순박한 주인공 덕배를 이리저리 휘둘러 좌절감과 박탈감을 안기는 동시에 자본주의의 욕망과 모순을 잘 드러내는 캐릭터였다. 이후의 많은 배역에서도 〈바람불어 좋은날〉의 캐릭터를 그대로 살려 지적이고 도시적인 캐릭터를 대표 이미지로 구축했고, 〈내가 버린 남자〉, 〈청춘의 덫〉(김기, 1979), 〈불행한 여자의 행복〉(변장호, 1979), 〈가시를 삼킨 장미〉(정진우, 1979) 등의 영화도 흥행 성공시켰다. 〈심봤다〉(정진우, 1979)로 대종상 여우주연상을 수상하고, 1980년 이두용 감독의 〈피막〉으로 한국영화 사상 최초로 베니스국제영화제 본선에 진출하는 성과도 이뤘다. 정윤희처럼 결혼으로 은퇴했다가 2002년 이혼과 함께 드라마 출연을 재개했다.

트로이카 3인방의 활약과는 별개로, 1950년대부터 활동했던 관록의 배우 김지미가 1980년대에도 여전한 파워를 자랑하고 있었다. 강렬하고 화려한 외모 때문에 '한국의 엘리자베스 테일러'로 불리기도 했던 김지미의 카리스마는 1950~70년대 한국영화산업에서 수많은 라이벌과의 경쟁을 뚫고 1980년대까지 살아남게 한 덕목이었다. 임권택 감독과 콤비를 이루어 출연한 〈길소뜸〉(1985)과 〈티켓〉(1986)은 배우로서나 영화인으로서 그의 일생일대 역작들이라고 할 수 있다. 1983년 이산가족찾기에 골몰한 한국사회를 배경으로 냉정한 현실 인식으로 이산과 분단을 바라본 영화 〈길소뜸〉에서, 김지미는 민족주의에 매몰되지 않고 자신의 감정에 충실한 여성의 모습을 구현하며 대종상 여우주연상을 수상했다. 그가 자신의 이름을 딴 제작사 지미필름을 세워 제작한 창립작 〈티켓〉은 티켓 한 장으로 여성의 인권이 흥정당하는 현장을 폭로하려 했다는 기획 의도가 말해 주듯, 여성의 고단한 삶을 제대로 마주하고 착취되는 여성 인권의 현실을 들여다본 영화로 평가받는다. 유지나 영화평론가는 〈티켓〉의 장점을 이렇게 설명한다. "압축성장의 근대화의 그늘로 매춘업을 설정하고 매춘부로서 질곡에 빠진 여성의 삶을 휴머니스트적 관점에서 보려 했다는 점에서 호스티스물보다는 한 걸음 더 나아간 면이 있다."[4] 〈티켓〉에서 다방을 운영하는 민 마담 역으로 고단한 여성의 삶을 관록 있게 표현해 낸 40대 여배우 김지미의 모습은 중후하고 카리스마 넘친다. 1960~70년대의 성우 더빙 시대에 주로 연기를 했지만, 1980년대에 도래한 '동시녹음의 시대'에도 자신의 목소리로 당당히 캐릭터를 그려내며 변화에 도태되지 않았다. 김지미는 1980년대 내내 한국영화와 묵직한 걸음으로 동행했으며, 그 자체로 이미 살아 있는 전설이었다.

1980년대 중반 신 트로이카의 등장
: 이보희 · 원미경 · 이미숙

1980년대 중반까지 활약한 트로이카 3인방이 각자의 이유로 영화계와 거리를 두자, 그 자리는 새로운 트로이카로 대체된다. 1980년대 중반 이후 주목받게 된 여배우들은 TV에서 건너온 이보희, 이미숙, 원미경이다. 1980년대 중후반의 '신 트로이카'로 꼽혔던 이보희, 이미숙, 원미경은 한국영화의 암흑기가 한창일 때 등장한 탓인지 각자의 연기력에 비해 좋은 시나리오를 만나지 못했고, 그 때문에 배우 생활 초기에는 큰 평가를 받지 못했다. 하지만 그들 각자의 등장과 노력은 분명 하나의 흐름을 이룬다. 문학적 에로티시즘을 스크린에 구현한 배우들로 평가할 수 있기 때문이다.

무엇보다도 트로이카의 선두 격이라 할 수 있는 이보희의 등장은 신선했다. 이장호 감독에게 발탁된 이보희는 1980년대 한국영화계의 큰 수확이었다. MBC 11기 탤런트로 연기 생활을 시작한 이보희는 탤런트 시절에는 오랜 무명 세월을 보내다가 선배 김보연의 소개로 이장호 감독과 만나 영화 〈일송정 푸른솔은〉(1983)으로 데뷔했다. 이후 정치적으로나 문화적으로 암담했던 시기에 절치부심한 이장호 감독이 〈바보선언〉으로 사회적 울분을 토해 낼

때, 이보희는 발랄한 가짜 여대생으로 출연해 동서양이 한 얼굴에 깃든 것 같은 특유의 변화무쌍한 분위기로 관객들을 사로잡았다. 남성 중심의 폭력적 판타지로 가득하지만 여성의 성적 트라우마에 대한 해석도 엿볼 수 있는 〈무릎과 무릎사이〉, 조선시대 야담에서 기인한 이야기 〈어우동〉도 잇달아 흥행하면서 이보희의 인기는 수직상승한다. 특히 〈어우동〉은 이보희 스스로도 꼽는 출세작이자 대표작으로, 서울 관객 47만을 동원한 흥행작이다. 조선시대 여성 수난사의 틀에 에로티시즘을 덧입혀 성과 정치의 알레고리를 추구했다고 평가받는 〈어우동〉에서 이보희가 연기하는 어우동은 남성을 희롱하듯 내려다보는 시선을 지녔다. 성적 매력을 이용해 자신보다 계급이 높은 남성을 도발하고 남성중심주의 사회를 조롱한다. 권위에 도전하고 한판 놀아 보겠다는 태세가 어우동을 특별하게 만든다. 특히 어우동이 자신의 몸에 술을 흘리고, 이를 걸신들린 듯 핥아먹는 임금 성종을 내려다보는 장면에서 그의 눈빛은 가히 체제를 전복시킬 듯이 급진적이고 파격적이다.

반면, 〈이장호의 외인구단〉에서 엄지로 등장한 이보희는 까치가 순정을 바칠 만큼 청초한 매력을 제대로 드러냈다. 이장호의 몽환적인 후기 걸작으로, 이보희가 죽은 여인, 간호사, 작부까지 1인 3역으로 등장했던 〈나그네는 길에서도 쉬지 않는다〉는 연기 면에서 그의 최고작으로 꼽힌다. 이렇게 필모그래피를 살필수록 이보희의 연기력이나 존재감은 재평가받아야 할 요소가 많다. 그저 남성의 성적 판타지를 충족시킨 장면들로만 기억되어서는 곤란하다. 가녀리고 서구적인 체형이 지닌 매혹적인 분위기, 농염함

이보희와 원미경은 1980년대 신新 트로이카로 TV와 스크린 양쪽에서 활약했다. 왼쪽은 이보희의 데뷔작인 〈바보선언〉(화천공사 제작, 이장호, 1983), 오른쪽은 원미경이 주연한 〈갈채〉(동협상사 제작, 김응천, 1982)의 한 장면.

을 과시하다가도 금세 눈물이 가득한 눈매, 상대를 도발하고 꾸짖는 섹시함과 엄격함, 상처받고 표류하는 듯 미스터리한 표정이 모두 가능했다는 점이 독보적이며, 용감하고 다면적인 매력을 보유한 배우였다.

원미경은 진한 눈매와 화려한 외모로 정윤희에 비견되며 데뷔 당시에는 트로이카 중 가장 주목받았다. 하지만 CF나 드라마와 달리 영화와의 좋은 합을 찾기까지 시간이 필요했다. 〈김두한형 시라소니형〉(김효천, 1981), 〈종로 부루스〉(김효천, 1982) 같은 깡패 액션영화의 조연 여성 캐릭터를 맡거나 엇비슷한 멜로영화에 주연으로 등장했지만 흥행에 성공한 영화가 없었기 때문이다. 영화 〈반노〉(이영실, 1982)에서 노비 역으로 보여 준 노출 때문에 '예술이냐, 외설이냐'는 논쟁까지 불러일으키며 연기력을 크게 인정받지 못했던 것도 안타까운 부분이다. 원미경은 〈인간시장, 작은 악마 스물두살의 자서전〉(김효천, 1983), 〈뜸부기 새벽에 날다〉(김수형,

1984), 〈여인잔혹사 물레야 물레야〉(이두용, 1983)를 통해 그 노력과 존재감을 각인시킬 때까지 오랜 부침의 세월을 겪어야 했다. 이후 토속 에로물 〈변강쇠〉(엄종선, 1986) 시리즈의 흥행 성공으로 인기를 얻었다. 〈변강쇠〉에서 원미경이 연기한 옹녀 역시 가부장제의 질서를 거스르는 욕망을 지닌 주체적인 여성이었고, 강한 성적 능력으로 남성들을 주눅 들게 한 캐릭터였다. 단순히 배우의 몸을 노출시키고 훑거나 클로즈업하는 카메라로는 이런 연출이 가능하지 않다. 원미경의 여유롭고 매혹적인 표정과 상대를 압도하는 강한 분위기, 즉 옹녀를 해석해서 체화시킨 연기 때문에 〈변강쇠〉의 인기는 회자되고 지속될 수 있었다.

1978년 미스 롯데 인기상을 수상하고 TBC 탤런트로 선발된 이미숙은 도회적인 세련미와 청순함과 관능미, 연기력을 두루 갖추었다. TBC 시절부터 배우로서 훈련받고자 하는 목표의식이 강했던 이미숙은 연기에 몰입했고, 1979년 영화 〈모모는 철부지〉(김응천)로 데뷔를 이룬다. 이후 〈고래사냥〉이 대대적으로 흥행하면서 톱 여배우로 떠올랐다. 그 위치의 여배우들만이 할 수 있었던 화장품 광고, 주요 전자제품 광고 모델을 섭렵하면서 활발하게 전성기를 구가했다. 1980년대 당시 이미숙이 즐겨 하던 헤어스타일, 일명 '바람머리'는 그 시절 최고의 트렌드였다. 정윤희, 장미희, 유지인 등 선대 트로이카와는 또 다른 당당하고 관능적인 분위기에 연기력이 더해진 덕에 각종 여우주연상이 그의 차지였다. 물론 시대의 유행이었던 토속 에로물도 거쳐 갔는데, 의외로 캐릭터에 개성을 불어넣었다. 영화 〈뽕〉(이두용, 1985)에서 이미숙이 맡은

이미숙은 다양한 연기 스펙트럼을 보여 주며 1980년대 톱 여배우로 부상했다. 사진은 〈그 해 겨울은 따뜻했네〉(세경흥업주식회사 제작, 배창호, 1984)의 한 장면.

안협댁은 무능한 남편을 먹여살리는 마을의 '비공식' 매춘부이지만, 성적 자기주장이 강한 여성으로 등장한다. 1980년대 한국영화가 묘사하는 토속물의 대다수 여성 캐릭터들과 달리 육체관계에서 매우 주도적인 위치를 점한다. 〈뽕〉의 안협댁은 생계를 위해 철저히 성을 거래하며, 원치 않는 남자는 거절하는 '유혹의 주체'였다. 이미숙 특유의 당당함이 안협댁의 억척스러움과 자기주장을 설득력 있게 묘사할 수 있었다.

〈뽕〉을 거친 후에는 〈겨울나그네〉(곽지균, 1986)에서 청순미까지 과시하며 커리어의 정점을 찍었고, 1987년 결혼과 함께 스크린을 떠난다. 당시만 해도 여배우들이 결혼과 동시에 은퇴를 하는 일이 관례처럼 빈번했고, 이미숙 역시 비슷한 행보를 보였다. 시대에 맞는 연기를 했지만 다양한 장르에 대한 갈증을 채우진 못했던 이미숙은 그 후 10년의 공백기를 딛고 〈정사〉(이재용, 1998)로 화려하게 복귀한다. 이미숙이 공백기가 무색한 매혹적인 모습으로 다시 한 번 멜로의 주인공이 됐다는 점은 시사하는 바가 컸다. 지금이야 40대 여배우들이 여성 서사가 중심이 된 영화나 드라마의 주인공을 맡는 경우가 부쩍 늘어났지만, 당시만 해도 멜로영화의 주인공은 20대 여배우에게 한정되는 경우가 많았던 탓이다. 두 번째 연기 인생을 시작하기 위해 전성기 시절의 외모를 간직하고 돌아온 이미숙은 2010년대까지 한국영화에서 세월이 흘러도 매력을 잃지 않는 강한 여성상으로 주목받았다.

에로의 범람 속에서
: 나영희 · 안소영 · 이대근 · 마흥식

1980년대는 신파영화, 호스티스영화로 분류되는 흥행작들이 많았고, 그래서 여배우 중심의 영화들이 많았다. 대부분은 현대의 '성인지 감수성'이라는 렌즈를 투과하면 난감하기 짝이 없는 문제작들이었지만, 이 시기에도 개성 있는 배우들의 활약이 적지 않았다. 1980년 MBC 10기 탤런트로 선발된 후 〈어둠의 자식들〉로 데뷔한 배우 나영희가 대표적이다. 강렬한 눈빛으로 1980년대 TV와 스크린을 오갔던 나영희를 진정한 흥행배우이자 화제의 중심으로 만들어 준 영화는 서울 관객 43만을 동원한 〈매춘〉(유진선, 1988)이었다. 물론 영화 흥행 후 나영희의 연기보다는 노출에 대한 이야기가 더 많이 회자됐고, 소재의 특성상 이런 반응이 어느 정도 예상 가능한 일이긴 했지만 말이다. 언론과 비평이 영화의 사회적 맥락과 배우들의 연기에 대해 해석하는 경우가 있더라도 '노출'이라는 화두에 가려지기 일쑤였다. 이야기 자체가 인신매매에 걸려든 불행한 여성들을 다루는데도, 여성들의 고통을 표현하는 대신 여성들을 눈요깃감으로 만들었다는 문제도 있었다. 나영희는 오히려 90년대 이후 2023년 현재까지 다수의 영화와 드라마를 거치며 우아한 이미지의 연기파 중년 배우로 긴 생명력을 지니고 활약 중이다.

이외에도 1980년대 중반 이후 정치사회적 분위기와 맞물려 제작되었던 '성애영화'의 히로인으로 일약 스타덤에 오른 배우들이 있었다. 그 가운데 가장 널리 이름을 알린 배우는 임권택 감독의 〈내일 또 내일〉(1979)로 데뷔하여 1982년 〈애마부인〉(정인엽)으로 그해 흥행 기록을 세운 안소영이다. 하지만 영화 개봉 전부터 〈애마부인〉에 대한 기사는 안소영의 노출에 관한 내용이 주를 이루었다. 〈애마부인〉의 안소영을 두고 "우리나라 여배우 중 가장 가슴이 크고 육감적"이라고 표현한 1982년 1월 16일자 《경향신문》이 대표적인 사례.[5] 반면, 1982년 1월 16일자 《동아일보》는 〈애마부인〉에 대해 "복종적 성 모럴에 조심스런 '반란'"이라고 묘사했다.[6] 〈애마부인〉에 대해 사실상 한국영화에서 금기시됐던 노출을 감행하며 여성해방의 기류를 담았다는 평가가 있음에도 불구하고, 이 영화에 자기 신체를 헌신한 안소영의 연기는 제대로 관찰되고 해석되지 않았다. 〈애마부인〉 촬영 당시의 열악한 처우로 겪은 고충이나 황당한 루머와 스캔들, 박제된 이미지 때문에 고통을 겪었던 상황은 안소영이 은퇴 후 30여 년이 지나서 호소했을 만큼 배우를 고립시키고 상처 입힌 시간이기도 했다.

안소영을 필두로 1984년 〈산딸기 2〉(김수형)로 등장한 선우일란, 〈애마부인 2〉(정인엽, 1983) 이후 다수의 에로영화에서 주연을 맡았던 오수비, 〈깊은밤 갑자기〉(고영남, 1981), 〈버려진 청춘〉(정소영, 1982)의 이기선, 〈어울렁 더울렁〉(차성호, 1986), 〈요화 어을우동〉(김기현,

1987)의 김문희 같은 이들에게 대놓고 '에로배우'라는 호칭을 붙이는 등 사회의 무자비하고 획일적인 시선에 묶인 여배우들이 많았다. 김문희의 경우는 어떻게든 '에로영화'의 틀을 탈피해 변신을 꾀하고자 애썼던 다른 배우들과 달리, 과거 인기 드라마를 리메이크한 〈여로〉(김주희, 1986)를 제외하고, 데뷔작 〈어둠의 딸들〉(김문옥, 1982)부터 마지막 작품 〈무엇에 쓰는 물건인고〉(양병간, 1993)까지 필모그래피를 온통 에로사극과 도시 에로물로 채웠다. 이는 그의 선택인지 영화산업에 철저히 소비된 결과인지 궁금할 따름이다.

1980년대 신파와 에로의 기조를 바탕으로 만들어진 수많은 영화들은 남자 배우들에게도 특정한 역할을 부여해 그들을 '에로 스타'로 만들어 냈다. 이른바 '토속 에로물'로 분류되는 영화들에서 강한 남성상을 담당한 대표적인 배우가 이대근이다. 1972년에 데뷔한 이대근은 1970년대 내내 수많은 액션물을 소화했고, 그 와중에 전설적인 실존 인물 김두한과 시라소니까지 연기한 액션스타였다. 하지만 1980년대에 들어서면서 〈뽕〉, 〈변강쇠〉, 〈가루지기〉(고우영, 1988)에 연달아 출연해 정력적이고 해학적인 머슴 이미지를 굳혔다. 근육질은 아니지만 힘으로 가득 차 보이는 신체와 텁텁하게 느껴지는 목소리에 두툼한 얼굴까지, 이대근은 그야말로 한국형 '마초'의 화신이자 표상이었다. 〈웅담부인〉(박일랑, 1987), 〈호걸춘풍〉(이혁수, 1987), 〈도화〉(유지형, 1987), 〈고금소총〉(지영호, 1988), 〈대물〉(송영수, 1988), 〈합궁〉(남기남, 1988), 〈안개도시〉(김성수, 1988), 〈창부일색〉(박용준, 1989), 〈백백교〉(최영철, 1991)에 이르기까지 에로사극과 시대극을 대표하는 배우로서 필모그래피를 쌓아 갔다. 1990년대까지

에로영화의 홍수 속에서 대중의 관심은 '노출'에 맞춰졌지만, 그 안에서도 각자의 개성을 발휘한 배우들이 있었다. 왼쪽은 〈매춘〉(춘우영화주식회사 제작, 유진선, 1988)의 나영희, 오른쪽은 〈불바람〉(연방영화주식회사 제작, 김수형, 1982)의 안소영.

그 이미지가 지속됐는데, 토속 에로티시즘의 제왕이자 대명사로 이처럼 오랫동안 회자된 배우도 드물 것이다.

2011년 이대근은 KBS 예능 프로그램 〈승승장구〉(2010~2013)에 출연해 〈뽕〉과 〈변강쇠〉를 그저 에로물로만 보는 건 곤란하다며 그 의미를 강변하기도 했다. "〈변강쇠〉는 하층민들을 대표하는 인물을 그린 영화다. 천한 민초라도 진정으로 사랑하고 행복할 권리가 있다는 뜻이 담겨 있는 인권영화였고, 기존 질서에 대한 반항과 조롱이 담겼다. 〈뽕〉은 일제강점기 배고픈 시절, 절대적 가난 속에서 선택의 여지가 없었다는 것을 보여 준 작품이다."[7] 그의 말처럼 자극적인 장면들에 대한 통속적 해석에 매몰되지 않은 채 〈변강쇠〉 시리즈가 지닌 함의를 파악하고, 배우들의 상징적인 연기와 영화언어가 결합을 이룬 연출을 평가하는 것 또한 1980년대 한국영화를 온전히 들여다보는 일 가운데 하나일 수 있다.

이대근과 더불어 토속 에로물과 도시 에로물을 넘나들던 또 다른 배우가 마흥식이다. 힘을 내세운 이대근과는 다르게, '마군'이라고 불리며 마성의 매력을 표방했다. 한국영화를 '방화邦畫'라고 부르며 이 국산영화들이 심각한 포르노영화에 가깝다고 한탄하는 언론 기사가 쏟아질 때 언론이 지목했던 단골 배우가 이대근과 마흥식이었다는 사실도 둘의 활약이 상당했음을 반증한다. TV 탤런트로 배우 생활을 시작한 마흥식은 영화에 뜻을 둔 후 1982년 〈반노〉에 출연하면서 본격적인 에로배우의 길을 걷게 됐다. 〈반노 2〉(김인수, 1984), 〈산딸기 2〉, 〈훔친 사과가 맛이 있다〉(김수형, 1984), 〈탄드라의 불〉(김성수, 1984), 〈길고 깊은 입맞춤〉(김수형, 1985), 〈물레방아〉(조명화, 1986), 〈옹기골 뽕녀〉(김수형, 1987), 〈야누스의 불꽃여자〉(김성수, 1987), 〈매춘〉까지 필모그래피의 다채로운 제목들만 살펴봐도 그가 의도적으로 유유히 한 길을 걸었다는 사실을 알 수 있다. 1980년대 후반 마흥식은 나영희, 이보희보다 출연작이 많았을 만큼 '에로계'의 대형 스타였다.

틀에 갇히지 않는 당당함
: 이혜영 · 강수연

대세가 배우들의 노출이고 트렌드가 에로영화였다고 해도, 이 시기의 배우들은 예상을 뛰어넘는 연기를 할 가능성에 대해 충분히 기대받지 못한 면이 있다. 21세기에도 배우들을 향한 가혹한 의도는 여전히 곳곳에 넘쳐나지만, 만약 그러지 않았다면 얼마나 많은 아름다움과 개성이 스크린에 창조됐을지 궁금하다. 이 와중에도 1980년대 '에로배우'의 카테고리에 묶이지 않으면서도 도발적인 섹시함을 인정받았던 배우가 이혜영이다. 한국영화사의 거장 이만희 감독의 딸이라는 태생적 환경이 아마도 큰 방패가 되어 주었겠지만, 이혜영의 자의식과 자존감이 높았던 이유도 있다. 할리우드 배우 에바 가드너Ava Lavinia Gardner를 동경하고, 어려서부터 배우가 되기 위해 몸짓, 표정, 걸음걸이를 개발하고 연습했던 이혜영은 연극에 먼저 진출해서 여러 뮤지컬(〈사운드 오브 뮤직〉, 〈슈퍼스타〉, 〈에비타〉)에 등장해 얼굴을 알렸다. 〈땡볕〉(하명중, 1984)의 억척스런 아낙네, 〈겨울나그네〉의 순정을 지닌 양공주, 〈티켓〉의 다방 레지, 〈성공시대〉의 사랑을 소비하는 여자 성소비, 〈사방지〉(송경식, 1988)의 남성이자 여성인 사방지, 〈남부군〉(정지영, 1990)의 여자 빨치산 등의 캐릭터를 통해 강하고 적극적이면서 지적이기까지 한 여성의 이미지를 스크린에 이식했다.

서민층 여성을 연기해도 늘 직업정신이 투철하고 자기 욕망에 솔직한 모습으로 캐릭터를 변주했던 이혜영의 카리스마는 1980년대에 등장한 여배우들 사이에서도 특별했다. 맡은 역할이 성적 착취를 당하거나 도덕적 비난의 여지가 있다 하더라도 그 역할을 연기할 때 당당하고 적극적이었던 자세가 흥미롭다. 2008년 영화 주간지 《씨네21》과의 인터뷰에서 이혜영은 "일종의 객기였다. 일종의 쇼여서 두렵지 않았다"는 말로 감독들의 연출에 따라 노골적인 성애 장면을 찍던 스물한 살의 자신을 회상했다. 한편으론 "있는 거라도 잘해야 한다고 본다. 내 모습이 어찌 보면 개성이고 어찌 보면 매너리즘이지만 그거라도 완벽하게 발휘될 기회가 있었느냐는 거다"라는 말로 1980년대를 지나던 시기의 고민을 드러내기도 했다.[8] 1988년에 내놓은 자본주의에 대한 우화극 〈성공시대〉와 조선시대 배경의 파격 에로틱 사극 〈사방지〉에서 이혜영은 확실한 자기 색깔을 드러냈다. 〈성공시대〉에서 맡았던 카페 마담 성소비는 "사랑도 팔 수 있을 때 가치가 있다"며 자신을 배신하고 성공을 쫓은 남자에게 통 크게 복수하는 캐릭터였고, 〈사방지〉에서는 겉모습은 여성이지만 남성의 생식기를 지녔던 사방지를 통해 억압할 수 없는 욕망의 실현과 파격적인 결말을 가능하게 했다. 확고한 자기결정력을 지니고, 매끄럽고 강렬하며 카리스마 넘치고 정확한 발성으로 상대를 압도했던 배우 이혜영. 2023년인 현재에도 많은 감독들과 작업 중이라는 사실은 이혜영이 개인적인 삶만큼이나 배우로서의 삶을 적극적으로 가꾸려고 노력했던 결과로 보인다.

1980년대 한국영화에서 틀에 갇히지 않는 당당함을 지닌 배우를 꼽으라면 역시 강수연을 빼놓을 수 없다. 에로영화들의 홍수 속에서 인간의 고통과 한국사회의 갈등을 표현하며 자신만의 영화를 만들었던 임권택 감독의 영화 〈씨받이〉(1986)가 강수연이라는 걸출한 스타를 탄생시켰다. 초등학교 1학년 때 잡지 《어깨동무》에 사진이 실리면서 연기 활동을 시작한 강수연은 〈별3형제〉(김기, 1977), 〈하늘나라에서 온 편지〉(김준식, 1979) 등 손수건을 적시게 만드는 멜로드라마에 아역으로 출연한 후 최고의 아역배우로 활약했다. 그리고 서울 개봉관 관객 26만을 동원한 〈미미와 철수의 청

어린 시절부터 배우의 꿈을 키웠던 이혜영과 강수연은 다양한 시도를 통해 성인 연기자로서 입지를 굳혀 나갔다. 왼쪽은〈성공시대〉(황기성사단 제작, 장선우, 1988)의 이혜영, 오른쪽은〈아제아제 바라아제〉(태흥영화주식회사 제작, 임권택, 1989)의 강수연.

춘스케치〉(이규형, 1987)에서 활달한 여대생 미미 역을 맡으면서 박중훈과 함께 청춘스타로 변신하는 데에 성공한다. 다시 〈연산군〉(이혁수, 1987), 〈감자〉(변장호, 1987) 등에 잇달아 출연해 성인 연기자로서의 입지를 인정받는 동시에, 그해 베니스영화제 여우주연상을 수상했다. 강수연은 그때 겨우 스물한 살이었다.

〈씨받이〉 개봉 당시 많은 이들이 오로지 어린 나이에 찍은 노출신에만 관심을 갖고 강수연이 양반 가문의 씨받이가 된 옥녀 캐릭터에 대해 어떻게 해석하고 접근했는지에는 큰 관심을 두지 않았다. 하지만 강수연은 출산 장면 연기를 위해 열 편의 비디오테이프를 빌려 꼬박 일주일간 보면서 임산부들의 고통스러운 표정과 동작들을 눈여겨보았다. 어머니들을 만나 실제 체험담을 듣기도 하는 등 여성의 고통에 대해 깊이 숙고한 것으로 알려져 있다. 실제로 〈씨받이〉 제작 당시 사회적으로 대리모 관련 논쟁이 있던 상황이었다. 그 옛날, 계급과 남아선호사상에 찌든 조선시대의 모순이 해결되기는커녕 현대사회에도 여전히 적용되고 있다는 점에서, 강수연이 영화 〈씨받이〉의 가치와 중요성을 누구보다 이해한 배우였다는 사실은 뒤늦게 조명됐다.

강수연의 배우로서의 입지를 한 차례 더 상승시킨 영화는 고등학생 순녀가 비구니가 되어 구원에 이르고자 하는 과정을 연기하며 삭발까지 감행한 〈아제아제 바라아제〉(임권택, 1989)다. 이 영화로 모스크바영화제 여우주연상까지 수상한 강수연은 국내 여배우 중 최초로 '월드스타' 칭호를 얻었다. 단숨에 충무로 최고의 몸값을 자랑하는 여배우로 등극했을 뿐 아니라, 동아시아에서 중국의 공리나 홍콩의 장만옥처럼 대한민국이라는 국가를 대표하는 얼굴이자 이미지가 되었던 것이다. 영화에 대한 남다른 애착으로 드라마는 거부하고 오로지 영화에만 출연했던 1980년대 후반 강수연의 위상은 대단했다. 아마도 1990년대 후반의 전도연이 이 비근한 인기를 누렸을 것이다.

강수연은 1980년대 중반 대세를 이뤘던 원미경, 이미숙, 이보희가 결혼 등으로 주춤한 이후 1990년대 새로운 여배우들이 등장할 때까지 가장 활발하게 한국영화계를 지키고 독려한 배우였다. 또, 2000년대 이후에는 한국영화를 세계적으로 알리는 일에 열정을 다했으며, 〈다이빙벨〉 사태 이후 부산국제영화제가 어려움에 처했던 시절에 공동집행위원장으로 영화제를 살리기 위해 애썼던 영화인으로도 기억되고 있다. 2022년 넷플릭스 오리지널 영화 〈정이〉(연상호, 2022)를 유작으로 남기고 뇌출혈로 급작스럽게 세상을 떴지만, 자신의 캐릭터에 대한 면밀한 해석과 배우로서 일하는 당당함, 영화에 대한 진지한 헌신과 애정은 함께 일한 감독들의 의도를 뛰어넘는 연기로 스크린에 남아 있다.

비행청소년 문제를 다뤘던 가족영화 〈수렁에서 건진 내 딸〉(이미레, 1984)로 등장한 김진아도 이 시기에 언급될 만하다. 한국영화사의 대스타 배우 김진규와 김보애의 딸로, 1983년 영화 〈다른 시간 다른 장소〉(조명화, 1983)로 데뷔한 이후 모범생이었다가 가출 후 고초를 겪는 '비운의 청춘'을 연기했던 〈수렁에서 건진 내 딸〉로 스타덤에 올랐다. 당시의 많은 여성 스타들이 관문처럼 통과하듯이 에로틱 사극 〈내시〉(이두용, 1986)와 〈연산일기〉(임권택, 1987)에 출연하며 농염한 역할의 장녹수를 연기해 크게 주목받기도 했다. 과감한 노출, 솔직한 언행, 성숙하고 자유분방한 이미지로 유명했던 배우의 2세이자 1980년대를 대표하는 셀러브리티였지만, 1988년 이후 영화 활동을 중단했다. 결혼 후 미국으로 귀화했는데, 1950~60년대 스타 배우들의 2세인 최민수, 허준호 등 남자 배우들이 1990년대 이후 전성기를 얻은 것과 비교하면 일찍 중단된 활약에 아쉬움이 짙다. 2014년 51세를 일기로 세상을 떠났다.

1980년대가 발견한 청춘스타
: 박중훈 · 최재성

1980년대는 1970년대에 크게 유행했던 청춘영화, 얄개영화들이 다소 변형되어 자리를 잡은 시기이기도 하다. 더불어 1980년대 청춘영화들 역시 여러 10대 하이틴스타들과 20대 청춘스타들을 배출했다. 〈모모는 철부지〉(김응천, 1979)를 필두로 〈대학얄개〉(김응천, 1982) 등 대학 청춘영화들이 등장하면서 1970년대의 고교 얄개들이었던 이승현, 강주희, 진유영, 손창호, 김보연, 전영록, 전호진, 박재호, 강남길 같은 배우들이 대학 얄개가 되어 그 모습을 이어가기도 했다. 고교 얄개들의 시절, 폭발적인 인기를 누리며 시대의 아이콘으로 군림했던 임예진이 하이틴스타에서 더 폭넓은 연기를 위해 이 대열에서 이탈했지만, 임예진과 콤비플레이를 펼쳤던 이덕화는 돌아오는 등 1980년대 청춘영화들과 청춘스타들의 계보는 약간의 변화된 양상을 겪으면서도 이어졌다. 미성년자관람불가 등급의 성인물이 대세였던 당시 한국영화계에 그나마 청량한 이미지를 만들어 준 배우들이라 할 수 있다.

새로운 청춘도 꾸준히 수혈되었다. 송승환, 김주승, 강문영, 이미영, 조용원 등이 1980년대의 청춘스타로 등극했고, 이미숙이나 원미경의 출발도 실은 청춘영화였던 것도 기억해 둘 만하다. 이후 1980년대 후반기에 등장한 하희라, 이상아, 김혜수, 김희애, 이응경, 최수지, 이미연과 강석현, 이재학, 최재성, 최민수, 허준호, 박중훈, 김민종, 김보성, 김세준, 변우민 등이 아이돌스러운 스타덤을 형성했다. 특히 〈내일은 뭐할거니〉(이봉원, 1986)에서 대학생과 창녀 사이에 태어나 사회부적응자로 '방황하는 청춘'을 연기한 강석현, 〈미미와 철수의 청춘스케치〉에서 우리 주변의 평범한 대학생을 대변했던 철수 역의 박중훈, 당시 프로야구와 이현세 원작만화의 인기에 힘입은 〈이장호의 외인구단〉에서 까치 오혜성 역으로 최고의 청춘스타가 됐던 최재성 등은 1980년대 한국영화가 그 시대 청춘들을 어떻게 바라봤는지에 대한 현실적 접근을 몸소 드러내 준 배우들이었다. 심지어 청춘스타 투톱 박중훈과 최재성이 함께 출연한 〈아스팔트 위의 동키호테〉(석래명, 1988)까지 만들어지는 등 1980년대의 청춘영화는 충무로에 새로운 배우들을 수혈하며 1990년대 스타들을 길러 내는 경쟁의 장으로 톡톡히 기능했다. 1980년대의 막바지에 강우석 감독의 〈행복은 성적순이 아니잖아요〉(1989)가 배출한 스타 이미연은 대학입시의 압박이라는 시대적 변화를 관객들에게 설득하는 중요한 근거가 되었고, 이후 비슷한 아류작들을 양산하게 하는 계기를 만들었다.

한편, 1980년대 청춘영화에는 의외의 직업군이 진출했다. 〈모모는 철부지〉의 전영록 이후 여러 가수들이 영화계에 발을 들인 것이다. 1980년대 최고의 인기 밴드였던 송골매의 배철수와 구창모가 그들의 노래 제목을 차용한 영화 〈송골매의 모두 다 사랑하리〉(김응천, 1983)와 〈갈채〉(김응천, 1984), 〈대학괴짜들〉(김응천, 1984)에서 주요 배역을 맡은 게 대표적이다. '김형용과 톱니바퀴'의 리더로 '해변가요제' 출신인 김형용, 〈고래사냥〉의 김수철, 〈졸업여행〉(오성환, 1985)의 김범용, 〈새앙쥐 상륙작전〉(김정진, 1989)의 박남정, 〈굿모닝! 대통령〉(이규형, 1989)의 이상은이 충무로와 하이브리드 작업을 한 가수들로 손꼽힌다.

또 하나, 1980년대 충무로가 수혈 받은 영화 밖 계열의 배우들은 개그맨들이었다. 영화와 방송을 종횡무진 오가던 여러 개그맨 중에서도 이주일의 활약이 두드러졌다. 그는 〈이주일의 뭔가 보여

1980년대 중후반에는 청춘스타의 등장과 더불어 가수·개그맨 등 다른 대중문화 분야에서 활동하던 이들의 영화계 진출도 활발하게 일어났다. 왼쪽은 《스크린》 1987년 12월호(통권 46호)에 수록된 청춘스타 4인(왼쪽부터 변우민, 최재성, 박중훈, 김세준)의 인터뷰 사진, 오른쪽은 이주일이 주연한 〈조용히 살고 싶다〉(우진필름 제작, 김수형, 1980)의 한 장면.

드리겠습니다〉(김수형, 1980), 〈조용히 살고 싶다〉(김수형, 1980), 〈얼굴이 아니고 마음입니다〉(이형표, 1983) 등 여러 편의 영화에 출연했다. 서세원, 주병진, 김명덕, 김형곤, 김병조 등 당대의 인기 개그맨들도 대부분 영화계와 함께 일했다. 그러나 뭐니 뭐니 해도 이 분야에서 가장 일가를 이룬 인물은 〈우뢰매〉 시리즈(총 9편, 1986~1993)와 〈영구와 땡칠이〉(남기남, 1989)로 유명한 심형래다. 1980년대 영화들에서 심형래의 이름을 빼놓을 수 없는 이유는, 한국영화 역사의 중심 인물로 꼽히지는 않아도 거의 미개척 분야였던 아동용 SF 시리즈로 성공 신화를 쓴 배우이자 제작자이기 때문이다. 1980년대를 장식한 심형래의 위상은 1980년대라는 시대 안에서 공고했다.

  1980년대 한국영화의 배우들은 이른바 긴 시대, 잃어버린 시대의 배우들이다. 1980년대가 한국영화의 극한 침체기로 분류된 탓에 이전의 1950~60년대나 이후의 1990년대 배우들에 비해 진행된 연구도 부족하고 연기론에 대한 고찰도 미비하다. 1980년대를 대표했던 배우 안성기를 제외하고는 배우론이 사실상 부재하다고 해도 과언이 아니다. 코리안 뉴웨이브, 1980년대 한국영화의 리얼리즘에 대한 연구로 이장호, 배창호, 장선우, 이명세, 박광수 등 감독들에 대한 연구는 여러 논문과 단행본으로 다양하게 남아 있는 것과 비교하면, 1980년대 배우들에 대한 연구 상황은 그 열악함에 대한 적극적인 반성과 변화가 필요해 보인다. '에로물', '성애물' 관련 논문은 있어도, 이보희, 이혜영, 강수연에 대한 학술적 고찰은 찾기 어려운 상황에 대한 문제의식이 부디 커지길 바란다. 한국영화는 1980년대의 배우들, 특히 여배우들에게 많은 것을 빚지고 있다. 노출 수위를 놓고 수없이 싸워야 했고, 고만고만한 시대극과 현대물에서 소모되었던 이 시대의 스타들은 분명 선망 어린 직업이었지만 배우를 소비재로 보는 시선에 운신의 폭이 좁아질 수밖에 없었다. 사실상 '극한직업'이었다.

그러나, 1980년대를 살아 낸 배우들에게는 이 시기가 그저 암흑기만은 아니었을 것이다. 사회적 분위기에 편승하다가도 컬트적인 문제작들을 내놓으려 했던 감독들의 노력에 협력하며, 온몸으로 시대를 대변하는 연기를 펼쳤던 이들이기 때문이다. 대중문화 전반에 걸쳐 개인의 다양한 욕망을 반영하고, 어떤 방식으로든 암울한 시대를 뚫고 나가려고 했던 에너지는 1980년대의 한국영화에서도 분명히 엿보인다. 시대를 통찰하는 미장센으로 당대 한국의 풍경이 놀랍도록 사실적으로 기록된 1980년대 한국영화 안에서, 현실감 넘치는 희로애락의 정서를 만들었던 것은 예술적 가치를 실현해 준 배우들의 신체와 연기다. 지금은 한국영화계의 큰 어른이자 왕년의 스타가 된 1980년대의 주요 배우들은 이 시절 그들의 젊은 에너지를 스크린에 투영하며 더 나은 미래를 희망했을 것이다.

1987년 할리우드 직배영화 상륙과 수입규제 완화로 인해 외화가 홍수처럼 밀려오면서 위기에 직면한 한국영화는 많은 배우들을 떠나보냈다. 하지만 이 절박한 상황이 1990년대 새로운 영화청년 세대의 출현을 낳았고, 새로운 스타산업을 탄생시키는 밑거름이 된 것은 부인할 수 없다. 1980년대 한국영화는 극적인 부활을 앞둔 침잠기였고, 1980년대의 배우들 가운데 꽤 많은 이들이 여전히 우리 곁에서 활약하고 있다. 영화 속 순간들은 어떤 방식으로든 역사가 되고 증거가 된다. 그 속에서 우리가 미처 해석하지 못한 그들, 1980년대 한국영화 배우들을 다시 들여다볼 때다.

1   이화정, 〈[스페셜] 한국영화의 역사가 새겨진 배우 안성기의 60년 연기 인생〉, 《씨네21》, 2017년 4월 12일(통권 1100호). http://www.cine21.com/news/view/?mag_id=86908 (최종확인: 2023.11.7.).

2   〈안성기 "영화배우로 60년…더 오래 연기했으면"(인터뷰)〉, 《이데일리》, 2017년 4월 13일자. https://www.edaily.co.kr/news/read?newsId=02079526615895792&mediaCodeNo=258(최종확인: 2023.11.7.)

3   〈영화정담: 안성기 VS 이영하〉, 《영화》, 영화진흥공사, 1987년 7월호(통권 113호), 85쪽.

4   김미현 편, 《한국영화사: 개화기에서 개화기까지》, 커뮤니케이션북스, 2006, 284~285쪽.

5   〈글래머 안소영 전라 출연 영화 〈애마부인〉…검열 과정 큰 관심〉, 《경향신문》, 1982년 1월 16일자 12면.

6   〈TV·영화 '여성해방' 기류〉, 《동아일보》, 1982년 1월 16일자 11면.

7   장익창, 〈[썬데이] 영원한 '변강쇠' 이대근을 위한 변명〉, 《일요신문》, 2016년 8월 20일자 참조. https://www.ilyo.co.kr/?ac=article_view&entry_id=197502(최종확인: 2023.11.7.)

8   오정연, 〈[이혜영] "배우라서, 여자라서 더 행복해질 거다"〉, 《씨네21》, 2008년 1월 30일자(통권 639호) 참조. http://www.cine21.com/news/view/?mag_id=50060(최종확인: 2023.11.7.)

1980년대 비제도권 영화의 풍경

| 유운성 |

이 글을 쓰는 데에 필요한 자료를 열람하도록 도움을 주신 분들께 깊이 감사 드린다. 얄라성 영화연구회와 서울영화집단 초기의 활동을 정리하는 데에는 김홍준 감독님, 박광수 감독님, 문원립 교수님과의 인터뷰가 큰 도움이 되었다. 인터뷰 자리를 마련하고 자료를 열람하도록 도움을 주신 국립아시아문화전당의 김지하 학예연구관께도 깊이 감사 드린다. 마지막으로, 나로서는 찾을 수 없었던 자료들을 찾아 기꺼이 정보를 제공해 주신 두 분의 영화탐색가, 김지환 님과 한민수 님께도 진심으로 감사 드린다.

| 기원에 대한 의문 |

'독립영화'는 1980년대 비제도권 영화의 주요 행위자들 사이에서
는 거의 쓰이지 않는 용어였다. 대신 작은영화, 열린영화, 민중영
화, 민족영화 등의 용어가 그때그때 정세에 따라 유용한 것으로
제출되었다 이내 폐기되곤 했다. 그런 점에서 이 용어들은 대단
히 전술적인 성격을 띤다. 대체로 이 용어들은 두 개의 부정적 대
상을 염두에 두고 고안된 것이라 하겠다. 그 하나가 반민중적이
고 반민족적인 큰 규모의 닫힌 영화라는 점은 어렵지 않게 짐작
할 수 있다. 당대의 주요 행위자들이 보기에 할리우드 영화와 충
무로 영화는 바로 그런 부정적 대상의 극치였다. 기묘하면서도
흥미로운 것은 두 번째 부정적 대상이다. 이들은 어쩌면 그들의
선구나 기원으로 간주할 수도 있었을 이전 시기의 개인적 작업들
과 동호인 모임의 작업들 또한 영화의 사회적 기능을 다하지 못했
다는 이유로 부정했다. 예컨대, 1970년대에 한옥희를 필두로 이화
여대 출신들이 결성한 카이두 클럽은 "공허한 작품들만을 남겼을
뿐, 급진적 페미니스트 그룹으로 발전되지 못한 채 사라져 버렸

다"는 식이다.*

하지만 전술적 용어들, 당대의 숱한 선언문들, 이런저런 온갖 회고와 증언과 무용담이 아닌 실제 작품들을 두고 생각해 보면 시기적 구분선은 대단히 모호하다. 1980년대 비제도권 영화운동의 역사를 논할 때 그 모태로 꼽히는 서울대 얄라셩 영화연구회의 첫 상영회에서 공개된 8밀리 단편영화들을 살펴보자.** 상영작은 총 다섯 편으로, 얄라셩에서 활동하기 전에 김홍준과 황주호가 개인적으로 만든 〈서울 7000〉(1976), 〈짚신〉(1977), 〈웃음소리〉(1977), 1979년 11월에 촬영해 1980년 10월에 최종 편집을 마친 김동빈과 문원립의 〈겨울의 문턱〉,*** 그리고 서클 회원들이 1980년 여름방

---

* 전양준, 〈작은 영화는 지금〉, 《열린 영화》 1호, 1984/85년 겨울호, 7쪽. 이제는 아시아 최대 영화제로 성장한 부산국제영화제 창설의 주역 가운데 하나로 프로그래머를 거쳐 집행위원장까지 역임한 전양준은 1984년에 쓴 이 글에서 1970년대부터 1980년대 초반까지 이루어진 단편영화 작업들을 개괄하며 다음과 같이 일갈했다. "대부분의 단편영화인들은 영화 메커니즘 이해 혹은 전위예술이라는 구호 하에 큰 영화보다 더 보수적이고 현실도피적인 저질 작품들을 양산해 냈으며, 또 관 주도의 청소년 영화제에 참가하여 계몽·정책영화를 만들기도" 했던 까닭에 "수백 편의 단편영화들이 쓰레기 셀룰로이드 조각들의 연결일 수 밖에 없었고, 단편영화 모임들이 단명할 수 밖에 없었"다는 것이다(11쪽).

** 이 영화들의 목록은 얄라셩 첫 공개 상영회 카탈로그 《첫 번째 영화마당》(1980)에서 확인할 수 있다. 상영회는 1980년 11월 7일부터 8일까지 학내 대형 강의실에서 열렸다. 얄라셩은 1979년 봄에 서울대 공과대학 재학생들의 모임으로 시작해 이듬해에 학내 서클로 정식 등록했다. 문원립에 따르면, 첫 회원은 김동빈, 문원립, 홍기선이었고, 1979년 말에 홍기선과 같은 과 2년 선배로 갓 제대한 황주호가 가입했다. (2020년 11월 20일 필자와의 인터뷰. 이 인터뷰의 일부는 https://vimeo.com/492295395에서 확인할 수 있다.) 얄라셩의 1대 회장은 홍기선이 맡았다. 한편, 김동빈에 따르면 1979년의 얄라셩 첫 모임에는 공과대 학생 네 명이 있었으나 한 명이 빠지면서 세 명이 되었다. "한두 번 만남은 있었으나 결과적으로 잘 안 됐던 거 같아요. 그렇게 원래 모임은 유명무실해지고, 네 명 중 한 명이 또 빠지면서 남은 사람은 2학년인 저와 4학년인 홍기선, 문원립 선배였어요." 김형석 엮음, 《다시 만난 독립영화 Vol.4: 독립영화 아카이브 구술사 프로젝트》, 서울독립영화제, 2021, 42쪽.

*** 문원립에 따르면, 현재 이 작품에 삽입된 스틸사진들은 김홍준이 찍은 것을 활용한 것이다. 이 사진들을 활용해 최종 편집을 마친 것은 정확히 1980년 10월 26일이다.

학 워크숍 기간에 만든 첫 집단창작 작품인 〈여럿 그리고 하나〉가 그것이다.**** 〈서울 7000〉과 〈짚신〉 같은 작품이 1970년대에 개인적으로 제작된 여러 한국 단편영화 가운데 형식과 구성 면에서 무척이나 돋보이는 것은 사실이지만, 초창기 얄라셩 회원들의 작품과 카이두 클럽의 작품 사이에 어떤 근본적인 단절이 있다고 보기는 어렵다. 오히려 양자는 1970년대 초반부터 싹트기 시작했던 영화클럽 조직 및 소형영화운동의 흐름 속에 같이 두고 보아야 한다. 소재나 형식의 측면에서 보아도, 감금과 탈출을 모티브로 삼은 〈여럿 그리고 하나〉의 밀실 공포증적인 추상적 세계, 그리고 풍경을 스케치하듯 담아낸 〈서울 7000〉과 〈겨울의 문턱〉의 양식은 1980년대의 선동적인 비제도권 영화들보다는 한옥희의 〈구멍〉(1974) 같은 작품에 훨씬 가까이 있다. 그런데 만일 얄라셩이 1980년 서울의 봄 시기에 촬영했지만 완성하지는 못했다고 한 다큐멘터리의 일부나마 우리에게 전해졌다면, 어쩌면 그것이야말로 1980년

**** 상영작 가운데 〈여럿 그리고 하나〉는 오늘날 필름이 남아 있지 않고 '심판', '체포', '여럿 그리고 하나' 등으로 제목을 달리하는 몇 종의 대본과 콘티만 남아 있다. 카프카의 《심판》에서 착안했다고 하는 이 단편의 대본 가운데 하나(김홍준의 한국영상자료원 기증본)의 첫 페이지에는 "부득이한 경우를 제외하고는 철저한 공동작업으로 이루어졌으므로 '집단창작'의 방법에 의거하여 제작된 영화로 볼 수 있다"고 적혀 있다. 김홍준에 따르면, 그는 병역을 마치고 제대한 1980년 7월부터 얄라셩에서 활동하면서 워크숍에 참여했고, 한편 당해 봄에 입대한 홍기선은 워크숍과 첫 공개 상영회에 참여하지 못했다. 하지만 김홍준은 군대에 있던 1979년부터 이미 고교 동창인 황주호를 통해 얄라셩을 알게 되어 외출을 나올 때면 김동빈, 문원립 등과 교류하고 있었다. (2020년 11월 10일 필자와의 인터뷰. 이 인터뷰의 일부는 https://vimeo.com/492296143에서 확인할 수 있다.) 한편, 문원립이 보관하고 있던 대본(국립아시아문화전당 기증본)의 스태프 명단에는 '연출 [김]홍준, 촬영 [문]원립, 조명기재 [김]동빈' 식으로 역할 분담이 되어 있기도 해서 〈여럿 그리고 하나〉의 '집단창작' 방식이 협의의 공동 연출을 뜻하는 것은 아님을 가늠케 한다. 이 대본에 따르면, 이 작품은 1980년 8월 11일부터 15일까지 닷새에 걸쳐 촬영되었다.

대 영화운동의 첫머리에 놓일 수 있었을지도 모른다.*

    서울의 봄 이후 1980년 5월에 광주에서 일어난 민중항쟁과 거기서 벌어진 학살은 여름방학 워크숍을 진행하고 첫 상영회를 준비하던 얄라셩 회원들에게 비상계엄의 분위기 가운데 모호하고 불길하게 감지되는 소식으로만 존재할 뿐이었다. 김홍준은 5월 17일에 군대에서 외출을 나왔다가 저녁에 비상계엄 확대 소식을 들었다. 광주에서 항쟁이 있기 직전에 한 영화잡지에 실린 기사는 1970년대에 결성되어 운영 중이던 영화클럽들—1974년에 조직된 연세대의 영상미학반, 1978년에 결성된 한양대의 영상연구회, 프랑스문화원을 거점으로 1977년부터 활동을 시작한 시네클럽 서울, 독일문화원을 거점으로 1979년부터 활동을 시작한 동서

---

* 이에 대해 홍기선은 다음과 같이 말한 적이 있다. "'서울의 봄' 때 민주화 대행진을 8밀리로 기록한 게 있었어. 서울역 회군 장면까지 그때 다 찍었어. 그리고 군대에 갔지. 그 필름을 가지고, 81[학번] 후배들이 8밀리로 만들었지." 한국독립영화협회 엮음, 《매혹의 기억, 독립영화》, 한국독립영화협회, 2001, 186쪽. 이 필름을 활용해 얄라셩 81학번들이 만들었다는 영화는 1984년에 완성된 〈민주화투쟁 25년〉이다. 이 영화는 현재 전해지지 않는다. 서울영화집단이 1985년에 펴낸 《영화운동론》에 실린 홍만(홍기선의 가명으로 추정됨)의 글에는 이 영화가 "4·19로 정점을 이루었던 학생운동의 맥을 다시 조명하고, 학생들의 현실에 대한 갈등과 행동양식, 그 형태로서 여러 운동 모습들을 그 당시의 자료와 얄라셩 구성원들의 재해석으로 재구성한 작품으로 이전의 상황·사건 등은 당시의 사진·자료·보도기사 등을 사용해 재구성하였고, 현재의 학생운동의 모습을 생생하게 기록하여 한 편의 작품으로 구성한 것"이라고 기술되어 있다. 홍만, 〈영화소집단운동〉, 《영화운동론》, 서울영화집단 엮음, 화다출판사, 223쪽. 한편, 얄라셩이 정식 서클로 등록한 이후 가입한 첫 회원이자 4대 회장을 맡기도 한 김인수는 다음과 같이 증언한다. "4·19 혁명 20주년 때 당시 김상진 열사의 장례식이 있었어요. 장례식을 행진까지 이어서 했는데 거기에 참여할 것인가 아니면 기록을 할 것인가, 이 문제를 두고 선배들과 논쟁을 했던 기억이 나네요. 찍는 쪽으로 결론이 났는데, 지금 필름이 남아 있지는 않아요." 김형석 엮음, 《다시 만난 독립영화 Vol.2: 독립영화 아카이브 구술사 프로젝트》, 서울독립영화제, 2019, 20~21쪽. 김상진 열사의 5주기 추도식(김인수는 장례식이라고 잘못 말함)은 서울의 봄 시기인 1980년 4월 11일에 있었다.

영화연구회—을 소개하면서 그 말미에 "서울대 공대생만으로 조직된 다소 특이한 클럽"으로 얄라성을 소개하고 있다.[1] 이 다소 특이한 클럽이 어떻게 해서 1980년대 영화운동의 첫머리를 차지하게 되었는지를 파악하려면, 전두환이 12 · 12 군사반란을 일으켜 권력을 잡기 이틀 전인 1979년 12월 10일에 결성된 동서영화연구회의 활동에 주목할 필요가 있다.

새로운 영화를 위하여

동서영화연구회는 독일문화원의 후원으로 1978년 12월 8일에 창립된 동서영화동우회(회장 유현목)가 점점 사교 모임의 성격을 띠게 되자, 연구와 토론에 집중하면서 제작도 병행하고자 1979년 12월 10일 명칭을 바꿔 개편된 조직이다. 유현목 감독**을 고문(혹은 명예회장)으로 하고 영화평론가 변인식이 회장을 맡았으며, 당

** 유현목은 '취미로서의 영화제작'을 기치로 내걸고 1970년에 발족한 소형영화동호회(운영위원은 영화평론가 변인식 등)의 회장을 맡은 이래 줄곧 개인적 영화제작에 뜻을 둔 이들을 지지해 왔다. 가령 그는 1974년 7월 27일부터 31일까지 신세계백화점 옥상에서 열린 카이두 클럽의 첫 상영회인 실험영화 페스티벌의 카탈로그에 축사를 쓰기도 했다. 거기서 그는 요나스 메카스가 "뉴아메리칸시네마"라 명명한 언더그라운드 영화운동을 언급하면서 "일체의 기성성으로부터 해방되어 표현하고 싶은 것을 자유로운 형식으로 자유롭게 만든다는 일인일파—人一派의 개인예술적 행동"을 옹호한다. 유현목, 〈실험영화 페스티벌에 보낸다〉, 《실험영화 페스티벌》, 카이두 클럽 첫 상영회 카탈로그, 1974, 5쪽. 유현목의 이런 발언은 1970년대에 그가 태권도, 철도, 새마을운동, 고려인삼 등에 대한 다수의 문화영화를 만들었고, 특히 국립영화제작소에서 육영수 추모 다큐멘터리 〈사랑의 등불〉(1976)을 만들기도 했음을 고려하면 다소 무색해진다.

시 성균관대 신문방송학과에 재학 중이던 전양준과 정성일이 각
각 부회장과 편집부장을, 중앙대 독문과에 재학 중이던 황철민이
총무부장을 맡았다.[2] 이 연구회는 《프레임 1/24》이라는 비평지를
1980년 2월에 창간하기도 했으나 후속으로 나온 호는 없다. 실제
로 제작 워크숍을 진행하고 겨울 동안 촬영을 진행하기도 했지만,
완성된 것은 장길수의 〈환상의 벽〉(1980) 한 편이다.* 자신에게는 열
리지 않고 다른 이들에게만 열리는 문 앞에서 좌절하는 인물을 보
여 주는 이 영화는 추상화된 공간을 무대로 한 내면적 드라마라는
점에서 〈여럿 그리고 하나〉와 마찬가지로 1970년대 단편영화의

---

* 《영화잡지》 1980년 5월호 기사는 동서영화연구회 겨울 워크숍에서 촬영된 작품을 〈겨울의
그늘〉과 〈비수〉라고 언급하고 있는 반면, 〈작은 영화는 지금〉에서 전양준은 완성된 작품
이 〈다리〉라는 8밀리 영화 한 편뿐이라고 언급하고 있다. 장길수가 1980년에 동서영화연구
회 워크숍에서 연출한 16밀리 영화는 서울독립영화제가 한국영상자료원과 공동주최하는 독
립영화 아카이브전의 일환으로 2022년에 42년 만에 복원, 상영되었는데 제목은 〈환상의 벽〉
이다. 장길수는 이 영화의 출발은 홍기선이 쓴 시나리오 〈엑스트라의 비애〉였던 것 같다고 떠
올리면서 최종적으로는 이 시나리오와 거리가 멀어졌지만 "홍기선 감독의 그림자라고 그래야
되나? 홍 감독의 색깔은 계속 남아 있었던 것 같아요"라고 말한다. 김형석 엮음, 《다시 만난
독립영화 Vol.5: 독립영화 아카이브 구술사 프로젝트》, 서울독립영화제, 2022, 17~18쪽. 홍
기선 또한 "내가 그때 〈엑스트라의 비애〉라는 것을 써 가지고 갔는데, 장길수 감독이 연출이었
고, 길수 형이 시나리오를 이상하게 자꾸 바꿔서, 그걸로 안 찍고 길수 형이 다른 것으로 몰래
찍었지"라고 증언한 적이 있다. 《매혹의 기억, 독립영화》, 186쪽. 〈엑스트라의 비애〉는 1980
년에 얄라셩에서 만들어진 단편영화의 제목이기도 한데, 필름은 현재 남아 있지 않지만 기록
에 따르면 망을 보는 소매치기를 주인공으로 한 작품이다. 문원립이 소장하고 있던 자료들 가
운데는 '동서영화연구회 제1회 작품'이라는 표기와 함께 '시나리오 홍기선, 연출 장길수'라고
적힌 〈겨울의 그늘〉 시나리오(국립아시아문화전당 기증본)가 있다. 이 시나리오는 망을 보는 소
매치기를 주인공으로 하고 있다. 하지만 홍기선의 시나리오 〈겨울의 그늘〉과 단편영화 〈엑스
트라의 비애〉 사이의 관계는 분명하지 않다. 〈엑스트라의 비애〉가 다른 얄라셩 작품들인 〈이층
침대〉, 〈음악이〉와 함께 1981년 1월 9일 독일문화원 내 동서영화연구회 서클룸에서 상영되
었을 때의 반응을 타자기로 정리한 기록(문원립의 국립아시아문화전당 기증본)은 남아 있다. "코
믹 활동 영화이다. 애니메이션 인상적. 구성 면에서 뛰어났고 소재도 참신했으나 두 개의 독
백으로서 영화를 이끌어 갔다. 다른 영화적 수단을 사용했어야 하지 않는지?"

어떤 경향 속에 머물러 있다. 열리지 않는 문이라는 모티프를 활용하되 이를 현실적 풍경에 접속한 서명수의 〈문〉(1983)과는 달리, 〈환상의 벽〉이 종래의 소형영화와 차별화되는 '작은영화'로서 당대의 청년들에게 수용될 수 없었던 것은 아마 그 때문이었을 터다.

1980년대 비제도권 영화운동의 흐름을 살필 때에는 네트워크 또는 인맥의 형성 과정을 자칫 창작과 비평의 실제 성과로 오인하지 않도록 유의해야 한다.[3] 동서영화연구회의 《프레임 1/24》이나 워크숍 작품이 당대나 후대의 비평과 창작에 미친 담론적·미학적 영향은 거의 없다. 《프레임 1/24》에 대해 이효인은 이 "조그만 잡지는 지극히 미미한 영향력에도 불구하고 《열린 영화》, 《레디고》, 《민족영화》, 《영화언어》까지 이어지는 씨앗이 되었다"[4]고 평하기도 하지만, 정확히 말하자면 이 잡지를 둘러싸고 형성된 인맥이 이후 1980년대에 창간된 다른 잡지들의 편집진이나 필진으로 이어졌을 뿐 특별히 어떤 비평적 성과가 계승된 것은 아니다. 동서영화연구회의 워크숍과 관련해서도 작품 자체보다 거기에 참여한 구성원들이 누구였는지를 눈여겨볼 필요가 있다. 당시 워크숍에 참여한 이들의 명단을 보면 전양준, '영화학도'라 되어 있는 장길수, 유현목 감독의 제자로 동국대 연극영화과에 재학 중이던 이공희, 서울대 미학과에 재학 중이던 신철을 비롯해, 서울대 공대생들로 이루어진 초기 얄라셩 회원들(김동빈·김영대·문원립·이진홍·천인국·홍기선), 그리고 서울예전 영화과 1학년 학생들(3명)과 숙명여대 공예과 4학년 학생들(4명)이 올라 있다.[5] 1980년대 비제도권 영화운동의 초기 형성사를 검토하다 보면, 이들 가운

1984년 2월 프랑스문화원 앞 카페 '다원'에서 모임을 갖고 있는 서울영화집단 회원들. 왼쪽부터 차례대로 김인수, 송능한, 황규덕, 홍기선 등. ※ 김인수 기증 자료.

데 몇몇의 이름이 주요 행위자로 거듭 등장함을 보게 된다. 동서영화연구회 회원들은 1981년 초 무렵부터는 얄라셩이 학내 정식 서클로 등록한 1980년 이후에 회원으로 가입한 이들(김인수 · 박광수 · 송능한 · 황규덕 등)과도 빈번히 교류하게 된다.[*]

독일문화원과 더불어 1970년대부터 시네필들의 거점 가운데 하나였던 프랑스문화원의 활동에도 주목할 필요가 있다. 특히 1971년부터 1988년까지 이곳에서 영사기사로 활동했던 박건섭이

[*] 박광수에 따르면, 그는 김홍준이 촬영을 맡고 그가 감독, 각본, 주연을 맡은 〈이층침대〉가 1981년 1월 9일에 독일문화원에서 상영되었을 당시 동서영화연구회 회원들(강한섭 · 신철 · 안동규 · 장길수 · 전양준 · 정성일 · 한상준 · 황철민 등)을 처음으로 만났다고 한다. 그는 1980년 2학기에 얄라셩에 가입해 활동했다. (2020년 11월 10일 필자와의 인터뷰. 이 인터뷰의 일부는 https://vimeo.com/492295656에서 확인할 수 있다.)

1982년 9월 5일부터 시작해 매주 토요일 6시에 진행한 토요 단편 프로그램은 한국과 외국의 단편영화를 엄선해 상영하면서 영화청년들의 관심을 모았다.[**] 단편이라 해도 제도권 바깥에서 영화를 만드는 일이 쉽지는 않던 때라 대학 영화과 학생들의 작품이 주를 이룰 수밖에 없었지만, 일회성의 발표회에 그치지 않고 단편영화를 꾸준히 소개하며 작품에 관한 토론을 유도하는 안정적 플랫폼 역할을 했다는 점에서, 토요 단편은 오늘날에 보편화된 독립영화 프로그래밍의 진정한 기원이라 해도 과언이 아닐 것이다. 또한 매년 한 편의 최우수작을 선정해 문화원장이 시상을 하기도 했는데, 첫 수상작은 장길수가 청년영상연구회(김창화 · 신승수 · 이세민 · 이황림 등)에서 만든 〈강의 남쪽〉(1980)으로 은마아파트 공사 현장 인근의 판잣집에 사는 빈민들에 관한 극영화다. 같은 해에 세상에 나온 이장호의 상업영화 〈바람불어 좋은날〉(1980)과 더불어 이 단

[**] 1980년대 비제도권 영화운동의 주요 행위자나 기관과 단체에만 집중하다 보면 잘 눈에 띄지 않을 수도 있는 박건섭(1948~2022)은 당대의 비제도권 인맥과 네트워크가 1990년대와 21세기를 거치면서 어떻게 산업과 제도 한복판으로 스며들어 확장되었는지 보여 주는 전형적인 사례라는 점에서 특별히 사회학적 주목의 대상이 될 법한 인물이다. 1988년에 프랑스 문화원을 나온 이후 그는 문화원에서 교류했던 청년들이 제도권으로 진출해 영화감독이 되어 연출한 작품들을 기획하거나 제작했다. 1990년대 초반 작품 중에서만 꼽아 보자면 박광수의 〈베를린 리포트〉(1991)와 〈그 섬에 가고 싶다〉(1993), 장길수의 〈은마는 오지 않는다〉(1991), 홍기선의 〈가슴에 돋는 칼로 슬픔을 자르고〉(1992) 등이다. 특히 신철이 1988년에 창립한 영화사 신씨네의 제작이사로 있기도 했던 그는, 21세기 초입의 히트작 곽재용의 〈엽기적인 그녀〉(2001)를 제작하기도 했다. 곽재용이 경희대 물리학과 재학 당시 만든 단편인 〈변신〉(1984)과 〈무제〉(1984), 그리고 〈선생님 그리기〉(1985)는 모두 토요 단편을 통해 상영되었다. 신철이 2018년에 부천국제판타스틱영화제 집행위원장으로 임명되고 얼마 후, 박건섭은 이 영화제의 부조직위원장으로 임명되었다. 장길수는 그에 대해 "우리의 멘토 … (프랑스 문화원에서) 시네클럽을 이끌며 프로그램도 짜고 사람들도 관리하면서 꽤 오랫동안 영화 상영을 했죠"라고 술회하기도 했다. 《다시 만난 독립영화 Vol.5》, 14쪽.

편은 당시 비제도권에서 대안적 영화제작을 모색하던 청년들에게
가장 폭넓게 수용되었던 영화로, 당시 갓 개발되고 있던 서울의
거친 풍경을 화면에 (포착했다기보다는) 넉넉히 수용한 다큐멘터
리적 접근 덕분에 오늘날까지도 '작은 고전'으로 남게 되었다.

토요 단편 프로그램이 시작되기 6개월 전인 1982년 3월, 얄라
성 영화연구회 출신들을 주축으로 서울영화집단이 결성된다. 그
들은 공동창작 방식을 취한 다큐멘터리 〈판놀이 아리랑〉(1982)을
시작으로 일련의 8밀리 영화들을 내놓는 한편, 새로운 영화를 모
색했던 해외의 역사적 사례들을 소개하고 새로운 한국영화의 가
능성을 타진하는《새로운 영화를 위하여》(1983) 같은 책을 엮기도
했다.˙ 1980년대 비제도권 영화운동의 "선두 주자"로 꼽히곤 하는
서울영화집단은 당대부터 이미 "기존의 현실도피적이고, 개인취
향적인, 큰 영화를 위한 연습과정으로서의 단편영화를 철저히 거
부하고 민중영화를 주장했으며, 이에 대한 실천적 방법으로 공동

˙ 1979년부터 모여 활동한 얄라성 초창기 회원 3인(김동빈·문원립·홍기선) 가운데 김동빈과 홍
기선은 군복무로 인해 서울영화집단 창립 당시에는 합류하지 못했다. 홍기선은 1982년 후반
에, 김동빈은 1984년 중반에 합류했다. 다만, 문원립은 초기부터 합류해 〈판놀이 아리랑〉을
공동으로 작업할 당시 김홍준, 박광수, 황규덕 등과 함께 촬영에 참여했다. 서울영화집단 초기
의 회원들로는 이들 외에도 송능한과 김인수 등 아직 재학 중인 얄라성 회원들도 있었고, 서
울대 재학 중이나 얄라성 회원은 아니었던 김대호 등도 있었다. 달시 파켓은 영어권에서 출간
된 한국영화에 관한 책에서 장선우를 서울영화집단 회원 중 하나로 언급했는데, 이는 서울영
화집단의 편저 《새로운 영화를 위하여》에 장선우의 글 두 편이 (재)수록된 것에서 잘못 추론
한 결과로 보인다. Darcy Paquet, 《New Korean Cinema: Breaking the Waves》, Wallflower
Press, 2009, p. 16. 김홍준(2020년 11월 10일 필자와의 인터뷰)에 따르면 1971년에 창립된 서
울대 민속가면극연구회 출신인 장선우(71학번)는 분명 서울영화집단과 교류가 있었지만 굳이
말하자면 '명예회원'이었다. 당시 그는 이장호의 〈그들은 태양을 쏘았다〉(1981)의 연출부로 출
발해 충무로 영화계에서 활동하고 있었다.

제작방법을 채택했다"[6]고 평가되었고, 이후로는 작품들을 실제로 접할 기회가 점점 사라지면서 이런 평가는 말들과 글들을 거치며 신화화되고 전설화되어 오늘날까지 이어져 왔다. 하지만 이것이 일종의 자평이기도 했다는 점, 그리고 서울영화집단 결성 초기(1982~1983)에 제작된 영화들의 성과를 다소 과장하는 한편, 구성원들이 이론적으로 모색한 새로운 영화와 실제 창작물 사이의 간극을 잠시 (전술적으로) 제쳐 둔 논평이라는 점을 놓쳐서는 안 된다. 또한, 서울영화집단이 제작한 영화 대부분을 이제는 실제로 볼 수 있게 되었으므로, 앞으로는 무용담과 선언문 또는 회고와 인용에서 영화 자체로 눈을 돌릴 필요도 있다.[7]

몇 가지만 짚어 보면 다음과 같다. 전양준이 쓴 앞의 논평은 '작은영화란 무엇인가'를 주제로 내건 《열린 영화》 창간호(1984년 12월 28일 발행) 첫머리에 실렸던 것인데, 여기에는 이미 동서영화연구회 시절부터 교류했던 전양준, 정성일, 홍기선을 비롯해 김인수, 황규덕 등 얄라성에서 활동한 서울영화집단 회원들이 편집인 또는 필자로 참여했다. 한편, 황규덕의 〈전야제〉(1982) 등 서울영화집단의 극영화들은 토요 단편 프로그램에서 영화과 학생들이 만든 단편영화들과 함께 편성되어 상영되기도 했다.[8] 박광수의 〈장님의 거리〉(1982)는 그가 바로 직전에 얄라성에서 만든 〈그들도 우리처럼〉(1982)과 유사하게 사회적 소재를 가볍게 희극적으로 건드린 영화로, 당시 비제도권에서 모색하던 민중영화보다는 몇 년 후 박광수가 상업영화 데뷔작으로 내놓은 〈칠수와 만수〉(1988)로 대표되는 '코리안 뉴웨이브', 즉 제도권 내의 비판적 스타일에

Court = Métrage

Chaque Samedi à 17h30 ,projection
alternance de courts-métrages coré
et français.

토 요 단편 영화 : 토요일 17

뗌레뗴끄실에서 매주 토요일 오후 5시30분에 진행 되었던 "토요 단편 영
가 지난 8월 마지막 토요일로 1주년을 보냈다. 작년 (1982년) 9월 3일,
토요일에, 알베르 라모리스 (Albert LAMORISSE) 감독의 빨간 풍선 (Le b
rouge)으로 시작되어 8월 27일 까지 44회에 걸쳐서 프랑스 단편 영
53편, 한국 단편 영화 29편, 그리고 미국 등의 기타 3편, 총85편의 단편
화가 상영 되었다. 지난 1년중에 발표된 한국단편 영화중에서 가장 우수
작품을 선정하여 기념 하기로 했는데 많은 우수한 작품중에서 1983년 2
에 발표 되었던 장길수 연출의 "강의 남쪽" ( )이 선
되었다. 우리 사회의 구석진 자리에서 잡초처럼 살아가는 사람들의 생명
표사한 이 작품은 공사장 인부의 남편과 선술집 주모인 부인 사이에 항
어지고 그리고 해결 되어지는 모습을 욕심없이 담은 14분짜리 흑백 영화
소재의 선택과 단편 영화의 특성을 잘살린 작품 이 었기에 선정 되었다.
장 길 수씨의 분발을 기대해 보며 많은 영화인들의 관심 속에 "토요 단
영화" 가 계속 발전 되기를 기대해 본다.

Cinéma

Tous les jours 4 séances de 12h à 20 h

월요일 - 토요일 : 12시부허 20시까지.

Cinéma = Dimanche

: Séances à 13h ,15h et 17h

일요일 영화상영 :13시,15시,17시.

Ciné = Club

Chaque Jeudi à 18h et 20h pour les adhérents

목요일 씨네크럽 : 18시, 20시.

Cinémathèque

Chaque Mardi à 18h pour les professionne
du cinéma

씨네마떼크 : 화요일 18시.

■■■
■ Ce troisième numéro de la GAZETTE a été réalisé avec la collaboration de :
P. MAURUS,D. DODANE,CHIN Mi Sun,CHUN Hye Kyung,CHOI Jae Won , M. MAURUS
LEE Jin Na , YI Eun Jeong

- 20 -

프랑스문화원에서 발간한 정기간행물《Gazette du Cinema》1983년 12월호에 실린 '토요 단
편' 운영 안내 페이지. ※ 박건섭 기증 자료.

좀 더 가깝다. 근근이 살아가는 두 명의 젊은 강도가 등장하는 〈생활〉(1983)은 사회 하층민들에 대한 홍기선의 꾸준한 관심이 엿보이는 작품으로, 극영화적 연출은 서툴기 짝이 없지만 도시 이곳저곳의 풍경이 생생히 다큐멘터리적으로 드러나는 몇몇 풍경 숏들은 기억에 남는다.* 이 점에서 이 영화가 지닌 미덕은 〈강의 남쪽〉의 그것과 일맥상통한다.

1984년 2월에 전라남도 구례의 농민들과 함께 제작한 홍기선의 〈수리세〉를 대략 기점으로 하는 서울영화집단의 두 번째 시기 (1984~1986)는 공동작업을 방법론으로 취하는 영화소집단운동에 대한 모색이 가장 집중적으로 이루어졌던 때다. 제3세계 영화운동과 영화소집단에 초점을 맞춘 두 번째 책 《영화운동론》(1985)을 엮어서 펴낸 것도 이 시기다. 알라성의 〈국풍〉(1981)과 서울영화집단의 〈판놀이 아리랑〉에서 선구적으로 시도되었던 다큐멘터리 양식을 진정 흥미로운 정치적 팸플릿으로까지 밀고 나간 〈수리세〉는 한국 독립 다큐멘터리 초기의 역사에서 중요하게 평가되어야 할 작품이다. 제작의 계기가 되었던 농민들의 수세(농지개량조합비) 현물납부 투쟁은 촬영 당시 이미 끝난 뒤였지만, 제작진은 "농민들과의 공동작업을 통해서 운동을 재구성"하여 "주민들의 직접 출연

---

* 홍기선이 영등포농산물시장(영일시장)의 일당 잡역부로 등장하는 미확인 8밀리 영화에는 당대 서민들의 생활 공간 풍경이 〈생활〉보다 훨씬 더 풍부하게 담겨 있다. 연출자도 제목도 확인되지 않는 이 작품은 서울영화집단의 미완성 작업 가운데 하나로 추정된다. 현재는 한국영상자료원에 보존되어 있다. 한편, 박광수(2020년 11월 10일 필자와의 인터뷰)에 따르면 1983년 6월 30일부터 11월 14일까지 KBS를 통해 138일 동안 〈이산가족을 찾습니다〉라는 생방송으로 진행되어 전 국민적인 관심을 모았던 이산가족찾기 현장인 여의도에서 서울영화집단 회원들이 8밀리로 촬영한 것도 있었다. 하지만 이 필름은 현재 전해지지 않는다.

에 의해 지나간 사건을 다큐멘터리화"하는 방법을 취했다.' 하지만 철공소 노동자, 미용실 보조원, 레스토랑 웨이터로 일하는 도시 하층민들을 주인공으로 삼은 김동빈의 〈그 여름〉(1984)은 오히려 서울영화집단의 초기 영화들을 떠올리게 하며 이 시기의 방법론적 모색과는 다소 거리가 있는 결과물이었다. 의미심장하게도, 1984년 9월에 신촌의 우리마당에서 이루어진 서울영화집단의 첫 번째 작품발표회에서는 비회원이었던 '반쪽이' 최정현의 애니메이션 〈상흔〉(1984)과 더불어 〈수리세〉와 〈그 여름〉만 상영되었다. 이것을 어떻게 이해해야 할까?

작은영화를 둘러싼 물음들

분명 무언가 변화하고 있었다.《영화운동론》에서 논하고 있는 영화소집단 공동작업의 사례를 봐도, 1980년대 학번들 위주로 구성된 얄라셩 2세대가 1984년에 내놓은 작업들—〈불청객〉, 〈얼어붙은 땀방울〉, 〈민주화투쟁 25년〉, 〈이 땅의 갈릴리 사람들〉—"과 더

---

* 홍만, 〈영화소집단운동〉, 224쪽. 하지만 홍기선 자신은 〈수리세〉를 실패작으로 간주하면서 "다큐멘터리 형식으로서 사건의 재현이 치열한 현장감을 제시하지 못하고 있다고 보았다(같은 글, 224~225쪽). 훗날에도 그는 "싸울 때 내려가지 못하고 다 끝난 다음에 재현 다큐멘터리를 한거야. … 싸움을 할 때 현장에 없어서 작품이 좀 그렇지"라며 아쉬움을 표했다. 《매혹의 기억, 독립영화》, 188쪽. 홍기선이 여기서 '재현'이라고 한 것은, 정확히 말하자면 사건 당사자가 사건을 '재연reenactment'한 것을 가리킨다.

** 이 가운데 현재 실체를 확인할 수 있는 작품은 한 편도 없다. 〈불청객〉은 한국의 대미종속 문제를, 〈얼어붙은 땀방울〉은 노동자의 삶을 다룬 극영화였다고 한다. 특히, 민주화운동의 역사

불어 분석되는 서울영화집단의 작업은 〈수리세〉와 〈그 여름〉뿐이다. 정확히 시기를 특정하기는 어렵지만, 1970년대 중후반 학번으로 독일문화원이나 프랑스문화원에서 영화적 교양을 쌓고 개인적 영화제작이나 비평 및 이론 활동을 모색하다가 광주민주화운동이라는 사건을 맞이한 세대는 1980년대 중반 무렵이면 대부분 각자의 방식으로 제도권으로 진출하거나 진출을 위한 발판을 모색하기 시작한다. 여기서 개인들 각각의 궤적을 일일이 살피기는 불가능하므로, 81학번이면서 얄라셩 2세대를 대표하는 인물로 노동자뉴스제작단 대표를 거쳐 국내 최초의 공공미디어센터인 미디액트 소장으로도 활동한 김명준의 논평을 보기로 하자. 이 논평은 비단 특정 서클이나 집단의 이전 세대만이 아니라 이른바 '문화원 세대'에 대한 것이라고 해도 무리가 없다. "이 시기의 진출은 … 영화산업의 자본주의적 재편의 초기 과정에 일조하게 되며, 이들은 감독, 비평가, 영화제 프로그래머 등의 위치를 점하며 영화산업의 자본주의적 합리화 및 부분적인 민주적 공간의 창출 과정에서 주도적인 역할을 하게 된다."[***]

를 사진·자료·보도기사 및 실제 기록 필름과 결합해 재구성했다고 하는 〈민주화투쟁 25년〉은 유사한 기법이 〈수리세〉에도 활용되었기에 눈길을 끈다. 방배동 철거민들의 투쟁을 기록했다는 다큐멘터리 〈이 땅의 갈릴리 사람들〉은 상계동 철거민들의 투쟁을 담은 김동원의 〈상계동 올림픽〉(1988)과의 연관을 궁금하게 만든다. 적어도 이 얄라셩 2세대 작품들의 주제와 소재가 대략 1987년 이후 다양하게 출현하는 여러 영화운동의 성과들과 분명히 맞닿아 있음은 확인할 수 있다. 이 작품들에 대한 정보는 다음을 참고. 홍만, 《영화소집단운동》, 220~226쪽.

[***] 김명준, 〈1980년대 이후 진보적 영화운동의 전개과정〉, 《영화운동의 역사: 구경거리에서 해방의 무기로》, 진보적 미디어운동 연구센터 프리즘 엮음, 서울출판미디어, 2002, 418쪽. 한편, 김명준은 자신이 속하는 세대, 흔히 '86세대'라 불리는 비제도권 영화인들의 제도권 진출(즉, '두 번째 진출')에 대해서도 2013년에 다음과 같이 말한 바 있다. "30년 넘게 세월이 흘러

서울영화집단의 첫 발표회가 있기 2개월 전, 1984년 7월 7일부터 8일까지 이틀 동안 국립극장 실험무대에서는 1980년대 비제도권 영화인들의 공식적 결집을 상징하는 상영회가 열린다. 사실 당시의 홍보물이나 자료집에는 영화제 이름이 명시되어 있지 않으나 이후로 '작은영화제'라고 불린 이 행사는 정확히는 '작은 영화를 지키고 싶습니다!'를 슬로건으로 내건 16/8밀리 단편영화 발표회였다. 당시의 자료집을 보면 '모두가 함께' 준비했다는 이 행사에 참여한 46인의 명단과 그들의 소속이 적혀 있어 여기서 1970년대 말부터 형성된 어떤 흐름들이 일시적으로 합류하고 있었는지를 추정해 볼 수 있다.[9] 먼저, 자료집에는 감독 또는 조감독이라고만 적혀 있지만, 신승수·이세민·장길수는 1979년에 결성된 청년영상연구회 출신이다. 동서영화연구회 출신들로는 강한섭·노인화·송미혜·신철·안동규·이덕신·전양준·정성일·한상준·현창석이 올라 있으며, 몇몇은 (《프레임 1/24》 발간에 참여했음을 뜻하는) '프레임동인'이라고만 표기해 출신이 다른 것처럼

현재 도달한 각자의 위치를 생각해 보면 좀 재미있는 것 같아. 특히 1990년대 초반에 동구권 사회주의의 몰락으로 지식인 운동이 붕괴되면서 같이 활동하던 사람들이 싹 다 빠져나가게 됐는데, 그렇게 한동안 침체기를 겪다가 1995년쯤부터 영화운동 하던 사람들이 문화산업 쪽으로 대거 이동을 시작했지. 물론 개중엔 벤처기업을 한다든지 정치권으로 간다든지 심지어 다단계(!)사업을 벌인 사람도 있었지만, 기존 활동의 연장을 꾀한 친구들 중 많은 수는 당시에 충무로로 진출했고, 지금 한국영화산업의 힘 있는 존재로 성장한 경우가 많았어. 나는 이런 상황이 기록되고 분석될 필요가 있다고 보는데, 그 세대들의 활약이 지금도 연장선에 있기 때문에 더 그렇지. 한국의 영화산업이 어떻게 자본주의적 재편의 과정 속에 있었고 1980년대 운동권과 어떻게 연결되었는지, 그리고 이러한 인적 구성이 주류 영화계 내부에 일정한 비판의 흐름들을 만들어 내는 데 어떤 역할을 했는지 연구해 볼 필요가 있을 거야." 〈미디어운동, 10년을 논하다: (2) 미디어센터〉, 《ACT!》 83호, https://actmediact.tistory.com/77

'작은 영화를 지키고 싶습니다!' 16밀리 단편영화 발표회 포스터.

보이게도 했다. 알라셩에서부터 함께한 서울영화집단 출신으로
는 문원립·홍기선·황규덕이 있는데, 이 가운데 황규덕은 그해
에 문을 연 한국영화아카데미 1기생으로 입학한 상태여서인지 소
속이 영화아카데미로 되어 있다. 총 12명이 선발되었던 아카데미
1기생 중에서는 황규덕을 비롯해 김소영·김의석·오병철·유지
나·이용배·임종재·장주식 등 8명이 참여했다. 한편, 프랑스문
화원에서 토요 단편을 운영하던 박건섭도 명단에 올라 있다.

눈길을 끄는 것은 김석훈·김홍수·문명희·정성헌·정홍순·
한정석 등 6인의 소속 기관으로 기재된 영화마당 우리다. 작은영
화제 몇 개월 전에 결성된 이곳은 기관이나 대학 바깥에서 8밀리
필름 제작 워크숍을 제공하는 비제도권 교육과정으로 기획되었

다. 작은영화제가 끝나고 6개월 뒤 진행된 첫 워크숍에서 강의는 서울영화집단이 담당하고 영화마당 우리가 조교 업무를 맡았는데, 33명이 수료한 이 워크숍으로 "대학 영화운동의 맹아가 형성"되었고 1985년 이후 "서울의 주요대학 영화써클의 설립을 주도"한 이들도 생겨났다.[10] 1984년에 시행된 학원자율화 조치로 대학 서클이 허가제에서 등록제로 활동할 수 있게 된 것도 이런 열기의 조성에 영향을 미쳤다. 이후 1987년 5월 24일에는 13개 대학의 영화서클이 모여 대학영화연합이 발족하기에 이른다. 1988년에 대학영화연합은 각 대학에서 민족영화제를 개최하며 민족영화라는 이 시기의 가장 문제적인 개념을 공식적으로 수용한다.* 그리고 대

---

* 1989년에 이효인은 "'민족영화'라는 용어는 1988년에 '민족영화제'라는 이름으로 개최된 대학영화써클(대학영화연합)의 영화 선전 포스터에서 처음으로 등장"했다고 기술했고, 이는 서울영상집단이 1996년에 펴내어 현재까지도 독립영화사 기술의 기본서로 쓰이고 있는 《변방에서 중심으로: 한국 독립영화의 역사》(시각과언어, 32쪽)에 출처가 불분명하게 옮겨져 있기도 하다. 이효인, 〈민족영화의 당면과제와 임무〉, 《민족영화 1》, 도서출판 친구, 1989, 13~14쪽. 실제로 대학영화연합은 1988년 5월에 《민족영화》라는 무크지를 창간하기도 했다. 하지만 필자가 자료들을 확인해 본 바에 따르면, 이효인의 기술에는 오해의 소지가 있다. 1980년대 후반 영화운동론의 맥락에서 쓰인 '민족영화'라는 용어는 얄라셩 영화연구회가 1987년 3월에 발간한 무크지 《영상과 현실》 창간호에 이미 등장하고 있다. 이 무크지 맨 앞에 실린 조동수의 서문은 "민족영화의 창조라는 이 시대의 선언적 요청은 우리에게 많은 고민거리를 던져 준다"는 말로 시작한다. 《영상과 현실》 창간호, 1987, 2쪽. 얄라셩도 참여한 대학영화연합이 발족한 것은 이 무크지가 나오고 2개월 후이며, 민족영화제가 열린 것은 그 다음 해다. 그런가 하면 1990년에 발간된 《영상과 현실》 5호에 실린 이경운의 글에는 《영상과 현실》 창간호가 "최초로 민족영화라는 용어를 사용하며, 한국영화의 역사 속에서 영화운동을 재정립하려 했"다는 주장이 있기도 하다. 더불어 그는 "얄라셩에서 제기된 민족영화론은 구체적인 전술 논의가 사상된 추상적인 방향성에 불과"했다며 비판을 가한다. 이경운, 〈'80년대 영화예술운동에 관한 몇가지 검토: 얄라셩 역사를 중심으로〉, 《영상과 현실》 5호, 1990, 43쪽. 하지만 대학 서클의 무크지인 《영상과 현실》의 유통 경로는 매우 제한적이었을 터이므로 민족영화라는 용어가 대학영화연합의 민족영화제를 통해 '공식화'된 것이라고 하면 오해의 소지가 없을 것이다. 참고로, 1987년부터 1990년까지 발행된 《영상과 현실》 창간호부터 5호까지는 필자가 개인적으로 보관해 오던 것을 2022년에 한국영상자료원에 기증하였다.

학 영화운동의 행위자들 가운데 일부가 자신들의 역량을 결집해 장편영화를 만들기로 뜻을 모으면서 〈오! 꿈의 나라〉(1989)와 〈파업전야〉(1990)를 제작한 장산곶매의 결성으로 이어진다.

작은영화제의 주축이 되었던 비제도권 영화운동의 첫 세대가 당시 갓 설립된 제도권 영화교육 과정(영화아카데미) 및 비제도권 영화교육 과정(영화마당 우리)의 인맥과 새로이 접속하고 있었음은 확실하다. 하지만 그 세대의 인물들 가운데 몇 년이 지나 대략 1987년을 기점으로 분출한 더 참여적이고 전투적인 영화운동의 현장에 남아 있었던 이는 사실상 거의 없었다. 어떤 면에서, 작은영화제는 1980년대 비제도권 영화의 '운동론적 단절' 지점을 가리킨다. 당시엔 누구에게도 분명치 않았겠지만, 그것은 누군가에게는 종결이었고 누군가에게는 시작이었다. 이러한 단절이 종종 잘 눈에 띄지 않는 이유는 무엇일까? 특히, 영화마당 우리의 워크숍 강사로도 활동했고 대학 영화운동의 새로운 행위자들과 어울리다 이후 장산곶매의 초대 대표를 지내기도 한 홍기선 같은 몇몇 예외적 존재는 우리에게 일종의 착시효과를 낳는다. 이 착시를 피하려면 어떻게 해야 할까? 잠정적인 제안이지만, 광주민주화운동을 기점으로 각각 그 이전과 이후에 대학에 입학한 두 세대를 구분한 다음 작은영화제와 영화마당 우리의 워크숍은 그들 사이에 아주 일시적으로 형성된 접면이라고 보는 것도 한 방법일 수 있다.

애초에 작은영화제는 당시 추진되고 있던 "영화법 개정에 즈음한 작은영화학도들의 만남"으로서 기획된 행사였다. 즉, 이 행사가 열린 것은 1984년 12월 31일 제5차 영화법이 개정 공포(발효는 1985년 7월 1일)되면서 영화제작업이 허가제에서 등록제로 변경되어 독립적인 영화제작이 가능해지기 직전이다. 행사는 꽤 주목을 끌어서 "여러 신문 기사를 보고 모여든 2,000여 명 정도의 관객이" 들었는데, "관객은 남성보다 여성이 다소 많았고, 20대가 대부분이었고 거의가 대학생이었다." 하지만 영화제에서 상영된 여섯 편의 단편—장길수의 〈강의 남쪽〉, 서명수의 〈문〉, 서울영화집단의 〈판놀이 아리랑〉과 〈전야제〉, 최사규의 〈승의 눈물〉(1983), 김의석의 〈천막도시〉(1983)—은 심사 과정을 거쳐 선정한 것들이기는 해도 영화제 기획자들이 염두에 둔 어떤 영화적 모델이기는커녕 그들 스스로 "일정한 지향성과 공통된 비전을 갖고 있다고 볼 수 없"다고 토로할 정도였다.[11] 무엇보다 작은영화는 영화제 성원들 사이에서조차 명확하게 규정된 개념이 아니었다. 상업적인 큰영화에 대한 대립 개념이자 1970년대 이후 통용되어 온 소형영화에 대한 대항 개념으로 다소 성급하게 구상했던 것이겠지만, 정작 '작은'이라는 표현이 함축하는 영화적 형식이 무엇인지를 상영작들로 예시하지는 못했던 셈이다. 굳이 추론해 보자면, 작은영화에서는 소형영화라는 말이 가리키는 포맷의 문제(35밀리 대 16/8밀리)를 넘어서는 비전의 제시가 관건이라 보았다고 할 수는 있겠다. 그런데 비전이 대체 무엇인가?

이 물음에 답하는 것은 영화제가 끝난 이후 행사 기획자들 일부가 다시 모여 '작은영화란 무엇인가'를 주제로 내걸고 1984년 12월에 발간한 《열린 영화》 창간호—이 잡지는 1985년 10월에 나온 4호를 마지막으로 중단되었다—의 몫으로 넘겨진다. 먼저, 전양준은 "광의의 작은영화는 현실을 비판적 시각으로 재해석하고 미래지향적 대안을 제시하는 열린영화"이며, "협의의 작은영화는 큰영화(35mm 영화)와 규격상으로 구별되는 16mm/8mm 영화"라고 정의한다.[12] 전자는 지나치게 외연이 넓어서 대항적이지 못하고, 후자는 지나치게 기술적이어서 상식적이다. 그런가 하면 그는 "'작은영화'는 '단편영화=대항영화'라는 기존의 개념을 한국식으로 붙인 용어에 불과"[13]하다고 하고, 정성일은 "작은영화의 핵심적 문제에 대한 가능성"은 "영화를 드러내 보이는 주체(시스템의 시니피에)와 프락시스(정치적인 동시에 경제적인)의 제로상태에 있는 영화를 구성하는 상황 주체(시스템의 시니피앙)를 일치시키는 것"[14]이라고 주장한다. 이런 요령부득의 구절들은 개념 정립을 시도하면서 필자들이 겪었을 고충을 가늠하기엔 유용하지만 작은영화라는 개념을 어떤 식으로도 구체화하지는 못하고 있다. 다소 성급하게 전술적으로 제안된 용어의 개념을 나중에 정립하려다 실패하는 이런 상황은 이후에도 반복된다. 이정하와 더불어 민족영화연구소(1988년 결성)를 이끌었던 이효인이 1980년대를 마감하며《민족영화》에 마련한 대담에서 "민족영화론 등이 일목요연하게 정리되어 밝혀진 바가 없다는 것은 사실"임을 인정하고 "민중영화냐, 민족영화냐 하는 것들에 얽매일 필요가 없이 논의를 진행할 필요가 있다"고 제안할 무렵에 이르러서야 이런 곤혹스러운 상황이 끝나게 된다.[15]

《열린 영화》나《민족영화》에 실린 글들의 결점과 한계는 지금에 와선 뚜렷해 보이지만, 서울영화집단이 엮은《새로운 영화를 위하여》와 《영화운동론》이 대부분 번역글의 소개에 치중하고 있던 것과 달리 당대 젊은 영화인들의 모색이 담긴 글들로 오롯이 채워졌다는 점에서 의의가 있다. 특히, 1982년부터 생겨나기 시작한 영화 소극장들을 어떻게 비제도권 영화들의 공개 창구로 활용할 것이며 이를 통해 어떻게 수익을 얻을 수 있을지를 모색한 이덕신의 〈소극장 시스템과 작은영화〉는 21세기 들어 본격화된 독립영화전용관의 모델을 일찌감치 제시했다는 점에서 눈길을 끈다. 문장에 거친 부분이 없지 않지만, 이 글의 다음과 같은 부분은 오늘날에도 시사하는 바가 있다. 소극장을 상영과 배급 장소로서만이 아니라 창작의 산실로 재정의하면서 신진 영화인 발굴의 거점으로 삼을 가능성을 타진하는 것도 흥미롭다.

영화청년 및 집단들에 의해 운영될 수 있는 … 전문 소극장은 각기 집단들이 자유롭게 제작, 상영할 수 있는 창구 역할을 하는 것이다. 그러기 위해 상영 방법의 목적을 위하여 시스템 자체의 제도적 장치에 대한 모색은 이루어져야 한다. 이는 기존 영화계 신인 등용의 통로 역할을 수행할 수도 있기 때문이다. 전문 소극장 설치와 운영을 자세히 살펴보면 시내 일정한 장소(대학인접지역)에 전문소극장(300석 이하)을 설치하여, 기존 영화인을(보조역할참여자 제외) 제외한 영화청년, 영화집단으[로] 영화를 기획하여, 16/8mm 컬러 및 흑백필름으로 1시간 내외의 작품들을 제작(600만 원내외)하도록 한다. 그리고 광고 및 판촉 등의 방법을 모색하여 관객을 끌어들이며, 작품 상영 후 관객들과 작품 품평회를 하는 방법들이 강구되어야 할 것이다. … 이러한 통로가 열리면 작은영화의 가치확산으로 참여 소집단이 증가될 것이고 관객들의 참여도 기대할 수 있다. 그리고 기존 영화제작 및 흥행사들은 이 통로를 통하여 신진 영화인(영화의 모든 분야)을 찾아내어 현 영화산업에 입문할 수 있는 방법이 가능하다. 소극장 설립은 영화진흥공사가 국내영화의 진흥적 차원이란 면에서 소극장 설립에 참여하여야 한다. 단 제작·상영의 독립성을 가져다주는 범위 내에서만이어야 한다.[16]

1980년대는 비제도권 영화제작 실천을 통해서뿐 아니라 이처럼 담론적 논의를 통해서도 새로운 영화가 모색되던 시기다. 이때 각각의 논객들은 종종 '~영화'라는 식으로 대안적 개념을 제출하거나 활용했지만, 대부분은 작은영화와 마찬가지로 의미가 지극히 모호한 기표에 지나지 않았다. 따라서 그런 기표 자체보다는 그 주위에서 펼쳐진 논의에 담긴 희미한 가능성에 주목해 오늘날의 맥락에서 시사하는 바를 읽어 내야 한다. 이런 점에서 이 시기에 나온 흥미로운 담론의 사례들을 간략히 언급하자면, 열린영화와 민중영화에 대한 장선우의 논의,[17] 영화소집단운동에 대한 홍기선의 논의,[18] 그리고 당대의 비제도권 영화운동과 일제강점기 좌익 영화운동의 연계를 선구적으로 타진해 본 김대호, 변재란, 이효인의 논의[19] 등이 있다.

장선우가 민중이란 "크고, 넓고, 너그럽다"는 다소 막연한 개념에 머물면서도 한편으론 "아무도 제어할 수 없는 격랑이며 폭풍"임을 감지했다면(〈민중영화의 모색〉), 이러한 관념적 민중의 형상은 1987년 이후 여러 비제도권 다큐멘터리들에서 진정 압도적인 타자로서 구체적으로 출현하는 노동계급의 형상으로 대치될 것이었다. "전시회장이 미술의 감옥소이듯이 영화관은 영화의 화장터이다"라고 선언하며 "영화는 대형 스크린에서 대형 장비를 통해 영화관에서 보아야 한다는 신화는 깨어져야 한다"고 주장한 홍기선은 이덕신과는 다른 방향에서 대안적 영화 상영 공간의 가능성을 타진한다(〈대학영화론〉). 1980년대 중후반에 나온 김대호, 변재란, 이효인의 연구는 이효인의 《한국영화역사강의 1》(1992)을 거쳐 카프의 영화 담론을 "비평과 연구, 운동의 접점"으로서 역사적으로 발굴, 재정위定位하게 된다.[20] 또한, 일본어로 번역된 것을 다시 한국어로 번역한 것이기는 해도 김정일의 〈영화예술론〉을 부분적으로나마 소개하면서 북한영화를 한국영화 담론 내부에 끌어들이려 시도한 이정하와 이효인의 편저 《북한영화의 이해》도 기억해 둘 필요가 있다.[21] 판권면의 정보대로라면 이 책은 1989년 3월 25일에 인쇄된 것인데, 바로 그날 전국민중민주운동연합의 문익환 목사 일행이 밀입국해 북한을 방문했고 대한민국은 다시 공안 정국으로 빨려 들어가며 요동쳤다.

끝나지 않는 투쟁, 혹은 저항의 비디오그램

1980년대 후반의 비제도권 영화운동에 관한 역사적 서술은 〈파업전야〉 상영을 위해 치렀던 공권력과의 투쟁—특히, 〈파업전야

〉탄압분쇄를 위한 공동투쟁위원회의 활동—과 이 영화가 비극장 공동체 상영으로 동원한 몇 십만에 이르는 관객 수를 언급하며 "80년대를 총정리하는 귀중한 성과"로 정리하는 것으로 마무리되곤 한다.[22] 이 작품의 영화적 수준에 대한 의문은 '그렇기는 하지만 ~한 점에서 의의가 크다'는 연대의 진술을 통해 우회되었다. 연대의 표명은 충분히 이해할 만한 일이지만, 1980년대 비제도권 영화운동이 대안적·대항적 형식의 극영화를 구성하는 과업에 결국 실패했다는 혹은 그러한 과업을 포기했다는 사실을 슬며시 감춘다는 점이 문제다. 과업을 포기한 몇몇 이들은 사업의 성과만을 들고 떠났다가 1990년대에 재편되기 시작한 한국영화산업의 주요 행위자로 재등장한다.

한국영화사에서 가장 초라했던 시기임에도, 오히려 이때 몇몇 충무로 감독들은 〈만다라〉(1981)와 〈길소뜸〉(1985)의 임권택이나 〈바보선언〉(1983)과 〈나그네는 길에서도 쉬지 않는다〉(1987)의 이장호처럼 고도로 형식(파괴)적인 걸작들을 내놓았고, 비제도권 영화운동의 초창기 세대들은 기꺼이 그들 문하에서 연출부로 경력을 쌓기 위해 충무로로 들어가기도 했다. 한편, 1989년 여름에는 충무로는 물론이고 그간의 비제도권 영화운동 진영과도 아무런 관계가 없었던 인물이 독불장군처럼 거의 혼자서 만든 극도로 개인적인 영화가 사람들을 놀라게 한다. 로카르노영화제에서 최우수작품상을 수상한 배용균의 데뷔작 〈달마가 동쪽으로 간 까닭은?〉이 그것이다. 이것은 그야말로 문자 그대로의 의미에서 독립영화였지만 (35밀리로 제작되었으므로) 작은영화는 아니었고, (민주적 · 민중적 · 민족적인 것을 지향하는 것도 아니란 점에서) 열린영화나 민중영화나 민족영화도 아니었다. 굳이 말하자면, 1980년대 제도권 및 비제도권 한국영화계의 아무것도 정리하지 않는 예외적 성과인 셈이다. 배용균의 이 걸출한 독립영화는 1980년대 독립영화의 역사를 집단들과 단체들을 중심으로 정리하다 보면 절대 드러나지 않는다. 하지만 1980년대 후반 비제도권 영화 담론을 대표했던 민족영화론 진영에서는 "영화계에 만연된 '달마증후군'을 척결"해야 한다고 주장하면서 "이 작품에서의 해탈의 추구는 현실의 철저한 회피로 … 지배 이데올로기의 역할을 충실히 수행하고 있"다는 전형적인 상투구로 대응했을 뿐이다.[23]

무엇보다, 기존의 비제도권 영화들에서 나타난 관념적 민중의 형상에 노동자 캐릭터를 단순히 덧씌운 극영화 〈파업전야〉에 대한 강조는 이 시기에 등장한 진정 대안적 · 대항적 흐름이라 할 비디오 다큐멘터리들의 귀중한 발견을 놓치게 만든다. 그것은 바로 고교 졸업자의 대학 진학률이 고작 30퍼센트 내외였던 시절에 주로 서울 지역의 대학생들로 구성되었던 비제도권 영화인들의 관념 속에는 존재하지 않았던 진정 강력한 타자로서 노동계급의 형상이다. 박종철 고문치사 사건, 최루탄 피격으로 인한 이한열 사망 사건이 6월항쟁으로까지 이어졌던 1987년, 그해 7월부터 9월까지 벌어진 노동자대투쟁은 중요한 계기가 되었다. 가령, 1989년에 결성되어 현재까지 활동을 이어 오고 있는 노동자뉴스제작단의 배인정은 "88년도 12월에 전국노동자대회가 있었고, 저희가 그때 처음으로 8밀리 비디오카메라를 사용해서 그 현장을 기록했는

1988년 12월 전국노동자대회를 비디오카메라로 기록한 노동자뉴스제작단의 〈노동자뉴스 1호〉
의 한 장면.

데, 그날의 충격은 정말 대단했었습니다. 현장에서 몇 시간씩 기
록을 하고 저녁에 바로 그 영상을 확인할 수 있었기 때문입니다.
필름은 그렇지 못하잖아요"라고 말한다.[24] 다만, 1980년대 후반
의 비디오 다큐멘터리들에서 종종 이러한 충격이 집회 현장을 촬
영한 영상들과 대의를 말하는 내레이션 및 인터뷰 영상들의 나열
로 환원되고 만 것은 아쉬운 부분이다. 이러한 양식은 장산곶매의
〈87에서 89로 전진하는 노동자〉(1989) 같은 16밀리 다큐멘터리에
도 (재)수용될 만큼 비디오의 매체적 잠재력을 전혀 살리지 못한
것이었다.

　하지만 카메라가 돌아가는 동안 예기치 않게 포착되는, 그 자체
로는 어떤 대의와도 무관해 보이지만 기묘하게 화면에 힘을 부여

하는 노동자의 형상을 어떻게 영화적으로 구성할 것인가 하는 문제와 씨름한 다큐멘터리도 있었다. 다만 그러한 힘은 적절히 영화적으로 구성되지 않으면 여타의 기록들과 더불어 흩어져 버리고 만다. 그대로 두면 조잡한 수준에서 머물고 잘못 매만지면 또다시 관념적 수준으로 떨어지는 이 형상과 부딪히는 과정에서, 이따금 당대의 비디오 다큐멘터리는 오래 기억에 남을 영화적 순간을 산출하기도 했다. 명확한 목적성을 띠고 주로 집단의 이름으로 제작되었던 이 시기의 다큐멘터리들을 짓누르는 상투적 구성—노동자들의 각성 내지는 더 강한 결집으로 상승하는 구조—에만 지나치게 집착하다 보면 이런 순간이 지닌 가치를 간과하게 된다.

가령, 민족영화연구소에서 제작된 이상인의 〈깡순이, 슈어프로덕츠 노동자〉(1989)의 도입부에는 집회 현장이 아닌 유사-일상적 공간에서 투쟁의 자리를 재발견하는 빛나는 장면이 있다. 오전인지 오후인지 알 수 없지만 2시 무렵을 가리키는 벽시계가 보인다. 카메라가 슬며시 미끄러져 내려오면 어둑어둑한 공간에서 몇 명의 여자들이 담요를 덮고 잠들어 있는 모습이 보인다. 그들은 왜 여기 있는 것일까? 그들은 이제야 잠든 것일까, 아니면 여태까지 자는 것일까? 내부가 추워서인지 두툼한 양말로 덮인 발 하나가 담요 바깥으로 삐져나와 있다. 연출자는 무언가 조심스러운 듯 그 쪽으로 직접 다가가지는 않고 줌으로 확대해 양말에 쓰인 글씨들을 보여 준다. 위장폐업…. 그때 누군가의 낮은 웃음소리가 들려오고 카메라가 고개를 들면 저쪽에선 또 누군가 기지개를 켜고 있다. 돌연 자명종이 울리고 불이 켜진다. 자리에서 일어난 여성 노

함께 이불을 덮고 잠을 자던 여성 노동자들이 잠에서 깨어나면 공장의 전경이 보이고, 이곳은 일상의 공간에서 투쟁의 장소가 된다. 사진은 〈깡순이, 슈어프로덕츠 노동자〉(민족영화연구소 제작, 이상인, 1989)의 한 장면.

동자 하나가 외투를 챙겨 입는 동안 카메라는 조용히 물러났다가 이내 그의 움직임을 따라간다. 여기저기서 도란도란 들리던 말소리가 점점 커지기 시작한다. 하지만 누구도 카메라와 그것을 들고 있는 자에게 신경을 쓰거나 눈길을 주는 이는 없다. 저쪽에선 몇 명이 모여 밥을 준비하고 있는 것이 어렴풋이 보인다. 이때 화면 밖에서 보이스오버로 들려오는 여성의 목소리. "새벽 6시…" 정말 이지 여기엔 저항이 움트는 모호한 시간의 아름다움이 있다.[*]

---

* 〈깡순이, 슈어프로덕츠 노동자〉는 이 시기에 민족영화연구소에서 제작된 보도물 유형의 작업들과는 다소 거리가 있는 작품이다. 이 작품을 연출한 이상인은 "이전까지 대학생 친구들만 있었지, 실제 노동자들의 삶을 본 적은 없었"다. 이 작품의 조감독으로 참여해 프로듀서 역

그렇다면 1980년대 후반의 비제도권 영화운동은 어떤 과정을 거쳐 비디오를 통해 노동계급이라는 타자와 대면하게 되었을까? 작품의 제목, 연출자나 제작집단의 이름으로만 따라가서는 여간해서 드러나지 않는 '정체불명'의 비디오(들)에 주목해 볼 필요가 있다. 그것은 바로 '광주 비디오'다. 다음의 글은 이 비디오가 어떤 과정을 통해 국내에서 처음 공개, 확산되었는지를 요약하고 있다.

독일의 ARD-NDR, 일본의 NHK, 미국의 CNN, 영국의 ITN 등 외국 방송에서 보도된 영상자료를 바탕으로 1985년까지 최소 4가지 버전의 '광주 비디오'가 제작되었다. 이 익명의 영상물들은 1985년 고려대학교 대학축제에서의 상영을 시작으로 전국 각지의 정치 집회와 대학행사, 그리고 교회와 성당 라인을 통해 일반인들에게 공개 상영되었고 엄청난 호응을 얻었다. 1986년 5월 명동성당에서 상영된 〈5월 그날이 다시 오면〉(다큐멘터리, 70분)은 하루 5회 상영에 매회당 수용 가능 인원 최대치인 500명의 관객이 몰려들었고 자리를 구하지 못해 돌아가는 사람도 많았다.[25]

박종철 열사에 관한 이정하의 다큐멘터리 〈우리는 너를 빼앗길 수 없다〉(1987)에서처럼 광주 비디오가 직접인용—비디오가 재생

할까지 맡았던 이창원은 다음과 같이 말한다. "과거에 거시적 작업들이 많았다면 저희는 … 그냥 학교 다니면서 만나 보지 못했던 사람들의 이야기라는 데 관심이 많았어요." 김형석 엮음, 《다시 만난 독립영화 Vol.3: 독립영화 아카이브 구술사 프로젝트》, 서울독립영화제, 2020, 101~102쪽.

되는 텔레비전 화면을 촬영해 보여 주는 식으로—되는 경우도 있었지만, 충격적인 비디오그램으로 재출현한 광주는 당대의 비제도권 영화운동의 행위자들에게 크게 두 가지 방식으로 영향을 미쳤을 것이다. 먼저, 이 사건을 시급하게 역사적으로 극화하는 것이 관건이 되었다. 광주민중항쟁을 다룬 초기의 장편 극영화들인 김태영의 〈황무지〉(1988)와 장산곶매의 〈오! 꿈의 나라〉는 이에 대한 응답이었을 터다. 전자는 병사로서 학살의 당사자가 되었던 이를, 후자는 학생으로서 저항의 당사자가 되었던 이를 각각 주인공으로 내세우고 있지만, 양쪽 모두 지극히 관념적으로 스테레오타입화된 민중들 사이에서 주인공이 무력하게 배회하는 광경을 따라가는 데 그친다. 결국 광주를 극화한다는 문제는 이후로도 (아마 현재까지도) 한국영화에 두고두고 숙제로 남게 된다. 그런가 하면, 비디오라는 매체의 파급력에 주목해 이를 주요한 영화운동 수단으로 끌어올 수 있으리라 생각한 이들도 있었다. 1986년 여름에 농민들의 작업을 도우며 그들과 함께 만든 〈파랑새〉를 끝으로 서울영화집단을 해체하고 그해 10월 18일에 서울영상집단으로 이름을 바꾸며 재결성했던 이들(김대호 · 배인정 · 변재란 · 이정하 · 이효인 · 홍기선)도 그중 하나였을 터다.[*] 하지만 결성된 지 한 달도 안 되어 수사기관의 조사를 받고 대표 홍기선과 총무 이효인이

---

[*] 서울영상집단 결성 당시 발간된 회보인 《영상집단》 창간호를 보면 집단의 활동이 스틸(사진), 슬라이드, 8밀리, 16밀리, 그리고 비디오 등 각종 영상을 활용해 이루어질 것이라고 되어 있다. 또한, 창간호에 첨부된 일반회원 모집 안내문을 보면 서울영상집단이 만든 비디오테이프의 염가 대여 및 구매를 특전으로 제공한다고 되어 있다.

구속되는 등 탄압을 겪으면서 집단은 와해되고 만다.

서울영화집단이 결성되기 열흘쯤 전인 1986년 10월 초의 어느 날, 빈민운동을 하던 신부의 요청으로 증거 자료를 채록하기 위해 비디오카메라를 들고 철거촌을 찾았던 서른한 살의 충무로 조감독에게 눈을 돌려 보자. 그는 거기서 경찰의 호위를 받으며 집을 부수고 있는 철거 용역들과 그것을 막으려고 몸부림치는 철거민들의 모습을 보았다. 이렇게 비디오를 든 한 사람은 강렬하게 자신의 눈으로 들이치는 타자와 만났다. 연배로는 얄라셩 초창기 회원들과 같은 또래로 일찍부터 이장호나 장선우의 조감독으로 활동하고 있던 그는, 그들 가운데 몇몇이 충무로로 향하고 있던 무렵에 이곳에 왔고 이후 철거민들과 함께 투쟁하며 거기 머문다. 그 파급력으로 비제도권 영화운동의 관심을 끌기 시작했던 비디오는 이렇게 해서 철거민의 형상으로 출현한 타자와 만나게 된다. 바로 김동원의 〈상계동 올림픽〉(1988)이다.

김동원은 말한다. "철거를 많이 하는 만큼 외부에서 많은 사람들이 왔고, 올 때마다 그 사람들에게 지금 상황을 설명해야 되는 거야. 신부님이 주로 그 일을 하셨는데 신부님이 너무 힘들어 보이셔서 내가 촬영한 것을 편집해 보여 주면 될 것 같다고 생각했지요. TV를 가져다 놓고 카메라 연결해서 말예요. 그래서 '상계동 철거'라는 제목으로 1부, 2부를 만들었어요. 사실은 매달 만들려고 했는데 그러지는 못하고, 1986년 초와 12월 말인가 한 번씩 만들었죠. 철거가 심할 때는 매달 만들었는데 1987년 들어가면서 좀 소강 상태였거든. 그건 다큐멘터리라고 할 수는 없고, 일종의 속보 같은 거였죠."[26] 흡사 광주 비디오처럼, 1986년부터 다른 버전의 비디오그램으로 현장과 대학가 등에서 상영되다 마침내 27분짜리 단편으로 완성된 이 작품은 1987년 이후의 모든 한국 다큐멘터리에 하나의 이정표가 된다. 〈상계동 올림픽〉은 스스로 말하지 않으면서 다른 이의 말을 취하고, 나아가 그 말과 결부된 타인의 시각 자체를 자신의 시각으로 삼는 가운데 신기하게도 작가가 드러나는 자유간접화법의 다큐멘터리다. 우리가 거듭해서 이 작품으로 돌아가야 하는 것도 바로 이 때문이다.

1 〈내일의 방화계를 이끌 주역을 찾아서〉,《영화잡지》201호, 1980년 5월호, 52~53쪽.

2 〈내일의 방화계를 이끌 주역을 찾아서〉, 52쪽. 이들은 모두 동서영화동우회 시절 3호까지 발행된《동서영화회보》에서 기자로 활동했던 이들이다.

3 이 시기의 비제도권 영화운동을 연구하는 이들이 종종 계보를 그려 보고자 하는 충동에 빠지곤 하는 것은 의미심장하다. 서울독립영화제가 독립영화 아카이브 구술사 프로젝트의 일환으로 2018년부터 발간하고 있는《다시 만난 독립영화》시리즈를 보면 2권, 4권, 그리고 5권 말미에 영화인들과 단체들의 계보도, 도표, 관계도가 수록되어 있다.

4 이효인, 〈한국 독립영화 2세대의 영화미학론〉,《영화연구》77호, 한국영화학회, 2018, 234쪽.

5 이 명단은 문원립이 소장하고 있던 〈겨울의 그늘〉 시나리오(국립아시아문화전당 기증본)에 첨부되어 있다. 한편, 장길수의 〈환상의 벽〉 크레디트를 보면 조명은 신철, 기록은 김영대, 진행은 이공희, 촬영과 연출은 장길수가 맡은 것으로 되어 있어 명단에 오른 이름들이 확인된다.

6 전양준, 〈작은 영화는 지금〉,《열린 영화》1호, 1984/85년 겨울호, 8쪽.

7 서울영화집단의 활동 시기(1982~1986)에 제작된 영화는 총 8편인데, 이 중 황규덕의 〈전야제〉(1982)와 김홍준의 〈출가〉(1982)를 제외하고는 모두 한국영상자료원이 수집, 보존하고 있다.

8 정확히는 1984년 3월 10일에 편성되어 상영되었다. 홍소라의 프랑스 사회과학고등연구원 2019년 박사학위논문에는 1983년 11월 5일부터 1985년 8월 31일까지의 토요 단편 프로그램 리스트가 부록으로 수록되어 있다. Hong Sora, 〈La génération des centres culturels (Munhwawonsedae) et la nouvelle vague du cinéma sud-coréen des années 1980‒1990〉, École des Hautes Études en Sciences Sociales Paris, 2019, pp. 329~331. 문원립(2020년 11월 20일 필자와의 인터뷰)은 자신이 연출한 〈결투〉(1982)가 당시 프랑스문화원에서 상영된 적이 있다고 증언했는데, 아마 토요 단편 프로그램이었을 것으로 추측된다.

9 이 자료집은 다음의 책에 부록으로 전재되어 있다. 낭희섭·윤중목 엮음,《독립영화워크숍, 그 30년을 말하다》, 목선재, 2015, 321~346쪽.

10 낭희섭·윤중목 엮음, 위의 책, 26~27쪽.

11 다음 글을 참고하여 정리하였다. 황규덕, 〈작은 영화를 지키고 싶습니다〉,《열린 영화》1호, 96~104쪽. 작은영화제에 참여한 당사자의 반성과 전망을 담은 이 글은 당시의 정황을 파악하는 데에 유용하다.

12 전양준, 〈작은 영화는 지금〉, 13쪽.

13 전양준, 위의 글, 12쪽.

14 정성일, 〈열림과 울림〉,《열린 영화》1호, 27쪽.

15 이용관·이정국·이정하·전양준·홍기선·이효인, 〈현단계 영화운동의 점검과 모색〉,

《민족영화 2》, 도서출판 친구, 1990, 22쪽.

16 이덕신, 〈소극장 시스템과 작은영화〉, 《열린 영화》 1호, 93~95쪽.

17 장선우의 〈열려진 영화를 위하여〉(《새로운 영화를 위하여》, 학민사, 1983)와 〈민중영화의 모색〉(《실천문학》 6호, 1985년 봄호)을 참고. 〈열려진 영화를 위하여〉는 원래 무크지 《공동체문화》(도서출판 공동체문화, 1983)에 실렸던 것을 《새로운 영화를 위하여》에 전재한 것이다.

18 홍기선이라는 본명으로 발표한 글로는 〈영화운동에 대해서〉(《한국문학의 현단계 III》, 백낙청·염무웅 엮음, 창작과비평사, 1984)와 〈영화소집단 활동의 의의〉(《열린 영화》 1호), 그리고 1985년 2월에 서울시립대 교지 《대학문화》에 실렸던 〈영화소집단운동의 향방〉이 있는데, 마지막 글은 2001년에 한국독립영화협회가 펴낸 《매혹의 기억, 독립영화》에 전재되어 있다. 이해영이라는 필명으로 발표한 글로는 〈대학영화론: 그 논의와 현황〉(《영화운동론》)과 〈영화운동의 방향에 대하여: 몇 가지 원론적 문제들〉(《레디고》, 이론과실천, 1986)이, 그리고 그의 필명 가운데 하나로 추정되는 홍만이라는 이름으로 발표한 글로는 〈영화소집단운동〉(《영화운동론》)이 있다.

19 김대호의 〈일제하 영화운동의 전개와 영화운동론〉(《창작과비평》 57호, 부정기간행물 1호, 1985)과 변재란의 〈1930년대 전후 프롤레타리아트의 영화활동 연구〉(중앙대 석사학위논문, 1989), 그리고 이효인의 〈제도권 영화와 운동권 영화 양립의 비판적 극복을 위하여 - 1930년대 카프 영화운동이 주는 교훈〉(《사상문예운동》 2호, 1989년 겨울호)을 참고.

20 이들의 선구적 논의에 관한 연구로는 다음을 참고. 전우형, 〈1980년대와 한국영화사 담론의 접촉지대〉, 《구보학보》 23집, 구보학회, 2019. 본문의 인용은 520쪽.

21 백지한 엮음, 《북한영화의 이해》, 도서출판 친구, 1989. 이효인에 따르면 백지한은 이정하와 이효인의 가명이다. 이는 백두산과 지리산과 한라산의 머릿글자를 따서 조합한 것이다. 이효인, 〈한국 독립영화 2세대의 영화미학론〉, 211쪽. 이 책이 나오고 나서 얼마 후, 1977년부터 1988년까지의 북한영화계 사정을 정리한 책이 영화진흥공사에서 발간했던 격월간 《영화》 125호(1989년 7월호)의 별책부록으로 나오기도 한다. 이는 12년 동안 《한국영화연감》에 수록되었던 자료들을 한데 묶은 것이다. 노재승, 《북한영화계 1977~1988》, 영화진흥공사, 1989.

22 서울영상집단 엮음, 《변방에서 중심으로: 한국 독립영화의 역사》, 41~42쪽.

23 김준종, 〈달마가 동쪽으로 간 까닭은 '없다'〉, 《민족영화 2》, 57~68쪽.

24 변성찬 엮음, 《노동자뉴스제작단: 30년을 돌아보다》, DMZ국제다큐멘터리영화제, 2021, 40쪽.

25 이 인용문은 박노출의 영어 논문에서 발췌, 김지현이 자신의 논문에서 요약한 것을 그대로 옮긴 것이다. 김지현, 〈1980년대 비제도권 영화운동의 이론과 실천: 영상 매체의 민주화와 (급진적) 재발명〉, 《현대영화연구》 vol. 32, 현대영화연구소, 2018, pp. 418~419. 박노출의 논문은 Nohchool Park, 〈Gwangju Video and the Tradition of South Korean Independent Documentaries〉, 《The Review of Korean Studies》 13:2, 2010. 제목에서 드러나듯 박노출은 광주 비디오와 한국 독립다큐멘터리의 연

계를 주장하고 있다.

26 강성률·맹수진 외, 《한국 독립다큐의 대부: 김동원展》, 서해문집, 2010, 132~133쪽.

1980년대, 다양한 통로로
영화를 경험하기 시작하다

| 공영민 |

│ 저마다의 기억 속 영화를 모으는 방법 │

《90년대》의 저자 척 클로스터만Chuck Klosterman은 "문화적 인식에 따라 시대를 10년 단위로 구분하지만 문화는 물리적 시간에 맞춰 흐르지 않는다"면서, "1990년대는 1990년 1월 1일 시작됐을 것 같지만 실제로는 그렇지 않았"으며 1980년대는 1991년 말 소련의 해체와 함께 완전히 끝났다고 말한다.[1] 이영미 또한《한국현대예술사대계 V: 1980년대》에서 1980년대를 1989년까지가 아닌 "국내와 세계의 힘 관계가 변화하고 사람들의 주요 관심사 역시 크게 변모하기 시작"한 1992년을 전후한 시기까지로 본다.[2]

현상이란 상황에 따라 즉각적으로 포착되기도 하고, 시간 차이를 두고 드러나므로 이러한 의견들은 타당하다. 1980년대의 영화문화를 다룰 때도 "1980년 1월 1일부터 앞으로 다가올 새로운 10년의 영화문화가 시작되었다"고 할 수는 없기 때문이다. 예컨대 이 글에서 주요하게 다룰 소극장의 등장은 1970년대 연극계의 소극장운동으로 발생한 현상이었고, 컬러TV 방송의 시작 또한 정치적 상황에 의해 1980년대로 지연된 것이었다. 또한, 복사 매체의 중요한 기기들인 전자복사기와 카세트레코더 그리고 VCRvideo Cassette recorder 역시 1980년대가 다가오기 전에 이미 등장한 '신제품'이었다. 따라서 이 글에서의 영화문화는 대체로 1980년부터 1989년까지 경계선을 치긴 하겠지만 상황에 따라 1980년대의 전후 시기까지 염두에 두고 다룰 것이다.

1980년대 영화문화를 다룰 때의 또 다른 어려운 점은, 내가 겪은 특정 기억과 경험에 매몰되는 순간들을 맞닥뜨려야 한다는 것이다. 이것은 비단 1980년대뿐만이 아니라 특정한 시기를 회고하고 정리할 때 필연적으로 발생하는 문제일 수 있다. 그래서 "우리는 가까운 과거에 대해 은근히 후진적이라고 생각하는 경향이 있다"는 것, "우리가 기억하는 세계와 실제로 있었던 세계 사이에는 언제나 간극이 존재한다"는 것 그리고 "역사의 한 시기를 같이 보냈다고 해서 모든 동시대인이 어떤 특성을 명백히 공유한다고 주장하기는 어렵다"는 것에 동의하는 과정을 거칠 수밖에 없었다. 그리고 종국엔 "모든 사람에게 적용되는 모든 것이란 존재하지 않는다"[3]는 사실을 받아들이며 1980년대의 영화문화를 조금은 거친 방법으로 정리하는 방법을 택했다.

예컨대 어떤 이에게는 1980년대의 영화문화를 떠올릴 때 KBS와 MBC 방송을 통해 송출되던 〈토요명화〉(KBS 2TV, 1980~2007)와 〈명화극장〉(KBS 1TV, 1969~2014) 그리고 〈주말의 명화〉(MBC, 1969~2010) 같은 TV 영화 프로그램이 가장 중요한 기억이자 경험일 수 있고, 어떤 이에게는 프랑스문화원과 독일문화원 같은 외국문화원 안의 상영관이 가장 중요한 공간일 수 있으며, 또 다른 어떤 이에게는 도심 개봉관이 아닌 주거지역의 소극장이 가장 기억에 남는 영화 수용의 공간일 수 있다. 다른 누군가에게는 문화예술운동의 일환으로 낡은 비디오테이프 속의 영화들을 열심히 감상했던 행위가 그 시대를 대표하는 영화문화로 기억될 수도 있고, 야간통행금지 해제 후 처음으로 경험한 심야극장이 제일 먼저 떠오를 수도 있으며, 대형 극장 앞에서 밤을 지새운 끝에 영화를 감상한 과정 자체가 1980년대 영화문화를 대표하는 체험으로 남아 있을 수도 있다. 그리고 또 다른 누군가는 영화에 대한 기억보다도 극장에서 매번 봐야 했던 〈대한뉴스〉와 〈문화영화〉 그리고 〈애국가〉*를 그 시대의 상징물로 생각할 수 있다. 이처럼 저마다 간직하고 있는 영화에 대한 모든 기억이 1980년대 영화문화를 구성할 터이다. 서로 다른 다양한 영화문화 경험을 갖는다는 것은 달리 말하면 1980년대가 다양한 통로를 통해 영화를 경험하는 환경으로 변화한 시기였음을 증명하는 것이기도 하다.

| 1980년대 영화문화의 특징　　　　　　　　　　|

1980년대 한국 대중예술문화의 특징 중 하나는 변화하는 매체 환경을 적극적으로 받아들였다는 것이다. 이 시기 문화예술 각 분야에서 일어난 변화와 움직임으로 '작은 매체'를 활용한 문화예술운동들**을 들 수 있다. 문화예술운동에서 작은 매체가 개발되고 보

---

* 1989년 1월 24일 영화관의 〈애국가〉 상영이 폐지되었고, 〈대한뉴스〉는 1994년 12월 31일에, 〈문화영화〉는 1998년에 공식적으로 폐지되었다.
** 박인배는 1980년대 초·중반 문화예술운동의 특징으로 '문화소집단'의 형태를 취하면서 활동

급된 배경에는 정기간행물 172종과 출판사 617개가 등록 취소되고(1980년 7월), 언론이 강제로 통폐합(1980년 11월)된 억압적인 시대 상황이 있었다. 이와 같은 상황에서 국내에 본격적으로 소개되고 유통된 복사 매체들이 작은 매체의 확산에 중요한 역할을 했다. 전자복사기와 카세트레코더, TV 수상기와 VCR이 대중화되면서 전단, 회보, 무크지 등의 인쇄물과 카세트테이프, 비디오테이프 등의 오디오·영상물을 대량 복제해 다수의 사람에게 전파하는 것이 가능해졌다. 1975년 국내 제작에 성공한 전자복사기 시장은 1979년 국내 대기업들이 뛰어들며 경쟁 체제가 형성되었다. 1979년 제10회 한국전자전韓國電子展에서 삼성전자는 세계 4번째로 개발에 성공한 VCR을 선보였고, 금성사는 컬러TV를 선보였다. '안방극장'의 환경을 다채롭게 할 '홈비디오 시스템'의 개발 및 경쟁이 시작된 것이다. 따라서 1980년대 대중예술문화를 살펴볼 때 전자 복사 매체들이 확산되며 매체 환경이 급변하는 지점들을 주목해야만 한다.

그중에서도 특히 영화문화는 매체 환경의 변화에 큰 영향을 받았다. 1980년대를 맞이하며 한국영화계는 그 어느 때보다 심각하게 위기를 감지하며 매체 환경 변화에 따른 대응을 고민했다.

한 것, 여러 소모임을 활성화하기 위해 문화강습 등의 프로그램을 개발한 것, 활용하기 쉬운 '작은 매체'를 개발해 보급한 것 등을 꼽는다. 그는 작은 매체의 예로 판화, 만화, 노래 테이프, 동인지와 무크지, 소극장, 단편 소형영화 등을 들면서, 방송이나 신문 등의 대량전달 매체와 달리 작은 매체가 가지는 또 다른 대중적 파급력에 주목한다. 박인배, 〈문화예술운동〉, 민주화운동기념사업회 한국민주주의연구소 엮음, 《한국민주화운동사 3: 서울의 봄부터 문민정부 수립까지》, 돌베개, 2010, 639~672쪽.

1970년대부터 시작된 극장 수 감소 현상은 1980년대 들어서도 이어지고 있었다. 극장산업이 갈수록 침체에 빠지며 한국영화계에도 어두운 전망이 드리워졌다. 이러한 상황에서 컬러TV와 비디오라는 강력한 매체가 등장했다. 새로운 매체들과 경쟁 관계를 이어갈지 혹은 공생관계를 형성할지 예측할 수 없는 상황이었다. 하지만 영화문화를 즐기고 누리는 수용자들에게는 이러한 우려와는 사뭇 다른 양상이 펼쳐지고 있었다. 극장은 구색을 갖추고 구경을 가는 이벤트적인 공간에서 손쉽게 영화를 즐기러 가는 일상의 공간으로 변모했다. 영화는 극장에서만 볼 수 있는 전시물이 아니라 대여도, 소장도 가능한 일상의 물품으로 변화했다. 영화관과 영화의 의미가 달라지는 시대를 맞이하게 된 것이다.

이처럼 1980년대는 매체 환경이 크게 변화하며 영화가 위기에 봉착한 시기이기도 했지만, 영화를 볼 수 있는 통로가 다양해지고 시청 방법이 편리해지면서 영화를 보는 행위 자체가 일상의 문화가 되어 가는 시기였다고 볼 수 있다. 더불어 매체의 접근성이 좋아지면서 대중오락으로서의 영화뿐만 아니라 문화예술로서의 영화를 향유하는 층들이 다양해졌다고 할 수 있다.

| 극장 지형의 변화

1980년대는 과거 영화산업이 TV의 등장과 성장에 맞서 영화의 규모를 키우고 이벤트성을 더해 관객을 되찾으려 했던 것과는 달리, 다변화하는 매체와 공생하기 시작한 시기였다고 볼 수 있다. 영화 전문지들은 1980년대 초반부터는 TV영화에 지면을, 1980년 대 중후반부터는 비디오영화에 지면을 할애하기 시작했다. 예컨 대 영화진흥공사가 발행한 《영화》잡지는 1980년대 들어서 TV와 비디오에 관한 특집기사들을 비중 있게 다루며 영화의 위기를 일 깨우거나 새롭게 등장한 매체들의 영향력을 전망하곤 했다. 그러 면서 영화 관객이 감소하는 이유를 극장이 노후화되고 문화공간 으로서 역할을 하지 못하기 때문이라고 분석하기도 했다. 일례로 호현찬은 "영화인구의 감소 현상을 영화인구의 자연적인 감소보 다는 영화관의 시설, 분포, 배급, 구조 등에도 기인한 것"이라고 보 고, 이를 타개할 방법으로 "영화관 환경을 개선해 극장을 문화화 · 현대화"할 것과 "외국과 같이 아담하고 쾌적한 소극장 시스템 도 장려"해 볼 만한 방법이라고 제안했다.[4] 대중의 한국영화에 대 한 외면과 제한된 수입영화 편수라는 커다란 난제가 버티고 있긴 했지만, 관객 감소의 원인을 극장 환경과 분포 등에서 찾은 것은 유의미한 작업이었다고 볼 수 있다. 실제로 다수의 관객이 극장의 낙후된 시설을 지적하며 관람 환경이 개선되기를 희망했다. 이러 한 상황에서 1982년 통행금지가 해제된 것과 개정 공연법이 시행 된 것은 극장 지형에 큰 변동을 가져왔다. 심야극장과 소극장이라 는 새로운 형태의 영화관이 등장한 것이다.

심야극장의 등장

1982년 1월 5일, 37년 만에 통행금지가 해제되면서 사회 전체에 여러 가지 변화가 불어닥쳤다. 각종 영업장뿐만 아니라 택시를 비롯한 교통수단의 영업시간이 연장되었고, 다방, 만화방을 비롯한 유흥오락장의 심야 영업이 늘어났다. 통행금지 해제로 영화, 공연, 방송 등의 대중문화 영역에서도 심야 시간대의 프로그램들이 늘기 시작했다. 가장 먼저 변화가 시작된 곳은 영화관이었다. 서울 스카라극장은 1982년 3월 13일 토요일 밤 11시 30분에 개봉을 앞둔 〈엄마결혼식〉(김원두, 1982)의 관객 초대 특별시사회를 '나이트 쇼'라는 이름을 붙여 진행했다. 2천여 명이 모일 정도로 성황을 이룬 이 행사는 심야 상영에 대한 대중의 관심을 보여 주었다. 뒤를 이어 심야 상영을 처음으로 정례화한 상영관은 서울극장이었다. 서울극장은 1982년 3월 27일부터 매주 토요일 '심야극장midnight theater'을 개설하고 2월 6일 개봉한 후 흥행 가도를 달리고 있던 〈애마부인〉(정인엽, 1982)의 심야 상영을 시작해 대성공을 거뒀다.[5] 〈애마부인〉의 흥행 성공으로 심야극장이 함께 화제가 되자, 서울 개봉관들을 비롯해 전국 대도시의 개봉관들도 이 대열에 합류하기 시작했다. 국도극장은 재상영 프로그램인 〈바람과 함께 사라지다〉(빅터 플레밍, 1939)로, 단성사는 범죄·액션영화인 〈샤키 머신〉(버트 레이놀즈, 1981)으로, 대구 제일극장은 연소자관람불가 한국영화인 〈날마다 허물벗는 꽃뱀〉(강대선, 1982)으로 토요일의 심야극장을 개설해 관객몰이에 성공했다.[6] 1983년에는 개봉관뿐만 아니라 재개봉관, 소극장으로까지 퍼져 나가면서 서울에서만 30여 개의 극장이 심야 상영을 했다.

대표적인 심야극장으로 자리 잡은 서울극장은 1983년 5월 심야극장 1주년을 기념하는 행사를 진행하며 1년간 52회 상영에 입장한 관객이 3만 8천여 명이라고 발표했다.[7] 심야극장의 총 관객 수를 회당 평균 관객 수로 계산하면 나오는 730명은 1982년 서울 지역 극장의 일평균 입장 인원 752명[8]에 가까운 수치였다. 심야 상영이 영화관의 일상적인 프로그램으로 자리 잡기 시작한 것이다. 심야극장의 확산은 긍정적인 평가와 부정적인 평가를 동시에 받았다. 극장 측은 "심야극장은 이제 우리 생활에서 빠뜨릴 수 없는 새로운 생활의 풍속으로 뿌리를 내리고 있다"[9]며 반겼다. 부부 단위 관객을 비롯한 젊은 관객층이 시간의 구애를 받지 않고 문화생활을 즐길 수 있는 공간으로 각광받으며 영화문화가 긍정적으로 변화하는 데에 일조했다는 평을 듣기도 했다. 하지만 한편에서는 심야극장이 흥행을 위한 선정적인 영화로 채워지고 있다는 비판을 받았다. 특히 영화계의 '벗기기 경쟁'이 벌어지는 심야극장이 1982년 두발자유화 조치 이후 극장 출입이 용이해진 청소년들의 탈선을 부채질한다며 지탄받았다. 이에 서울시극장협회가 건전한 공연 질서 확립을 위해 "심야공연의 퇴폐적 요소를 제거하고. 정서에 유해한 도안과 저속한 선전 문구를 쓰지 않으며, 연소자가 볼 수 없는 영화의 경우 절대 입장시키지 않을 것"이라며 발표[10]할 정도였다. 영화계에서는 심야극장이 발전하기 위해서는 영화관의 시설을 고급화하는 동시에 관객 수준을 높이는 예술영화를 비롯한 다양한 영화를 상영해야 한다고 목소리를 높였다. 하지만 1980년대 내내 심야극장은 청소년에게 부정적인 영향을 미치는 장소라는 평가에서 벗어나지 못했다.

소극장의 등장과 새로운 영화문화에 대한 기대

심야극장에 이어 등장한 소극장은 1980년대 극장 지형이 변화하는 데에 커다란 변수로 작용했다. 기존의 영화관들에 비해 개선된 시설과 편리한 접근성, 개봉관에 비해 저렴한 관람료로 관람객의 호응을 얻으며 빠른 속도로 확산한 것이다. 1971년 전국 717개였던 극장은 1979년 472개로 급감했고, 1980년대 들어서도 감소세에 접어들고 있었다. 극장 수가 다시 증가하기 시작한 것은 소극장이라는 새로운 유형의 영화관이 등장하면서부터다. 1982년 11개에 불과했던 소극장은 2년 사이 2백 개 가까이 증가했고, 1989년에는 5백 개를 넘어설 정도로 극장산업의 중심으로 들어왔다(표1).

소극장의 등장은 공연법과 밀접한 관계가 있다. 소극장 등장 전 한국의 극장 지형은 5백 석 이상과 1천 석 이상을 갖춘 극장이 전

표1 1980년대 극장 관계 수치 ①

연도	전국 극장 수	전국 소극장 수	평균 관람 요금(원)	1인당 평균 관람 횟수
1980	447	-	957	1.4
1981	423	-	1,097	1.2
1982	404	11	1,300	1.1
1983	450	74	1,326	1.1
1984	534	184	1,352	1.1
1985	561	247	1,432	1.2
1986	640	335	1,533	1.1
1987	673	393	1,637	1.2
1988	696	434	1,847	1.2
1989	772	513	2,271	1.3

※ 출처: 영화진흥공사, 《한국영화연감》(1980~1990) 통계 자료 재구성.

체 극장 수의 50퍼센트 이상[11]을 차지할 정도로 대형 극장 중심으로 형성되고 유지되었다고 할 수 있다. 특히 개봉관의 경우 대체로 1천 석 이상의 좌석과 대규모 스크린을 갖춘 '대'극장들이었다. 때문에 기존의 대형 극장 중심의 공연법 하에서는 작은 극장들이 들어서기가 어려웠다. 이런 상황에서 1981년 12월 31일 개정된 공연법은 극장산업과 관람 환경에 큰 영향을 끼쳤다. 1970년대 연극계가 중심이 되어 지속적으로 제기했던 소극장 설치 규정이 완화된 것이다. 1982년 3월 1일에는 공연법의 개정 시행령이 공포되며 "객석이 3백 석 이하이거나 객석의 바닥면적이 3백 제곱미터 이하인 공연장"이 설치 허가 대상에서 공식적으로 제외되었다. 소극장 설치가 자유화되자, 연극 공연장뿐만 아니라 영화 소극장이 속속 등장하기 시작했다. 영화계에서도 공연법 개정을 반기며 소극장 설치의 자유화가 침체에 빠진 한국영화산업에 긍정적으로 작용할 것이라고 기대했다. 그리고 산업적·문화적으로 분석한 소극장의 향후 과제와 미래 전망이 주요 이슈로 등장했다.

개정된 공연법에 따라 처음으로 설립된 영화 소극장은 서울의 영동극장이었다. 영동극장은 1982년 9월 28일 서울 강남구 신사동에 183석 규모로 개관[12]하며 영화계에서도 화제가 되었다. 첫 번째로 등장한 소극장이라는 이유도 있지만, 기존 극장이 밀집해 있던 종로와 충무로가 아닌 강남 지역에 새롭게 생긴 극장이라는 점이 특히 눈길을 끌었다. 당시 소극장에 대한 영화계의 기대를 다음의 글을 통해 확인할 수 있다.

영동에 '영동'이라는 2백 석짜리 영화관이 생겼다고 한다. … 극장의 형태는 이른바 2번관으로 개봉관에서 봉절한 영화를 끝나는 대로 받아서 상영하는 영화관이라 필름의 손상도 별로 없어서 영동 일대에 거주하는 분들이 손쉽게 가서 볼 수 있는 이점이 있겠다. … 말하자면 영동 일대의 시민이 평상복에 슬리퍼를 신은 채 손쉽게 갈 수 있는 전연 새로운 개념의 극장이 생긴 것이다. 사실 우리들의 재래 개념상의 극장이라면 한 차례 차려입고 차를 타고 가서 내려서 사람이 많으면 줄을 서서 표를 사거나 또는 사람이 너무 많으면 극장 한 가녘에서 두리번거리며, 이른바 암표상의 눈길을 끌어서 상당한 웃돈을 얹어 주고 표를 사서 비로소 극장엘 들어가는—생각하기에 따라서는 지극히 번거로운 절차를 거쳐서 극장엘 들어가는 것으로 되어 있는 것이다. 그럼에도 불구하고 2백 석짜리 영동극장의 경우는 그곳 분들이 저녁을 끝내고 산보 삼아 간단히 나가서 1시간 30분이나 2시간쯤 손쉽게 구경하고 돌아올 수 있는 그러한 재래식 극장 개념을 타파하는 극장이라는 점에서 주목하고 싶다. … 불황의 늪에서 허덕이고 있는 영화계의 활로가 바로 이런 영화 소극장운동에 있을지도 모르는 일이라고 생각하고 건물 임대비와 시설비를 감안한 수지 면의 낙관적인 계산이 있기를 바란다. 주택가에 소극장이 들어설 경우 인근 시민들은 반드시 갈 것이고, 그만큼 시민과 멀어졌던 한국영화도 그들 생활 속에 바싹 다가가게 될 것이다.[13]

이 글을 통해 1980년대 초반 경제성장에 따른 도시의 확장으로 문화를 담당하는 공간에 대한 시각이 달라지면서 극장이라는 공간의 역할과 의미도 변화하고 있었다는 것을 알 수 있다. 무엇보다도 눈에 띄는 변화는 영화를 보러 가는 행위에서 접근성과 편리성이 중요한 요소로 떠올랐다는 점이다. 영화계는 '재래식 개념의 극장'이 아닌 '신개념의 소극장'이 이러한 문제를 해결할 수 있는 공간으로 자리하기를 바랐다. 그리고 부진에 빠진 한국영화 또한 소극장을 통해 수용할 수 있을 것이라고 기대했다.

다분히 서울 중심이긴 하지만 **표 2**의 1982년 개관 소극장 목록을 통해 이 시기의 변화를 좀 더 자세히 확인할 수 있다. 서울에 신설된 6개의 소극장은 도심을 벗어나 동서남북에 골고루 자리하고 있다. 위치한 지역만으로도 이 극장들이 서울 부도심과 외곽 지역의 시민을 수용 대상으로 바라보았다는 것을 예측할 수 있다.

표 2 1982년 개관 소극장

개관일	극장명	지역	좌석 수
1982년 9월 28일	영동극장	서울 강남구 신사동	183
1982년11월 6일	마천극장	서울 도봉구 상계동	100
1982년12월 20일	뉴코아예술극장	서울 강남구 반포동	182
1982년12월 24일	이수극장	서울 동작구 사당동	204
1982년12월 31일	공항극장	서울 강서구 공항동	214
1982년12월 31일	금강극장	서울 성북구 종암동	172
1982년12월 15일	동아극장	부산 중구 창선동	160
1982년12월 24일	푸른극장	대구 동구 동성로	140
1982년12월 24일	미도극장	대전 중구 유천동	250
1982년12월 1일	당진극장	충남 당진군 당진읍	280
1982년12월 17일	동보극장	전북 이리시 창인동	300

※ 출처: 〈전국공연장(극장)일람〉, 영화진흥공사, 《1982년도판 한국영화연감》 자료 재구성.

300석 이하 소극장들은 충무로를 벗어났을 뿐만 아니라, 대형 간판과 화려한 건축물을 버리고 백화점·복합쇼핑몰 내에 자리를 잡았다. 왼쪽은 강남 신사동 복합상가 건물 3층에 위치한 영동극장, 오른쪽은 뉴코아쇼핑센터 5층 뉴코아예술극장의 상연작 홍보 현수막. ※출처: (왼쪽) 영화진흥공사, 《영화》, 1982년 11·12월 합본(통권 80호) 31쪽. (오른쪽) 《매일경제》, 1983년 1월 10일자 9면.

또 한 가지 눈에 띄는 점은, 서울 강남구 반포동에 개관한 뉴코아예술극장의 위치다. 뉴코아예술극장은 뉴코아백화점 내에 개관한 극장으로, 이와 같은 백화점 혹은 복합몰 내 극장 형태는 이후 소극장이 급증하면서 하나의 유행으로 자리 잡았다. 과거 화려한 건축물과 대형 간판으로 위풍을 뽐내던 극장의 외형 또한 소극장의 등장으로 변모하기 시작한 것이다.

1982년 11개에 불과했던 소극장 수가 한 해 사이 74개로 늘어나자, 소극장에 대한 다양한 분석과 의견들이 나오기 시작했다. 낙관적인 전망이라기보다는 기대 어린 희망에 가까웠다. 평론가들은 시대 변화에 발맞춰 탄생한 소극장이 새로운 시대의 감각과 영화문화를 보여 주기를 바랐다. 그리고 외국의 작은 극장들처럼 지역의 문화공간이 되어야 한다고 주장했다.[14] 이들은 공통적으로 소극장에 대한 긍정적인 기대와 더불어 소극장이 재상영관 이상의 역할을 하지 못하는 배급·흥행의 유통 구조에 안타까움을 표했다. 재상영관임에도 불구하고 소극장의 선호도가 급증한 것 (1983년 2.9퍼센트를 차지했던 소극장에 대한 선호도는 1984년 18.3 퍼센트로 급증했고, 1989년에는 15.7퍼센트를 기록했다)*은 영화계 뿐만 아니라 관객도 극장의 변화를 긍정적으로 받아들인 결과로 나타난 현상이라고 볼 수 있다. 때문에 이러한 자료를 통해 소극장이 진전된 영화문화를 담아내는 공간이 되지 못하는 현실에 안타까움을 표한 지점을 이해해 볼 수 있다.

영화법 개정과 복합상영관의 등장

1980년대 중반을 넘어서며 영화문화의 중요 공간으로 기대받았던 소극장을 위시해서 극장산업 전체가 전환기를 맞이하게 되었다. 극장산업에 직접적인 영향을 미칠 영화법이 개정된 것이다. 다음의 글에서 1985년 영화법 개정 국면에서 극장 지형의 변화를 바라보는 당시 영화계의 분위기를 유추해 볼 수 있다.

---

* 1984년 소극장 기호도가 높은 수치를 기록한 요인으로 이 여론조사가 '대학생'을 대상으로 이루어졌다는 것을 눈여겨볼 필요가 있다. 젊은 층일수록 소극장에 대한 선호도가 높음을 유추해 볼 수 있기 때문이다. 〈'83 영화관계여론조사 분석결과: 한국영화에 대한 대도시 시민의 영화 의식에 관한 통계학적 분석연구〉, 《영화》, 1984년 1·2월 합본호, 영화진흥공사, 1984, 83쪽; 〈'84 영화관계여론조사 분석결과: 한국 대학생들의 한국영화에 대한 의식조사〉, 《영화》, 1984년 12월호, 영화진흥공사, 1984, 46쪽; 〈전국민대상 영화관계 여론조사〉, 《영화》, 1989년 11월호, 영화진흥공사, 1989, 61쪽.

소극장의 증가는 눈부신 바가 있는데 이는 앞으로 훨씬 증가할 것이다. 이러한 시장구조의 변모는 앞으로 한국에 있어서의 배급·흥행의 형태가 미국이나 유럽, 일본식으로 변모해 갈 것이라는 점을 예측시킨다. 지금 현재의 개봉관, 2번관, 3번관 식의 흥행구조는 개정 영화법이 시행되어가고 있는 과정에서 벌써 문제점을 제시하고 있다. 일정한 공급량(의무제작 4편×20개 사)의 기계적 유통이 아니라 한국영화와 외국영화의 새로운 공급 방식에 적응하는 다양한 흥행 방식이 필연적으로 적용된다. 즉, 과거의 흥행구조는 영화를 하나의 시장적 소비의 대상으로 여겨왔는데 이제부터 영화관은 영화를 통해서 강력한 기층문화를 형성하는 문화전당이나 라이브러리로서의 기능을 가지도록 하여야 한다. 그러기 위해서는 특히 소극장의 새로운 기능과 역할이 살려져야 한다.[15]

여기에서 영화관의 기능이라고 설명하는 '문화전당', '라이브러리'는 엄밀히 말하면 시네마테크의 기능이다. 따라서 소극장의 새로운 기능과 역할을 살려야 한다는 주장은 소극장이 시네마테크의 역할을 해야 한다는 뜻으로 해석할 수 있다. 상업적 논리로 돌아가는 영화시장의 영역에 포함되어 있는 소극장에 대한 기대가 이만큼 높았다는 것은 달리 말하면 한국영화를 비롯한 다양한 영화의 생존에 대한 우려가 매우 컸다는 것을 의미한다. 할리우드 오락영화의 파상 공세 속에서 소극장이 대안 공간이 되기를 바란 것이다. 그리고 영화법 개정 후 이러한 우려는 일정 부분 현실이 되었다. "새로운 공급 방식에 적응하는 다양한 흥행 방식"이 등장

1989년 합동영화사는 기존 서울극장 자리에 3개 관을 갖춘 '서울시네마타운'을 개관했으며(왼쪽), 강남의 씨네하우스 역시 개축을 통해 5개관으로 확장, 복합상영관으로 재탄생했다(실제 공사가 완료된 것은 1991년으로, 오른쪽 사진은 완공 후 촬영된 것이다).

하면서 기존의 배급·흥행과 극장 지형에 균열이 일어났고, 그 속에서 한국영화의 입지는 현저히 좁아진 것이다.

 이러한 상황에서 소극장은 전국적으로 기존 극장 수와 역전 현상을 빚으며 극장산업의 핵심적인 형태로 자리 잡았다. 그리고 영화법 개정 즈음에는 여러 개의 상영관을 갖춘 복합상영관이 새로운 형태의 극장으로 등장하기 시작했다. 1986년 12월 3개 관을 갖춘 서울 강남의 다모아극장이 복합상영관의 시작을 알린 후, 1985년 개관한 서울 강남의 소극장 씨네하우스가 1987년 2관을 갖춘 복합상영관으로 재개관하며 그 뒤를 이었다. 또 한편에서는 이 시기 극장 지형의 변화와 더불어 TV와 비디오시장의 성장에 경쟁력이 떨어지기 시작한 대형 극장들이 3백 석 이하의 소극장과 3백 석 이상, 5백 석 사이의 좌석을 갖춘 중형 극장을 다양하게 갖춘 복합상영관으로 리뉴얼하며 상영관을 늘려 갔다. 1987년 경기도 평택의 중앙극장, 광주의 아카데미극장 등의 개봉관이 복합상영관으로 변모했고, 1989년에는 서울의 대표적인 개봉관인 서울극장이 3개의 상영관을 갖춘 서울시네마타운으로 재출발했다. 이후 본격적인 미국영화 직배와 함께 복합상영관은 극장의 트렌드로 자리 잡기 시작했고, 1990년대 이후로는 예술영화를 비롯한 다양한 프로그램을 내세우는 복합상영관들도 생겨나기 시작했다.

극장 지형의 변화로 증가한 소극장과 복합상영관은 가까운 지역에서 여러 편의 영화를 골라 볼 수 있는 문화공간이자 편의 공간이 되었다. 극장 지형이 변화하면서 관객친화적인 편리하고 편안한 환경이 영화문화의 중요한 요소로 떠오른 것이다. 극장 환경과 영화문화가 변화하면서 1990년대 초반이 되면 특색 있는 상영 프로그램을 개발하고, 특정 관객층을 겨냥하는 영화관들도 속속 등장하기 시작했다. 따라서 소극장이 발전된 영화문화 공간으로서 역할을 하기를 바란 영화계의 바람은 일정 부분 이루어졌다고 볼 수 있을 것이다.

| 흥행·배급 지형의 변화

1980년대 중반 두 차례에 걸쳐 개정된 영화법은 극장 지형뿐만 아니라 흥행·배급 지형에도 큰 변화를 가져왔다. 1984년 12월 31일 개정해 1985년 7월 1일부터 시행한 제5차 영화법으로 영화제작·수입이 자유화되었고, 1986년 12월 31일 개정해 1987년 7월 1일부터 시행한 제6차 영화법으로 영화시장이 개방되며 외국영화의 직접 배급이 가능해졌다. 영화법 개정으로 한국영화계에는 심각한 위기의식이 형성되었다. '극장에서 한국영화가 경쟁력을 가질 수 있을 것인가'에 대한 비관적인 전망이 이어졌다. 외국영화 수입자유화로 한국영화가 경쟁력을 잃게 되리란 것은 명약관화했다. 다

표 3 1980년대 〈바람과 함께 사라지다〉 재상영 목록

〈바람과 함께 사라지다〉
(빅터 플레밍, 1939)

재상영 연도	상영관	상영일수	입장 인원	1일 평균 인원
1983	푸른	56	90,406	1,614
1984	중앙	52	126,574	4,492
1985	허리우드	22	36,104	1,643
1985	명화	20	20,348	1,017
1985	대지	8	4,632	579
1986	명보	12	30,063	2,505
1986	푸른	35	51,385	1,468
1986	푸른	19	15,678	825

※ 출처: 영화진흥공사, 《한국영화연감》(1983~1987) 자료 재구성.

음 표의 예시처럼 영화법 개정 전에도 '과거 흥행작'이나 '클래식 작품'이라는 명성만으로 개봉관에서 끊임없이 재상영을 할 수 있는 기회가 주어졌던 외국영화이니만큼 동시대의 히트작들이 들어왔을 때 한국영화가 개봉 순위에서 밀릴 것은 분명해 보였다.

예컨대 제5차 영화법 개정이 시행되던 바로 그 시기, 1985년 여름방학 시즌에 맞춰 개봉한 〈람보 2〉(조지 P. 코스마토스, 1985)의 열기는 할리우드 영화의 폭발적 파급력을 확인하는 동시에 시장개방에 대한 우려를 가늠해 볼 수 있는 현상이었다. 청소년문제로까지 확대된 〈람보 2〉의 극장 홍보 방식과 흥행 성공은 '1980년대 중반 극장의 풍경'과 더불어 흥행 · 배급 지형 변화의 전조를 잘 보여주는데 자세한 상황은 다음과 같다. 서울의 피카디리극장은 〈람보 2〉 개봉 기념으로 개봉일인 1985년 8월 3일부터 8월 23일까지 매일 첫 회 입장객 1백 명에게 선착순으로 티셔츠를 증정하는 행사를 기획했다. 반응은 폭발적이었다. 극장 앞에서 밤을 지새우는 풍경이 화제가 될 정도였다. 급기야는 청소년들의 노숙과 암표상의 성행이 사회문제화되자 당국이 단속 공문을 보냈고, 피카디리극장은 8월 20일 티셔츠 배부를 중단했다. 흥행 가도를 달리던 〈람보 2〉는 피카디리극장뿐만 아니라 강남의 동아극장으로 개봉관을 확대하며 9월에도 상영을 이어 갔다. 그리고 추석 연휴 기간인 9월 28일부터 10월 2일까지 밤 11시 30분에 회차를 배정하는 "심야극장을 단행"하기도 했다.[16]

이처럼 외국영화의 인기는 어느 시기를 막론하고 언제나 우위를 점하고 있었지만, 수입자유화는 이를 넘어서 흥행 · 배급의 지

표4 1980년대 서울 개봉관 흥행 순위 20

순위	영화명	제작 국가	제작 연도	상영 연도	상영일수	입장 인원
1	킬링필드	영국	1984	1985	113	925,994
2	인디아나 존스	미국	1984	1985	137	808,492
3	다이 하드	미국	1988	1989	161	701,893
4	람보 2	미국	1985	1985	83	639,098
5	마지막 황제	영국 외	1987	1989	98	600,004
6	플래툰	미국/영국	1986	1987	89	576,924
7	사관과 신사	미국	1982	1983	168	563,533
8	E. T.	미국	1982	1984	77	559,054
9	007 네버 세이 네버 어게인	미국	1983	1984	104	555,627
10	미션	영국	1986	1987	94	525,630
11	007 유어 아이즈 온리	미국	1981	1983	133	500,243
12	사형도수	홍콩	1978	1980	116	500,074
13	깊고 푸른 밤	한국	1985	1985	153	495,573
14	인디아나 존스: 최후의 성전	미국(직배)	1989	1989	52	491,010
15	어우동	한국	1985	1985	133	479,225
16	아마데우스	미국	1984	1986	119	475,755
17	로보캅	미국	1987	1988	67	459,359
18	내츄럴	미국	1984	1987	79	445,921
19	매춘	한국	1988	1988	91	432,609
20	고래사냥	한국	1984	1984	110	426,221

※ 출처: 영화진흥공사, 《한국영화연감》(1980~1990) 자료 재구성.

형이 급속히 변화하는 데에 큰 영향을 끼쳤다. 1980년대 서울 개봉관 흥행 순위를 정리한 **표4**를 보면, 한국영화는 10위 안에 한 편도 진입하지 못했고, 20위 안에도 4편의 영화(〈깊고 푸른 밤〉, 〈어우동〉, 〈매춘〉, 〈고래사냥〉)만이 포함된 것을 알 수 있다. 관객 수에서도 외국영화와 큰 차이가 나는 것을 확인할 수 있다. 이 중 외국영화 수입자유화 후 개봉한 영화는 8편으로 전체 영화의 40퍼센트를 차지한다. 8편 중 직배영화로는 유일하게 〈인디아나 존스:

표 5 1980년대 극장 관계 수치 ②

연도	한국영화 제작 편수	외국영화 수입 편수*	한국영화 관람 인원	외국영화 관람 인원
1980	91	32	25,429,699	29,114,980
1981	87	25	21,346,232	22,937,410
1982	97	27	21,914,424	20,780,259
1983	91	24	17,539,164	26,483,052
1984	81	25	16,886,914	27,030,465
1985	80	27	16,425,345	31,662,560
1986	73	50	15,617,955	31,660,706
1987	89	84	13,106,887	35,485,954
1988	87	175	12,164,830	40,065,694
1989	110	264	11,152,353	44,154,105

※ 출처: 영화진흥공사,《1990년도판 한국영화연감》.
* '외국영화 수입 편수'는 심의 편수를 기준으로 함.

최후의 성전〉(스티븐 스필버그, 1989)만이 포함되었다.

표 5 에서 영화법 개정으로 달라진 흥행·배급 상황을 좀 더 자세히 확인할 수 있다. 영화법이 개정되며 영화사를 운영하기 위해서 연간 4편 이상의 한국영화를 제작해야 한다는 법적 의무가 폐지되자, 제작자유화가 실시됐음에도 불구하고 한국영화 제작 편수는 오히려 줄어들었다. 반면에 외국영화의 수입 비율은 가파르게 상승했다. 1985년 27편에 불과하던 숫자가 1988년 175편으로 3년 새 6배 이상 증가했으며, 1989년에는 264편으로 1년 새 1백여 편 가까이 증가할 정도였다. 그 결과로 한국영화 관객 수는 해마다 큰 폭으로 감소하고 외국영화 관객 수는 큰 폭으로 상승했다. 미국영화의 직접 배급이 본격적으로 시작된 1988년부터는 외국영화 수입 편수와 한국영화 제작 편수가 2배 이상, 외국영화 관

표 6 1980년대 서울 극장 개봉 편수와 개봉관 재상영 편수

연도	서울 개봉관 수	한국영화			외국영화		
		개봉 편수		재상영 편수	개봉 편수		재상영 편수
		개봉관	재상영관 및 기타관		개봉관	재상영관 및 기타관	
1980	12	87			35		
1981	12	76	14		35	1	22
1982	14	89	7	9	35		18
1983	14	81	11	22	35		25
1984	13	58	9	29	29		29
1985	17	71	7	38	36		23
1986	20	77	14	45	53		29
1987	21	82	9	85	83	4	26
1988	24	76	8		130	41	
1989	31	71	13		167	86	

※ 출처: 영화진흥공사, 《한국영화연감》(1980~1990) 자료 재구성.

객 수와 한국영화 관객 수가 3배 이상 차이 나기 시작했다. 1980년 이후 처음으로 전국 관객 수가 5천만 명을 넘어선 것도 영화시장개방 후 외국영화 수입 편수가 급증하며 나타난 결과였다.

표 6 의 1980년대 서울의 극장 개봉 편수와 개봉관의 재상영 편수를 보면 영화법 개정 후 극장의 흥행·배급이 짧은 시간 안에 얼마나 큰 변화를 겪었는지를 알 수 있다. 첫 번째로 눈에 띄는 것은 개봉관 수의 변화이다. 1980년 12개였던 개봉관은 1985년 제5차 개정 영화법 시행 후 17개로, 1987년 제6차 개정 영화법 시행 후에는 21개로, 직배영화가 본격적으로 상영되기 시작한 1989년에는 31개로 증가했다. 두 번째로는 외국영화 개봉 편수가 급증하는 데에 비해 한국영화의 개봉 편수는 큰 차이가 없고 오히려 한

국영화의 재상영 편수가 늘어나는 현상을 발견할 수 있다. 세 번째로는 수입 경쟁으로 쏟아져 들어오는 외국영화를 개봉관에서 모두 수용하지 못해 재상영관에서 다수의 외국영화가 개봉되는 모습을 확인할 수 있다. 개봉관 수가 점차 늘었다고는 해도 급증한 물량을 수용하기에는 여전히 태부족했기 때문에 평균 상영일 수가 줄고 재상영관에서 개봉하는 수 또한 늘어난 것이다.

한국영화는 개봉 시기와 상영 기간 등의 조건에서 외국영화에 밀리면서 입지가 점점 좁아지고 있었다. 예컨대 1987년 한국영화 재상영 편수가 85편에 달했던 것은 새롭게 개봉관에 진입한 극장들이 스크린쿼터 일수를 채우기 위한 방편으로 과거 흥행작 위주의 안전한 프로그램을 선택하거나 영화시장 개방으로 물 밀듯 들어올 외국영화를 기다리며 비수기에 한국영화를 배치했기 때문이다. 일례로 서울의 아세아극장은 1987년 비수기에 맞춰 "창립 30주년 특별기획"이란 제명 하에 화천공사가 제작한 한국영화 흥행작 중 2편씩을 묶어 장기 상영했다. 여기에는 〈별들의 고향〉(이장호, 1974)과 〈속 별들의 고향〉(하길종, 1978)(1987년 3월 14일~4월 10일), 〈겨울여자〉(김호선, 1977)와 〈만다라〉(임권택, 1981)(1987년 4월 11일~5월 8일), 〈바보선언〉(이장호, 1983)과 〈바보들의 행진〉(하길종, 1975)(1987년 7월 4일~7월 24일) 등이 포함되었다.[17] 따라서 이 기획이 제6차 개정 영화법이 시행된 1987년 7월 종료되는 것은 의미심장하다. 영화법 개정 후 외국영화의 물량 공세로 경쟁력을 잃은 한국영화의 현실을 잘 보여 주는 현상이기 때문이다.

반면 직배영화는 시간이 갈수록 시장에서 자리를 잡기 시작했다. 1988년 9월 10일 개봉한 UIP의 첫 번째 직배영화 〈위험한 정사〉(애드리안 라인, 1987)는 영화계의 반발과 여러 제재로 흥행에 성공하지 못했다. 이후에도 직배영화는 한국영화계의 직배 반대에 따른 여러 사건으로 흥행이나 대중의 평가에서도 좋은 결과를 얻지 못했다. UIP는 〈위험한 정사〉의 흥행 실패 이후 〈007 리빙 데이라이트〉(존 글렌, 1987)(1989년 2월 4일 개봉), 〈레인맨〉(배리 레빈슨, 1988)(1989년 5월 5일 개봉), 〈인디아나 존스: 최후의 성전〉(1989년 7월 22일 개봉) 등의 블록버스터 화제작으로 대중의 관심을 끄는 동시에 소극장과 복합상영관을 중심으로 전국의 배급 체인망을 형성했다. 1990년 11월 24일 전국 14개 극장(서울 씨네하우스, 코아아트홀, 이화예술, 명동극장, 부산 대영, 대구 만경관, 대전 중앙, 광주 신동아, 안양 씨네아트, 수원 대한, 성남 피카디리, 전주 피카디리, 울산 신운, 인천 인형극장)에서 동시개봉한 〈사랑과 영혼〉(제리 주커, 1990)이 서울에서만 168만 명이라는 관객을 동원하는 등 흥행에서 큰 성공을 거두자, UIP를 비롯한 미국영화 직배사들이 한국 배급에 탄력을 받기 시작했다.

한편 외국영화 수입 경쟁이 심해지면서 다양한 국가의 영화들이 관객과 만나기도 했다. 홍콩영화는 〈영웅본색〉 시리즈(총 3편, 1986~1989)의 인기로 다시 한 번 전성기를 맞았다. 1989년 수입된 홍콩영화 편수는 89편으로, 미국영화 수입 물량(91편)을 위협할 정도였다. 그리고 민주화 바람과 올림픽, 북방정책의 영향으로 제3세계영화, 소련과 동구권 영화, 중국영화 등이 화제 속에 개봉했다. 1988년에는 소련영화인 〈모스크바는 눈물을 믿지 않는다〉(블라디미르 멘쇼프, 1979)를 비롯해 9편의 공산권 영화가, 1989년에는 4편의 공산권 영화가 수입되며 대중의 관심을 모았다.

이와 같이 영화법 개정 후 급변한 영화시장 상황은 오랜 시간 이어져 내려온 흥행·배급 시스템에도 균열을 일으켰다. 시장의 자유화와 개방으로 지방 흥행업자들의 영향력이 약화되면서 오랜 시간 이어져 내려오던 배급 구조가 흔들리기 시작했으며, 견고했던 개봉관–재개봉관–3번관–4번관의 흥행 시스템도 무너지기 시작했다.[18] 이러한 변화에 따라 1980년대 후반 영화문화도 변모해 가기 시작했다. 아이러니한 점은, 영화법의 개정으로 일어난 변화들이 관객이 체감하는 영화문화 측면에서는 긍정적인 효과를 가져오기도 했다는 것이다. 외국영화의 수입 편수 제한이 해제되면서 영화를 선택할 수 있는 범위가 이전에 비해 넓어졌고, 공급량의 증가로 극장 지형이 변화하면서 관람 환경 또한 개선되었다.

| 매체 환경의 변화

TV와 VCR의 확산은 수용자가 능동적으로 영화를 볼 수 있는 환경으로 변화하고 있다는 것을 뜻했다. 가정 내에서 손쉽게 TV영화를 녹화해 놓았다가 언제라도 볼 수 있게 되었고, 비디오 대여점의 영화를 골라 볼 수 있게 되었다. 더불어 복사에 복사를 거듭한 저화질의 화면일지언정 극장에서는 쉽게 볼 수 없는 예술영화를 비롯한 다양한 영화들도 비디오를 통해 접할 수 있게 되었다.

소극장의 확산이 그랬던 것처럼, TV와 VCR의 확산은 영화문화를 극장을 구경하는 것에서 언제 어디에서나 영화를 손쉽게 시청할 수 있는 일상의 문화로 전환하게 했고, 그 속에서 대중은 저마다의 취향을 발견해 나갔다.

컬러TV의 확산과 TV영화의 인기

1980년 상반기, 그동안 금지되었던 컬러TV의 시중 판매가 허용될 조짐이 보이며 지연되고 있던 컬러 방송 개시도 가시화되었다. 1980년 8월 2일 컬러TV의 시중 판매가격이 14인치 32만 6,370원, 20인치 42만 4,000원으로 결정되면서 국내 가전 3사인 금성사 · 삼성전자 · 대한전선이 본격적으로 컬러TV 판매에 들어갔다. 그리고 얼마 지나지 않아 컬러 방송이 시작되었다. 1980년 12월 1일 KBS 1TV가, 12월 22일부터는 KBS 2TV와 MBC TV가 컬러 시험방송을 거친 후 1981년 1월 1일부터 본격적인 컬러 방송 시대로 접어들었다. 1980년 극장 평균 요금이 957원이었음을 감안할 때 컬러TV의 가격은 고가임에도 불구하고 판매 속도가 빠르게 증가했다. 1978년 흑백TV 5백만 대를 넘어섰던 TV 보급 수는 1981년 본격적으로 컬러 방송이 시행되자 컬러TV 보급 수만 1백만 대를 돌파했고, 1983년에는 컬러TV를 포함한 TV 보급 수가 1천만 대를 넘어섰다. 1988년 올림픽을 치르고 나서는 640만 대를 기록할 정도로 컬러TV의 보급은 빠른 속도로 이루어졌다(**표7**).

컬러 방송의 시작과 더불어 위성중계 기술의 발달도 1980년대 컬러TV의 빠른 확산에 영향을 주었다. 1980년대 전 세계로 위성

표7 인구 대비 TV 보급률

연도	총인구	서울시 인구	텔레비전 수상기 보급률
1980	38,492,000	8,366,756	6,626,584(흑백)
1981	38,308,000	8,676,037	6,939,437(흑백) 1,196,431(컬러)
1982	39,641,000	8,916,481	7,530,239(흑백) 2,299,243(컬러)
1983	40,264,000	8,916,481	7,784,214(흑백) 3,181,168(컬러)
1984	40,361,000	9,681,296	8,458,068(흑백) 4,288,222(컬러)
1985	40,466,000	9,645,824	8,205,721(흑백) 4,707,317(컬러)
1986	41,826,000	9,645,932	8,423,374(흑백) 4,925,413(컬러)
1987	42,082,000	9,788,932	5,390,075(컬러)
1988	42,593,000	9,991,089	6,417,039(컬러)
1989	43,847,000	10,576,794	6,700,000(컬러)

※ 출처: 영화진흥공사, 《한국영화연감》(1980~1990) 자료 재구성.

생중계된 대표적인 프로그램으로 백남준이 참여한 〈굿모닝 미스터 오웰〉, 에티오피아 기아 문제를 해결하기 위해 기획된 자선공연 〈라이브 에이드Live Aid〉 등을 들 수 있다. 세계 최초로 인공위성을 통해 생중계한 〈굿모닝 미스터 오웰〉은 국내에서도 1984년 1월 1일 KBS 1TV를 통해 생중계되었고, 〈라이브 에이드〉는 공연 다음 날인 1985년 7월 14일 MBC TV가 3시간으로 편집해 녹화방영했다. 16개의 인공위성을 이용해 중계된 〈라이브 에이드〉는 전 세계 약 160개국(동시 생중계 80개국, 녹화중계 80개국)의 15억 명이 시청한 것으로 알려졌다. 이처럼 전 세계로 위성중계되는 뉴스, 음악, 공연, 스포츠 등의 콘텐츠를 컬러TV를 통해 실시간으로 경험하는 시대로 전환되고 있었다. 이에 따라 대중도 시청각 매체의 변화를 적극적으로 받아들이기 시작했다.

한편, 한국에서 TV 방송이 시작된 이래 영화 프로그램은 각 방송사 편성표의 황금시간대를 차지해 오고 있었다. TV로 영화를 주로 보던 세대들에게 대표적인 프로그램인 MBC TV의 〈주말의 명화〉와 KBS 1TV의 〈명화극장〉은 1969년 출발해 오랜 시간 시청자들의 사랑을 받았다. 1980년 방송 통폐합으로 KBS 2TV에 신설된 〈토요명화〉 역시 인기 프로그램으로 자리 잡았다. 대중뿐만 아니라 다수의 영화인이 어린 시절의 영화 경험으로 이 프로그램들을 가장 먼저 언급*할 정도로 TV 영화 프로그램의 영향력은 컸다. 때문에 컬러 방송이 시작되면서 방송사 간의 영화 프로그램 경쟁도 가열되었다.

영화와 마찬가지로 TV도 정부 규제로 외국영화의 수급이 제한적이었기 때문에, 방송사들은 한국영화로 눈을 돌리기 시작했다. 예컨대 KBS는 1970년대에 잘 방영하지 않던 한국영화를 '걸작선'이나 '특선'이란 이름을 붙여 편성하기 시작했다. 1983년 6월 특별 편성된 〈6·25 전쟁영화 시리즈〉, 7월의 〈한국 전쟁영화 시리즈〉, 11월의 〈한국영화 걸작선〉, 12월의 〈대종상 수상 시리즈〉를 통해 〈들국화는 피었는데〉(이만희, 1974)를 비롯해 총 18편의 한국영화가 방영되었다. 한국영화 방영에 대한 시청자들의 반응은 매우 호의적이어서, 〈한국 전쟁영화 시리즈〉로 방영됐던 〈남과 북〉(김기

---

* 이러한 회고들은 《영화하는 여자들》(주진숙·이순진 지음, 사계절, 2020), 《2023년 한국영화사 구술채록연구 시리즈 〈주제사〉: 영화문화의 변화와 사설 시네마테크》(한국영상자료원, 2023) 등에서 확인할 수 있다.

덕, 1964)의 시청률이 60퍼센트를 기록[19]할 정도였다.

TV 방영 영화들은 대체로 시청자들의 사랑을 받았지만, 극장가의 재상영 프로그램과 마찬가지로 인기 작품들을 반복적으로 재방영해 평론가들에게 지탄을 받기도 했다. 수급 제한으로 발생한 고질적인 문제였지만, 그럼에도 불구하고 시청자들에게 '흘러간 명화'는 늘 사랑받았다. 일례로 1985년 9월 시청자 투표로 KBS가 보유한 30여 편의 외국영화 중 5편을 선정해 〈명화극장〉 시간에 방영하는 이벤트가 진행되었는데, 우편과 전화로 참여한 시청자 투표 수가 3만 7천 표를 넘을 정도로 인기를 끌었다. 이 이벤트로 뽑힌 '다시 보고 싶은 명화' 1위는 1만 438표를 받은 〈러브 스토리〉(아서 힐러, 1970)였고 그 뒤를 〈빠삐용〉(프랭클린 J. 샤프너, 1973), 〈애수〉(머빈 르로이, 1940), 〈스팅〉(조지 로이 힐, 1973), 〈누구를 위하여 좋은 울리나〉(샘 우드, 1943)가 차지했다.[20]

1988년 영화계가 미국영화 직배라는 커다란 문제에 직면했을 때 TV영화도 방향 전환을 하고 있었다. 이 시기 민주화의 바람과 올림픽 개최, 공산권 국가들의 예술 작품 개방 그리고 심의 완화로 TV 방영 영화 소재의 폭이 넓어지며 다양한 영화가 방영되기 시작했다. 특히 서울올림픽을 계기로 KBS와 MBC가 세계 각국의 TV 프로그램 배급사들과 직접 배급 관계를 맺으면서 다양한 국가의 영화들이 시청자들에게 소개되었다. 1989년 KBS는 소련영화 〈차이코프스키〉(이고르 탈란킨 · L. 사디코바 · 미하일 투마니시빌리, 1969), 〈안나 파블로바〉(에밀 로티누, 1983)를 비롯해 헝가리영화 〈메피스토〉(이스트반 자보, 1981), 〈바람과 그림자〉(가보르 팔, 1985) 등을 방영했고, MBC도 헝가리영화 〈부다페스트의 두 청년〉(팔 산도르, 1983), 체코영화 〈우리 마을〉(이리 멘젤, 1985) 등을 방영했다. 1989년 MBC가 〈주말의 명화〉 시간에 방영한 50편의 영화 중 15편, 〈일요특선〉 40편 중 13편이 미국 외 지역 영화[21]였다는 것은 방송사들이 미국영화 중심의 편성에서 벗어나고자 했다는 것을 보여 준다.

TV 방송이 시작된 이래 영화 프로그램은 언제나 시청자들의 주목을 받았지만, 컬러 시대를 맞이한 1980년대는 가히 TV영화의 전성기라고 할 만한 시기였다. 흘러간 명작은 시대의 흐름과 상관없이 시청자들의 지지를 받았고, 외화 더빙에 참여하는 성우들은 스타가 되었다. 또한 컬러 방송의 시작과 컬러TV의 확산으로 한국영화가 안방극장 관객들에게 다시 한 번 다가가는 기회가 마련되었으며, 민주화운동과 북방정책의 영향으로 이전에는 볼 수 없었던 영화들을 TV 화면으로 만나볼 수 있게 되었다.

비디오의 보급과 성장

국산 VCR과 비디오테이프의 시판과 보급, 비디오 대여점의 전국적 확산, 대기업과 미국 직배사의 비디오시장 진출 등이 이어지며 비디오는 1980년대 주요 매체로 성장했다. 그 결과, 1980년대 말에는 비디오시장의 연간 매출액이 극장용 영화시장을 넘어설 정도로 규모가 커졌다. 산업의 영역으로 비중 있게 다룰 만큼 비디오라는 매체의 비중이 커진 것이다. 그러면서 비디오는 극장, TV와 밀접한 영향 관계를 형성하기 시작했다.

컬러 방송의 시작과 함께 VCR은 빠른 속도로 보급되었다. 1981

년 7만 9천 대에 머물렀던 VCR 보급률은 1984년 40만 대, 1985년 60만 대, 1986년 1백만 대로 해마다 큰 폭으로 증가했고, 1988년 올림픽을 치르며 정점을 찍었다. 그 결과 1989년 6월, VCR은 전국에 260만 대가 보급되었는데, 수치로만 본다면 4가구마다 한 대씩 VCR을 구비한 것이었다. 가정 내 VCR의 보급률이 가파르게 성장하며 비디오 대여점의 숫자도 빠르게 늘어났다. 1985년 서울에 2천여 개, 전국에 4천여 개였던 비디오 대여점은 1989년이 되면 전국에 2만여 개가 들어설 정도로 인기 업종으로 자리 잡았다. 이에 따라 비디오로 영화를 즐기는 사람들의 비중도 높아졌다. 예컨대 영화 관련 여론조사만 보더라도 비디오가 영화를 보는 중요한 매체로 떠오른 것을 알 수 있다.

1980년대 중반까지만 해도 비디오를 통한 영화 시청 경험 여부가 여론조사의 중요한 항목이었다면, 1980년대 후반에는 비디오를 통한 영화 시청 빈도가 중요한 질문으로 떠올랐다. 그리고 그 결과를 보면 1983년에는 세 명에 한 명 정도만이 비디오로 한국영화를 본 경험이 있었던 데에 비해, 1989년이 되면 세 명에 한 명 이상이 한 달에 1회 이상 비디오로 영화를 보았다는 것을 알 수 있다. 참고로 이들이 비디오로 즐겨 보는 나라별 영화는 미국영화(36.5퍼센트), 홍콩영화(28.1퍼센트), 한국영화(21.1퍼센트), 대만영화(8.3퍼센트), 유럽영화(2.6퍼센트), 기타(1.4퍼센트), 동구권 영화(1.3퍼센트), 일본영화(0.3퍼센트) 순이었는데, 이 조사로 극장과 TV에서도 발견되는 홍콩영화의 인기와 동구권 영화 개방을 다시한 번 확인할 수 있다.[22]

한편으로는 비디오의 영향력이 커지면서 여러 가지 문제가 불 거지기도 했다. VCR의 확산과 비디오시장의 성장으로 영화를 접 하는 통로가 다양해지고 편리해진 것은 영화문화가 다채로워지는 데에 장점으로 작용했지만, 불법 비디오와 청소년에 미치는 영향 력 등이 사회문제화되기 시작한 것이다. 특히 정식으로 출시된 영 화들뿐만 아니라 불법복제된 영화들이 시중에 유통되면서 비디오 의 파급력을 우려하기 시작했다. 1980년대 초반까지만 해도 다방 이나 만화방, 오락실, 숙박 시설을 통해 유통되던 불법 비디오테 이프는 VCR의 판매량이 급속히 증가하면서 가정으로까지 확산 되었다. 특히 극장에 걸려 있거나 아직 걸리지 않은 영화들이 일 명 '삐짜 비디오'로 불리며 전국적으로 불법유통되는 것이 심각 한 문제로 떠올랐다. 1985년 시중에 유통된 비디오테이프의 80퍼 센트가 불법 복사물[23]이라고 집계될 정도였다. 일례로 1987년 "청 소년 70퍼센트가 비디오를 즐긴다"는 발표[24]는 영화문화의 긍정 적인 측면을 주목하는 것이 아니라, 비디오가 가진 접근성과 편의 성 때문에 청소년의 여가문화가 관리되지 못한다는 부정적인 측 면을 강조하는 것이었다. 그런데 아이러니하게도 이와 같은 불법 복제가 문화예술운동과 영화문화의 저변을 확대하는 데에 중요한 역할을 했다. 광주의 참상이 비디오로 전파되며 대량 매체와는 또 다른 파급력을 미쳤고, 문화예술운동의 각 분야에서 불법복제한 영화들이 교육용 콘텐츠로 활용되기도 했다. 한편으로 비디오는 명실공히 영화운동의 핵심 매체로 자리 잡았으며, 사설 시네마테 크 설립의 기반이 되었다.

이처럼 비디오 매체는 1980년대 후반이 되면 시장의 규모나 문화적 파급력에서 영화와 TV만큼 비중이 커졌다. 영화시장 개방으로 한국의 비디오업자뿐만 아니라 UIP-CIC를 비롯한 직배사들이 비디오시장에 진출하면서 더욱 강한 영향력을 행사하기 시작했다. 직배를 통해 정식 출시되는 외국영화 편수가 가파르게 늘어나는 것에 정비례해서 비디오 대여점의 숫자도 급상승했다. 그리고 비디오의 영향력이 커지자, 비디오 매체의 사회적 영향력과 영화문화의 방향에 대해 고민하는 움직임이 생겨났다. 1989년, 150여 개의 비디오 대여점 운영자들이 모여 불법 비디오 근절을 결의하고 전국비디오판매업자협회를 설립한 것에 이어 서울기독교청년회YMCA 사회개발부가 불법·음란 비디오를 추방하고 건전한 비디오문화를 육성하는 사업을 펼치기 시작했다.[25] 이 사업은 1989년 9월 '건전 비디오문화를 연구하는 시민의 모임(건비연)' 설립으로 이어졌다. 건비연은 비디오에 대한 감시 기능을 수행하는 동시에 우수한 비디오영화, 좋은 비디오, 청소년들에게 유익한 비디오 등의 목록을 선정해 비디오문화와 영화문화가 다채로워지는 데에 역할을 했다. 나아가 건비연의 활동은 1990년대 영화문화에서도 한 부분을 차지하는 비디오 대여점 체인인 '으뜸과 버금'의 발족으로 이어졌다.

| 1980년대, 영화가 일상의 문화가 되다 |

이상과 같이 1980년대 영화문화를 가로지르는 가장 큰 특징으로 영화를 수용하는 통로가 다양해진 것을 주목했다. 이 시기 도심의 대극장이 중심이 되었던 극장 지형은 부도심과 외곽 지역에 소극장들이 속속 생겨나며 일상의 문화공간으로 변화하기 시작했다. 컬러 방송과 위성방송의 시작 그리고 컬러TV와 VCR의 보급으로 영화는 '언제 어디에서나' 볼 수 있는 콘텐츠가 되어 갔다. 매체의 다변화는 영화문화에도 다양한 변화를 불러왔다. 극장가의 개봉 영화뿐만 아니라 TV영화와 비디오영화에 대한 관심과 정보가 주요한 이슈들로 거론되었고, VCR과 비디오테이프 등의 복사 매체를 활용한 열린 강좌와 영화 감상회 등이 활발하게 개최되었다. 이와 같은 현상들은 영화문화 안에 극장용 상업영화뿐만 아니라 다양한 영화들이 포함되기 시작했다는 것을 뜻했다.

수용 환경의 변화는 1980년대 영화문화가 인접 문화들을 경유하거나 동시대의 문화들과 공유하는 지점들을 보여 주기도 한다. 예컨대 1980년대 한국 극장 지형의 대표적인 특징이라 할 수 있는 소극장 증가의 배경에는 1970년대 활발히 진행됐던 연극계 소극장운동의 영향으로 개정된 공연법이 있었다. 1987년 6월민주항쟁 이후 한국민족예술인총연합(민예총)을 비롯한 문화예술운동단체들이 개최한 강좌 내에 자리했던 영화 강좌들과 감상회들은 문화예술운동과 연관관계 속에 있는 1980년대 영화문화의 특징을 보여 준다. 이 시기에 열린 다양한 영화 강좌와 감상회는 문화예술운동의 교육 콘텐츠로 활용되기도 했지만, 프랑스문화원, 독일문화원 같은 외국 문화원이나 대학가 영화제처럼 영화마니아들을 대상으로 한 문화 콘텐츠로 수용되기도 했다.*

---

*   문화예술운동의 일환으로 진행된 열린 강좌와 감상회는 한국영상자료원의 《2023년 한국영화사 구술채록연구 시리즈 〈주제사〉: 영화문화의 변화와 사설 시네마테크》의 〈이영미 편〉을, 영화운동으로서의 영화 배급(보급)과 배급(보급)지침서는 같은 주제의 〈김혜준 편〉을, 외국문화원의 감상회와 관련해서는 《2021년 한국영화사 구술채록연구 시리즈 〈주제사〉: 1970~1980년대 한국 주재 해외문화원의 활동과 영화문화의 변화》에서 자세히 확인할 수 있다.

1 척 클로스터만, 임경은 옮김, 《90년대》, 온워드, 2023, 8쪽.

2 이영미, 〈총론〉, 한국예술종합학교 한국예술연구소 엮음, 《한국현대예술사대계 V: 1980년대》, 시공아트, 2005, 15~16쪽.

3 척 클로스터만, 위의 책, 8~10쪽.

4 호현찬, 〈특집: 칼라 TV의 등장과 한국영화-칼라TV 시대가 열린다면 영화는 어떻게 될 것인가〉, 《영화》, 1980년 7·8월 합본호, 영화진흥공사, 1980, 22~26쪽.

5 〈심야에도 영화 상영한다〉, 《매일경제》, 1982년 3월 19일 9면 기사.

6 〈심야극장 전국 확산, 대구서도 흥행 호조〉, 《동아일보》, 1982년 5월 15일 12면 기사.

7 〈심야극장 문 연 지 한 돌, 서울극장 1300명 초대〉, 《경향신문》, 1983년 5월 26일 12면 기사.

8 《1982년도판 한국영화연감》, 영화진흥공사, 1983, 110쪽.

9 〈심야극장 전국 확산, 대구서도 흥행 호조〉, 앞의 기사.

10 〈건전공연질서 다짐, 서울시극장협 결의〉, 《경향신문》, 1982년 12월 2일 12면 기사.

11 이충직 외, 《한국영화 상영관의 변천과 발전방안》, 문화관광부, 2001, 35쪽.

12 신정철, 〈'82 흥행·영화관〉, 《1982년도판 한국영화연감》, 영화진흥공사, 1982, 72쪽.

13 임영, 〈영화논단: 영화 소극장 운동의 제창-2백 석 영동극장 탄생을 계기로〉, 《영화》, 1982년 11·12월 합본호, 영화진흥공사, 1982, 30~33쪽.

14 이관용, 〈현장보고: 잃어버린 관객을 되찾기 위한 영화 소극장의 실상-전국 소극장의 실태와 문제점〉, 《영화》, 1983년 11·12월 합본호, 1983, 90~93쪽; 이영일, 〈1984년도 한국영화계총관〉, 《1984년도판 한국영화연감》, 영화진흥공사, 1984, 65~66쪽.

15 이영일, 〈1985년도 한국영화계총관〉, 《1985년도판 영화연감》, 영화진흥공사, 1985, 46쪽.

16 〈T셔츠 한 장 얻으려 밤샘 노숙〉, 《동아일보》, 1985년 8월 19일 10면 기사; 〈《람보 2》 상영극장 T셔츠 배부중단〉, 《동아일보》, 1985년 8월 22일 10면 기사; 《매일경제》, 1985년 9월 28일 9면 〈람보 2〉 영화광고 참조.

17 〈극장가 마구잡이 리바이벌 붐 비수기 시간 때우기 작전〉, 《동아일보》, 1987년 5월 19일 8면 기사; 《1988년도판 한국영화연감》, 영화진흥공사, 1988, 125~127쪽.

18 이충직 외, 위의 책, 103쪽.

19 임학송, 〈영화논단: 한국 극영화와 텔레비전의 함수관계-한국 극영화, 텔레비전 방영을 계기로〉, 《영화》, 1984년 1·2월호, 영화진흥공사, 1984, 47~48쪽.

20 〈볼만한 TV 외화〉, 《조선일보》, 1985년 9월 8일 7면 기사.

21 신정철, 〈1989 TV 방영 영화〉, 《1990년도판 한국영화연감》, 영화진흥공사, 1990, 68~70쪽.

22 〈'83영화관계여론조사분석결과: 한국영화에 대한 대도시 시민의 영화 의식에 관한 통계학적 분석연구〉, 위의 자료, 86쪽; 〈전국민대상 영화관계 여론조사〉, 위의 자료, 63~65쪽.

23 〈85년 비디오테이프 80%가 불법 복사물〉, 《조선일보》, 1986년 12월 10일 10면 기사.

24 〈청소년 70% 비디오 즐겨〉, 《경향신문》, 1987년 11월 20일 7면 기사.

25 〈음란 비디오 발붙일 곳 없애자, 150여 가게주인 정화 결의, 각계서 추방운동〉, 《한겨레》, 1989년 3월 24일 8면 기사.

화보

1980년대 극장 풍경

| 이수연 |

※ 출처:《동아일보》, 1982년 4월 17일자 12면 기사 사진.

국도극장 1913년 개관

을지로4가 310번지(지금의 호텔 국도 자리)에 위치한 국도극장은 한때 한국영화 상영관으로 인기를 얻었으나, 1970년대부터는 한국영화산업이 쇠퇴하기 시작하면서 방화 상영관으로는 유지가 어려워지자 외화를 상영하기 시작했다. 1982년 1월 5일 야간 통행금지가 해제되면서 각 극장마다 심야 상영을 시작했는데, 국도극장은 4월 10일 〈바람과 함께 사라지다〉(빅터 플레밍, 1939)를 첫 심야 상영작으로 선택했다. 〈바람과 함께 사라지다〉는 심야 상영작으로서는 다소 긴 상영시간(3시간 50분)에도 불구하고, 1,200석 중 800석이 채워지며 흥행에 성공했다.

국제극장 1956년 8월 28일 개관

종로구 세종로 211(현재 광화문빌딩 자리)에 세워진 3층짜리 극장으로, 재일교포 사업가 이강우가 운영하는 동아흥행주식회사에 매각된 1959년부터 동아흥행에서 수입·제작한 영화들을 주로 상영했다. 1980년 서울시 도시재개발계획에 따라 철거 대상으로 선정된 뒤에도 음향 시설을 일본 '도시바'로 교체하고 극장 시설을 개수하며 관객 확보를 위해 여러모로 힘썼으나, 1985년 4월 14일 결국 폐관, 기존 계획대로 철거되어 30년의 역사를 뒤로하고 사라졌다. 위 사진은 폐관 다음 날 건물 철거를 위해 마지막 상영작이었던 〈사막의 라이온〉(무스타파 아카드, 1981) 간판을 해체하고 있는 모습이다.

단성사 1907년 개관

종로구 묘동 56(현재 단성골드주얼리센터 자리)에 위치한 3층 높이 영화관으로 그 역사는
일제 시기부터 시작된다. 일제 시기 조선인을 대상으로 영화를 상영했던 극장으로 한국
영화의 기원인 〈의리적 구토〉(김도산, 1919)가 개봉되기도 했다. 1953년 동양영화사를 운
영하던 김인득이 불하받아 1962년까지 운영하였으나, 김인득이 영화업을 정리하며 이
남규에게 매각·운영되었다. 1986년부터 1992년까지 태흥영화사에서, 1993년부터는
신도필름에서 임대 운영하기도 했다. 2001년 건물을 철거하고 지하 4층 지상 9층짜리
건물을 신축하며 멀티플렉스로 재개관, 2008년 씨너스, 아산엠그룹을 거쳐 명맥을 이어
갔으나 2012년 끝내 경매로 넘어가며 극장으로서의 역사는 막을 내렸다. 사진은 1988
년 2월 6일 설 특선 영화로 개봉한 〈블랙 위도우〉(밥 라펠슨, 1988)가 상영 중인 단성사의 모
습이다. 당시 한국지사는 설립했으나 아직 배급망을 구축하지 못하고 있던 20세기폭스
는 태흥영화사를 통해 이 영화를 수입·배급했다.

대한극장 **1958년 4월 17일 개관**

충무로4가 125(현재는 퇴계로 212로 주소 변경)에 위치한 1,900석 규모의 개봉관으로, 개관 당시 국내 최대 규모의 시설을 갖춘 것으로 큰 주목을 받았다. 대한극장을 설립한 세기영화주식회사는 1950년대부터 1970년대에 이르기까지 한국영화산업에서 수입·제작·배급·상영 등 전 분야에서 큰 영향력을 갖고 있던 회사로, 현재까지도 대한극장을 운영하고 있다. 사진은 1988년 서울올림픽 개최 기간에 맞춰 한국을 찾는 외국 손님들에게 한국과 한국영화를 알리기 위해 영화진흥공사 주최로 대한극장에서 '한국영화주간'을 개최할 당시 극장 전경을 촬영한 것이다. 9월 14일부터 23일까지 열흘간 이어진 '한국영화주간' 행사에서는 매일 2회에 걸쳐 한국의 극영화 10편(〈씨받이〉(임권택, 1986), 〈연산일기〉(임권택, 1987), 〈안개기둥〉(박철수, 1986), 〈길소뜸〉(임권택, 1985), 〈감자〉(변장호, 1987), 〈깊고 푸른 밤〉(배창호, 1985), 〈접시꽃 당신〉(박철수, 1988), 〈성공시대〉(장선우, 1988), 〈우리는 지금 제네바로 간다〉(송영수, 1987), 〈깜동〉(유영진, 1988))과 문화영화 10편이 교대로 상영되었다.

동아극장 1985년 7월 20일 개관

동아수출공사(대표 이우석)에서 설립한 동아극장은 서울 강남구 역삼동 814-6(현재는 강남구 강남대로 438, CGV강남 자리)에 위치하여, 강남 지역에 개관한 최초의 개봉관으로 주목받았다. 동아수출공사는 1970년대부터 인기 있는 홍콩영화들을 국내에 다수 수입해 왔던 것으로 유명한 영화사였던 만큼, 개관작으로 성룡이 주연한 〈성룡의 프로텍터〉(제임스 그릭켄하우스, 1985)를 선택했다. 1987년 10월 1일 동아수출공사는 장충동에 300석 미만의 소극장인 장충극장을 설립했는데, 개관 기념작으로 〈프로젝트 A 2〉(성룡, 1987)를 동아극장과 동시개봉했다.

명보극장 1957년 8월 26일 개관 *

중구 초동 18-5(마른내로 47)에 위치한 1,500석 규모의 개봉관. 처음 외화수입업자 이지룡이 극장 설립을 계획했지만, 자금난으로 대림산업에 극장 지분 60퍼센트와 경영권을 넘겨주었다. 이후 명보극장은 1965년 호텔사업가 오범석에서 매각되었다가, 1977년 영화배우 신영균이 인수하면서 오늘날의 명보아트홀까지 계속 이어지고 있다. 1982년 화천공사에서 영화 〈안개마을〉(임권택, 1982) 홍보를 위해 서울 시내 남녀 대학생 및 직장인 797명을 대상으로 실시한 설문조사에서 가장 좋아하는 극장 1위를 차지했다. 사진은 1984년 〈어게인스트〉(테일러 핵포드, 1984)가 상영 중인 명보극장의 모습이다. 명보극장은 1984년 4월 16일부터 극장 시설 개수를 위한 휴관에 들어갔다. 명보뿐만 아니라 스카라, 허리우드 등 서울 시내 8개 극장이 더 나은 관람 환경을 갖춤으로써 잃어버린 관객을 되찾고자 보수공사에 착수했다. 〈어게인스트〉는 휴관 3개월 만에 새로운 냉난방시설과 입체음향 돌비시스템을 갖추게 된 명보극장이 재개관 특별작으로 선택한 영화였다. 뿐만 아니라 명보극장은 한림영화사와 공동주최로 영화를 관람하러 오는 관객 중 여배우 '제시'와 닮은 용모의 여성을 선발해 추후 영화에 출연시킨다는 이벤트를 진행하기도 했다.

---

* 1957년 8월 26일 〈상류 사회〉(찰스 월터스, 1986)를 개관 기념작으로 상영하며 영업을 시작했지만, 8월 28일 서울시 경찰국이 "비상구조차 없는 미비한 흥행시설"과 "준공 후 당국의 사용허가도 없었던 것"을 이유로 들어 개관중지를 명령했다. 9월 7일이 되어서야 비상구 시설을 갖추고 재개관하였다. 〈허가없이 개관〉, 《경향신문》, 1957년 8월 28일자 3면 기사; 〈7일부터 개관, 명보극장〉, 《동아일보》, 1957년 9월 9일자 3면 기사 참조.

※ 출처: 김성근(사진에서 제일 왼쪽) 기증 자료.

※ 출처: 《경향신문》, 1982년 7월 19일자 12면 기사 사진.

명화극장 1982년 8월 1일 개관

영등포구 영등포동2가 94-139(현재 명화빌딩 자리)에 위치한 928석 규모의 개봉관. 서울 변두리 지역의 영화배급을 담당하던 대원영배의 유상식 대표가 설립한 극장이다 (1984년 동아흥행이 영업권 인수). 이전까지 충무로와 명동을 비롯한 종로 일부 지역에 개봉관이 집중되어 있었다면, 명화극장의 개관으로 한강 이남 지역에도 처음으로 개봉관이 들어서게 되었다. 당시 명화극장 개관 광고에 따르면, 영국 CP200 70밀리 영사기를 보유하고 있었으며, 돌비스테레오 파워 16인치 알텍 스피커 48개가 설치되어 있었고, 극장 시설 외에도 식당, 수영장, 헬스클럽과 카페, 사우나 등의 오락 시설도 함께 갖추고 있었다. 2002년 폐관하여 이후 '명화나이트'로 운영되다가, 코로나19의 여파로 이마저도 문을 닫고 현재는 비어 있는 상태이다.

서울극장 1958년 5월 29일 개관

종로구 관수동 59-7(동화문로 13)에 위치한 2층짜리 969석 규모의 개봉관. 1958년 개관 당시 소유주는 세기영화사로, 극장 이름도 '세기극장'이었다. 그러나 1978년 영화사의 운영이 어려워진 세기영화사에서 대한극장만을 남기고 나머지 극장들을 정리할 때 '세기극장'을 합동영화사 곽정환 대표가 인수했다. 곽정환 대표는 즉시 대대적인 내부 수리에 들어갔고, 1978년 9월 17일 추석 시즌에 맞춰 재개관했다. 뭐니 뭐니 해도 서울극장 하면 '심야 상영' 이야기를 하지 않을 수 없다. 앞서 '국도극장' 설명에도 나왔지만, 1982년 야간통행금지가 해제되며 심야 상영이 가능해졌다. 제일 먼저 심야 상영을 시작한 것은 스카라극장이었지만, 말 그대로 "이것이 바로 심야 상영이다!"라고 인식할 수 있도록 이벤트화시킨 것은 서울극장이었다. 1982년 3월 27일 매주 토요일 밤 12시 '미드나이트 시어터Midnight Theater'라는 이름으로 시작된 서울극장의 첫 심야 상영작은 정인엽 감독의 에로영화 〈애마부인〉(1982)이었다. 자정이라는 늦은 시간임에도 불구하고, 전체 1,003석의 좌석 중 1,050석(?)이 차는 경이로운 기록을 세웠다.* 사진은 〈대부〉(프란시스 포드 코폴라, 1973) 상영 당시 서울극장 앞 전경으로, 〈대부〉는 1983년 12월 25일 크리스마스·연말 시즌 영화로 개봉하여 1984년 4월 1일까지 98일간 총 27만 2,239명의 관객을 동원했다. 1983년 서울극장은 한국영화 5편과 외화 2편을 상영했는데, 이 중 〈김마리라는 부인〉(정인엽, 1983), 〈안개는 여자처럼 속삭인다〉(정지영, 1982)가 각각 한국영화 흥행 순위 4위와 6위, 외화 〈브레드레스〉(짐 맥브라이드, 1983)와 〈대부〉가 각각 외화 흥행 순위 3위와 9위를 차지하는 등 상영 작품 대부분이 흥행에 크게 성공하며 1983년 극장별 관객 동원수 1위에 올랐다.

---

* 〈영화가 '심야극장' 첫선, 〈애마부인〉 자정 관객 "만원"〉,《동아일보》, 1982년 3월 29일자 12면 기사 참조.

스카라극장 1962년 9월 22일 재개관*

중구 초동 41(현재 아시아미디어타워 자리)에 위치한 3층짜리 1,400석 규모의 개봉관. 70밀리 영사기와 대형 스크린을 갖추고 외국영화 상영관으로서 인기가 높았을 뿐 아니라, 그리스 신전을 연상시키는 화려한 외관으로 대한극장·명보극장과 함께 충무로의 대표적인 영화관으로 자리 잡았다. 1980년대에 들어, 새로운 시설을 갖춘 다른 대형 영화관들에 관객 동원에서 조금 밀리기는 했지만, 스카라극장이 갖고 있는 상징성으로 인해 꾸준히 그 명맥은 유지할 수 있었다. 사진은 〈프라이스레스 뷰티〉(찰스 핀치, 1989)가 상영 중인 스카라극장의 외관. 〈프라이스레스 뷰티〉는 국제영화흥업에서 기획PD로 일했던 황명석이 독립 후 1987년 설립한 동명흥업이 수입한 이탈리아영화로, 1989년 8월 5일 개봉하여 8월 25일까지 총 21일간 2만 1,356명의 관객을 동원하는 데에 그쳤다.

---

* 스카라극장은 1930년 약초극장에서 시작해, 해방 이후 이를 불하받은 홍찬에 의해 수도극장으로 개칭·운영되었다. 그러나 안양촬영소를 건립하고, 한국영화 제작·《현대영화》 발간 등 사업을 확장하던 수도영화사가 1958년부터 경영난을 겪으면서 세금을 체납하고 고용인들의 임금을 체불하는 등 말썽을 일으키더니, 1961년에 끝내 수도극장이 공매로 넘어갔다. 1962년 이를 낙찰받은 국성실업의 김근창 대표가 극장 이름을 '스카라극장'으로 바꾸고 시설을 개축한 후 운영에 들어갔다.

※ 출처: 부산영화체험박물관 기증 자료.

신영극장 1956년 11월 24일 개관

마포구 창천동 20-25(현재 CGV아트레온 자리)에 설립된 재개봉관. 개관 당시 대표는 정
덕용이었으나, 1960년대에 중앙관광개발을 운영하던 사업가 이정환에게 넘어간 것으로
보인다. 신영극장을 검색해 보면 '직배'와 관련하여 많은 기사들을 찾아볼 수 있는데, 바
로 신영극장이 1988년 9월 24일 UIP 영화 〈위험한 정사〉(애드리안 라인, 1987)를 개봉하려
고 했던 극장 중 하나였기 때문이다. 당시 영화인들의 엄청난 반대에 부딪혔지만, 갈수록
대형화되는 개봉관과, 반대로 규모는 작지만 싼 입장료와 거주지 인근이라는 지리적 이
점을 지닌 소극장 사이에서 경쟁력을 잃어 가던 재개봉관으로서는 미국 UIP 영화 상영
권은 생존을 위한 기회였기에 쉽게 포기할 수 없었다. 이듬해에도 신영극장의 UIP 직배
영화 상영은 계속되어 1989년 설 특선 영화로 〈007 리빙 데이라이트〉(존 글렌, 1989)를 개
봉했다. 이번에도 영화인들은 직배를 반대하며 신영극장 앞에 모였다. 사진은 1989년 2
월 4일 〈007 리빙 데이라이트〉가 상영 중인 신영극장 앞에서 50인의 영화인이 미국영화
직배 반대 시위를 진행하는 모습이다.

아세아극장 1962년 12월 23일 개관

종로구 청계천3가와 4가 사이(주소는 장사동 156-1, 현재 세운4구역 재개발 공사가 진행 중이다), 아시아전자상가 3~5층에 위치한 개봉관. 1986년 화천공사가 운영권을 인수한 후 6억 원을 들여 4개월간 보수공사를 진행하고 8월 23일 재개관하였다. 당시 신문 기사에 따르면 새로 개관한 아세아극장은 '여성영화 전용관'을 표방하며 재개관 기념작으로 〈립스틱〉(라몬트 존슨, 1976)을 상영했다.* 사진은 1988년 2월 16일 개봉한 영화 〈백 투 스쿨〉(알란 메터, 1986)이 상영 중인 아세아극장 앞의 풍경을 촬영한 것이다. 〈백 투 스쿨〉은 다모아필름에서 수입·배급한 영화로, 다모아 1관과 아세아극장에서 동시개봉했다.

중앙극장 1956년 6월 13일 재개관**

중구 저동1가 48(현재 대신파이낸스센터 자리)에 위치한 개봉관. 1960년대까지는 동양영화사에서 운영하였으나, 이후 영화 관련 사업의 경영을 김인득 대표의 동생인 김인동이 맡게 되면서, 김인동이 대표로 있던 대영영화사에서 서울 중앙극장을 비롯하여 부산 부영극장과 대영극장까지 운영하게 되었다. 1982년 중앙극장은 외화 〈챔프〉(프랑코 제피렐리, 1979)를 29일, 〈레이더스〉(스티븐 스필버그, 1982)를 119일, 〈개인 교수〉(앨런 마이어슨, 1981)를 62일간 상영하여 외화상영 제한일수인 200일을 넘기며 물의를 빚었다. 이에 서울시에서는 중앙극장에 영업정지 처분을 내렸는데, 스크린쿼터 불이행에 따른 행정처분은 중앙극장이 첫 사례였기 때문에 영화계 안팎에서 큰 논란을 불러일으켰다. 서울시의 결정 이후 문공부에서는 "음력설이나 추석에 국산영화를 상영할 경우 10일을 추가로 외화를 상영할 수 있도록" 한 규정을 들어 중앙극장의 외화상영일수가 정당함을 주장했고, 법령을 다시 검토한 서울시에서도 '영화시책'을 어기기는 했으나 '영화법'에는 위배되지 않는다고 판단, 중앙극장에 내렸던 영업정지 처분을 취소했다. 사진은 1989년 8월 19일 개봉한 〈흔들리는 여자〉(고든 헤슬러, 1988)가 상영 중인 중앙극장의 모습이다. 〈흔들리는 여자〉는 중앙극장에서만 21일간 상영되며 관객 2만 2,884명을 동원하는 부진한 성적을 거두었지만, 뒤이어 상영된 〈매춘 2〉(고영남, 1989)는 1편의 성공에 힘입어 42일간 10만 873명의 관객을 동원하며 흥행에 성공했다.

---

* 〈개봉관마다 현대화 경쟁〉, 《조선일보》, 1986년 8월 16일자 7면 기사; 〈여성문제 영화 늘어난다〉, 《조선일보》, 1986년 8월 31일자 7면 기사 참조.
** 1922년 일본인 상대 공연장인 중앙관이 그 시초로, 1934년 '중앙극장'으로 이름을 바꾸었다. 해방 이후 김상진이 적산으로 관리하다가, 1956년 동양영화사의 김인득이 인수하여 수리한 후 개봉관으로 재개관했다.

천호극장 1960년 12월 1일 개관

강동구 천호동 425-7(현재 대우베네시티 아파트 자리)에 위치한 재개봉관. 천호동 구사거리를 중심으로 천호극장이 생기고 다음 해인 1961년 4월 18일에는 문화극장이, 1969년 9월 17일에는 동서울극장이 들어서며, 비록 재개봉관이긴 하지만 천호동에만 3개의 극장이 개관했다. 사진은 1984년 강동구 도시새마을운동 촉진대회 및 구정보고가 개최된 천호극장 앞의 풍경을 촬영한 것으로, 오늘날과 같이 구민회관이나 강당 같은 시설이 부족했던 당시에는 이처럼 극장이 주민들을 위한 공적 장소로 활용되기도 했다. 이외에도 1981년 2월 7일에는 민정당 강동지구당대회가 문화극장에서 개최되었으며, 1982년 2월 25일에는 '암상동 구획정리 시정건의 모임'을 천호극장에서 갖기도 했다. 그러나 서울 변두리 지역 극장 이야기를 하자면 뭐니 뭐니 해도 동시상영을 빼놓을 수 없다. 사진의 광고판에서도 천호극장은 14일부터 16일까지 〈플래시댄스〉(애드리안 라인, 1983)와 〈나는 77번 아가씨〉(박호태, 1978)를 동시상영하고, 17일부터는 〈비호문〉(이현우, 1983)과 〈3일낮 3일밤〉(이원세, 1983)을 동시상영함을 알 수 있다. 지금은 낯선 상영 방식이지만, 동시상영은 표 하나를 사면 두 편의 영화를 볼 수 있기에 싼 가격에 오랜 시간을 때울 수 있는 서민들의 여가 활용 방법 중 하나였다.

피카디리극장 1959년 12월 31일 개관

종로구 돈의동 139(현재 CGV피카디리1958 자리)에 위치한 개봉관. 동양영화사 김인득이 설립한 극장으로 개관 전까지는 극장명을 '반도극장'으로 홍보하였으나, 1959년 12월 31일 개봉 당시에 '서울키네마'라는 이름으로 변경하였다. 그러다가 1960년 9월, 외화전문 개봉관이 되면서 이름을 다시 반도극장으로 바꾸었다. 1962년 김인득은 '한국슬레이트' 인수를 위해 단성사와 반도극장을 처분했다.[*] 새로운 주인을 찾은 반도극장은 1962년 8월 새로운 극장명을 공모했는데, 이때 당선된 명칭이 '피카디리'였다. 1983년에는 다른 충무로 극장들이 그러했던 것처럼, 피카디리도 휴관을 하고 내부공사에 들어갔다. 7월 23일 재개관 이후 피카디리극장은 흥행 폭탄이 터졌다. 1984년 〈고래사냥〉(배창호, 1984)을 시작으로 〈007 옥토퍼시〉(존 글렌, 1983), 〈스카페이스〉(브라이언 드 팔마, 1983), 〈람보 2〉(조지 P, 코스마토스, 1985), 〈나인 하프 위크〉(애드리안 라인, 1986), 〈탑건〉(토니 스콧, 1986) 그리고 사진에서 보이는 〈이장호의 외인구단〉(이장호, 1986)에 이르기까지 1980년대 후반 흥행 순위 TOP 10 안에 들어가는 영화 다수가 피카디리에서 상영되었다. 제5차 영화법 개정으로 영화제작이 자유화되며 피카디리극장도 '익영영화사'를 설립하게 되는데, 익영영화사는 후에 1990년대 기획영화의 대표작이라 불리는 〈결혼이야기〉(김의석, 1992)를 제작했다.

---

[*] 〈나의 기업인생(50) 삶과 신앙: 벽산 김인득(13)〉, 《경향신문》, 1994년 3월 29일자 12면 기사 참조.

※ 출처: 강동구청 홈페이지 '강동갤러리'.

오성극장 (인천) 1971년 11월 22일 개관

인천 동구 송현동 92(화도진로 34)에 위치한 개봉관.[*] 일명 '양키시장'으로 더 잘 알려진 인천 송현자유시장 인근에는 비슷한 규모의 극장 2개가 있었는데, 하나가 사진에 있는 오성극장이고, 다른 하나는 현재까지 운영되고 있는 미림극장이다. 오성극장 대표 오윤섭은 미림극장 창업주인 고은진의 사위로, 원래 함께 미림극장을 운영하다가 고은진이 물러나고 그 아들이 미림극장을 물려받게 되면서 독립하여 오성극장을 설립했다. 특이하게도, 극장 로비에서 키우던 앵무새가 사람의 말을 곧잘 따라하는 것으로 유명해져서 1975년 11월 20일 MBC 〈어린이마을〉(1975~1976)이라는 프로그램에 특별출연했다는 기록이 있다.[**] 사진은 〈기문사육방〉이 상영 중인 오성극장의 모습이다.

현대극장 (인천) 1960년 10월 11일 개관

인천 동구 송림동 105(샛골로 163. 현재 잡화점이 운영되고 있으나 건물 외관은 그대로 남아 있다)에 위치한 재개봉관. 송림로터리(현 송림오거리) 현대시장 인근에 위치하여 송림동의 랜드마크처럼 알려졌다. 사진을 보면, 현대극장은 이미 1960년에 개관한 극장임에도 현수막에 "축 개관"이라는 글자가 적혀 있고, 극장 앞에 화환들이 놓여 있다. 현대극장은 1988년까지 재개봉관으로 등록되어 있었는데, 《1990년도 한국영화연감》에 따르면 1989년 개봉관으로 승격되었다. 이를 위해 잠시 휴관하며 내부 시설 보수공사를 진행한 후 새로운 영화와 함께 재개관을 한 것으로 보인다.[***] 이전 시리즈들이 비디오로 출시되며 더 많은 국민학생 팬을 끌어모으기 시작한 〈호소자〉의 여섯 번째 시리즈(〈호소자 6〉(임만장, 1989))가 겨울방학 특선작으로 1989년 12월 23일 서울 용산구에 위치한 금성극장에서 개봉했고, 이틀 뒤인 12월 25일 인천 현대극장과 자유극장에서도 동시개봉했다. 금성극장은 개봉 이벤트로 2일간 출연 배우들의 팬 사인회를 진행했는데, 현대극장도 금성극장의 이벤트가 끝나는 이틀 뒤를 개봉일로 잡고 개봉일에 맞춰 팬 사인회를 진행한 것으로 보인다.

---

[*] 설립 당시에는 재개봉관이었다. 정확한 날짜는 기록이 남아 있지 않아 확인할 수 없지만, 1977년 영화진흥공사에서 발간한 《한국영화자료편람(초창기~1976년)》에는 재개봉관으로, 이후 《1981년도 한국영화연감》에는 개봉관으로 기록되어 있어 1978~1980년 사이 개봉관으로 승격되었음을 추측할 수 있다.

[**] 〈[TV하이라이트] 풍인국교합창단 등 출연〉, 《경향신문》, 1975년 11월 20일자 8면 기사.

[***] 〈호소자 6〉의 영화카드 전단에도 "축 개관 인천 최고의 새 개봉관 탄생! 최신 돌비시스템 완비, 안락한 휴게실 완비"라는 선전 문구가 적혀 있어, 이를 통해서도 이와 같은 사실을 추측해 볼 수 있다. 네이버 블로그 '어른왕자 수집이야기' 영화카드(외화) 1980년대 이후 항목 중 〈호소자 6〉 영화카드 참고. https://blog.naver.com/ssagaji_joon/223078012340(최종확인: 2023.10.24.)

육림극장 (춘천) 1964년 4월 1일 개관

춘천시 운교동 79-10(춘천시 중앙로77번길 41-2, 아직까지 육림극장 건물과 간판이 남아 있다)에 위치한 개봉관. 육림극장은 원주의 시공관, 강릉의 신영극장과 함께 강원도 지역을 대표하는 개봉관 중 하나로 오랫동안 지역 주민들의 사랑을 받았다. 육림극장이 관객들의 사랑을 받았던 이유는 인기 있는 영화들을 빠르게 볼 수 있어서였는데, 이는 육림극장에 영화필름을 배급한 육림영화사의 영향이 컸다. 1970년대 의정부 중앙극장을 인수하며 영화업에 뛰어든 태흥의 이태원 대표는 일찍이 배급 라인의 중요성을 깨닫고, 육림극장 대표 정영순과 손을 잡았다. 두 사람은 육림영화사를 설립한 후 서울의 제작사들로부터 다른 배급사들보다 비싼 값을 주고 배급권을 사들였고, 1970년대 중반부터 1980년대까지 경강(경기·강원) 지역 극장에 대한 배급률이 50퍼센트에 달할 정도로 성장했다. 1980년대 영화들의 신문광고를 보면, 전국 동시개봉 극장들 중 춘천 육림극장의 이름이 유독 자주 보이는 것도 이러한 이유 때문이다. 사진은 〈추락하는 것은 날개가 있다〉 (장길수, 1989)가 상영 중인 육림극장의 모습. 〈추락하는 것은 날개가 있다〉는 1990년 1월 26일 서울 국도극장을 시작으로 부산 부영극장, 대전 중앙극장, 광주 무등극장, 대구 아카데미극장, 의정부 중앙극장과 춘천 육림극장 등 전국 25개 관에서 동시개봉했다.

중앙극장 (대전) 1961년 6월 28일 재개관*

대전 대동구 중동 93-2(대전로797번길 27, 주차장빌딩 자리)에 위치한 개봉관. 대전역과
중앙시장이 인근에 있어 1960년대부터 1970년대까지 중앙극장 앞 좁은 길은 늘 많은
사람들로 붐비는 대전의 대표적인 번화가 중 하나였다. 사진은 〈진아의 벌레먹은 장미〉
(정회철, 1982)가 상영 중인 모습이다. 〈진아의 벌레먹은 장미〉는 1982년 10월 9일 서울의
중앙극장과 부산 대영극장, 마산 강남극장, 광주 무등극장, 대전 중앙극장, 청주 청주극
장, 울산 천도극장, 진주 제일극장에서 동시개봉했다.

---

* 대전 중앙극장의 전신인 '대전극장'은 1936년 개관한 극장으로, 영화진흥공사에서 발간하는《한국영화연
  감》에 1961년 6월 28일 '중앙극장'으로 등록된 것으로 나오지만, 실제 신문 기사에서는 1958년부터 중앙
  극장이라는 이름을 사용한 기록이 있다. 아마도 해방 후 적산이 되며 대전극장이 운영을 하지 않는 사이,
  일제 시기 설립된 또 다른 극장인 경심관이 1954년 대전극장으로 이름을 바꾸었고, 기존의 대전극장은 중
  앙극장이라는 이름을 임시로 사용하다가 1961년에 재개관을 하며 정식으로 '중앙극장'이라는 이름을 등
  록한 것으로 보인다.

부산극장 (부산) 1934년 11월 5일 개관

부산 중구 남포동5가 18-1(중구 비프광장로 36, 현재는 메가박스 부산극장으로 운영 중)에
위치한 개봉관. 일제 시기 '부산극장'이라는 이름으로 개관한 이후 이름이 몇 번 바뀌었
으나, 1950년부터 변함없이 '부산극장'이라는 이름을 사용 중이다. 한국전쟁 중에 임시
국회의사당으로 사용되었다는 기록도 있다. 서울 시내의 극장들이 그랬던 것처럼, 부산
극장도 1982년 극장 내외부 시설 공사를 하고 재개관하였다. 사진은 재개관 이후 1984
년 추석 특선 프로로 〈지옥의 7인〉(테드 코체프, 1984)을 상영 중인 모습이다.

대영극장 (부산)
1957년 7월 12일 개관.

부영극장 (부산)
1969년 9월 25일 개관

대영극장은 부산 중구 남포동5가 15-1(중구 비프광장로 37 12-1, 현재 롯데시네마 대영이 운영 중이다), 부영극장은 남포동5가 33(중구 비프광장로 40, 현재 피프존 빌딩 자리)에 위치한 개봉관. 두 극장의 위치를 지도에서 찾아보면 길 하나를 사이에 두고 거의 마주보는 곳에 자리했음을 알 수 있다. 대영과 부영, 그리고 대영극장 바로 옆에 위치한 혜성극장(1983년 개관, 재상영관)까지 모두 대영영화사가 운영하던 극장으로, 전국 동시개봉이 본격화되던 1980년대에는 서울 중앙극장에서 상영하는 영화는 부산 대영 또는 부영극장에서 동시에 개봉, 상영되었다. 큰길가에 위치해 있기도 하고 극장 규모도 더 커서 부영극장에서 흥행작들이 상영되곤 했는데, 이때 부영극장 전면에 설치한 대형 입체 광고판은 극장 앞을 지나가는 사람들에게 좋은 구경거리를 제공했다.

· 1957년 1월 31일 용사회관 개관 후 7월 12일에 대영극장으로 이름을 바꿈. 부산영화체험박물관 블로그
'부산영화사 디지털 아카이브' 부산극장사 참고. http://blog.busanbom.kr/%EB%B6%80%EC%82%B0-
%EA%B7%B9%EC%9E%A5%EC%82%AC-%EC%97%B0%ED%91%9C18812014/(최종확인: 2023.10.31.)

국도극장 (부산)

1969년 12월 8일 개관

제일극장 (부산)

1957년 4월 3일 개관

부산 중구 남포동6가 90(비프광장로 18, 국도타운 자리)에 위치한 국도극장과 남포동5가 24(비프광장로 28, 현재 메가박스 부산극장신관으로 운영 중)에 위치한 제일극장은 현재는 높은 건물들에 가려 서로 보이지 않지만, 1980년대만 해도 제일극장 앞에서 국도극장의 상영작이 무엇인지 확인할 수 있었다. 위 사진에서도 〈고스트버스터즈〉(이반 라이트만, 1984)가 상영 중인 국도극장의 간판이 제일극장(〈스카페이스〉(브라이언 드 팔마, 1984) 상영 중)에서 보이는 것을 알 수 있다. 국도와 제일극장 외에도 1980~1990년대 남포동5가와 6가에는 부산극장, 부산 아카데미극장, 부영극장, 대영극장, 혜성극장까지 7개의 개봉관이 위치하여 명실상부한 영화의 거리를 이루었고, 그것이 오늘날 '비프(BIFF)광장로'로 이어져 오고 있다.

만경관 (대구) 1923년 3월 7일 개관

대구 최초의 조선인 전용극장이었던 조선관이 화재로 소실된 후 설립한 극장으로, 대구 중구 종로1가 29-4(국채보상로 547, 롯데시네마 프리미엄 만경 자리)에 위치한 개봉관이다. 대구의 극장가와 번화가에서 조금 떨어진 위치에 있기는 하지만, 워낙 그 역사와 전통을 자랑하고 규모도 가장 컸기 때문에(1966년 개축하여 1,034석의 좌석을 갖추고 있었다) 대작 영화를 보고 싶다(또는 영화와 관련해 무대인사 등의 이벤트가 있다) 할 때에는 만경관을 가야 했다. 사진은 〈어벤져〉(마크 디설, 1989)가 상영 중인 만경관의 모습. 〈어벤져〉는 서울 허리우드극장, 부산 국도극장, 광주 제일극장, 대구 만경관 등에서 1989년 9월 2일 추석 특선 프로로 동시개봉하였다.

아카데미극장 (대구) 1961년 2월 7일 개관

대구 중구 남일동 65-1(현재 CGV대구아카데미 자리)에 위치한 개봉관. 언론 인터뷰를 통해 봉준호 감독이 대구에서 살았던 어린 시절에 〈로보트 태권 V〉(김청기, 1976)를 봤던 극장이라고 밝혀, 갑작스럽게 주목을 받기도 했다. 대구백화점을 중심으로 동성로에 상업 지구가 조성되면서, 대구 아카데미극장, 제일극장, 한일극장은 지역의 주요 극장으로 함께 성장했다. 1997년 8월 14일에는 아카데미극장과 바로 마주 보는 길 건너에 중앙시네마가 개관했는데, 3개의 상영관과 돌비사운드 음향설비, 패스트푸드점 등 최신식 시설을 갖추고 있었다. 이에 아카데미극장도 1999년 극장 설비 보수에 들어가 2001년 멀티플렉스 극장으로 재개관하며 '아카데미시네마'로 이름을 바꾸었다. 사진은 〈레니게이드〉(잭 숄더, 1989)가 상영 중인 아카데미극장의 모습이다. 이 사진에서 주목할 것은 '뉴스타소극장'의 광고판이다. 서울 피카디리극장이 바로 옆에 피카소극장을 함께 운영했던 것처럼, 복합상영관 시설을 갖추기 전 대구 아카데미극장은 같은 건물 안에 뉴스타소극장을 두고 아카데미극장의 2관 형태로 프로그램을 운영했다.

한일극장 (대구) 1967년 9월 17일 재개관*

대구 중구 동성로2가 88(현재 CGV대구한일 자리)에 위치한 개봉관. 휴대폰이 보급되기 이전 젊은이들의 만남의 장소로 서울에 홍대입구역 9번 출구가 있었다면, 대구에는 일명 '대백'과 '한일극장'이 있었다. 특히 한일극장 앞을 약속 장소로 정하면 상대가 오길 기다리는 동안 극장 간판과 전단, 포스터 등을 구경하며 지루함을 달랠 수 있었다. 사진은 〈리썰 웨폰〉(리처드 도너, 1987)이 상영 중인 한일극장 앞의 모습이다. 신문광고에 따르면, 〈리썰 웨폰〉은 서울 명보극장, 부산 부산극장, 대구 한일극장, 대전 서라벌극장 등에서 1987년 12월 24일 크리스마스 특선 프로로 개봉하여 1월 29일까지 상영되었다. 1월 30일부터는 명보를 비롯하여 부산극장, 대구 한일극장, 광주 아카데미극장 등에서 한국영화 〈성야〉(신승수, 1988)를 개봉했는데, 명보극장이 2월 17일까지 〈성야〉의 상영을 이어간 데에 반해, 한일극장은 2월 6일부터 구정 특선 프로로 〈리썰 웨폰〉을 재개봉한 것으로 보인다. 이처럼 지역 극장에서는 국산영화 의무상영일수(스크린쿼터)를 지키기 위해 한국영화를 잠시 중간에 끼워 상영하곤 했는데(심지어 한국영화를 상영한다고 광고를 하고 실제로 극장에 가 보면 외국영화를 그대로 상영하는 경우도 있었다), 미국영화 직배에 맞선 한국영화인들이 이에 문제를 제기하기도 했다.

---

* 1938년 8월 21일 조선영화흥업주식회사에서 설립한 '키네마구락부'가 그 전신이다. 6·25전쟁 이후 국립중앙극장으로 지정·운영되다가, 1957년 서울 국립극장이 재개관하며 키네마극장이라는 이름으로 운영되었다. 1967년 대구 지역 자본가인 김덕룡이 인수하여 내외부 수리 공사를 마친 후 '한일극장'이라는 이름으로 재개관하였다.

대구극장 (대구) 1966년 9월 25일 재개관[*]

대구 중구 화전동 4-1(현재는 공터가 되어 주차장으로 사용되고 있다)에 위치한 개봉관. 대구극장 인근에는 송죽극장(화전동 11, 현재는 연극 공연장인 송죽씨어터가 남아 있다), 자유극장(화전동 14)이 골목을 따라 위치해 있어 '극장 골목'이라 불리기도 했다. 자유극장과 송죽극장은 재개봉관에 규모도 400석 안팎의 작은 극장들이었지만, 대구극장은 1,007석의 비교적 큰 극장에 속했다(앞서 소개한 만경관이 1,034석으로 가장 컸고, 아세아극장이 1,031석으로 그다음이었다. 대구극장은 세 번째로 많은 좌석수를 보유하고 있었다). 사진 속 〈로메로〉(존 듀이건, 1989)의 상영은 여러 가지로 1980년대 한국 영화문화와 사회의 변화를 보여 준다. 〈로메로〉는 엘살바도르 독재정권에 맞서 인권을 지키기 위해 싸우다 암살당한 오스카 로메로 대주교의 실화를 다큐멘터리 방식을 차용해 그린 전기영화이다. 전혀 대중적이지 않은 소재와 형식에도 불구하고 1980년대 한국의 사회상과 맞물려 대학가에서 선풍적인 인기를 얻었다. 심지어 각 대학의 총학생회에서 '권장할 만한 영화'로 선정하고 단체관람을 추진하는 등 입소문이 나서, 상영 둘째 날부터는 매회 매진이 될 정도였다. 심지어 〈로메로〉는 1989년 8월 12일 서울 브로드웨이극장 한 곳에서만 개봉했는데, 상영일수가 점점 늘어나 추석 시즌까지 이어졌고, 부산 제일극장, 대구 대구극장, 광주 현대극장, 대전의 대전극장까지 지역에서도 잇달아 추석 특선 프로로 상영되었다. 영화가 갖고 있는 정치적인 상징성 때문인지 정치인들이 이 영화를 단체로 관람했다는 소식도 신문 기사를 통해 전해졌다.

---

[*] 1918년 개관한 연극 전용 극장 대구좌가 대구극장의 전신이다. 1963년 9월 18일 화재로 전소한 후 재개관했다.

현대극장 (광주) 1961년 개관

광주 동구 수기동 23(천변우로 339, 제일오피스텔 자리)에 위치한 개봉관. 양조장을 운영
하던 최승남·최승효 형제가 극장을 건립하여 2003년 극장이 폐업할 때까지 운영했다.
광주극장, 광주 아카데미극장, 그리고 현대극장이 충장로를 중심으로 왼편(충장로5가 방
향)에 극장가를 형성했고, 오른편(충장로1가 방향)에는 무등극장, 광주 제일극장, 신동아
극장이 모여 있었다. 현대극장은 1960년대 초반에는 방화전용상영관으로 운영된 바 있
으나, 이후에는 조금씩 프로그램에 외화를 포함시킨 것으로 보인다. 사진은 〈달마가 동쪽
으로 간 까닭은?〉(배용균, 1989)이 상영 중인 현대극장의 모습이다. 〈달마가 동쪽으로 간 까
닭은?〉은 1989년 로카르노국제영화제에서 그랑프리를 수상하며 초유의 주목을 받았다.
이에 명보극장을 비롯하여 부산 부영극장, 대구 한일극장, 광주 현대극장, 전주 명화극장,
제주 아카데미극장 등에서 대대적인 홍보와 함께 9월 23일 개봉하여, 서울에서만 관객
14만 3,339명을 동원하며 11월 10일까지 49일간 상영을 이어 갔다. 그다음 상영작으로
서울 명보극장과 씨네하우스, 광주 현대극장, 대전의 대전극장은 〈까미유 끌로델〉(브루노
누이땅, 1989)을 선택했다. 〈달마가…〉나 〈까미유 끌로델〉 같은 예술영화를 두 편 연속으로
상영하는 것이 극장으로서는 부담이 되지 않았을까 싶지만, 〈까미유 끌로델〉도 서울에서
만 관객 13만 2,559명을 동원하는 등 당시 예술영화에 대한 관객의 관심이 매우 높았다.

시민극장 (마산, 현재는 창원) 1946년 3월 29일 재개관*

경상남도 마산시 창동 64(창원시 마산합포구 창동거리길 22, 2021년 문을 닫았던 시민극장
을 재개관하여 '마산문화예술센터 시민극장'으로 운영 중)에 위치한 개봉관. 마산은 경상남
도 지역 중에서 부산 다음으로 많은 극장들이 위치해 있었다. 마산 시민극장을 포함하여
1989년까지 중앙극장, 강남극장, 3·15회관, 코리아극장 등 5개의 개봉관과 1개의 재상
영관(부림동 대명극장), 10개의 소극장이 있었는데, 합포를 시작으로 동성동, 창동, 부림
동, 추산동 등 내륙 쪽으로 뻗어 나가듯 극장들이 위치했던 것도 특징적이다. 사진은 〈섀
도우〉(다리오 아르젠토, 1982)가 상영 중인 시민극장의 모습이다. 〈섀도우〉는 국내에서 1990
년 3월 31일 피카소극장, 신촌극장에서 개봉하여 4월 6일까지 상영되었고, 4월 7일부터
는 피렌체극장, 대왕극장이 이어 상영을 하면서 부산, 인천, 대구, 대전, 수원, 성남, 안양,
춘천, 원주, 울산, 진주, 평택, 부천, 강릉에서도 상영에 들어갔다. 신문광고로 확인할 수
있는 상영 기록은 이것이 전부인데, 사진을 통해 4월 14일부터 마산에서도 시민극장에
서 〈섀도우〉가 개봉되었음을 알 수 있다.

---

* 일제 시기 세워진 마산 민의소가 광복 후 적산으로 박세봉에게 인수되어, 1946년 3월 29일부터 시민극장
이라는 이름으로 재개관했다. 시민극장의 기원과 관련해서 자세한 내용은 디지털창원문화대전 페이지
'시민극장' 항목 참조. http://www.grandculture.net/changwon/toc/GC02204182(최종확인: 2023.11.7.)

3부

한국영화계에 불어오는 '자유'의 바람

구술로 보는 1980년대 한국영화

| 이수연 |

한국영상자료원에서는 2004년부터 2022년까지 제작/기획, 감독, 배우, 촬영, 조명, 편집, 의상, 분장, 소품 등 영화계 다양한 분야에서 활동했던 총 216명의 영화인들로부터 구술 인터뷰를 진행하여 기록을 남기고 보존하는 사업을 진행해 왔다. 이러한 작업은 특히 사료나 영화인 개인의 기록이 많이 남아 있지 않은 1950년대부터 1980년대까지의 한국영화사를 연구하는 데에 좋은 자료가 될 수 있으며, 또한 구술 자료의 특성상 구술자 개개인의 개성과 현장의 생동감을 느낄 수 있기에, 1980년대가 낯선 이들에게는 영화인들의 구술을 통해 당시의 분위기와 상황들을 더 생생하게 이해하는 데에 도움이 될 것이라 생각하여 최대한 활용하고자 했다.

그러나 현재까지의 영화인 구술채록 자료들은 대체로 1950~1970년대 사이 영화 경력을 갖고 있는 이들로부터 주로 수집되어 왔기 때문에, 사실 1980년대에 대한 이들의 증언은 매우 단편적인 기록들만 남아 있다. 따라서 최대한 구술자의 이야기에서 부족한 부분들은 신문 기사 등의 사료를 통해 보완하고자 했으며, 사료의 부족으로 인해 정확하게 언급된 시기나 사실을 특정할 수 없는 경우에도 그 증언의 중요성을 고려해 전후 설명을 덧붙여 가며 가능한 한 포함시키고자 노력했다.

그럼에도 불구하고, 1980년대 전반에 걸쳐 한국영화계에 발생한 일들은 〈꼬리에 꼬리를 무는 그날 이야기〉(SBS, 2021~)처럼 선형적으로 이야기되기 힘들다. 때문에 주요하게 다루고자 하는 사건들에 따라 이야기의 시간적 순서가 마치 플래시백처럼 1980년대 초반과 후반을 오가며 진행되어, 원치 않게 멀미가 유발될 수 있으니 주의가 필요하다.

1980년을 시작하며

본격적으로 1980년의 선을 넘어가기 전에, 간단히 그 직전까지 한국영화인들이 맞닥뜨린 상황들에 대해 이야기해 보고자 한다. 1980년을 몇 개월 앞두고 한국의 정치사는 말 그대로 엄청난 변화를 겪고 있었다. 그 변화의 기점은 10 · 26으로 박정희 정권이 막을 내리며 시작되었다.

당시의 서울 시내 분위기를 느낄 수 있는 재미있는 구술을 들은 적이 있다. 시나리오작가 송길한이 참여한 영화 〈독신녀〉(문여송, 1979)는 하필 1979년 10월 27일 피카디리에서 개봉을 앞두고 있었다. 그는 개봉 당일 극장 앞의 풍경을 다음과 같이 회고했다. "10 · 26 다음 날이라 무슨 손님이 들겠냐 했는데, 아유! 내가 놀래 버렸어요. 관객들의 관심사는 또 전연 다르다는 것이, 내 그걸 놀랜 거예요. 나만 같아도 초비상사태인데, 왜냐하면 너무 세게 눌려 있다가 그 사람이 갑자기 비어 버리니까 어떤 사태가 앞으로 벌어질 것인가에 대해서 긴장할 수밖에 없는데, 가 봤더니 비원까지 줄을 서고 아주 난리가 났어요." 그

*　이정아, 《2019년 한국영화사 구술채록연구 시리즈 〈생애사〉 2권: 송길한》, 한국영상자료원, 2019, 100

의 구술 속에 등장하는 '극장 앞에 줄을 선 관객들'이 모두 정치에 무관심한 사람들은 아닐 것이다. 그들 역시 내심 불안을 품고 있었다 하더라도, 결국 스스로 어떻게 할 수 있는 것이 없을 때에는 일상을 살아갈 수밖에 없다. '초비상사태'였다는 송길한 역시 새로 개봉한 작품의 흥행을 걱정하며 극장 앞으로 향했던 것처럼 말이다.

이후 최규하가 체육관 선거를 통해 대통령으로 당선되었고, 약 한 달 뒤에는 12·12 군사 반란으로 정승화 계엄사령관이 체포되며 국가권력은 쿠데타의 주축이었던 전두환과 군부로 완전히 넘어가게 된다. 아주 짧게 두어 줄로 요약했지만, 그 사이에도 엄청나게 많은 사건과 변화들이 거의 매일같이 일어나고 있었고, 그저 지켜볼 수밖에 없는 국민들에게도 이러한 격변이 불러온 혼란은 알게 모르게 영향을 미칠 수밖에 없었다. 그리고 어쩌면 누군가는 그 혼란 속에서 과거와는 다른 어떤 변화를 기대했을지도 모른다.

박정희 대통령이 저격당해서 돌아가시고 난 후에 '아아, 이제 군사독재에서 풀려나는가. 새봄을 맞이하는가' 해서 잠시! 잠시 희망에 부풀었었는데, 그냥 전두환 씨가 타고 앉아 가지고서는, 응? 그 난

쪽. 서울 종로 피카디리극장은 현재 CGV피카디리가 있던 위치에 있었다. 피카디리극장부터 창덕궁 돈화문까지의 거리가 북쪽으로 1.5킬로미터 정도 된다고 생각했을 때, 그보다 더 위쪽에 있는 비원까지 관객들이 줄을 섰다는 구술자의 말에 어느 정도 과장은 있겠지만, 그만큼 많은 인파가 10·26 다음 날이었음에도 불구하고 극장 앞에 모여 있었음을 의미한다.

리를 치는 바람에 '하아, 이제 정말 한국엔 민주나 자유라고 하는 것이 완전히 말살당해서 정말 숨 쉬기도 어려운 나라가 돼 버리겠구나' 하고 절망에 빠지고 그랬었지. (김지헌, 2014)

역사적으로 '서울의 봄'이라고 불리는 이 짧은 시기에 영화인들도 기존의 시스템을 바꾸고 새로운 한국영화를 만들어 보고자 노력했다. 시나리오작가인 김지헌도 그런 이들 중 하나였다. 그는 1980년 1월 27일 《조선일보》 지면을 통해 한국영화의 변화를 위해 필요한 것이 무엇인지를 써 내려갔다. 워낙 긴 글이라 여기에서 전문을 소개할 수는 없지만, 요약하자면 이 글에서는 ①영화법 개정 ②자주제작 방식의 허용 ③이중검열구조 시정 ④영화기재 개선 ⑤영화인 해외연수와 종합촬영소 건립, 필름 라이브러리 설치 등을 요구하고 있다.[1] 그러나 이 글을 쓰고 김지헌은 중앙정보부에 불려가야 했다.

하루는 《내외통신》이라고 하는 중앙정보부 통신사가 있었어. 거기 박 사장이라고 영화 담당 책임자가 있었는데 부르더라고, "얘기 좀 하자"고. 그래 "못 할 게 뭐 있냐. 가자." 하고 들어갔더니 커다란 녹음기 갖다 놓고서, "얘기 좀 합시다. 도대체 김 선생 이 정부에 대해서 무슨 불만이 이렇게 많소?" 그래서 "여보시오. 이게 불만이요? 한국영화 발전을 위해서 내가 충정 어린 글을 쓴 건데… 이런 것들이 개선되지 않으면 한국영화는 살아날 길이 없다" 그런 얘기를 쭈욱 다 했더니, "참, 선생님 말씀이 옳습니다. 그냥 불만 하시는 줄 알았는데, 듣고 보니까 그렇게 돼야 되겠습니다. 잠시만 좀 기다려 주십쇼. 시책이 바뀌도록 제가 노력을 하겠습니다." (김지헌, 2014)

김지헌은 자신의 이야기가 받아들여지길 기대했으나, 이후 상황은 그렇지 못했다. 변화의 희망을 품고 있었던 영화인협회는 영화인대회추진위원회를 결성하여 5월 6일 1차적으로 모임을 가진 후 결의문을 발표하고, 이틀 뒤에는 문공부 담당자를 만나 자신들의 요구 사항을 전달했다. 그리고 향후 계획으로 5월 19일 21명의 추진위원들이 만나 구체적인 대안 마련 후, 5월 27일 영화진흥공사 앞 광장에서 '영화제작자유화'를 주장하는 영화인 궐기대회를 열 예정이었다. 그러나 이는 실현되지 못했다. 표면적인 이유는 영화인협회 회장인 신영균의 해외출장이라고 했고, 언론에서는 영화인의 의견이 모아지지 못해서라고 했지만, 취소 발표 시기나 당시의 정치적 상황을 고려해 봤을 때 5·17계엄령 전국 확대 발표 이후 정부와 군부의 움직임이 심상치 않자 대회 개최를 포기한 것으로 보인다. 그리고 이 궐기대회의 결말은 비참했다.

이게 또 한심한 게 감독들이 연판장連判狀*을 만들었어. 지금 영화 시책에 따라, 우리 영화가 발전을 위해서 다 잘하고 있는데 일부 불평, 불만분자들이 문제를 일으키고 있다! 이거는 우리 좋은 영화

---

* 여러 사람의 의견이나 주장을 표명하기 위해 도장 또는 지장을 찍어 서명하여 작성한 문서.

시책에 반기를 든 악질분자들의 소행이다! 그렇게 연판장에 도장을 찍어 가지고 올렸어. 그거 보고서 '아하, 정말 우리 영화는 이제 망해 가겠구나. 난 한국을 떠야겠다. 여기서는 정말 일을 못 할 지경이다'. 그때가 5·18 광주항쟁이 나고, 그때. (김지헌, 2014)

그길로 김지헌은 미국으로 이민을 떠났다. 그리고 영화제작 자유화 바람은 잠시 접을 수밖에 없었다. 그러나 이때 영화인들의 뜻을 모으고 한국영화계의 개선점을 찾았던 것이 모두 헛수고였다고 말할 수는 없다. 이들이 1980년 초에 요구했던 5가지의 개선 사항은 1980년대 내내 반복해서 제안되었고, 정치적·경제적·사회적 상황에 따라 그때그때 받아들일 수 있는 것들은 정책에 반영되었다. 앞으로의 이야기는 그 과정을 따라가는 길이 될 것이다.

영화 관람 환경의 변화
: 컬러TV 방송 시작과 소극장의 등장

1980년 5월 시도했다 좌절된 영화인 궐기대회는, 형태는 달랐지만 1981년에 다시 수면 위로 떠올랐다. 이번에는 한국영화 제작자협회 쪽이 주체가 되었다. 이들이 이렇게 뭉치게 된 이유는 다름 아닌 1980년 12월 1일부터 시작된 컬러TV 방송 때문이었다. 게다가 불법복제 비디오테이프를 문제로 제기한 것도 이때부터다. 1981년 1월 26일 한국영화제작자협회는 컬러텔레비전의 등장으로 국산영화는 위기에 직면했다고 주장하고 영화시책의 획기적 전환을 촉구하는 건의안을 문공부에 제출했다. 이 자리에서 제작자협회는 각 담당 기관에 다음과 같은 요구 사항을 전달했다.

- **문공부** = 우수영화 채점 방식을 점수제에서 가부可否제로 한다. 외화의 복사판 수입 편수를 10편으로 늘린다. 공연장 설립을 쉽게 하도록 공연법과 소방관계법을 개정한다. 극장 요금을 자율적으로 결정하게 한다. 불법 비디오테이프 단속을 강화한다.
- **영화진흥공사** = 국산영화진흥기금을 수입권 배정일에서 외화수입 추천을 받은 날로 바꾼다. 공사 운영에 제협 대표가 참여한다. 공사의 시설사용료(현상, 녹음 등)를 크게 낮춘다. 동시녹음기를 구입한다.
- **공연윤리위** = 성인만 보는 영화에 대한 검열을 크게 완화한다. 연소자관람구분을 초중고로 3등분한다. 검열을 할 때에 감독이나 제협 사무국 직원을 옵저버로 참석케 해서 의견을 듣도록 한다.
- **자체 실행 방향** = 국산영화 예고 선전비를 극장 측과 분담한다. 신문광고의 크기를 제한한다. 종합촬영소 건설 계획을 계속 추진한다. 국산영화 수출가격은 최저 1만 달러로 한다. 국산영화의 텔레비전 방영은 영화인협회, 극장협회 등과 협의해서 차후 당국에 건의한다. 〈컬러TV 앞의 풍전등화 "방화를 살려달라" 영화제작자협 문공부에 건의〉, 《동아일보》, 1981년 1월 27일자 12면 기사.

제작자협회의 요구 사항에서 흥미로운 부분은 영화 관람 환경의 변화를 감지하고 거기에 대해 나름대로의 대책을 세우고 있다는 점이다. 여기서 공연장 설립을 쉽게 해 달라는 요구는 영화의 상영관을 늘려 시장을 키우겠다는 의미도 있겠지만, 결국 TV와 비디오에 맞서기 위해 영화관에 대한 접근성을 높이는 동시에 입장료를 낮춰 새로운 관객을 유입시키겠다는 의도였다.

약간의 변화가 생긴 것이 컬러TV가 생긴 게 극장 관객 감소 요인에 치명적인 원인이 됩니다. 컬러TV가 등장하면서 자연히 가정생활 하는 아주머니 부대라든가, 또 조금 나이 많은 사람들은 텔레비전을 보니까 재미가 있다고. 그러니까 극장에 와서 천연색 영화를 봐야 되는데, 귀찮으니까 안 나오게 되고, 점점 그 관객층이 청소년으로 몰리기 시작하는 거야. 청소년들은 활발하게 움직이길 좋아하고, 또 TV에서 보지 못하는 화면은 영화관에서 보자, 이렇게 적극적으로 움직일 수 있는 것이 젊은 층이니까. 관객이 젊은 층으로 점점 옮겨 가는 경향이 생기지 않았나…. (이용희, 2010)

이 전략은 어느 정도 맞아떨어졌다.

서울시극장연합회의 집계에 따르면 지난 1월부터 8월 말까지의 서울 시내 17개 개봉관 관객 수는 649만 248명으로 지난해 같은 기간의 16개 개봉관 관객 수 733만 9,528명에 비해

84만 9,280명이나 줄어 12퍼센트의 감소율을 나타냈다. (중략) 이처럼 도심지 개봉관의 관객이 줄어들고 변두리 지역 소극장의 관객이 느는 것은 변두리 지역의 소극장들이 주거지역에서 거리가 가깝고 입장권이 싼 것은 물론 입장권을 사기도 쉽기 때문인 것으로 풀이되고 있다. 서울시극장연합회 한상철 전무는 "도심지의 개봉관에 가 영화 1편을 보려면 교통도 불편하고 입장권을 사서 시간에 맞춰 입장하는 데에는 시간이 많이 소비되는 등 번거로움이 많다"고 지적했다. 〈영화관객 소극장 많이 찾아〉,《동아일보》, 1986년 11월 11일자 8면 기사.

소극장의 수는 그야말로 폭발적으로 증가했다. 1960~70년대 단성사에서 영업부장으로 일하다가 1980년대 퇴사 후 직배사에 잠시 몸담았던 이용희는 소극장을 통한 영화 흥행이 당장에 직배 배급망이 막혀 있던 미국 영화사들에 새로운 활로를 개척해 주었다고 이야기했다.

그때 소극장이 많이 생겼잖아? 영동극장이 제일 관객 잘 드는 극장이었어요. 손님이 기가 멕히게 들어. 피카소극장도 잘 들었다고. 그리고 신촌에 크리스탈. 손님 잘 들었는데, 이걸 다 잡았다고.* 이 극장들에 영화를 주니까 개봉관보다 더 드네? 쪼끄만한 극장이 좌악 터져 나가니까, 워너브라더스에서 (엄지를 들어 보이며) "미스터리, 유 아 넘버 원!"이라 이거야. (이용희, 2010)

---

* 당시 잘나가던 이 소극장들에 모두 상영권을 확보했다는 의미다.

반면 부록의 '연도별 전국 개봉관 입장 인원 및 입장 수입액' 통계를 보면 알 수 있듯이, 공연법이 개정된 이후로 이전까지 꾸준히 증가세를 보이던 개봉관과 재상영관(2번관 이하)의 수는 감소하기 시작했다. 1980년대 세경흥업주식회사에서 한국영화 제작부장을 맡고 있다가 명보극장으로 자리를 옮겼던 김진은 이러한 현상의 원인을 다음과 같이 말했다.

단관 가지고는 모자라니까. 20세기다, 워너다, 이런 데서 동시에 좋은 영화가 나올 때면 어떻게 해? 놓치기 싫으니까. 단관 가지고는 안 되잖아. 그래서 단관을 없애기 시작한 거지, 극장에서. 단관을 없애고 한 극장에서 여러 관을 하게 되니까 서울 변두리에 있던 영화관들이 없어지는 거지. (김진, 2020)

소극장의 등장과 재개봉관의 감소는 더 나아가 극장 흥행과 관련된 업종의 인력들이 대규모로 재배치되는 현상을 낳기도 했다. 1950년대 후반부터 1970년대까지 지방 극장의 영사기사로 일하다가 1980년대에 서울로 올라온 최치환은 지방에서 일하던 수많은 영사기사들이 상경하게 된 배경에 소극장의 폭발적인 증가가 있었다고 설명했다.

▶ 1980년대 초반부터 소극장이 엄청 많아지기 시작하면서 기사님들이 서울로 많이 상경하셨다고 하셨는데,
그렇죠. 많이들 올라왔죠. 왜냐면 지방은 있을 곳이 없고 또 일을

해야 먹고 사니깐 다 서울 쪽으로 많이 몰렸죠. 대략적으로 합하면 한 2천 명 가까이 되지 않을까? 그때 서울에만 극장이 6백 개인가 7백 개 있었던 걸로 알고 있는데. 전국극장기사협회에서 회보처럼 보내 주는 자료에 강원도 몇 개, 전라도 몇 개, 서울 몇 개 그런 도표가 있었는데, 서울이 제일 많았었어요. 그때 경쟁도 치열했던 게, 단관 극장들이 자꾸 문을 닫잖아요. 그럼 거기 있던 사람들이 갈 데가 없으니까 선배들한테 부탁을 하죠. 그러면 그 선배가 해 주고. 그러니까 경쟁이 심했죠. (최치환, 2020)

소극장의 등장에서 또 한 가지 주목해야 할 점은 이들이 자리 잡는 지역에 있다. 공연법 개정 이후 서울에서 가장 먼저 소극장이 생긴 지역은 강남이었다. 1982년 9월 28일 개관한 영동극장을 시작으로 이제 막 도심이 형성되기 시작한 강남은 이전까지 극장이 밀집해 있던 충무로와는 완전히 다른 공간이었다.

강남에다 내가 300석짜리 씨네하우스를 지었어요. 그때 강남에 씨네하우스 앞에 건물을 짓기 전이니까 공터가 한 천여 평 있어서, 자동차가 맘대로 와서 설 수 있는 거예요. 그러니까 개봉을 하면 명보극장은 1,200석이고 강남은 300석인데도, 외려 관객 총 누계는 강남이 상당히 비율이 높았어요. 왜냐하면 수원, 안양, 성남 이런 데서 전부 자동차를 타고 구경을 오는 거예요. '아, 극장이라는 건 꼭 다운타운, 복잡한 종로3가나 명동 이런 데서만 되는 게 아니

서울 강남 지역 극장 지도(1982~1986).

다. 아무 데라도 관객이 오기 편리한 장소에 세워지면 오는 거다.'
당시 생활수준이 높아지면서 영화는 가족끼리 전부 즐기는, 그래
서 자동차가 올 수 있는 곳에는 어디든 관객이 온다. (정진우, 2015)

정진우 감독의 말을 정리하자면, '영화구경'은 1980년대 생
활수준이 높아지면서 성장하기 시작한 외식문화와 함께 가족
단위로, 또 연인끼리 특별하게 외출을 나가는 길에 함께 즐기
는 일상 속 이벤트가 되고 있었다. 그리고 이를 위해 복잡한 종
로나 충무로를 찾기보다는 근거리의 극장을 찾아 가볍게 영화

를 보고 나오는 관객들이 생겨났다. 강남뿐만 아니라 노동자들의 주거지가 밀집해 있는 데다가 교통 인프라가 갖춰지기 시작한 영등포나 대학교가 모여 있는 신촌, 소규모 연극 공연장이 활성화되기 시작한 대학로에도 소극장들이 들어서면서 새로운 상영 공간으로 자리 잡게 되었다. 도시의 형태가 변하는 것에 따라 극장 형태와 상영 환경도 바뀌기 시작한 것이다.

그러나 소극장의 증가와 이로 인한 극장 환경 변화에 대한 이야기들은 대체로 '미국영화', 그리고 '극장 흥행'과 연관지어 서술된다. 다시 말해, 관객층과 산업적 환경이 변화했고 이에 따라 흥행사들도 일종의 자구책으로 소극장이라는 새로운 환경을 조성해 나갔지만, 이것이 한국영화 제작 환경이나 한국영화 자체의 성장으로는 연결되지 않았다. 왜 한국영화는 이러한 변화의 덕을 보지 못했을까? 혹자는 이를 당시 한국영화가 저질 에로영화만을 양산했기 때문이라고 설명한다. 그렇다면 왜 한국영화는 이런 에로영화밖에 만들 수 없었던 것일까? 이는 1980년대에도 여전히 한국영화의 제작 자본이 지방 흥행업자와 제작사가 외화쿼터를 이용해 벌어들이는 흥행수익에만 기대고 있었던 탓이 크다. 한국의 영화인들은 한국영화 제작 시스템에 근본적인 체질 개선이 필요하다고 느꼈다. 특히나 그나마 한국영화 제작을 유지할 수 있게 해 주었던 제작사들의 외화 흥행수익 쪽에 문제가 생기기 시작하면서 이러한 필요성은 더욱 커지게 되었다.

누구나 영화 만들 수 있는 자유를!

미국의 무역 개방 요구

이쯤에서 다시 1980년 이전, 그중에서도 대외적으로 한국영화인들이 처했던 상황을 알아보고자 한다. 왜냐하면, 이미 1970년대부터 미국은 꾸준히 한국에 무역 개방을 요구하고 있었으며, 1980년대 초부터 구체적인 형태로 한미 간 무역 협상이 진행되고 있었고, 이것이 1980년대 중반 이후 한국영화산업 전체 시스템의 변화에 도화선으로 작용했기 때문이다.

미국은 한국전쟁 이후 계속해서 한국의 경제를 떠받치는 중요한 경제기둥 중 하나였다. 전쟁 직후에는 직접적인 원조와 기술 교류 등을 통해 한국의 자립을 도왔고, 1960년대가 되면 원조의 비중을 조금씩 줄이는 대신에 관세 혜택을 통해 한국의 기반산업이 성장할 수 있게 했다. 이러한 미국의 경제외교는 꼭 우리나라에만 한정된 정책은 아니었다. 냉전이 치열해진 1950~60년대 자유우방 벨트로 엮여 있던 유럽 국가들과 일본이 모두 이와 같은 미국의 원조와 무역 조치 하에서 무럭무럭 성장해 갔다.

그런데 이런 동반성장이 어느 순간 미국에 칼날이 되어 돌아갔다. 1970년까지 계속해서 우방국들을 상대로 무역흑자를 기록해 오던 미국이 1971년 처음으로 적자를 맞은 것이다. 안 그래도 미국은 저조한 경제성장률과 달러화의 가치 하락에 따른 인플레이션, 처우 개선을 요구하는 중공업계 노동자들의 연이은 파업으로 자국 내 경제정책에 빨간불이 들어오고 있었는데, 거기에 대외무역적자라는 소식이 들려온 것이다. 무역적자의 원인에는 여러 가지가 있었겠지만, 가장 큰 요인을 꼽으라면 달러화의 가치는 꾸준히 떨어진 데에 반해 일본 경제의 성장으로 엔화의 가치는 점점 높아졌고, 그럼에도 불구하고 미국 내에서 일본 제품의 수입은 꾸준히 증가하면서 흑자와 적자의 차이가 역전된 탓이 컸다.

거기에 당시 미국의 대통령이었던 닉슨에게 위기가 찾아왔다. 닉슨은 1972년 대통령선거에서 상대 정당인 민주당 선거본부에 도청기를 설치한 일이 발각되었으나 압도적인 차이로 재선에 성공했다. 문제는 그 뒤에 이 사건을 덮기 위해 한 일들이 모두 그의 정치생명을 깎아먹고 있었다는 것이다. 여기에서 자세한 이야기를 할 수는 없지만, 이 사건으로 닉슨이 곤궁에 처했던 것은 확실하다. 그는 이러한 위기를 타개하고 대통령 권한을 강화시킬 방안으로 1973년 '통상개혁법안'이라는 것을 들고 나온다.

통상개혁법안의 내용을 대충 정리하면 ①관세 인상 ②수입할당제 ③수입규제조처 시행으로 요약할 수 있다. 비록 이 법안이 제안자의 임기 때에 통과되지는 않았으나, 그가 사퇴한 후 뒤를 이은 카터가 '보호무역'을 주요 경제정책 방향으로 잡으면서 실행에 옮겨졌다. 결국 이로 인해 대미對美무역에서 특혜를 받아 온 개발도상국들의 경제활동에 제동을 거는 조치들이 시행되면서, 수입만큼이나 수출에서도 많은 부분 미국에 기대고 있던 한국 산업계 전반에 위기의식이 생겨나기 시작했다.

게다가 JTBC 드라마 〈재벌집 막내아들〉(2022)에서 진양철 회장이 자신의 건재함을 보여 주고자 반복해서 외워 댔던 그 1차 석유파동(1973~1974)과 2차 석유파동(1978~1980)이 전 세계 경제를 뒤흔들고 지나간 것도 모두 이 시기의 일이다. 기나긴 불황의 끝에서 이제 각 국가는 자신의 이익을 위해 움직이기 시작했고, 미국도 다르지 않았다.

당시 미국이 말하는 수입 개방 혹은 수입자유화는 이제까지 한국 정부가 외화外貨 유출을 막는 동시에 아직 충분히 성숙하지 못한 자국 산업을 보호하고자 특정 수입 물품에 대해 취하고 있던 규제를 풀어 달라는 것이었다. 동시에 미국 내에 수입되는 다른 나라 물품에 대해서는(여기에는 당연히 한국의 수출품도 포함된다) 특혜는 줄이고 규제는 강화하는 방식으로 문을 넓혀 나갔다.

그에 비해 당시 한국의 경제 상황을 살펴보면, 1980년 미국에 대한 수출의존도가 40퍼센트에 달했고, 외채 잔고가 167만 달러를 넘어 매년 증가하는 추세였기 때문에 정부로서는 울며 겨자 먹기로 미국의 제안을 조금씩 받아들이며 각 산업에서 받게 될 타격을 최대한 줄일 수 있는 대책을 강구하고 있었다. 그러던 것이 1983년 레이건 대통령의 방한 이후 밀린 빚이라도 받아가려는 것처럼 미국 측은 한꺼번에 32개 품목에 대한 수입 규제의 해제를 요구했고, 여기에는 영화도 포함되어 있었다. 그리고 1985년 가을부터는 더 적극적으로 보험시장 개방, 지적소유권 보호에 관한 입법 등을 연이어 협상 테이블에 올려놓기 시작했다.

협상 압력을 가하기 시작한 것이 첫 번째는 지적재산권에 관해서, 그리고 심지어 "그동안 불법복제한 것에 대해서 소급해서 물어내라." 이런 식의 지적재산권에 대한 압력이 있었고, 그다음에 영화법. 불법비디오들 막 나오고 하는데. 당시 조금 구분해서 이야기하자면, 지적재산권에 관한 압력이 많이 들어왔죠. 당시 우리 저작권법은 옛날 일본의 저작권법을 그대로 복제한 거고 현실과 너무 떨어져 있었거든요. 그리고 국제협약에 가입이 안 되어 있었기 때문에 인정이 안 되고. (중략) 미국하고 최종 합의를 보고 "저작권법을 88올림픽 이전, 1986년 말까지 전면개정을 하겠다. 적어도 1987년 7월 1일부터는 시행을 하겠다. 동시에 국제저작권협약에 가입을 하겠다." 국제저작권협약은 두 개가 있어요. 하나는 베른협약이라는 건데 50년 전 이전 것까지도 다 보호해 주게 돼 있는 거고, 다른 하나는 UCCUniversial Copyright Convention라는 건데, 이건 50년 이후 것만 보호해 주게 돼 있어요. 우리로서는 UCC협약에 가입하는 것이 유리했기 때문에 "UCC협정에 가입하고 국회 비준까지 87년 중에 다 끝내겠다. 1988년부터는 시행할 수 있게 하겠다." 아마 그런 내용으로 합의가 됐을 거예요. (김동호, 2019)

　　당시 한국의 문화산업 전반의 상황을 고려했을 때, 가장 위협적인 것은 '국제저작권협약 가입'이었다. 김동호의 구술에서 처럼 미국은 한국 내에 불법복제·유통되던 도서, 음반, 비디오 등에 대해 그동안 받지 못한 저작권사용료까지 소급 적용하겠다고 했는데, 이때까지만 해도 저작권 의식이 약해서 불법복제물이 정식 출판되는 상황이었기 때문에 한국이 지불해야할 저작권료는 상당했다.

그러나 당장 영화인들에게 가장 큰 위협이 된 것은 '외국 영화사의 국내 설립 허가'와 '수입 편수 제한 해제'였다. 이는 쉽게 말해 미국의 영화업자들이 한 해에도 수백 편씩 제작되는 미국 영화들을 갖고 들어와, 한국에서 직접 판매를 하겠다는 이야기였다. 당시 한국영화산업의 상황을 생각했을 때, 이대로 미국영화가 국내 영화시장에 쏟아져 들어오게 된다면 아직 할리우드와는 영화의 질이나 양에서 상대도 되지 않는 한국영화들은 상영 공간을 그만큼 빼앗길 수밖에 없었고, 극장흥행업을 제외하고는 한국영화산업에 돌아올 이익 또한 전혀 기대할 수 없었다.

한국의 영화인들은 이런 상황에서 한국영화계 내·외부의 변화들을 목도하고 있었으며, 내부의 문제들을 해결함과 동시에 외부의 압박으로부터 스스로를 지키기 위해 함께 싸워 줄 새로운 동력이 그 어느 때보다도 필요했다. 그리고 이런 복잡한 상황들 속에서 한국의 영화인들은 우선 정책 당국에 한국영화의 불황을 타개하고 산업을 진흥시킬 방안을 요구하기 시작했다.

영화법 개정 요구와 제작자유화

1980년대 초 한국영화의 제작은 20개 제작사가 독점하고 있었다. 여기서 20개라는 제작사 수는 산업 내부의 규모에 의해, 경제적 상황 때문에 자연적으로 형성된 것이 아닌, 법적으로 강제된 것이었다. 그렇다면 국가는 왜 영화제작사의 수를 제한하게 된 것일까?

1950년대 한국영화가 팽창하고, 1960년대에 절정을 이루었는데, 이 때문에 영화 시나리오에, 자본, 그리고 기술자까지 부족해졌어요. 영화 자본이 영세하니까 자본을 형성하고 통제하려는 목적으로 시작한 것이 영화법 아닙니까?

제작자가 난립되고 그러면서 회사들 부도나고. 영화 1~2편 만들어서 성공하면 빌딩이 하나 생깁니다. 그러다 다음 영화 한 편 망하면 봇짐 싸서 도망가야 하거든요. 그러니 한편으로 보면 영화 자본을 형성시키겠다는 동기도 있었겠지만, 또 다른 한편으로 이를 통제하고 싶고 획일화시키고 싶고 하니까 영화법을 만든 거지요.

그 영화법은 악법이지요. 영화사를 처음에 20개로 줄였다 12개, 6개 됐다가, 왔다 갔다 하다가 나중엔… 그래서 우리나라에서 영화를 만드는 자유가 없어진 겁니다. 몇 사람들만이 영화를 만들게 되고, 나머지 사람들은 영화를 만들 수가 없어요. 그런 영화법은 천하의 악법이다. (호현찬, 2004)

이른바 '영화기업화 정책'으로 이야기되는 1962년 시행된 영화법으로 당시 72개나 있던 한국영화 제작사는 통폐합하여 16개로 줄어들었다. 이후 제작사와 수입사의 수는 매년 조금씩 늘었다 다시 줄어들기를 반복하다가, 1973년이 되면 일정 정도의 한국영화를 제작해야 외화 수입을 할 수 있는 쿼터를 지급하는 것으로 영화법이 또다시 개정되며 제작사와 수입사가 일원화되었고, 제작사의 자격도 등록제에서 허가제로 바뀌었다. 그리고 1985년 제5차 개정이 있기 전까지 대략 12~20개 사이의 제작사들만이 영화를 만들 수 있는 독점체제가 오랫동안 유지되었다.

허가받은 12~20개 회사 밖에서 영화를 만들고자 하는 이들은 등록된 회사의 이름을 빌려 영화를 만드는 일명 '대명代名'으로 제작을 하거나 등록된 영화사의 기획실 또는 제작부에 들어갔고, 제작사와 계약을 맺고 정해진 편수의 영화를 만들어주는 프리랜서 PD로 일하기도 했다.

1980년대 초까지 무슨 규정이 있었느냐 하면, 영화인은 월급을 받으면 안 돼. '자유직업인'이라 그래 가지고, 규정상 계약을 해서 그 작품당 해야 되는 거지 회사에 속하는 게 본래는 안 돼. 그러니까 우리 선배들이 "영화사가 20개니까 우리 기획팀을 20개로 짜자. 그러면 다섯 명씩 하면 100명은 우선 밥은 먹지 않느냐. 대신 계급을 짜 가지고 책임자는 얼마, 밑에는 얼마 그렇게 해서 각 회사마다 들어가자." 실제로 제작 현장 일은 우리가 하는데! 그렇게 우리

또래 친구들이 10년 동안 자라지 못하고 제작부장으로 묶여 버리게 생긴 거 아니에요? 그래서 당시 40대 제작부 얘들이 모여서 '사십세기'라는 모임*을 만든 거죠. (주종호, 2017)

결국 영화제작사 허가제는 제한된 제작사와 기존 영화인들의 기득권을 지키는 수단으로 전락했다. 특히 일부 영화제작사들은 외화쿼터를 얻고자 의무제작 편수를 채우는 데에만 급급했고, 영화의 완성도에는 크게 관심을 기울이지 않았다.

우리 국산영화 하다 온 사람들은 순수한 데가 있는데, 외화 하던 사람들은 순수한 데가 없어요. 소위 말하면 외화 하던 사람들은 한국 업자들을 다 도둑놈같이 생각하고 그런 게 있어서 처음에는 아주 싫었다고. 이 사람들은 외화 때문에 억지로 한 거지. (양춘, 2009)

그렇다고 당시에 허가받은 한국영화 제작사들이 저질영화만을 양산하고 좋은 작품을 만들지 못했다는 말은 아니다. 영화사가 14개밖에 없었던 1970년대 중반에도 〈별들의 고향〉(이장호, 1974), 〈바보들의 행진〉(하길종, 1975), 〈영자의 전성시대〉(김호선, 1975), 〈겨울여자〉(김호선, 1977)처럼 작품성뿐만 아니라 흥행

---

* 공식적인 기록은 남아 있지 않지만, 1980년대 초 젊은 제작PD들의 모임인 '40세기'는 실제로 영화제작 능력을 갖고 있는 이들끼리 회비를 모아 직접 영화를 기획·제작하고자 활발히 움직였다. 제작자유화 조치 이후 이들은 직접 독립영화사를 설립하거나, 새롭게 등록된 영화사에 들어가 영화 작업을 계속했고, '40세기'는 이들의 친목 모임으로 2010년대 중반까지 이어졌다.

에도 성공한 작품들이 꾸준히 만들어졌다. 문제는, 매년 완성되는 100여 편의 한국영화들 중 이런 작품이 고작 한두 편에 불과했다는 것이다. 나머지 영화들은, 심지어 우수영화에 선정된 작품이더라도 지방 극장 몇 곳을 돌다가 조용히 묻히거나 아예 상영조차 되지 못하는 경우가 허다했다.

대중과 만나야 비로소 생명력을 얻는 영화라는 매체의 특성상 상영이 되지 못한다는 것은 영화를 만든 사람의 입장에서도 가슴 아픈 일이지만, 제작자와 지방 흥행사들의 경우 그로 인한 경제적 손실까지 고스란히 떠안아야 했다. 그나마 허가받은 제작사는 그 손실을 외화 흥행으로 보상받을 수 있었지만, 대명으로 영화를 제작하는 군소 프로덕션은 곧바로 파산으로 이어졌다. 사정이 이런데도, 영화제작사 허가제 제한을 풀어 달라는 요구가 있을 때마다 기존 제작사들은 '영화사가 난립하고, 소규모 시장 안에서 서로 경쟁하다가 파산하는 영화사들이 줄을 이을 것'이라는 평계를 대며 반대했다.

그러나 앞서 설명한 대로, 1970년대 초부터 줄기 차게 이어진 미국의 시장개방 요구는 1980년대에 들어서면 더 직접적이고 구체적으로 변했다. 어차피 미국의 요구를 수용하기 위해서도 영화법 개정은 필수적이었고, 미국영화가 들어오면 안 그래도 경쟁력이 떨어지는 한국영화산업을 보호하기 어려워질 것이 뻔했기 때문에, 정부는 이에 따른 불만을 잠재울 대책도 필요했다. 그렇게 1982년부터 언론과 정부 기관을 중심으로 제5차 영화법 개정과 영화제작자유화를 공론화하려는 움직임이 나타나기 시작했다. 이러한 정부 측의 태도 변화를 감지한 기존 제작사 측과 자유화를 주장하는 영화인 측은 격렬하게 대립했다.

기존 20개 제작사들은 이번에도 제작자유화에 반대했다. 1982년 3월에 개최된 '영화진흥심포지엄'에서는 영화법제 변경을 둘러싸고 각자의 업계를 대표하는 영화인들이 토론을 벌였다. 여기에서 가장 상반되는 두 의견을 살펴보자.

이영일(영화평론가)

현행 영화법은 영화업자에게만 외화수입권을 줌으로써 사실상 허가업자에게 제작·수입·수출권을 모두 독점시켜 주고 있다. 이러한 영화제도와 정책, 이에 안주해 온 영화업자들에 의해 한국영화가 어떻게 발전할 수 있을까. (중략) 이것은 헌법에도 명시된 예술활동의 자유에 위배될 뿐 아니라, 직종 선택의 권리를 정면으로 유린한 것이다. 국제경쟁력을 강화하기 위해선 종합촬영소를 만들어야 한다. 현재 20개 영화제작사가 단독으로 고급 시설을 갖춘다는 것은 거의 불가능한 일이기 때문이다. 미국 등 선진 외국의 경우를 보면 영화제작을 메이저 회사에만 맡기는 것이 아니라 순수 영화인들의 개인 프로덕션에 많이 의존하고 있다.

서종호(영화제작자)

컬러TV의 방영과 더불어 대형 방송망의 확충, 그리고 물밀듯 방영되고 있는 TV외화 등으로 관객은 급속도로 줄기 시작, 문을 닫는 극장만도 1년에 수십 개에 달한다. 이 같은 현실적 상황을 외면하면서 법 개정의 필요성을 강조할 수 있는가.

> 외화수입권을 영화진흥공사를 통해 창구일원화*한다는 것은 지극히 위험한 생각이다. 외화수입쿼터로서 방화 제작에서의 손해를 최소한 보전해 온 것을 그나마 철폐한다면 앞으로 방화의 길은 더욱 저해될 것이다. 또 영화산업을 기업화하려는 정부 기본 방침과 국영 및 공공단체를 민영화하고 있는 정부 시책에도 크게 어긋나는 모순을 초래케 된다. (후략) 〈영화법개정, 영화인·제작자 엇갈린 주장〉, 《동아일보》, 1982년 3월 15일자 12면 기사 중.

곽정환 씨의 얘기에 의하면 "굶은 개들한테 고깃덩어리를 던져 주면 보고만 있을 놈이 어딨냐" (웃음) 내가 영화법을 바꾸려고 그랬더니 우리 집에 찾아와서, "변 감독, 점방을 차리고 장사가 잘되는 사람한테 '점방 다 치우고 전부 새로 하자' 그러면 그거 따라갈 사람이 어딨습니까. 변 감독은 예술가니까 창작의 자유, 그거 당연히 부르짖어야 합니다. 근데 나는 장사꾼인데 돈 보고 딴 데로 갈 수가 없지 않습니까. 이해를 해 주십시오". 그렇게 곽정환 씨가 솔직한 사람이에요. (변장호, 2016)

---

* 1976년 9월 1일부터 시행된 영화시책으로, 기존 각 영화사들을 통해 개별적으로 진행되던 외국영화 수입 절차를 영화진흥공사에서 모두 처리하도록 했다. 이에 따라 영화진흥공사에서 사전에 수입할 영화를 심의하여 선별하고, 이렇게 선별된 영화에 대해 각 영화사들이 경쟁입찰을 벌이는 방식으로 외화 수입 절차가 변경되었는데, 이것이 수입사 간의 과도한 경쟁을 야기했다. 심지어 인기작의 경우, 낙찰받은 영화사에서 다른 영화사에 웃돈을 얹어 수입권을 판매하는 일까지 발생했다. 더구나 수입 알선을 위해 사전심의를 거치는 과정에서 영화진흥공사가 '수입 부적합' 판정을 내려 종종 인기 있는 대작 영화의 수입이 무산되어, "극장가에 볼 만한 영화가 없다"는 관객들의 불만이 터져 나오기도 했다. 1980년대가 되면 이 창구일원화 정책이 유명무실해져, 실제로 수입되는 100여 편의 작품 중 영화진흥공사가 수입 추천한 영화는 1~2편 정도이고, 나머지는 수입사에서 먼저 들여온 뒤에 영화진흥공사가 추천해 준 것

비유를 많이 사용하기는 했지만, 결국 합동영화사 곽정환 대표가 했다는 말의 속뜻은 지금의 영화법이 거대한 이익이 걸린 외화수입쿼터의 독점을 보장하는 이상, 기존 제작사 입장에서는 이를 쉽게 포기할 수 없다는 말이다. 서종호가 대표로 있던 남아진흥주식회사 역시 외화수입사인 '남화흥업'에 뿌리를 둔 회사로, 1973년 영화법 개정으로 한국영화를 제작하기 시작했으나 대부분의 수익은 외화 수입과 상영으로 얻고 있었다. 따라서 20개 사의 영화제작자들은 영화제작자유화가 아닌, 외화수입쿼터제는 유지하면서 수입 창구를 영화진흥공사로 일원화하는 영화법 개정을 요구했다.

이렇게 업계 내에서 의견 충돌은 있었지만, 제작자든 창작자든 미국영화가 곧 몰려들 것이라는 사실과 한국영화 시장의 크기를 키워야 한다는 사실 자체를 부정할 수는 없었다. 게다가 이러한 변화와 그에 따른 압박은 한국의 경제성장만큼이나 급속히 진행되고 있었다. 또한 서울을 비롯한 전국에서 소극장이 증가하고, 비디오시장도 조금씩 규모가 커지고 있었기 때문에, 대중에게 내보일 콘텐츠가 이전과 다르게 빠르게 소모되고 있다는 것 역시 제작사와 극장업계에서 더 직접적으로 체감하고 있었다. 결국 그것을 채워 줄 누군가가 필요하긴 했다.

처럼 서류를 꾸민다는 사실이 밝혀져 문제가 되기도 했다. 1986년 제6차 영화법 개정으로 수입자유화가 이루어지면서 영화진흥공사의 수입 알선 업무도 사라졌다.

그때 당시에 윤양하 씨가 배우협회 회장을 했나? 그리고 감독협회 회장 하던 김영효 감독, 시나리오협회 하던 유동훈 씨. 당시에 내 돈이 좀 생겼으니까 "영화법 개정운동을 하자" 해서, 〈고래사냥〉으로 벌었던 돈을 진행비로 조금 해 가지고 동대문 이스턴호텔! 거기다 진을 치고 영화법 개정 데모를 했던 거야. "이게 말이 안 된다. 어떻게 영화를 만드는 데 무슨 자격이 필요하냐." 그래서 그때 상당히 강렬한 반대운동이 일어났어요.

그런데 딱히 그 때문에 법이 개정됐다고는 생각 안 해요. 마침 그 때 미국에서 직배를 계획하고 있을 때 미 대사관 측에서도 영화법 개정을 요구하는 그 타이밍이 맞았던 거야. 안에서는 한국 영화인들이 "법 개정을 해 달라." 미 대사관도 "영화법 개정해 달라." 이것이 맞아떨어져서 그때 개정이 됐다고 생각해요. 근데 그때 같이 뛰었던 사람들은 "아, 우리가 다 개정시켜 놓은 거야!" 그러고, "혁명동지다" 그러는데, 사실은 그런 힘이 합쳐져 가지고 법 개정이 된 거죠.

그래 영화사 등록을 하려면 법인도 만들어야 되고, 주식회사도 만들고 다 그래야 되잖아요? 그게 다 시간과 돈이 다 필요한 일 아니야. 서랍 속에 준비돼 있는 게 내가 제일, 한국영화에서 제일 오랫동안 반려됐던 서류가 있잖아. 딱 갖다 제출하니까 21번째가 된 거예요. 그러니까 기존 20개 허가업자 다음에 '황기성사단'이 21번이 된 거야. 그거는 오랫동안 하려고 몸이 달았고, 모든 서류가 준비돼 있고 하니까 21번이 됐지, 뭐 그게 무슨 잘나서 된 거 아니야. (황기성, 2008)

1985년 말도 많고 탈도 많았던 제5차 개정 영화법이 시행되자, 그동안 허가를 받기 위해 준비하고 있던 영화사들이 연이어 등록을 하기 시작했다. 황기성사단을 시작으로, 변장호 감독의 대종필름, 중앙대학교 연극영화과 동문인 이춘연·김유진·김덕남이 공동설립한 대진엔터프라이즈, 오랫동안 충무로에서 제작PD로 일했던 도동환이 설립한 대동흥업 등 영화법이 시행된 그해에만 6개의 영화사들이 등록을 마쳤고, 그 이듬해인 1986년에는 35개 회사가 추가로 등록했다. 독립프로덕션의 설립도 활발해서, 1985년부터 1986년까지 1년 사이에 27개사가 설립과 등록을 마쳤다.

영화법 개정과 제작자유화를 맞이한 첫 한 해 동안 한국영화계는 무척 희망에 넘쳤던 것 같다. 새로운 영화사들이 들어서며 충무로 거리에 활기가 돌았고, 기존 20개 영화사의 기획실들은 좋은 작품을 선점하기 위해 뛰어다녔다. 그러나 이들의 열정은 두 가지 난관에 직면해 금방 차갑게 식어 버렸다. 바로 1986년 발표된 제6차 영화법의 개정 내용과 검열이었다. 그중에서 먼저 검열이 당시 영화인들의 창작 활동에 어떤 영향을 미쳤는지부터 알아보자.

창작의 자유를 달라!
: 시나리오 사전심의와 검열제도

1975년 우수영화 선정과 검열 과정에서 문공부 영화과 직원과 제작사의 뇌물공여 사건으로 두 업무를 모두 담당하고 있던 문공부 영화과가 받은 타격은 매우 컸다. 일단 이미 신뢰를 잃은 문공부 영화과에 계속 이 중요한 업무들을 맡길 수 없게 되었다. 정부는 이번 기회에 검열 업무를 민간기구들에 나눠 주어 외연적으로나마 검열을 완화시키는 듯한 모양새를 냄으로써 위기를 모면하고자 했다. 이 과정은 문공부 영화과에서 오랜 기간 외화 검열 업무를 담당했던 이남기의 구술에서 구체적으로 엿볼 수 있다.

1975년도 공연법 개정에서 가장 주목해야 할 점은 '공연윤리위원회를 설치한다'. 그 전신인 한국예술문화윤리위원회(줄여서 예륜)는 법적 근거가 전혀 없었고, 또 윤리기구라는 특성 때문에 운영 과정에서 한계가 있었죠. 그래서 "예술문화에 대해 강한 규제를 하기 위해서는 법률에 근거한 새로운 기구의 출범이 필요하다" 그런

---

* 1975년 검열 및 우수영화 선정, 상영 기간 연장 등과 관련하여 뇌물이 오간 정황을 확보한 검찰은, 뇌물을 받고 결과를 조작한 혐의로 문공부 영화과 직원 3명과 함께 뇌물 공여자인 우성영화사 대표를 체포했다. 이에 대한 수사를 이어 가던 검찰은 이들이 뇌물을 받고 신프로덕션의 수입작 〈잘있거라 황야〉의 상영 기간을 연장해 준 것과 〈영자의 전성시대〉 검열을 빨리 마쳐 달라는 청탁을 들어준 사실 등을 추가로 밝혀내며, 신프로덕션의 대표인 신상옥과 태창흥업의 대표인 김태수를 연이어 구속시켰다. 〈검열 뒷거래〉, 《조선일보》, 1975년 5월 4일자 7면 기사; 〈영화 검열 싸고 금품수수〉, 《동아일보》, 1975년 5월 5일자 7면 기사 참조.

의견이 꾸준히 제기돼 왔어요. 그래서 그때 예륜에서는 무대 작품, 음반에 한해서 심의하던 것을 공연윤리위원회 설치 이후에는 극영화 시나리오 심의까지 추가해 가지고 3개 업무로 확대가 됐죠.

(문공부로부터 검열 업무가 이관된 이후) 공연윤리위원회 영화검열위원은 공륜위원장의 추천에 따라 문화공보부 장관이 위촉한 인사로 영화검열심의위원회를 수행하게 되고, 그 심의위원은 위원장, 부위원장 포함해서 20인 이내로 구성하는데, 그 위원 중에는 전자에 영화과 영사실에서 검열한 중앙정보부, 문화공보부, 내무부 치안본부 이렇게, 공륜 위원을 겸임하도록 그렇게 돼 있어요.

실질적으로 20인 이내로 구성하게 된 배경은, 그동안에 그 3개 기관에서 영화 검열을 하다 보니까, 좀 저속한 표현을 쓰자면 '로비하기가 좋다'는 거죠. 우수영화 심사 이전에도 뇌물 사건으로 전부 지방으로 다 보내고 직원들을 완전히 바꾼 적이 있어요. 그래서 김성진 장관 있을 때 영화과에서 건의를 그동안 몇 번 했었어요. 왜냐하면 "이렇게 할 게 아니라 공륜에 심의를 하는데 기존 기관에서는 참여는 하되 위원을 대폭 늘리면 로비하는 데도 한계가 있을 거 아니냐." (이남기, 2020)

그렇게 1975년 공연법이 개정되며, 1976년 '공연윤리위원회'(설립 초기에는 '한국공연윤리위원회')가 설립되었다. 초기 공륜은 영화 시나리오·연극·공연 등의 사전심의만을 담당하고 있었다. 그러나 영화의 경우에는 공연윤리위원회로부터 시나리오 사전심의를 받고도 제작이 완료된 필름을 다시 문공부에서 검열받아야 했기 때문에, 지나친 이중검열이라는 불만이 영화계에서 터져나왔다.

1980년 3월 발표된 영화시책은 이러한 요구들을 모두 수용했다고 볼 수는 없지만, 어쨌든 변화를 꾀하려는 노력은 보여주었다. 첫째로, 완성된 영화필름에 대한 검열 업무가 문공부에서 공연윤리위원회로 이관되었다. 구술자 이남기가 말한 영화검열위원이 바로 문공부로부터 이관받은 검열 업무를 담당하기 위해 조직된 것이었다. 그러나 검열위원의 구성 안에 "중앙정보부, 문화공보부, 내무부 치안본부"가 속해 있고, 그들은 여전히 이전과 같은 잣대로 영화를 바라보았기 때문에, 이남기는 본인의 업무에서 변한 것은 "전연 없었다"고 했다.

완전한 표현의 자유를 보장받는 것이 아닌 이상, 검열은 1980년대 전반을 넘어 1990년대까지도 계속해서 영화인들을 옥죄는 족쇄가 될 수밖에 없었다. 몇 가지 사례들을 통해 1980년대 검열제도의 문제점과 그로 인해 영화인들이 겪어야 했던 고초들을 이야기해 보자.

시나리오 사전심의 문제: 〈최후의 증인〉과 〈난장이가 쏘아올린 작은공〉

1980년작인 이두용 감독의 〈최후의 증인〉은 한국전쟁의 비극과 이후 이어진 오랜 이념 갈등으로 인해 피폐해진 개인의 삶을 파고든 문제적 작품이다. 전쟁 성범죄와 사회 고위층의 부패라는 당시로서는 워낙 충격적인 소재를 다루었기에, 제작 초기부터 영화화가 쉽지 않을 것이란 우려가 컸다. 〈최후의 증인〉의 촬영을 담당했던 정일성은 본인을 비롯해 다수의 제작팀이 이 영화 한 편을 위해 얼마나 고생했는지 구술을 통해 토로했다. 그러면서 당시의 정치적 상황을 생각했을 때, 이 영화는 처음부터 검열을 당할 수밖에 없었다고 말했다.

〈최후의 증인〉, 영화 찍는 데 너무 고생을 했어. 거의 1년 내내 엄청나게 고생을 했다고, 전국을 다니면서. 그것도 계절이 있는 영화거든요. 전라도에서 촬영하다가 강원도에 눈이 왔다 그러면 바로 철수해서 강원도까지 가서 찍다가, 저쪽에 꽃이 피었다 그러면 바로 내려오고. 하여튼 엄청나게 고생을 했어요.

▶ 이 영화가 검열이 굉장히 많이 된 영화잖아요. 지금 남아 있는 필름도 시작할 때 앞부분에 검은 화면이 나오더라구요. 이게 한 40분 정도 검열이 되었다고 들었는데, 그때 감독님도 알고 계셨나요?
검열에 잘렸다는 이야기는 있었지만, 어느 부분인지 지금 기억이 안 나네요. 근데 짤릴 수밖에 없었을 거예요. 권력에 대한 도전이 었거든요. 검사라든지, 그 시대 시국검사. 그런 권력에 대한 도전이고, 그것이 연공으로 몰리고, 이런 권력에 대한 저항이 있고 그랬기 때문에…. (정일성, 2017)

결국 이 영화는 제작 중에도 촘촘한 검열의 망에 걸려 수없이 시나리오를 고치고 재편집을 거듭해야 했다.

시 나 리 오 審議意見書

接受番號 第 12 號　　　　　　　19 80 年 2 月 12 日 接受
　　　　　　　　　　　　　　　　19 80 年 2 月 19 日 審議

題 名	최후의 증인	製作者	김 화 식 (세경흥업)
種 別	반 공 물	原作者	김 성 종
其 他		脚色者	윤 삼 육

作品의 主題性　6.25의 비극이 오늘날까지 미친 영향을 소재로 한 반공물.
어느날 두사람이 각기 다른 장소에서 연쇄적으로 살해된다. 오형사는 사건을
수사하다가 새로운 사실을 발견한다. 6.25당시 지리산 궁비에게 납치되었던
민간인 황바우는 궁비들의 노리개로 있던 소녀 손지혜를 구해주나 끝이어 살
인죄로 재판을 받아 무기수가 되고 당시 청년단장이며 현재 피살자인 양달수
는 손지혜를 수중에 넣고 황바우를 무고했음을 밝혀낸것이다. 오형사의 끈
질긴 추적엔 사회적 부조리가 곳곳에 숯아 수사를 방해한다. 이에 굴하지않
고 소신을 펴나간다는 줄거리.

剽窃與否		
(剽窃問題는 事後에 밝혀지드라도 措置가됨)	없 음	

製作權紛爭與否
　　　　　　　　　　　　없 음

綜合意見　　　　　　　審議決定 : 통 과

　　본 작품에 대하여 다음의 **事項**을 지적하면서 수정내지 삭제를
요 망합니다.
1) 신31. P 김24 아래서3행 "백화수복"을 삭제하시기 바랍니다.
2) 신66. P 김59.1행 "어차피 죽일에미나"를 삭제하시기 바랍니다.
3) 신68 전체. "어머명의 밭지산이 소녀 추행장면"을 순화표사하
　시기 바랍니다.
4) 신159전체 "경찰서장면"을 삭제하시기 바랍니다.
5) 신184 P 안52.15행 " 그 불을" 부터 P 안53.14행 "다가들면서"
　(검사가 지혜 추행장면)를 삭제하시기 바랍니다.
6) 신197 P 안62 아래서 4행 "내가"부터 "앉았어"까지 삭제하시기
　바랍니다.
7) 신249 P 최36. 아래서 3행 "한성신문에서 보낸거지" 삭제하시
　바랍니다.

別紙 意見有(無)

〈최후의 증인〉의 시나리오 심의 의견서. 영화가 완성되는 데에는 시나리오가 매우 중요하지만, 시나리오
만 봐서는 실제 영화가 어떻게 만들어질지 알 수 없다. 때문에 시나리오 단계에서 영화 내용이 수정되는
것은 영화제작자들 입장에서 불합리한 처사였다.

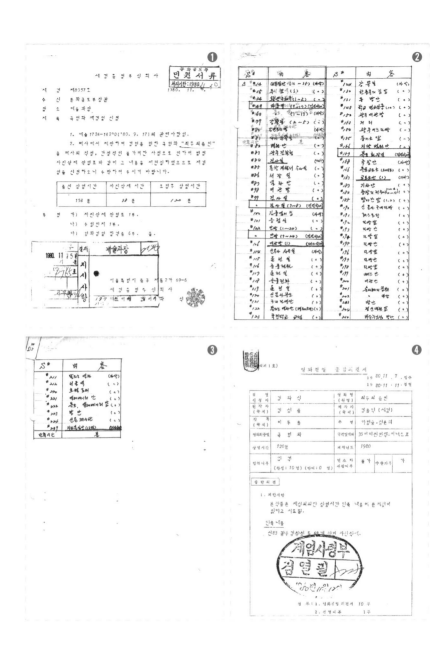

〈최후의 증인〉은 결국 재검열 과정에서 전체 158분의 상영시간 중 38분을 '자진삭제'한 120분짜리 필름으로 검열을 통과했다. ❷와 ❸의 문서는 당시 자진삭제한 신들의 목록이며, ❹번은 재검열 시 받은 종합의견서이다.

그때 이두용 감독 거도 많이 했고, 유현목 감독 거도 했지만, 유 감독은 1년에 하나, 3년에 하나 할 때도 있고 그랬어요. 이두용 감독 작품은 보통 일주일 내지 열흘씩 걸렸어요, 본 편집만. 근데 제일 오래 걸린 게 〈최후의 증인〉이라는 건데, 〈최후의 증인〉은 촬영도 오래 했지. 촬영을 오래 하면 편집도 오래 하는 거지.

그땐 후시녹음이니까, 녹음은 3일이면 끝났어요. 그런데 〈최후의 증인〉은 이두용 감독이 동시녹음처럼 해야 된다고 그래가지고, 후시를 갖다가 9일이 걸렸어. 녹음실에서 진절머리를 내고 그랬는데, 얼마 전에 보니까 검열에 끊긴 게, 별것 아니었는데 그때는 큰 난리나 난 것처럼 해서 끊겼어요.

▶ 어떤 부분이에요?

검사가 여자 피해자를 갖다가 조금 이렇게….

▶ 성적으로 뭐 이렇게….

뭐 그런 건데, 그거 때문에. 어떻게 검사를 그렇게 그릴 수 있냐 그래가지고, 뭐 난리가 났었어요. 극장에 붙일 때 돼서 그런 일이 탁 생겨 가지고, 검열에 막 끊겨. 검열에 끊겨도 러쉬 프린트만 자르면 되는데 이거를 원판(네거필름)까지 잘라야 됐었어요, 원판까지. 근데 2006년에 이두용 작품 회고전 가서 보니까 아무것도 아니에요. 아무것도 아닌 거 잘라가지고 그렇게 난리 친 거예요. 그래가지고선 뭐 그때 영화사에서도 굉장히 기대를 갖고 만들었는데, 그 검열 때문에 뒤죽박죽이 되어서 손님도 안 들고, 상도 하나도 못

타고. 하여튼 이상하게 돼서 흐지부지 끝났어요. (이경자, 2008)

   비슷한 시기 제작된 〈난장이가 쏘아올린 작은공〉(이원세, 1981)은 시나리오 단계에서부터 검열로 인해 고초를 겪어야 했다. 검열의 칼날에 난도질을 당한 후 힘들게 영화가 완성되어 개봉까지 갔지만, 관객들은 원작 소설의 극히 일부만 담긴 데다 그 내용조차 제대로 이어지지 않은 작품을 봐야 했다. 이원세 감독은 많은 노력을 쏟은 만큼 가장 상처로 남는 작품으로 이 영화를 회고했다.

제일 할 말이 없는 작품이기도 하지만 역으로 제일 할 얘기가 많은 작품이 〈난쏘공〉인데, 우선 기획 단계부터 제가 조금 말씀 드릴게요. 그 소설이 나왔을 때 영화를 하겠다는 제작사도 없었고, 감독도 나타나지 않았어요.
조세희 씨를 만나고 내가 하겠다는 허락을 받고 어느 회사로 갈 건가 조금 생각을 했었어요. 그래도 내가 몸담아 와서 쭉 작품 활동을 하기도 했고, 또 이 작품을 이해하고 끝까지 책임을 질 수 있는 사람을 찾다 보니까 한갑진 사장과 함께하게 된 거죠. 그때 한 사장께서 병중이었다가 완쾌되는 과정이라 사무실에 출근을 안 하고 계셨어요. 그래도 누구 허락 없이도 나는 내 발로 들어갈 수 있는 그런 사이였으니까, 원작을 들고 한 사장을 만나 뵈러 들어갔어요. 들어가서 쭉 기획 의도를 얘기했어요. 한 사장이 "하자!" 그러더라고. 그래서 기획이 되고, 시나리오는 시나리오대로 진행이 됐어요.

그런데 점점, 벌써 〈난쏘공〉 한다고 얘기가 돌고, 또 어디서 전화도 걸려 오고 하는 등등의 모든 것 하나하나 어려움이 접해 오고 있다는 게 나한테 들려오는 거예요. 한 사장도 이제 회사 출근을 하게 되고 그랬을 때 "괜찮겠나?", "괜찮습니다." 더 자세하겐 서로가 건드리지 않는 그런 사이니까.

그때 나는 〈난쏘공〉을 내 나름대로 짜고 있었어요. 원작은 도심의 판자촌, 공장 같은 곳이 배경이었지만, 사실 어느 나라, 어느 사회 건 간에 난장이와 거인은 항상 존재하는 거예요. 이 사람들의 꿈은 어딘가 이상을 찾아 행복동으로 이사를 가서 편히 행복하게 사는 것이다. 그럼 그 이상을 어느 곳에서 펼쳐야 되겠느냐. 나는 나름대로 크게 생각해서 찾은 곳이 염전 마을인 거예요. 나는 검열을 피하기 위해서, 어설픈 세팅을 하기 위해서 간 것이 아니에요.

그렇게 마음속에서 나 자신의 〈난쏘공〉을 세팅했기 때문에, 시나리오 초고를 가지고 현장에서 연기자들 설정을 해서 촬영을 하고 있었어요. 왜? 나는 내 〈난쏘공〉이 피어나고 있으니까. 그래서 현장에서 촬영되는데, 회사에서 소식이 날아오는 거야. "심의 넣었는데 빠꾸당했다." 그리고 제작팀이 여기저기에 뻘건 연필로 막 그은 심의 대본을 나한테 주고 가더라고. 그걸 숙소에 가서 대충 고쳐 써서 또 보내 주는 거야. 그럼 내 나름대로 또 찍는 거예요.

그거를 자그마치 여덟 번 고쳐서 오는 거예요. 근데 두 번을 고칠 때까지는 인내심을 가지고 '이 사람들이 요구하는 게 이런 거구나' 그러면서 고쳐 가던 힘이 있었는데, 세 번, 네 번 하니까 마음이 위축되고 내가 그리는 〈난장이〉는 더 왜소해지는 거야.

PRODUCER, IMPORTER, EXPORTER & DISTRIBUTOR OF MOTION PICTURE
HANJIN ENTERPRISES CO., LTD.
62-15, 3-KA, HAN JIN BUILDING PIL-DONG, CHUNGKU, SEOUL, KOREA
C. P. O. BOX 8023 TEL: (02) 261-0184, 0185 269-4208
267-2723, 2346 261-8298
CABLE ADDRESS : "HANKAPCHIN" SEOUL
Telex No: MOCNDM K2331 HANKAPCHIN
K2332

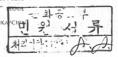

한 진 흥 업 주 식 회 사

한진 제 32호   1981. 8. 4.

수신   문화공보부장관

참조   예술과장

제목   자진 개작신고

　　　 폐사에서 귀부에 1981. 7. 23. 제작신고 접수한 "난장이가 쏘아올린

작은공 " 대본은 원대본에서 완전히 탈피 현 사회에 심각하게 대두되고 있는

기업의 공해문제로 사회 개도성 주제설정을 내용으로 하는 계몽 영화로 개작

하여 아래와 같이 개작대본을 제출 하오니 선처하여 주시기 바랍니다.

　　　　　　　　　아　　　　　　래

　　1. 개작대본 및 줄거리 5부

　　2. 개작줄거리 대비표 1부

　　3. 사유서 1부

　　4. 원작자. 각색자 승낙서 각 1부.　끝.

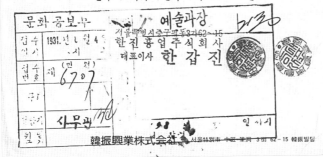

한진영화사는 〈난장이가 쏘아올린 작은공〉의 제작에 들어간 후, 시나리오를 자진 개작하여 재검열을 받
았다. 문서의 밑줄 그은 부분에서 '도시빈민층의 삶의 애환'을 그린 원작의 의도와 달리, "기업의 공해 문
제"를 다룬 계몽영화로 영화의 주제를 설정하여 시나리오를 개작하겠다고 밝히고 있다. ※ 서류의 형광펜
표시는 필자 강조임(이하 동일)

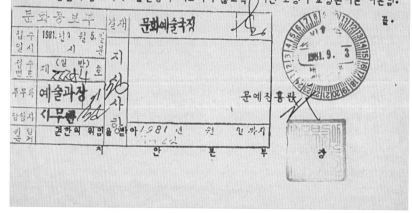

내　　　무　　　부

정삼 2054-◑10285.   81. 9. 3
수신 문화공보부장관
참조 문화예술국장
제목 불순서적 영화제작 통보

아래와 같은 첩보가 입수되어 통보하오니 참고하시기 바랍니다.

1. 8.28자 일간스포츠 12면 "막간"란에 신인배우 이효정이 이원세
감독의 신작 "난장이가 쏘아올린 작은공"에 출연하고 있다고 보도된바
있는데

2. "난장이가 쏘아올린 작은공"은 조세희 소설집으로 1978.6.5
초판 발행, 1979.3.31 "문학과 지성사"에서 15판을 발행하여 주로 대학가의
문제써클 및 문제학생들이 대학생 의식화용으로 많이 활용하고 있는 불온한
서적이므로 "난장이가 쏘아올린 작은공"을 영화화 하게된 동기 및 각본등을
충분히 검토하여 불순성이 내포되지 않도록 사전 조정이 요망된다는 여론임.
끝.

이원세 감독이 구술에서 밝힌 것처럼, 〈난장이가 쏘아올린 작은공〉은 영화화 자체가 큰 도전이었다. 〈난
장이가 쏘아올린 작은공〉의 제작 발표 기사가 나간 뒤 당시 치안본부에서는 "대학생 의식화용으로 많이
활용되는 불온서적"을 영화로 제작하는 데에 우려를 드러내며 "영화화하게 된 동기 및 각본 등에 충분한
검토가 필요"하다고 지적했다.

▶ 시나리오 검열 단계에서 여덟 번의 수정을 했다고 말씀하셨잖아요? 어떤 부분들에 수정 요청이 들어왔었나요?

대부분은 체제에 불만을 품은, 그런 구석은 여지없이 다 뻘건 줄로 그어 내려오는… 참 명석해요, 그분들이. 감독이 작품에서 하고자 하는 얘기들은 어떻게 그렇게 잘 찾아내는지. (웃음)

▶ 완성된 작품도 검열을 받았잖아요? 실사 과정에서도 검열을 받아서 수정되는 부분이 있었어요?

그때 검열을 받고 나서 수정은 … 나에게 너무나 많은 것을 빼 왔기 때문에 더 할 수 있는 힘이 없더라고. 재촬영이라는 걸 해서 또 달고 싶진 않더라고. 그냥 그런 대로… 그래서 기억으로는 한 군덴가 두 군덴가 삭제를 당한 거로 기억하고 있어요. 그래서 신경을 많이 쓰기도 했지만 반면에, 또 기억하고 싶지도 않은 게 그 작품이에요. (이원세, 2017)

특정 집단의 반대: 〈도시로 간 처녀〉와 〈비구니〉

임원식이 제작하고, 김수용 감독이 연출한 1981년도 영화 〈도시로 간 처녀〉에 대한 검열은 1980년대 초반 정권이 대중들에게 어떤 것을 보여 주지 않으려 했는지를 드러내 준다. 그리고 수많은 삭제 후 검열을 통과하고 극장 개봉까지 했지만, 영화 속에 등장하는 특정 직업군의 반발로 상영이 중지되는 등 당시 영화계가 소재나 주제 면에서 경직될 수밖에 없었던 상황을 잘 보여 준다.

이 영화의 제작자인 임원식은 1960년대 신필름에서 감독으로 일하다가 1970년대 중반 신필름을 나와 화풍영화사에서 전무로 일하며 영화의 제작과 기획을 담당했다. 그러던 중 김태수로부터 태창흥업을 인수하고, 첫 작품으로 당시 최고의 인기 가수였던 조용필을 주연으로 한 영화 〈그 사랑 한이 되어〉(이형표, 1980)를 제작하여 흥행에서 큰 성공을 거두었다. 이 성공에 힘입어 다음 작품으로 임원식은 〈도시로 간 처녀〉를 선택하게 된다.

김태수 사장이 밥 한 끼 먹자길래, 만나러 가니까 태창영화사 사장을 맡아 달라는 거야. 아니, 화풍영화사 전무나 기획실장에 비해서 태창영화사 사장은 엄청나거든? 그때만 해도 태창영화사 하면 어마어마할 때니까. 그때 조건이 "임 감독은 한국영화 다 해라. 대신 외화만 자기(김태수)한테 주고 얼마만 들여놔라" 이렇게 얘기를 하더라고. 그렇게 태창영화사 취임을 합니다, 제가.
태창영화사 들어가서 제일 먼저 기획했던 건 내가 가진 돈이 없으니까 돈을 벌어야 되는데 무슨 작품을 해서 돈을 벌까 하다가, 조용필 생각이 딱 나는 거야. 〈단발머리〉, 〈창밖의 여자〉… 그렇게 〈그 사랑 한이 되어〉는 조용필하고 나하고 태창영화사로 계약이 됐지만, 임원식이 작품이라고. 이거 뭐 하루아침에 입도선매야. 만들기도 전에 지방 업자들한테서 한 6천만 원이 들어와 버려.

그래서 잘나가다가, 〈도시로 간 처녀〉를 영화로 만들고 싶은 거야. 왜 〈저 높은 곳을 향하여〉, 〈청일전쟁과 여걸 민비〉, 〈순교보〉 이런 작품들 만들었다가 정치적인 문제 때문에 전부 좌절당했으니까. 인권영화를 하나 내가 만들어야 되겠다. 이젠 전두환도 되고 그랬으니까, 바뀌었으니까 만들어야 되겠다.

그때 김승옥 씨가 '찍힌 작가'가 돼서 소설 발표도 못할 때, 그래서 순천에 숨어서 글 쓰고 있을 때야. 거기 찾아가서 돈 15만 원 들고 가서 사인 딱 받아 가지고 와서 〈도시로 간 처녀〉를 만드는데, 아무래도 옆에서 친구들이 "그러다가 또 〈저 높은 곳을 향하여〉처럼 된다. 안전빵으로 해라" 그래. (임원식, 2016)

여기서 말하는 〈저 높은 곳을 향하여〉는 임원식이 1977년 연출한 영화로, 일제 시기 일본의 신사참배를 거부하다가 순교한 실존 인물을 다룬 종교영화이다. 그러나 검열 단계에서 "반체제 운동을 조장할 우려가 있다"는 이유로 거듭 중앙정보부로부터 수정 지시를 받다가 결국엔 상영이 금지되었다.

나는 검열 많이 당했어요. 〈청일전쟁과 여걸 민비〉 만들어 놓고 홍콩을 가니까 정월 초하룻날 간판이 내렸어요. 아까도 얘기했지만 5·16혁명 일어나서, "이것은 반일사상이 농후하여 이것이 민중들한테 반일감정을 선동할 우려가 있으므로 상영중지" 그래서 정지시켜 놓은 거야. 그래서 간판 내렸어. 〈저 높은 곳을 향하여〉를 만들었더니 이거는 "사회 선동을 시킬 우려가 있으므로 반사회적인

영화 "저 높은 곳을 향하여"의 상영보류 경위

1. 제작회사 : 합동영화 주식회사 (대표 : 곽정환)
2. 구 본 : 김지헌
3. 감 독 : 임원식
4. 주 연 : 신영균 (주기철 목사 역)
5. 영화의 내용

　　주기철 목사는 일본의 신사참배를 끝끝내 반대하나 잔악한 일제는
　　주목사의 결심을 꺾으려고 갖은 수단방법을 다 하지만 끝내 이에불응
　　하고 순직한다는 주목사의 기독교의 수난사를 그린 내용임.

6. 제작경위

○ 1977. 4. 6. 　한국공연윤리위원회에서 씨나리오 무수정 통과.

○ 1977. 4.19. 　구영화·제작신고 수리.

○ 1977. 8. 8. 　검열시 1차 수정지시(주목사 대사중 "나는 먼저 이나락의
　　　　　　　　　교회가 어려움을 당하고 있는 이때"등 24군데 수정지시).

○ 1977. 8.19. 　영화검열 합격(단, 검열합격증 교부 보류)

○ 1977. 8.23. 　제작회사의 양해를 얻어 상영 선전 보류

○ 1977. 8.25. 　중정간부 시사후 동 영화가 "반체제 운동을 조장할 우려가
　　　　　　　　　있다"는 의견이 있어 다시 수정지시.

○ 1977. 9.20. 　제작회사에서 수정해온 것을 다시 중정에서 본견과 미흡하여
　　　　　　　　　제 수정지시.

○ 1977. 9.30. 　중정과 협의하에 시중 상영은 보류하되 업자에게 끼치는
　　　　　　　　　손해를 최소한 줄이기위해 77년도 하반기 우수영화 심사를
　　　　　　　　　거쳐 외화수입권 1편 배정.

○ 1979. 2.20. 　중정 간부회의에서 동 영화는 대한민국에서 상영 불가로
　　　　　　　　　방침 결정코 문공부에 통보.(구두).

○ 1979. 5. 4. 　청와대 정무 제1 안처순 비서관 영화심사 (A스따디오)
　　　　　　　　　추후 상영불가 의견 통보.(구두).

〈저 높은 곳을 향하여〉의 심의 서류 중 '상영보류경위서'. 밑줄 친 부분에 따르면 1977년 8월 25일 중정 간부가 해당 영화를 본 후 "반체제 운동을 조장할 우려가 있다"고 하여 다시 수정을 지시했으며, 제작사의 수정 이후에도 수정 지시가 거듭되다가 끝내 1979년 2월 20일 상영불가 처분을 받았다.

영화니까 상영중지". 〈도시로 간 처녀〉를 만들어서 했더니 이거는 "민권, 여성 인권을 유린한 영화이므로, 상영 시 버스 운전사나 버스 차장들은 전부 동맹파업할 것이다" 그래서 간판 걸어서 일주일 만에 또 내려. (임원식, 2016)

이 영화의 연출을 맡은 김수용 감독은 〈도시로 간 처녀〉를 만들게 된 이유가 '버스 안내양의 죽음'을 다룬 작은 신문 기사 때문이었다고 말한다. 그러나 막상 운수업 노동자들의 고통을 다룬 영화가 운수업 내부에 만연한 비리들을 드러냈다는 이유로 앞서 임원식이 말한 것처럼 검열뿐만 아니라 업계와 노동자의 반발을 불렀고, 상영중단 사태로 이어졌다.

신문에 조그만 기사로 '오늘도 버스 안내양이 하나 옥상에서 떨어져 죽었다' 이거 나오잖아요? 이래 가지곤 안 되겠네. 우리가 이왕 영화 할 바에야 이 사람들의 아픔을 한번 영화로 호소하자. 그래서 이 영화를 하게 된 거지.

▶ 이 영화 줄거리가 원래 주인공 배우가 마지막에 죽는 게 아니었 나요?
그게 이제 검열… 그 라스트 신을 다 잘라 버렸어. 너무 비참하게 죽으면 되겠느냐 그러고 잘라 버린 거예요. 그래서 그렇게 엉거주춤하게 됐는데. 하여튼 검열의 가위 덕을 톡톡히 본 거죠, 우리는. 이럴 수가 있어요?

▸ 검열로 인한 문제가 생겨서 재편집해야 하는 상황이 되면 감독님께서 그걸 다시 작업하시는 건가요? 아니면 그냥 제작사 쪽에서 다시 재편집을 하는 거예요?

어이구, 제작자가 어따 대고 자기들 맘대로 해요? 그거 나한테 상의를 하러 오죠. 그러고 이거는 검열보다도 극장이, 중앙극장 갖다가 걸었는데 관제 노조 그 버스 걸들이 그냥 지붕 위에 올라가서 간판 다 뜯어 내리고 야단난 거 아니에요?

〈도시로 간 처녀〉는 임원식 감독이 지방 흥행사들하고 연결이 돼서 제작한 건데, 나는 영화 다 만들 때까지 김태수가 투자하는 건 줄 알았어요. 그러고 찍었어요. 그런데 이게 흥행이 안됐어요. 그래서 굉장히 임원식 씨가 경제적으로 어려웠는데, 그때 이제 알게 된 거죠. 참 미안해요, 그걸 생각하면. (김수용, 2012)

그러나 제작자인 임원식은 운수노조의 반발 역시 당시의 정치적 상황과 맞물려 발생한 상황이었다고 생각했다.

검열을 안 받아 주는 것이 왜 그러냐면 이거 '자살하는 것이 명료치 않다'. 그래 놓고는 뭘 했냐면 노조를 충동시킨 거야. 자동차 노조. 그래 자동차 노조에서 "이 영화를 상영하게 되면은 시중의 자동차는 올 스톱하겠다." 그래 가지고 보문동에 있는 자동차 노조에 갔지. 우리 직원들을 보내 놓으면 다 쫓아내고 "사장 오라 그래!" 하니까. 내가 가면은 날 가운데다 놓고 차장이고 운전수고 지나가면서 담뱃불을 탁 건드려 가지고 (손등을 가리키며) 여기 막 지지고,

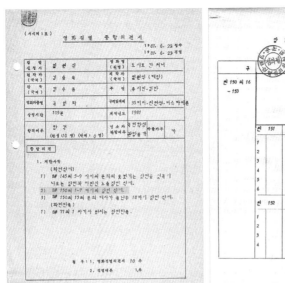

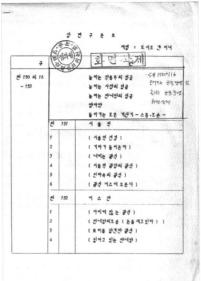

〈도시로 간 처녀〉의 1차 검열 종합의견서(왼쪽). 1차 검열에서 검열관들은 3건의 화면 삭제와 1건의 화면 단축을 요구했는데, 삭제 장면 중 (2)번의 'S# 150 1-7' 장면은 군중이 모여드는 장면과 주인공이 건물 옥상에서 뛰어내리는 장면이다. 이 장면은 재촬영을 거쳐 스톱모션처럼 표현되는 것으로 수정되었으나, 2차 검열(오른쪽)에서 이마저도 삭제 판정을 받는다.

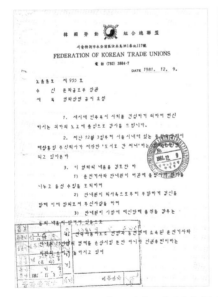

전국자동차노조에서 문화공보부에 보낸 영화상영금지요청 서류.

옷 지지고… 이거 하루 종일 타협이 안 돼. 그래 사흘 동안 내가 감금 아닌 감금이 됐다가 노동청 사람들이 와서 절충하는데, 자진사퇴를 하라는 거야. 그래서 할 수 없이 7일 만에 내가 자진사퇴하겠다고 사인을 했어요. (임원식, 2016)

결국 〈도시로 간 처녀〉는 상영이 되지 못했고, 이는 단순히 태창흥업주식회사와 제작자의 손해로만 끝나지 않았다.

거기서 끝났으면 내가 안 망했어. 태창영화사는 안 망했어. 끝나고 나니까 지방 업자들이 전부 재판소송을 거는 거야. 입도선매를 해서 가져갔잖아, 프린트. 그래 거기서 돈 뽑으면 잔금을 올려보내주는 건데. 그러니까 자기네들이 선전하고 다 돈 손해났으니까 손해배상이 올라오는 거야. 영화사에선 그런 일이 없어. 이거는 정치적으로 압박이 가하지 않고는 그렇게 될 수 없어. 태창영화사에 세무감사도 딱 들어왔고. (임원식, 2016)

임원식이 짐작하는 것처럼 〈도시로 간 처녀〉의 검열부터 상영중지, 그리고 태창흥업주식회사의 파산까지 모든 과정에 정치적 압력이 작용했는지는 확인할 수 없으나, 그 결과가 당시 한국영화계에 충격을 준 것은 사실이다.

영화인들은 "안 그래도 검열로 인해 제대로 된 영화 만들기 힘든 상황에서 특정 계층의 압력까지 신경 써야 한다면 도대체 어떻게 영화를 만들란 말이냐"라는 불만이 터져나왔다.[2] 실제로 이러한 불만은 1984년 임권택 감독의 〈비구니〉가 제작 도중 불교계의 반발로 완성 자체가 무산되면서 우려를 넘어 현실이 되었다.

1981년 화천공사에서 불교영화 〈만다라〉(임권택, 1981)가 제작 될 때에도 불교계에서 여러 차례 우려를 표한 바 있었다. 그러 나 김성동의 원작 소설《만다라》는 일찍이 대중에 많은 인기 를 얻은 베스트셀러이기도 했고, 결국 '불도佛道'에 대한 새로 운 시각을 담고 있다는 점을 들어 제작사가 불교계 설득에 나 섰고, 영화 〈만다라〉는 최악의 상황을 면할 수 있었다. 그러면 〈비구니〉는 왜 안 되는 것이었을까?

태흥영화사에서 첫 작품이 〈비구니〉였는데 불교계 반대, 그다음에 그 불교계의 반대를 무마할 수가 없었기 때문에 권력이 나서서 제 작사에 압력을 넣어 중단을 시켰던 거거든요. 그 당시 12·12 때 군 인들이 법당에 신발 신고 들어가서 승려들을 잡아가고 그랬기 때 문에 승려들이 반발을 일으켜서 정권과 싸우는데. 거기다가 사찰 에서는 절에 들어갈 때 입장료를 받잖아요. 그것을 정부에서 환수 하라고 그랬다고. 그러니까 〈비구니〉 영화제작 중단이라는 것은 구실이에요. 정부하고 싸워야 하는데 정부가 만만치 않잖아요. 그 래서 영화 중단을 내걸었다고.
영화사 쪽에서는 우리가 완전히 볼모가 된 거예요. 영화 중단시키 는 가운데 이유를 붙인 게 '김지미의 사생활이 〈비구니〉 하기에는 순결하지 못하다. 그래서 반대한다' 이런 걸 내세웠다고. 그래서 영

화는 볼모가 되고, 영화가 중단된 1년 동안 우리는 공황 상태에 빠져 버리고. (정일성, 2017)

실제로 당시 영화 〈비구니〉의 제작 중단을 요구했던 조계종 전국비구니대표자회의가 내놓은 요구 사항은 다음의 다섯 가지였다. ① 불교재산관리법을 철폐하라. ② 10 · 27 불교법란을 정부는 공개 사과하라. ③ 불교 탄압을 중지하라. ④ 국영방송과 기독교인은 공개 사과하라. ⑤ 극영화 〈비구니〉 제작을 중지하라.

이 요구 사항으로 보건대, 영화 〈비구니〉의 제작 중단은 다른 요구 사항 관철을 위한 볼모였다기보다는 정부의 탄압과 '불교정화'에 대한 정치적 · 사회적 압박을 받고 있는 상황에서 불교의 권위를 더 이상 추락시킬 수 없다는 마지노선이었을 것으로 보인다. 정부 입장에서도 앞의 네 가지 요구 사항은 들어주기 어려운 것이었기 때문에, 제작사에 영화제작 중단을 독촉함으로써 조금이나마 불교계와 타협을 보자는 생각이었을지도 모른다.

결국 이 사건은 법정다툼으로까지 진행되었고, 엎친 데 덮친 격으로 제작 중단 시위 도중 참가자 30여 명이 부상을 입는 사고가 발생하자 태흥영화사 이태원 대표는 영화 〈비구니〉의 제작을 포기할 수밖에 없었다. 당연한 말이겠지만, 이러한 제작 중단 사태는 고스란히 제작자와 참여 스태프, 그리고 무엇보다 삭발까지 감행하며 이 영화를 통해 연기자로서 재기를 꿈꾸었던 배우 김지미에게 큰 상처로 남았다.

〈비구니〉는 사실 지미필름에서 하려고 준비하고 있던 작품인데, 임권택 감독이 "태흥에서 영화사를 새로 한다고 하니 힘들게 제작까지 하지 말고 기획은 그리로 넘겨주면 어떻겠느냐"고 말씀을 하셨어요. 나는 이 작품을 꼭 제작해야 된다는 것보다, 연기자로서 해 보고 싶었던 역할이었고 해서, 태흥영화사의 첫 작품으로 가게 됐죠.

근데 결국은 어떤 집단에 의해서 영화를 중단하지 않으면 안 될 상황까지 갔을 적에는, 굉장히 좌절했어요! 연기자로서, 영화인으로서. 그런 아픔을 또 겪게 됐죠. 그래서 임권택 감독하고 저하고, 정일성 촬영기사가 이렇게 참 뭐라 그럴까… 실의에 빠져서. 우리가 무슨 패잔병이 된 것 같은 그런 느낌에 굉장히 허탈해서 강원도 쪽으로 여행을 가게 됐어요. 거기서 우연치 않게 〈티켓〉(임권택, 1986)이라는 영화의 소재를 찾게 됐고.

그래도 〈비구니〉의 아픔은 아직까지 가시지 않고 있어요. 왜? 우리가 이거는 하나의 창작인데 보장을 못 받고, 정부에서 제작 취소까지 가게끔 만들었는가. 그게 집단하고 정부하고 결탁한 부산물인가 하는 걱정과 실망. 그런 게 굉장히 컸었죠. 지금까지도 미완성인 그 작품에 대한 애착이 아직도 많아요. (김지미, 2019)

외국인 출연 제한: 〈LA 용팔이〉

일반적으로 과거의 창작물에 대한 검열의 내용들을 살펴보면, 국가가 검열을 통해 어떤 사회적인 메시지들을 억압했는지, 그리고 이를 이용해 정부의 정체성을 어떻게 부각시키고자 했는지 등을 엿볼 수 있다. 그러나 검열이 꼭 이런 '국가적 욕망'의 도구로만 사용된 것은 아니었다. 어쩌면 당연한 말인지 모르겠으나, 때론 검열이 매우 사적인 목적에 이용되기도 했다. 영화진흥공사에서 발행하는 격월간지 《영화》의 1987년 1월호에는 재미있는 글이 실렸다.

> 이렇게 많은 미국의 영화인들 그리고 재미 한국 영화인들의 뜨거운 협조로 어려운 여건 속에서나마 미국에서의 올로케이션을 무사히 끝마치고, 촬영팀은 귀국하였고 곧바로 후반작업에 착수하였다.
> 한마음 한뜻으로 똘똘 뭉쳐 땀흘려 작업한 촬영팀의 노고는 헛되지 않았다. 기술 시사회에서 〈LA 용팔이〉는 찬사를 받았고, 서울 대한극장과 전국의 10여 개 도시에 일제히 개봉할 날짜도 결정되었다. 그러나 뜻지 않았던 한파가 예기치 않았던 곳에서부터 〈LA 용팔이〉를 강타하기 시작할 줄이야. … 문제는 법규정에서부터 시작되었다. 외국인 출연 승인을 사전에 받지 않았다는 것이 그 결정적 이유였다. 이미 정해진 법규정을 어긴 것은 제작회사의 실책이었다. 그러나 결정적인 문제는 오래전부터 영화계에 남아 있는 고질 중에 상고질인 몇몇 영화인이나 영화업자들 상호 간에 잔존해 있는 시기

시나리오작가인 문상훈이 〈LA 용팔이〉 촬영을 위해 미국 로
케이션을 갔다 온 후 쓴 여행기의 일부분이다. 1960년대 후반
〈팔도사나이〉에서 인기를 끌었던 박노식의 '용팔이' 캐릭터를
주인공으로 한 '용팔이 시리즈'는 〈남대문출신 용팔이〉(설태호,
1970)를 시작으로 〈역전출신 용팔이〉(설태호, 1970), 〈신입사원 용
팔이〉(설태호, 1971), 그리고 1982년 〈소림사 용팔이〉(김시현), 1983
년 〈돌아온 용팔이〉(박노식)에 이르기까지 다양한 곳에서 강한
주먹으로 유쾌한 액션을 보여 주었다. 처음 이 '용팔이 시리즈'
를 시작했던 설태호 감독은 〈위기일발 용팔이〉 이후 軍의 지
원을 받은 전쟁영화를 연이어 찍으며 잠시 시리즈에서 하차
했다가, 1986년 오랜만에 용팔이의 미국 활약상을 담은 영화
〈LA 용팔이〉로 복귀한 것이었다.

그런데 코믹액션 장르 영화인 용팔이 시리즈가 과도한 폭력
장면이나 저속한 표현도 아닌 '외국인 출연 승인' 규정 문제로
검열을 통과하지 못했다는 것인데, 영화에서 외국인이 출연하
면 사전에 승인을 받아야 한다니!

기 안 용 지

분류기호	영화 1733			전결규정	조 항
문서번호	4753	(전화번호 72-9666)		과 장	전결사항
처리기한	70·3·31·	기 안 자	경 제 자		
시행일자	70.3.23	영 화 과 정 수 현			
보존년한	영 구	70. 3. 20			
보조기간	계 장				

협조

경유 수신 참조	대양영화주식회사 대표이사. 한갑진	통제	검열 70.3.23 통제실	발송 6	접수

계목　　　극영화 " 남대문출신 용팔이 " 제작신고수리 및 시정사항통보

1. 귀하가 1970·3·9.영화법제 11조에의거 제출한 극영화 "
남대문 출신 용팔이 " 의 제작신고를 수리하고 동법 시행령 제 17조
제 2항에 의거 다음의 시정사항을 통보합니다.

반려송 NO.
1970. 3. 23
문화공보부

2. 신고번호 : 1737 호
3. 시정사항
　가. 기통보한 " 국산영화제작권 장방향 " 을 적극 반영토록할것.
　나. 격투 장면을 잔인. 잔혹하게 묘사하지 말것.
　다. 소매치기등 범죄수법을 심제하게 묘사하지 말것.
　라. 장래사회에서 통용되는 저능란 대사의 사용이 없도록 유의할것.
　마. 시대적 배경을 명시할것. 끝.

〈남대문출신 용팔이〉(설태호, 1970)의 제작신고수리 및 시정사항통보서. 시나리오 심의 결과, '격투 장면을 잔인하게 묘사하지 말 것, 범죄 수법을 자세하게 묘사하지 말 것, 저속한 대사의 사용 금지, 시대적 배경 명시' 등을 시정하여 영화를 제작하도록 했다. 액션영화에 대한 검열은 이 정도 수준에서 시나리오 수정 후 제작 허가가 내려졌다.

한국 정부에서는 영화법 외에도 매년 초에 '영화시책'을 통해 우수영화의 선정 기준, 국산영화제작 또는 외화 수입 시에 지켜야 할 규칙 등을 제정하여 발표했다. 따라서 검열의 눈을 피하고, 외화수입추천권을 얻기 위해서는 이 영화시책이 매우 중요할 수밖에 없었다. 그런데 이 영화시책 중에는 '국산영화의 외국인 출연' 항목이 있었다. 대략 이 항목의 내용은 "외국인 출연은 사전에 문화공보부의 승인을 받아야 하며, 외국인 출연은 영화의 제작상 불가피한 경우에 한하여 인정한다"는 것이다.* 이 외국인 출연 제한이 시책으로 처음 등장한 것은 1975년으로, 같은 해 《매일경제》 1월 7일자 기사는 "이번 시책은 과대·저질광고를 규제하고 위장합작영화를 사전에 막기 위한 조치로 외국인 배우의 우리 영화 출연을 주연급 2명 이내로 제한"했다고 그 취지를 밝히고 있다.

사실 위장합작을 제작할 것이 아니라면 이 항목이 그렇게

---

* 해당 영화시책의 자세한 내용은 다음과 같다.
10. 국산영화의 외국인 출연
　　외국 배우의 국산영화 출연은 다음 기준에 의거 승인을 받아야 한다.
　　(1) 외국인 출연은 영화의 내용상 불가피한 경우에 한하여 인정한다.
　　(2) 외국인 출연은 주연은 1명, 조연은 2명 이내에서 허용한다.
　　(3) 외국인 출연승인 신청서류는 다음과 같다.
　　　① 신청서
　　　② 촬영 계획서
　　　③ 출연자의 이력서
　　　④ 영화의 줄거리 및 대본
　　　⑤ 출연 계약서
　　　⑥ 상대국 제작가협회 추천서(현지 공관장 확인)
　　　⑦ 기타 필요한 서류

큰 제한으로 다가오지 않는 것 아닌가 생각할 수도 있겠지만, 특히 1980년대 초중반에 이 시책은 영화제작자들에게 걸림돌이 되고 있었다. 1981년 초 대통령이 연두 국정연설에서 '외국여행 자유화'를 외쳤고, 이는 실제로 빠르게 시행되었다. 이에 따라 영화계에서도 이두용의 〈낮과 밤〉(1984), 배창호의 〈깊고 푸른 밤〉(1985)과 같은 영화들이 해외 올로케로 촬영되었고, 흥행에서도 성공을 거두며 유행처럼 해외를 배경으로 한 영화들이 제작되기 시작했다. 해외 로케의 경우, 제작 환경상 국내배우와 스태프들을 모두 데리고 가면 체재비 등으로 인해 영화제작비가 많이 들기 때문에 아무래도 현지 배우와 스태프를 고용하는 것이 더 이득이었다. 이때 '외국인 출연 제한' 시책이 발목을 잡은 것이다.

외국인 출연 제한 시책은 1985년까지 유지되다가, 1986년 4월 발표된 '한국영화발전시책'에서 "영화의 질적 향상을 촉진하기 위해 연간 제작된 영화 중 '좋은영화'를 선정, 제작비의 일부 또는 광고비를 지원하고 해외 촬영, 외국인 출연 승인 및 합작영화의 허가 조건을 완화하여 선진 외국의 영화제작 기술 도입을 적극 촉진한다"고 선언함으로써 사라진 듯했다. 그런데 이 규정이 1986년 개봉하는 영화인 〈LA 용팔이〉에 적용되어 검열을 통과하지 못했다는 것이다. 게다가 앞서 인용한 글에 따르면, 이러한 검열이 영화인들 간의 '시기와 질투, 중상과 모략' 때문이라니 흥미진진하지 않을 수 없다. 이에 대해 설태호 감독은 다음과 같이 설명했다.

후반작업까지 다 하고 문제가 생겼어요. 이것 참 재미난 얘긴데, 공보부에 검열을 신청했어요. 그런데 안 된다는 거야! 지금 대한극장에 간판까지 다 올라갔는데, 안 된다는 거야. 왜 안 되느냐. 배우들이 미국 사람이다 이거예요. 배우들이 많이 나왔거든, 미국서. 그 사람들 신원 보장이 돼야 한다고, 이력서하고 출생신고 어디서 했는지, 미국 배우들한테 전화 걸어서 "너 출생지가 어디냐?" 이러니까, 미국 사람들은 전부 하스피틀hospital 가래. 병원이다 이거야. 우리는 출생지가 어디냐 하면 본적을 얘기하는데, 근데 미국 사람들은 전부 병원이다 이거야! (웃음)

그래가지고 (서류가 부족하니까) 검열을 안 해 줘. 그런데 이미 간판은 올라갔죠? 참 문제가 되지 않겠어요? 날짜도 다 잡아 놨는데 검열이 안 되니까. 근데 왜 안 되나 했더니, 참 이상한 게 있대. 제가 미국 가 있을 때, 우리 회사에서 리바이벌revival 영화를 수입할 수 있는 허가장이 하나 나왔어요.

그래서 미국에 전화가 왔어. 한국 들어올 때 리바이벌 영화 하나를 골라서 오라 이거야. 그래서 내가 욕을 했어요, 우리 전무한테. "여보 당신 지금 내 여기서 촬영하는데, 처음 와서 하느라 정신없는데 뭐? 외화를 골라?" 그랬더니 "그럼 누가 빌려 달라는데 빌려 줄까?" 하는 거예요. 빌려 주면 돈을 준다는 거예요. 얼마나 주느냐고 하니까 천만 원 준대요. 그래서 "어, 천 받아라" 그러고 그 쿼터를 남한테 빌려 주고 전무가 천만 원을 받아 넣었어요. 알고 보니까 이 사람이 외화를 수입하는 어느 영화사에다가 이걸 3천 만원에 팔아먹었어. (웃음)

▶ 그러니까 그 사람이 감독님 제작사에서 쿼터를 천만 원 주고 사서 다시 다른 곳에다가 3천 만원을 주고….

아니! 우리 전무가!

▶ 먹은 거예요, 2천만 원을?

그러니까 그게 얼마나 나빠요. 그런데 그 쿼터를 산 사람이 공보부 과장하고 또 친해요. 아주 친한데, 그 공보과장은 다 알거든요? 다 이 썸씽이 있는 거야. 그래서 무조건! 안 된다는 거야. 그래 제가 공보실에 들어가서 막 싸우고 그랬어요. 그런데 무조건! 안 된다는 거야. 그래서 막 싸우고, 제작가협회 회장 데리고 들어가서 또 싸우고 그랬어요.

그런데 결국 안 되니까 이제 간판 떨어진 거 아니에요? 날짜가 다 되니 못 붙이는 거야. 그래서 김응천 영화(《87 맨발의 청춘》(김응천, 1986))가 들어갔어. 그러고 나서 다시 서류 만들고, 그 미국 배우들 전부 사진 다 해 넣어서, 억지로! 그렇게 개봉했는데, 이게 터지기 시작한 거예요. 대한극장에만 손님 안 들고 시골 가 보니까 전부 터져, 하여간. 손님이 5만, 6만 정도 들었어요. 지방 단매해서 밑지지 않았어요. (설태호, 2010)

설태호 감독이 영화를 제작하고 받은 쿼터를 영화사 전무가 설태호 감독 쪽에는 1천만 원에 팔았다고 이야기하고, 실제 수입사에는 3천만 원을 받은 뒤 2천만 원을 챙겼다는 말이다. 그런데 속사정을 모르는 수입사는 설태호 감독이 자신에게 3천만 원

바가지를 씌웠다며 앙심을 품었고, 자신과 친하게 지내던 공보부 과장에게 얘기해서 〈LA 용팔이〉가 검열에 통과하지 못하도록 손을 썼다는 것이 설태호 감독과 당시 스태프들의 주장이다.

이 사례에서 재미있는 점은, 홍콩 무협영화를 막기 위해 수입 편수를 제한하고, 이에 맞서 영화사들이 '위장합작'이라는 방법을 고안하자, 다시 이를 막고자 1차원적 해결책으로 '외국인 출연 제한' 규정을 만들어 냈는데, 이 규정이 애꿎게도 위장합작으로 만들어진 홍콩 무협영화가 아니라 해외 로케이션으로 진행된 한국영화의 개봉을 막는 데에 이용되었다는 것이다. 그것도 '국가의 필요'에 의한 검열이 아닌 가장 사적인 이유로 결정된 검열이었다는 점에서, 당시 검열제도가 갖고 있는 모순을 있는 그대로 보여 준 사례라 할 수 있다.

공연윤리위원회와 정면충돌: 〈허튼소리〉와 〈구로아리랑〉

1985년 제5차 영화법 개정에서 드디어 '검열'이라는 말이 사라지고, '자율심의제도'가 생겨났다. 그동안 정부의 검열에 반대해 왔던 영화인들은 이 새로운 심의제도가 표현의 자유를 보장해 주는 범위 안에서 이루어지기를 기대했다. 그러나 사실상 검열에서 심의로 용어만 바뀌었을 뿐이었다. 특히나 이를 담당하는 공연윤리위원회는 예술 작품 속에 드러나는 '외설'과 '반사회'만을 엄격하게 심의하겠다는, 지나치게 모호하고 광범위한 기준을 앞세움으로써 심의 과정에서 갖가지 충돌을 야기했다.

특히 1985년 말 신임 공연윤리위원회 위원장이 취임 기자회견에서 한 발표*는 심의에 대한 영화인들의 거부감에 기름을 부었다. 한국영화인협회에서는 이 발표 이후 성명서를 내고** 이영희 위원장에 대한 불신임 서명운동에 들어갔다. 뿐만 아니라, 공연윤리위원회의 심의를 거부하고 자체 심의기구인 영화윤리위원회를 설립·운영하겠다고 선언했다.

그런데 심의에 대해 반대 목소리를 강하게 내기는 했어도, 한국의 영화인들은 공연윤리위원회를 무작정 배척만 하기도 어려운 상황이었다. 그 이유는 앞서도 이야기한 외화 수입자유화와 관련이 있다. 공연윤리위원회와 영화인 간 다툼이 시작된 1986년은 한국영화의 정책적 흐름으로 봤을 때 매우 애매한 시기였다. 수입과 제작이 모두 자유화되기는 했지만 뒤이어 예정된 제6차 영화법 개정에서 외국 영화사의 설립 허가나 수입 편수와 수입가격 제한 해제 등은 아직 이루어지지 않고 있었다. 때문에 많은 회사들이 큰 수익이 날 수 있는 외화 수입에

---

* 1985년 12월 17일 공연윤리위원회의 새로운 위원장으로 임명된 이영희 전 국회의원은 같은 달 23일 프레스센터에서 기자회견을 통해 "앞으로 외설영화의 규제를 강화하고 공연물 일체에 대한 사전심의뿐만 아니라 공연법 시행령 제17조에 명시된 사후심사도 현재보다 철저히 하겠다"고 발표했다. 또한, 이 자리에서 이 위원장은 여성단체들과 합동으로 어머니모니터제를 신설, 불건전한 공연물 및 영화, 음반 등에 대한 여론을 환기시키고 우수작품 지원 방안을 모색하겠다고 했다. 《매일경제》, 1985년 12월 23일자 11면 기사; 《경향신문》, 1985년 12월 23일자 3면 기사 참조.

** 한국영화인협회 이사회는 "소위 대중예술의 길잡이를 지칭하고 나선 이 위원장이 한국영화는 마치 섹스영화, 폭력영화, 반국가·반사회적 영화를 만들고 예술이라는 이름으로 인간파괴행위를 하는 저질 단체인 양 매도했으며 지금까지 1,500명의 영화인들이 피땀 흘려 만든 영화에 이 위원장이 전근대적인 윤리 기준으로 군림하려는 독선 행위를 반박한다"고 결의서를 발표했다. 《동아일보》, 1985년 12월 27일자 2면 기사 참조.

몰렸고, 인기작을 하나라도 차지하려는 수입사 간의 경쟁이 그 어느 때보다 치열했다.

이러한 경쟁은 수입사들뿐만 아니라 한국영화 제작사들에게 도 그리 달갑지 않은 일이었다. 영화 자본이 모두 외화 수입 가 격 경쟁이라는 블랙홀로 빨려들어가고 있었기 때문이다. 따라 서 누군가는 이러한 과열된 경쟁에 제동을 걸어야 한다는 목소 리가 나오기 시작했다. 그때 나선 것이 공연윤리위원회였다.

공연윤리위원회는 1986년 7월 10편의 외화수입 신청 작품 중 4편에 대해 수입불가 판정을 내렸다. 일주일 뒤 공연윤리위 원회는 2편의 작품을 추가로 수입불가 조치하였다. 당시 수입 이 금지된 작품의 수입사와 수입 불허 이유는 다음과 같다.

- **록키 4(동아수출공사)** = 미美-소蘇의 스포츠를 통한 예각적 체제 대결을 묘사, 올림픽 주최국으로서의 화합정신에 위 배. 미未 수교국의 사회 상황 노출도 문제.
- **매드맥스 2(합동영화사)** = 잔인무도한 살상을 담은 폭력영 화. 성인용이라도 상영은 곤란.
- **핫 블라드(우진필름)** = 경찰 간부가 범죄집단에 가담, 자국에 이롭지 못한 인물들을 무차별 살상. 국내 현실에 끼칠 영 향 심각.
- **로우 딜(화풍흥업)** = FBI가 마약 집단에 기습당하자 그 일원 이 범죄집단을 무차별 사살-보복한다는 내용. 사회악 척 결은 인정되지만 청소년에게 끼칠 영향이 크다. 〈공륜, '로키

4'〉등 네 편 금수 판정〉,《조선일보》, 1986년 7월 5일자 12면 기사.

- **빽 투 더 퓨처** = 한 청년이 타임머신을 타고 과거로 돌아가 자신을 낳게 될 부모가 어렸을 때부터의 얘기가 전개되는데 어머니가 될 처녀가 아들이 될 청년을 좋아하는 등 윤리상의 문제가 있다.
- **신의 아그네스** = 영화법시행령 제18조4항 "신앙이나 종교를 풍자·조롱, 또는 증오의 대상으로 하거나 종교의식을 모독하는 내용은 상연할 수 없다"는 검열기준에 따라 수입 불가. 〈공륜 "윤리에 문제" … 외화 〈빽 투 더 퓨처〉 금수조치〉, 《경향신문》, 1986년 7월 17일자 11면 기사.

뒤이어 공연윤리위원회는 〈하일복성〉, 〈폴리스 스토리〉, 〈호로트레인〉을 수입불가 조치하며 총 9편의 외화 수입을 막았다.

이러한 조치에는 무분별한 외화 수입을 막는다는 이유도 있었지만, 무엇보다 지나치게 높은 수입 가격으로 인한 외화外貨의 유출을 막겠다는 목적도 컸다. 그 대표적인 예가 〈록키 4〉와 〈빽 투 더 퓨처〉의 수입금지다. 앞서 언급한 대로, 제6차 영화법 개정 이전까지 외화 필름의 수입은 38만 달러 이내에서 이루어져야 했다. 그런데 〈록키 4〉와 〈빽 투 더 퓨처〉의 경우, 수입사에서 공시한 가격은 각각 41만 달러와 49만 달러지만(이 금액도 이미 수입 상한을 훌쩍 넘어선 가격이다), 당시 업계에서는 실제로는 90~100만 달러 이상을 지불했을 것이라는 이야기가 떠돌았다.[3] 이렇게 영화 가격이 비싸지면, 국내 수입사나 흥행업자들 역시 아무리 영화가 흥행한다 하더라도 큰 이익을 보지 못한다. 게다가 그저그런 오락영화에 지나치게 외

화外貨가 낭비되고 있다는 지적도 나왔다.[4]

　무분별한 외화 수입에 대한 비판 여론이 날이 갈수록 높아지면서, 영화인들 중에는 공륜의 이 같은 금수 조치를 반갑게 받아들이는 이들도 있었다. 그러나 7월 말, 〈허튼소리〉(김수용, 1986)의 검열에 불만을 표하던 김수용 감독이 기나긴 갈등 끝에 은퇴를 선언하면서, 다시금 공륜과 한국 영화인들 사이에는 거센 폭풍이 몰아치기 시작했다.

　이 사건의 발단은 〈허튼소리〉의 제작이 약 80퍼센트 정도 진행된 1986년 5월로 거슬러 올라간다. 처음 문제를 제기한 곳은 불교계였다. 조계종에서는 진정서를 발표하여 "〈허튼소리〉 내용 중 불교를 모독하는 내용이 있으니 상영을 금지토록 조치해 달라"고 문공부에 요청했다. 이에 문공부는 이미 "제작 허가를 내주기 전 조계종과 협의토록 영화사 측에 권고한 바 있다"며 그 책임을 영화사 측에 돌렸다.

　당시 〈허튼소리〉의 제작을 맡았던 곳은 제작사가 등록제로 바뀐 후 정창화 감독이 설립한 화풍영화사로, 영화사 측에서도 즉시 "행정당국의 사전종용에 따라 종단 측과 협의한 끝에 시나리오에서 말썽이 될 부분을 최대한으로 삭제했고 마지막 검열 과정에서 다시 검토될 수 있으므로 큰 문제가 없을 것으로 본다"[5]며 조계종의 항의에 응대했다. 영화계에서도 다시 〈비구니〉와 같은 사태가 일어나는 것은 아닐지 걱정하며, 화풍영화사와 김수용 감독의 입장을 지지하고 또다시 표현의 자유가 종교적 반대에 무너질 수 없다며 목소리를 냈다.

이렇게 조계종과의 마찰이 조금 해결되나 싶던 찰나에, 공륜의 검열이 뒷통수를 때렸다. 〈허튼소리〉의 심의 서류는 남아 있지 않지만, 이 영화와 관련하여 검열이 이루어진 과정과 그에 따른 결과는 당시 김수용 감독이 은퇴를 선언하며 쓴 자필 성명서, 그리고 검열된 장면과 그에 대한 김수용 감독의 해명을 담은 신문 기사를 통해 살펴볼 수 있다.

① 중광이 분뇨통을 메고 오다 머리에 뒤집어 쓰는 장면(부분 화면 단축)

김 = 불경 〈반야심경〉의 불구부정(不拘不淨), 즉 더럽고 깨끗한 것이 모두 관념이며, 이를 넘어서야 한다는 불교의 정신을 표현.

② 방생의식 중 중광이 방생물고기를 물어뜯는 장면(화면삭제)

김 = 죽이고 살리는 생사의 문제를 자제롭게 넘어서려는 주인공의 노력을 표현.

③ 중광이 눈덮인 산야를 헤매다 군인 철모 및 해골을 발견, 6·25를 연상하며 "이놈은 장군님일까 너는 졸병님이고…" 하는 장면(화면삭제)

김 = 누구의 고혼이든 구제하는 것이 부처님의 가르침이라는 표현.

④ 중광이 알몸으로 허수아비 쪽으로 뛰어가는 장면 중 나신 부분(화면삭제)

김 = 주인공이 추운 겨울에 물에 빠져 옷을 벗고 허수아비 옷을 입으려는 사실적인 상황 묘사이고, 알몸으로 무소유의 사상을 표현.

⑤ 중광이 방에서 성기에 붓을 달고 그림을 그리는 장면 중 보이는 둔부(화면삭제)

김 = 머리와 기교가 아닌 '무심선필無心禪筆로 그림을 그린 중광의 독특한 창작 스타일 묘사.

⑥ 중광이 절에서 출송당하는 장면(화면단축)

김 = 파계한 중을 절에서 내쫓는 명고출송鳴鼓出送의 기록은 문헌 상에 나오고 그 의식 절차는 픽션을 가미.

⑦ 출송당한 중광을 스님들이 쫓아와 법복을 벗기는 장면(화면삭제)

김 = 사람의 옷은 인위적으로 벗길 수 있지만 마음의 옷은 벗기지 못한다는 상징적인 표현.

⑧ 중광이 사우나탕에 옷을 입고 들어가 욕객들을 조롱하는 장면(화면삭제)

김 = 주인공이 볼 때 깨끗한 것, 고급스러운 것은 아무런 관계가 없다는 무소유, 무애사상의 표현.

⑨ 중광이 방 안에서 온몸에 석유를 뿌리고 분신자살을 기도하는 장면(화면단축)

김 = 주인공이 스스로의 철학적인 고뇌로 자살하려 한다는 것을 표현하지 못할 이유가 없다.

⑩ 중광이 병원 시체실에서 죽은 여인이 누운 침대에 옷 벗고 올라가는 장면(화면단축)

김 = 음란한 연상을 하기 쉬운데, 싸늘한 시체를 단 하룻밤만이라도 따뜻한 체온으로 덮혀 주려는 중광의 '보시' 정신을 표현.

〈공륜-영협, 검열시비 첨예화〉, 《조선일보》, 1986년 8월 2일자 11면 기사.

「메가폰을 놓으면서」

나는 이번 나의 작품 "허튼소리"의 공륜심사
결과를 보고 지나친 충격과 슬픔을 맛 보면서
이 글을 씁니다. 경론 부터 서들을 믿는 나
는 이성을 잃었는지 모릅니다만 뜨거
운 것을 삼키며 결국 나의 영화감독 생활에 종
지부를 찍어야 겠다는 결심을 세상에 알리고 있읍
니다.
"허튼소리"는 공사 절차를 밟어 제작되던 지난
3월, 조계종 일부 스님들의 지적을 받는 등 약간의
우려 속에서도 나는 소신껏 영화가 갖는 예술세계
에 모든 초점을 응집시키며 완성하기에 이르렀고
"허튼소리"는 공륜의 심사를 받기전, 조계종 총무
원 요청으로, 몇분의 간부스님 들을 뒤하며 시사회
를 갖었었고, 이영희 공륜 위원장 역시 뒤잡지가
제작자 ○ 감독과 함께 이 영화를 먼저 보았
읍니다. 먼저 이위원장의 태도는 영화심사를
본후 몇번이나 거듭 회의석에 모인 우리들에게
모처로 부터 받는 압력을 이기고 이 작품을 세상

에 내보내 위해 큰힘을 쓰고 있다는 말 하면서
○ 때로는 조계종의 반대가 자진
철회가 필요 하지 않겠느냐고 제의 했읍니다. 그
나 그 지적한 곳이 너무 타당성이 없어 많기나 한 부
다가 결국 위원장의 제의에 의해 조계종 스님들
이 시사회 결과를 보고 결론을 나리자는 것으로 낙착
됬읍니다. 그때, 이위원장은 마치 이 영화의 생사는
자기 손에 쥐어진 처럼 말하며 자신은 오히려 영화
인이라는 말을 거듭했읍니다.
그날 오후 시사회에 나온 스님들은 비구·비구니
처 50여명, 규정부장, 오성당 스님, 기획실장,
전휴스님도 나왔는데 "허튼소리"는 그분들로 부터
사의 박수까지 받으면서 이영화는 ○ 대로 공개
해도 별문제가 없다고, 마련을 못어주었 읍니다.
나 제작사는 그분들의 자문을 다시 서면으로
○ 오개소를 개작 녹음하기에 이르렀읍니다.
런데 공륜은 수정한 ○개소를 합쳐 10여 곳에
수정을 하기에 이르렀읍니다.
가 영화감독을 그만 두는 이유는 실로 자기 작품

이 도려성 희박한 공륜의 심의 ○ 아닙니다
공륜은 엄정한 심의 규정이 있고 또 그 규정을 충실이
이행하는 위원도 있겠지요. 그러나 나는 그날 사전
시사에 동석했던 이동규씨의 영화예술에 몰지각한
참언과 지나친 편견에 가슴 아픔니다.
당신은 "역시 한국영화는 누가 만들어도 별수 없다 며
엑스트라기 못섞이며" 했지요. 엑스트라 하면 모두
마당노리의 노리꾼 처럼 주인공과 어울여야 한다는
당신의 편견에 놀랐읍니다. 때로 엑스트라는
연출자의 의도에 딸이 소도구 처럼 ○ 부동의 오브
제로서, 처리되는 것 조차 모르는 당신은 나의 작품에
가위를 댔읍니다. 더구기 선량한 영화작가를 비호
하는 척, 조계종으로 부터 보호하는 척, 범법 하면 안
위원장의 태도는 ○ 했다고 생각합니다.
"허튼소리"는 조계종에서 묵인한 불사에 대한 장면
까지 삭제되어 ○밤이 끊긴채 관객 앞에 나가게
되었읍니다.
나는 과연 30년 영화감독생활과 105편의 극
영화를 감독한 사람으로서 공륜이 10여개소
나 잘라내는 영화 밖에 만들 수 없던 말입니까

○간에 계속되는 영화와 공륜의 잡음에 나는 개의
치 않읍니다. 남자의 주장에 ○으면 이위원장과 주
○도 타당할 머게 ○없지 않았겠지요. 이것은 검열
문제 사명과 범규의 문제였읍니다. 그러나 나의
부는 영화예술과 검열의 문제입니다. 창의성이
○ 영화의 생명이며 그것은 그야말로 안보차원
이어며 평가 받고 사랑되어야 할것입니다.
○땅의 영화는 지금 창의성이 고갈되었읍니다.
리고 ○ 아무데서도 공륜 ○도 이것을 인정하
지 않읍니다.
는 나의 사랑하는 후배감독들의 발랄하고 창
○성 있는 작품활동을 위해서도 공륜의 제도적인
○의의 객관화를, 공정화를 촉구하며 이위원장이
가, 이동규씨와 같은 편견과 영화예술의 무지가
도 되고 있는 한 아픈 마음으로 메가폰을 놓고
영화감독 생활를 끝맺겠읍니다.

'7월 31일
김 수 용

〈허튼소리〉로 공륜과 갈등을 겪던 김수용 감독은 1986년 7월 31일 자필 성명서를 통해 은퇴를 선언했다. 성명서에는 〈허튼소리〉와 관련하여 조계종의 반대부터 공연윤리위원회의 검열에 이르기까지 모든 과정이 어떻게 진행되었는지 매우 자세히 서술되어 있다.

김수용은 2012년 구술에서도 〈허튼소리〉의 검열 과정에 대해 이야기했는데, 그의 이야기를 들어보면 당시 공연윤리위원회의 검열 주체들이 한국영화와 대중을 어떤 시선으로 바라보고 있었는지 알 수 있다.

구상 선생*이 이 〈허튼소리〉의 중광 스님하고 친해요. 그래서 검열 때 같이 갔는데, 그 검열관의 남편이 구상 선생의 제자래요. 그래서 어떻게 좀 통과해 보려고 나도 가서 열심히 했고요. 당시 영화 검열기관장이 이영희 씨였는데, 그 사람이 몽땅, 하여튼 열한 신 Scene인가? 다 잘라 버렸으니까요. 왜 그러냐 그러니까 "감독님보다 관객은 상상력이 부족해서요. 오해의 소지가 있습니다" 이러고. 아유, 나 끔찍해. 그걸 뚫고 한국영화는 살아왔습니다.

▶ 그런데 사실 중광 스님 행적이 워낙 파격적이라 어느 정도 검열에 제약이 있을 걸 예상하셨을 거 같은데요.
미리부터 나는 콘티에서 저촉될 만한 데는 다 피해 가고, 아주 유머러스하게, 아주 재미있게 웃다 보면 그냥 넘어가게 다 계산을 해 놨거든요? 그런데도 이 위원장이 딱딱 다 집어냈죠. 그래 예를 들어서, 인분을 뒤집어쓰잖아요? 그러면 불생불면 부구부정, 불교의 석가모니께서는 지식, 이 세상에 죽고 사는 게 어딨느냐, 이 세

---

*　구상具常(1919~2004). 본명 구상준. 대한민국의 시인으로 〈여명도〉, 〈길〉, 〈초토의 시〉 등의 대표작이 있으며, 1950년대부터 1990년대까지 서울대, 서강대, 가톨릭대 등에서 교수를 역임한 바 있다.

상에 깨끗하고 더러운 게 어딨느냐. 다 평등하다는 걸 주장하잖아
요? 그러면 스님이 이까짓 거 인분 뒤집어쓴다고 뭐가 더러우냐
이거죠. 물론 표현이 너무 직접적인지 모르지만 그 검열하는 사람
들이 다 이 불결한 걸, 이걸 어떻게 보느냐.

근데 그때 불교신문사 사장을 지내던 정휴 스님이라고, 글 쓰는 스
님이 있어요. 그분이 "저거 당연하지. 니들이 불교를 너무 모른다"
신문에 그렇게 났어. 한국 검열은, 영화 검열은 불교를 너무 몰라,
그렇게 썼어요. 그거 기사에 있어요. (김수용, 2012)

　　공룡은 이 일로 한국 영화인들로부터 크게 신뢰를 잃었다.
영화인들은 공연윤리위원회의 해체와 더불어 영화 심의를 자
율 민간기구에 맡길 것을 요구했지만, 받아들여지지 않았다.

　　그러다 이듬해인 1987년, 여당에서 제출한 개헌안 중 '표현
의 자유'와 관련하여 '영화나 연예에 대해 법률이 정하는 바에
따라 규제를 가할 수 있다'는 예외 조항*이 또다시 영화 · 연극
· 공연계에 공분을 불러일으켰다. 영화 · 연극 · 공연계가 한
목소리로 해당 예외 조항을 비난하자, 개헌 협상 자리에서 여
당은 야당의 안을 받아들여 '언론출판과 함께 영화 · 연예 부
문의 검열을 폐지'하는 데에 합의했다. 문공부에서도 서둘러

---

* 당시 1987년 7월 20일자 《동아일보》 4면 기사 〈민정당 개헌안 요강〉에 따르면, 언론·출판에 대한 허
가, 검열금지 조항에 예외를 두면서 "영화나 연예에 대하여는 청소년 보호와 공중도덕 및 사회윤리의
침해를 예방하기 위하여 법률이 정하는 바에 따라 규제할 수 있도록 하고, 신문·통신·방송의 시설 기준
과 편집·편성의 공정성을 보장하기 위한 제도는 법률로 정할 수 있도록" 했다.

"다가오는 9월 1일부터 영화 시나리오의 사전심의제를 폐지하겠다"고 발표했다. 한편으로 영화인들은 1980년부터 줄기차게 요구해 왔던 시나리오 사전심의제가 이제라도 폐지되는 데에 환영의 뜻을 표하면서도, 이것이 영화에 대한 완전한 검열 철폐를 뜻하지는 않는다고 주장했다. 연극의 경우에 대본 심의가 사라지면 연극이 무대에 오르기까지 다른 검열 수단이 없지만, 영화의 경우 시나리오 사전심의가 폐지되더라도 작품 완성 후 필름에 대한 검열이 진행되기 때문이었다.

이에 1988년 1월 22일 공연윤리위원회의 이영희 위원장은 언론 인터뷰를 통해 "과거 공륜이 정부 당국의 입김을 강하게 받았기 때문에 '관제기구'로 인식되고 있으나 실질적으로 독립적인 민간기구"임을 주장하며, "공륜의 영화에 대한 가장 중요한 기능은 영화에 대한 성인용, 청소년, 국교생 이상 관람가 등 관람가능등급을 매기는 것이며, 두 번째로는 '반국가', '반사회적'인 내용을 걸러내는 것"으로, "지난해 9월 시나리오심의제 폐지 이전에는 '반사회적', '반국가적'이란 이름 하에 공륜이 반정부 또는 사회고발성 영화까지도 규제했으나 그 이후로는 그 같은 일이 전혀 없었으며, 앞으로도 사회고발성 영화에 대해 일체 규제하지 않겠다"[6]고 말했다.

그러나 이 말은 지켜지지 않았다. 1989년 6월, 공연윤리위원회는 개봉을 40시간 앞둔 영화 〈구로아리랑〉에 대해 무려 21개의 장면 삭제를 지시했다. 이로 인해 그동안 쌓였던 공연윤리위원회에 대한 불만들이 폭발했다. 에로영화에는 한없이 관대하던 공륜이 "그간 심의가 너무 개방된 듯한 느낌"이라며 "경제성장이나 정치 발전에 도움이 안 되는 내용에 대한 심의 기준을 강화하기로"[7] 했다는 이유를 들어, 노동문제를 다룬 영화에 대해 이 같은 결정을 내린 것이었다.

그리고 같은 해 8월에는 16밀리 영화 〈오! 꿈의 나라〉에 대해 '독립영화 제작신고와 공륜 심의 의무조항'을 위반했다는 이유로 검찰에서 해당 영화의 제작자인 홍기선과 이 영화를 상영한 극장의 대표인 유인택을 기소했다. 또, 11월에는 한국영화아카데미의 졸업 작품을 대상으로 영화진흥공사가 소재를 제한하고, 사전검열까지 한 것이 드러나며 논란이 되었다.

〈구로아리랑〉과 〈오! 꿈의 나라〉에 대한 법적 공방이 이어졌고, 민족예술총연합회를 비롯 영화인 단체들도 연합하여 검열 철폐와 영화인들의 의견이 반영된 영화진흥법 입법을 위해 거리로 나왔다. 그런데 그 거리에는 한 가지 더 해결해야 할 문제가 먼저 나와 기다리고 있었다.

할리우드로부터 한국영화를 지켜라!
: 수입자유화와 직배 저지 운동

한미경제협상과 제6차 영화법 개정

미국영화수출협회MPEAA는 1985년 9월 10일, 미국의 통상법

301조에 근거, 미국 무역대표부USTR에 한국 영화시장에 대한 청원서를 제출했다. 미국영화수출협회가 당시 영화업과 관련해 한국 정부에 요구한 내용은 다음과 같다.

미국영화수출협회는 지난 10일 미국 통상대표부에 한국의 미국영화에 대한 불공정한 무역규제와 과도한 검열에 대해 제소하면서 △한국에서의 외국영화배급업자 사무소 개설 금지법 폐지 △외화 수입업자에 대한 외환사용규제의 완화 △외화수입업자에 대한 예치금 제도 등 재정적 부담의 완화 △과도한 검열 완화 △스크린쿼터제 완화 등을 요구했다.

좀 더 구체적으로 말하면, ①외국영화 흥행업자가 한국에 와서 극장주들과 직접 거래할 수 있도록 할 것 ②현재 연간 5백만 달러로 묶여 있는 외화수입할당액을 늘릴 것 ③새 영화법에 따라 외화수입업을 등록할 때 예치금으로 7억 원을 내도록 돼 있는 것을 완화할 것 ④영화 검열을 더욱 완화할 것 ⑤현재 한국 영화관에서의 국산영화상영일수가 연간 전체 상영일수의 5분의 2 이상으로 돼 있는 것을 완화하라는 것이다.

〈영화공룡 미국, 한국시장독식 압력〉, 《동아일보》, 1985년 9월 12일자 3면 기사.

제소의 근거가 된 통상법 301조는 "불공정하고 불합리하며 차별적이고 모순된 (외국의) 법률, 정책 그리고 조치를 제거하기 위해 대통령의 권한 범위 안에서 모든 적절하고 가능한 정책을 취해야 한다"는 것으로, 여기서 말하는 '모든 적절하고 가능한 정책' 안에는 관세 인상, 무역 제한 등의 보복 조치를 포함하며, 이는 문제가 된 상품뿐 아니라 그 외 거래 상품 모두에 적용될 수 있는 것이었다. 다시 말해, 한국이 국내에서 미국영화의 수입 및 미국 영화회사의 활동을 계속해서 제약할 경우 미국이 한국의 대미 주요 수출품(예를 들어, 자동차나 가전)에 보복 조치를 취할 수 있다는 것이었다.

결국 한국은 협상 테이블에 앉을 수밖에 없었고, 미국의 요구를 일부 수용하는 것으로 이 문제를 해결하고자 했다. 1985년 10월 28일 미국영화수출협회 및 미 영화업계와 한국 정부의 협상이 시작되었고, 12월 2일 미국의 요구에 따라 단계적 개방에 합의했다.

미국에서 요구하는 여러 가지가 많지만, 첫째는 1984년 영화법 전면개정 전까지 외국영화 수입이 굉장히 제한이 돼 있었거든요. 미국에서는 "그걸 풀어라"하는 게 첫 번째고, 당시에는 영화 한 편 수입하면 프린트 뜨는 것에 제한을 가했어요. 지금처럼 900개 스크린에다 동시에 다 풀고 이런 거는 상상도 못 하고. 가져왔으면 8편이면 8편, 10편이면 10편에 한해서 복제할 수 있게 한 그거 풀라는 게 두 번째였고. 그다음에 미국영화가 들어와서 국내에서 상영을 하고 돈을 벌잖아요. 관세청에서 외화를 반출하는데 한도가 있어요. 그거 풀라는 거.

이런 몇 가지의 요구가 아주 강력하게 쭉 제기돼 왔기 때문에 어차피 영화시장은 개방하는 것이 옳다는 판단에서, 1984년 영화법을 전면개정하면서 제작자유화. 그리고 미국에서 또 요구해 온 것이 직배사 관계죠. 우리 영화법은 외국인이 영화수입·제작을 못 하게

제5차와 제6차 개정 영화법 비교

제5차 영화법 개정(1985.7.1. 시행)	제6차 영화법 개정(1987.7.1. 시행)
제2장 영화의 제작 및 수출입 **제4조의2(영화업자의 결격사유)** 다음 각호의 1에 해당하는 자는 제4조의 규정에 의한 등록을 할 수 없다. 　1. 대한민국의 국적을 가지지 아니한 자 　2. 외국의 법인 또는 단체 　3. 제1호 및 제2호에 해당하는 자가 그 대표자로 되어 있거나 의결권을 행사할 수 있는 법인 또는 단체 **제10조(영화의 수출·수입추천)** ①국산영화 또는 합작영화를 수출하고자 하거나 외국영화를 수입하고자 하는 자는 문화공보부장관의 추천을 받아야 한다. 다만, 대통령령이 정하는 실수요자가 외국영화를 수입하는 경우에는 그러하지 아니하다. ②삭제 〈1984.12.31.〉 ③제1항의 규정에 의하여 외국영화의 수입추천을 받고자 하는 자 중 영화업자는 문화공보부장관이 정하는 바에 따라 국산영화의 진흥을 위한 자금을 영화진흥공사에 납부하여야 한다. ④제1항의 규정에 의한 추천에 관하여 필요한 사항은 대통령령으로 정한다.	제2장 영화의 제작 및 수출입 **제4조의2(영화업자의 결격사유)** 다음 각호의 1에 해당하는 자는 제4조의 규정에 의한 영화업의 등록을 할 수 없다. 　1. 금치산자·한정치산자 　2. 파산선고를 받고 복권되지 아니한 자 　3. 이 법에 위반하여 벌금 이상의 형의 선고를 받고 그 형의 집행이 종료되거나 집행을 받지 아니하기로 확정된 후 1년이 경과되지 아니한 자 또는 형의 집행유예의 선고를 받고 그 집행유예기간 중에 있는 자 　4. 제1호 내지 제3호의1에 해당하는 자가 그 대표자로 되어 있거나 의결권을 행사할 수 있는 법인 또는 단체 [전문개정 1986.12.31.] **제10조(영화의 수출·수입추천)** ①국산영화 또는 합작영화를 수출하고자 하거나 외국영화를 수입하고자 하는 자는 문화공보부장관의 추천을 받아야 한다. 다만, 대통령령이 정하는 실수요자가 외국영화를 수입하는 경우에는 그러하지 아니하다. ②삭제 〈1984.12.31.〉 ③삭제 〈1986.12.31.〉 ④제1항의 규정에 의한 추천에 관하여 필요한 사항은 대통령령으로 정한다.
영화법시행령(1985.7.3. 시행)	**영화법시행령(1987.7.1. 시행)**
제2조(등록기준) 〈생략〉 ③법 제4조의 규정에 의한 외국영화를 수입하는 영화업자의 등록기준은 다음 각호와 같다. 　1. 자본금이 5천만원 이상인 법인일 것 　2. 제5조의3제1항의 규정에 의한 예탁금을 예탁한 자일 것	**제2조(등록기준)** 〈생략〉 ③법 제4조의 규정에 의한 외국영화를 수입하는 영화업자의 등록기준은 다음 각호와 같다. 　1. 자본금이 5천만원 이상인 법인일 것. 다만, 외국법인(국내지사)인 경우에는 그러하지 아니하다. 　2. 제5조의3제1항의 규정에 의한 예탁금을 예탁한 자일 것 [전문개정 1985.7.3.]

※ 출처: 법제처 연혁법령 중 '영화법'과 '영화법시행령' 항목.

막아 놓고 있거든요. 그거 풀라는 거죠. 그래서 1986년 12월 말에 그 조항만 풀어 버려서 1987년 7월 1일부터는 외국 영화회사들이 들어와서 활동할 수 있게 돼서 직배영화사가 들어오기 시작한 거죠. (김동호, 2019)

당시 합의된 내용의 요지를 살펴보면 ①한국 정부는 1987년부터 미 영화업자의 한국 내 지사 설치를 허용하는 방향으로 현 제도를 개선한다 ②외국영화 수입회사의 설립예탁금(현행 영화법 시행령상 7억 원) 및 수입영화에 대한 영화진흥기금납부(1편당 1억 5천만 원)제도의 개선을 검토한다 ③미 영화협회는 한국의 현행 스크린쿼터제(연간상영일수의 5분의 2 국산영화 의무상영)를 인정한다 등이다. 이 협상의 결과로 1986년 영화법 개정이 이루어졌고, 1987년부터 시행된 영화법에서는 외국회사의 지사 설립을 허용하고, 영화진흥기금 납부제도 폐지되었다.

UIP의 〈위험한 정사〉

영화법이 바뀌고 가장 먼저 움직인 외국회사는 그 이름도 유명한 UIP United International Pictures였다. UIP는 유니버설 스튜디오, 파라마운트, MGM, UA에서 제작 · 배급하는 영화들의 해외 배급을 담당하고 있었는데, 여기에 포함된 쟁쟁한 영화사들의 이름만큼이나 이들이 소유한 미국영화 리스트 역시 화려함 그 자체였다. 1987년 말부터 한국영화계에는 UIP가 한국 지사 설립을 서두르고 있으며, 이들이 오자마자 국내 극장에 미국영화를 쏟아 놓기 위해 자기들이 보유한 200여 편의 엄청난 작품들을 한국 수입업자에게는 내놓지도 않고 꽁꽁 숨겨 두었다는 소문이 돌았다.[8]

미국의 직배가 막 시작될 당시 동아수출공사에서 동아극장 운영을 담당하고 있던 김성근은 2010년 구술에서 이웃에 살던 '신 교수'(정확히 어느 학교의 교수인지는 알 수 없지만 모두가 그렇게 불렀다고 한다)의 미국 유학 시절 경험을 통해 당시 미국의 영화사들이 한국에 상륙하기 전부터 한국 영화시장에 대한 조사를 진행하고 있었다는 이야기를 들었다고 말했다.

신 교수가 미국에 유학 갔을 때, UIP 주주들이 우리나라에 상륙할 때 한국영화에 대한 시장조사 겸 이걸 어떻게 좀 파악할라고 신 교수한테 연락이 왔더래요. (중략) 하루는 장충동 동아수출공사 사옥 있잖아요? 옛날에 거기에 직배가 있었어요. UIP, 20세기, 워너인가 몇 개 사가, 우리 사장이 외국영화 들어온다니까 사무실 임대를 준 거야. 같은 영화사끼리 있으면 나쁠 거 없잖아? UIP 사무실이 오픈하는 날 가니까 그 신 교수가 보이더라고. 그래서 "아, 신 선생이 여기 웬일이오?" "김 선생은 또 웬일이냐?" 그래 사실 나 이래 이래 돼서 여기 왔다 하니까, "아, 그래요?" 그러더라고. "아, 그런 줄 알았으면 말이야 내가 진작 우리 김 형한테 물어볼걸." 그러더라고. 왜 그러나 그랬더니, UIP가 우리나라 상륙하기 전에 시장조사를 하는데, (자기는) 영화계를 전연 모른다 이거야. 그래서 뭐 대충 물어보고 아는 데까지 해서 편지만 보내 줬을 뿐이지 깊이 몰랐는데, 오늘 개업을 한다니까 안 와 볼 수 없어 왔다는 거야. 나를 알았으면, 진작 물어보고 제대로 답해 주는 건데 그랬다 그러더라고. 맞는 얘기야. (김성근, 2010)

미국의 영화회사들은 한국 영화시장에 대해 나름대로 조사를 끝내고, 1988년 1월 18일 가장 먼저 UIP가 한국에 지사를 설립했다. 그리고 뒤이어 20세기폭스가 7월 15일 한국 지사의 법인 등록을 마쳤다. 그러나 지사를 설립하고도 이들이 바로 활동을 시작할 수 있었던 것은 아니다. 그 이유를 알기 위해서는 먼저 기존에 한국에서 수입영화들이 어떤 방식으로 배급되었는지를 알 필요가 있다.

이 영화 수입하는 사람들이 큰돈이 있는 사람이 없어요. 그러니까 외국에서 포스터를 들여와서 자기 사무실에다 딱 붙여 놓고 지방 사람들 부르는 거예요. "자, 이런 거 언제 서울에 개봉한다." 그리고 프린트 하나 들여와서 시사회를 하는 거예요. 그러고 파는 거예요. 단매를 해 버려요. 그런데 실력 있는 사람은 단매를 안 하고 직배해요. 회사 실력에 따라서 단매하고 직배가 나눠 있는 거예요. (이지룡, 2010)

이지룡이 말하는 단매는 배급권을 지방 배급사에 직접 판매하는 방식을 말한다. 전국에는 6개의 지방 권역(서울 변두리, 경기·강원, 대구, 부산, 대전, 광주·호남)이 있고, 각 권역을 담당하는 배급사들이 존재한다. 이들이 한국영화와 외화의 배급권을 구입하는 것이다. 영화의 지방 배급권을 구입한 회사들은 각 지방 극장에 영화필름을 제공하고 그 수익을 극장과 나눈다. 그래서 이러한 방식을 '간접배급' 방식이라고 부른다. 제작사나 수입사가 직접 극장마다 배급하는 방식이 아니라는 의미다. 그에 반해, 직접배급 방식은 수입·제작사에서 운영하는 지사나 극장을 통해 본인들이 보유한 영화를 배급·상영한다. 1960년대 말까지는 불이·동양·세기와 같은 대형 영화사들이 이러한 직접배급 방식을 구축했으나, 1970년대부터 영화산업이 불안정해지면서 지사나 극장의 유지가 어려워졌기 때문에 간접배급 방식을 더 선호하게 되었다.

하지만 수입자유화 이후 국내에 들어온 외국회사들은 모두 직접배급 방식을 택했다. 심지어 자신들이 배급한 영화의 상영과 극장 환경에까지 적극적으로 관여하고자 했다. 물론 이는 전부터 한국의 영화 상영 방식에 문제가 많았던 때문이기도 했다.

영화가 보통 5~6회 상영을 하거든요? 그러니까 영화가 길면, 1회라도 더 해 먹으려고 잘라요. 극장에서 제의가 와요. 그러면 영화사에서 감독을 불러 가지고 "야, 이거 손님이 잘 들고 그러는데 이거…". 감독은 또 업자한테 잘 보여야 되니까 자기가 가서 이걸 손질을 해 주죠. 영화가 손상이 많이 안 되게끔 해서 줄여 주면 그걸로 나가는 거죠. (양춘, 2010)

▶ 직배하기 이전에 상영 횟수를 늘리려고 편집 같은 거를 자체적으로 하는 경우들이 있었나요?

간혹 필요 없는 부분은 잘라서 횟수를 늘리는, 그런 사람이 있었다 그러는데 그거 위법이에요.

▶ 그렇죠. 원칙적으로 안 되는 거죠.

그런데 간혹 이런 경우는 있었어요. 영사기 속도를 약간 빨리 돌리는 거. 그래 봐야 전체 2시간 중에서 한 10분이나 5분 될까 말까지. (김성근, 2010)

극장에서 하루에 적어도 4회 이상 상영을 해야 타산이 맞아 들어갑니다. 그래서 극장 특성에 따라서 영화 딱 보고, 더군다나 방화 같은 건 더 그렇지만, 수입상사 보고 "야, 이게 지루하다. 관객들이 마 욕한다. 요걸 약간 줄이면…". 그런 장면이 미국영화 보면 많아요. 더러 필요한데, 뭐 음악이 나오고 하늘이 나오고 이러면, 시간을 끄는 요건을 약간씩 편집하면 퍼떡퍼떡 템포가 빨라져요. 기술적으로 하면 5분 내지 10분을…. 또 앞에 자막이 나오잖아요? 뭐 캐스트, 촬영기사 이름까지 주욱 나오기 때문에, 잘라 뿐다고. 잘하면 3~4분 나오는. 그러면 시간이 홀드되잖아. 그 시간을 잘 맞추면 하루 3회 할 게 4회 하고, 4회 할 건 5회 하고, 5회 할 건 6회를 한다고. 그러면 수입사가 봤을 때도 주판 팅겨 보면 좋거든? 더군다나 저작권, 로얄티는 사 가지고 왔으니까, 감독이랑 본사에서만 모르면 괜찮은 거야. 60~70년대에는 종종 있었습니다. (이용희, 2010)

구술자들은 이러한 상영 관행이 1960~70년대에 주요했다고 말했지만, 사실 1980년대에도 종종 일어났다. 1987년 11월 7일《조선일보》기사[9]에 따르면, "업자들이 비싼 값을 주고 외화를 들여다 흥행 실패를 우려한 나머지 일부를 삭제하고라도 고교생 등 청소년 관객을 끌어들이기 위한 편법"으로 이 같은 '자체검열'을 시행했는데, 이로 인해 관객들 사이에서는 "외화를 오리지널 그대로 보기 어렵다"는 불만이 나올 정도였다.

물론 미국의 영화사에서 직접배급 방식을 원했던 이유가 단지 이것 때문만은 아니었다. 더 전략적인 영화 배급과 홍보를 통해 이 작은 영화시장 안에서 최대의 효율을 올리려 했던 것이 가장 큰 이유였겠지만, 어쨌든 외화가 주요한 수익원이었던 기존 한국의 영화사들 입장에서는 이런 미국 영화사들의 움직임이 반갑지 않았다. 따라서 한국의 영화인들은 그 어느 때보다도 하나로 힘을 모아 미국 영화사에 대항하기로 결의했다.

> 영화인들은 '우리 시장은 우리 스스로 지키자'는 공동인식 아래 다각적인 대처 방안을 내놓고 있다.
> **첫째는 국산영화의무상영제도(연간 5분의 2)의 고수.** 일부 극장주들은 이 제도의 철폐를 주장하기도 하나 한국영화의 자생력이 생길 때까지는 최후의 보루로 삼아야 한다는 견해가 지배적이다. **둘째는 수입선의 다변화.** 현재 연간 수입외화의 50퍼센트 이상을 점하는 미국영화 일변도에서 벗어나 유럽이나 제3세계 국가로 수입선을 넓혀야 한다는 애기다.
> **셋째는 극장주들의 결속**이 중요한 관건이다. 아직은 국내영

화인들의 반발을 의식, 눈치를 보고 있으나 흥행성 높은 대작 등 유리한 조건을 내걸면 결국은 미국시장과 손을 잡게 되지 않겠느냐는 우려도 없지 않다. 이에 대해 전국극장연합회 이태원 회장은 "아무리 장사지만 자존심은 있으며, 계산상으로도 큰 이득이 없는 미국영화를 직배하지는 않을 것"이라고 낙관론을 펴고 있다.

넷째는 정부 당국의 태도. 시장만 개방해 놓고 속수무책인 문공부가 하루속히 한국영화의 활로를 열 수 있는 정책을 마련해야 한다는 것.

다섯째는 영화인들의 각성과 결속. 최근 젊은 영화인들 사이에 한국영화 개혁 움직임이 일고 있으나 기성 영화계 내에는 여전히 이해가 얽혀 내분을 일삼고 있는 실정. 관객의 입장에서는 미국 영화사가 상륙하면 선택 폭이 넓어질 수 있다. 그러나 조금만 참고 공동의 힘으로 대처한다면 일본의 경우처럼 그들 스스로 발을 빼게 될 것이라는 의견도 적지 않다.

〈미 영화사 상륙에 영화계 비상〉, 《조선일보》, 1988년 1월 30일자 6면 기사.

UIP와 20세기폭스가 국내 상륙하고도 한 1년 동안은 이 같은 결의가 잘 지켜졌다. 전국 극장들은 미국 회사에서 직접 배급하는 영화들을 받아 주지 않았다. 그래도 진출한 이상, 어떻게든 자신들의 영화를 한국 개봉관에 걸고 싶었던 미국 영화사들은 우회적인 방법을 택하기도 했다.

그때 명보영화사에서 왜 나를 필요로 했느냐면, 그때 처음 우리 한국

에서 직배사를 만들었다니까. 그게 무슨 영화사냐면, 이름이…[*] (중략)

▶ 그러니까 이제 오라이언 영화사에서 직접 배급을 한 거는 아닌 거잖아요? 명보를 거쳐서 전국으로 배급을 했다는 얘기죠?

그렇죠. 근데 그때는 지금 직배 형태가 아니고, 우리가 종전에 했던 스타일로 했어요. 그러니까 직접 상영하는 데는 상영하고, 지방 같은 데는 단매 처리를 하고. 〈양들의 침묵〉은 오라이온 회사를 통해 들어온 거고, 〈적과의 동침〉, 〈폭풍 속으로〉 이런 거는 20세기 영화야. 그래 20세기 애들이 그때만 해도 직배를 할 줄 모르니까 우리한테 의뢰를 한 거지. (김진, 2007)

이런 방식의 배급 루트가 당시 흔했던 것은 아니지만, 명보영화사의 평주통상처럼 단성영화사는 노마 인터내셔널이라는 회사를 설립해 20세기폭스·콜롬비아 영화사의 영화들을 국내에 배급하기도 했다. 그리고 UIP는 처음에 '합동영화사'와 손을 잡으려고 했던 것으로 보인다.[**] 이 소식에 한국영화계는

---

[*] 김진은 2020년 한국영상자료원 영화인 구술 주제사 《1960~1990년대 수입외화의 변화》에 다시 구술자로 참여하여, 당시 이 회사가 '평주통상'이었다고 이야기했다. 평주통상은 오라이언 영화를 수입·배급하기 위해 오라이언 측의 요구에 따라 명보영화사의 자회사로 설립되었다. 김진은 2020년 구술에서 평주통상과 명보영화사가 이름은 달랐어도 하나의 회사이며, 실제로 평주통상과 관련된 모든 업무는 명보영화사에서 처리했다고 말했다.

[**] 〈현실화된 외국영화 직접 상영〉, 《한겨레》, 1988년 9월 13일자 6면 기사에 따르면, UIP는 영화계 쪽에 "원로영화인 복지기금 조성, 영화인 해외연수, 신진영화인 육성 등의 무마책을 제시하면서 다른 한편으로는 스크린쿼터제를 해결할 수 있는 극장, 다시 말해 한국영화제작과 극장업을 겸하고 있는 영화업자와의 제휴를 모색해 왔다"고 한다. 당시 영화제작자들이 미국의 직배영화를 상영하는 극장에는 한국영화를 제공하지 않겠다고 선언한 상태이기 때문에, 스크린쿼터를 채우기 위해서라도 극장들은 미국의

1차 충격을 받았다. 그렇지만 당장 구체적인 상영 계획이 발표되거나 작품이 나온 것은 아니었기 때문에 영화인들 사이에 큰 동요는 일어나지 않았다. 그런데 그 후에 코리아극장과 신영극장에서 UIP 배급 영화 〈위험한 정사〉를 9월 24일 개봉한다는 소식이 전해지자, 이제까지 숨죽이며 상황을 지켜보던 영화인들이 일제히 반발하고 나섰다.

한국영화제작업협동조합에서는 긴급이사회를 열고 코리아극장의 경영주인 영화사 샘터(대표 우상원)와 한국영배(대표 황두승)를 제명하고 회원 자격을 박탈했다. 또, UIP 직배 상영관에는 외화 및 국산영화 공급을 중지하겠다고 발표했다. 영화감독협회에서도 긴급이사회를 열어 코리아·신영 두 극장 앞에서 '미국 직배영화 안 보기 운동'을 진행할 것이라 예고했다.

이런 격렬한 저항에 놀란 합동영화사는 먼저 빠르게 발을 뺐다. 곽정환 대표는 UIP와의 계약 체결 사실을 완강히 부인하며 "미국 영화사로부터 영화를 직접 배급받는 것은 한국영화 현실을 놓고 볼 때 매국 행위이며 제2의 이완용 같은 행동"으로 "합동영화사의 서울극장에서 UIP 직배를 받는 일은 앞으로도 결코 없을 것"이라고 말했다.[10]

〈위험한 정사〉의 상영을 저지하려는 영화인들의 분노는 전

직배 영화들을 받지 않으려 했다. 이에 미국 영화사들은 극장을 소유한 한국영화 제작사와 계약을 함으로써 서울 내 가장 큰 개봉관들을 선점하면서 동시에 스크린쿼터 문제를 해결하려 했던 것으로 보인다. 앞서 살펴본 오라이언과 20세기폭스가 계약한 회사도 각각 명보극장(명보영화사)과 단성사(단성영화사. 이는 사실 이름만 내세운 것일 뿐 실제 수입·배급 업무는 단성사를 임대운영하고 있던 태흥영화사에서 담당했다)를 소유하고 있어 이러한 조건을 충족한다.

방위적으로 이와 관련된 업무를 담당하는 이들에게 영향을 미쳤다. 당시 서울통관사에서 수입영화의 통관 업무를 담당했던 지헌술은 영화인들로부터 '〈위험한 정사〉를 받아 주지 말라'는 압박에 시달려야 했다며 그때의 일을 회고했다.

내 잊어버리지도 않어. 제목이 〈위험한 정사〉야. 이거 딱 했더니 각 영화사 여기저기서 전화가 오는 거야. "너 그거 통관 업무 맡아서 해 주면 우리 영화사들이 너한테 일 안 준다" 이거야. 일 안 주면 우리가 통관해 가지고 통관수수료 받아먹고 지내는데 안 준다고 그러더라고. 그래서 내가 그랬지. "앞으로 통관 서류를 의뢰를 하고 안 하고 그런 건 거기서 결정하실 문제고 왜 가장 약한 부분을 갖고 때리냐. 그렇게 당당하고 수입자유화 반대를 하면 문화공보부 가서 수입 허가를 못 해 주게 해라. 지금 (통관)서류가 다 완벽한데 안 해 줄 게 뭐가 있느냐." 그래서 그건 유야무야 넘어가더라고? 그런데 나중에 알고 봤더니 자막실에다가 또 나한테 하듯이 한 모양이야. 그럼 자막실은 겁이 나니깐 자막을 안 넣어 준 거야. 그래 UIP에서 일본으로 갖고 갔어, 자막 작업하러. (지헌술, 2020)

1988년 9월 16일 한국영화제작업협동조합 소속 회원 80여 명이 코리아극장 앞에서 미국영화 직배 반대 시위를 펼쳤고, 9월 23일 하루 동안 서울 시내 32개 극장이 일제히 영화 상영을 중지했다. 그리고 영화 개봉일인 24일부터는 감독·배우·기술 스태프 등 총 200여 명의 영화인들이 코리아극장 앞에서 현정권과 미국영화자본과의 '위험한 정사'를 규탄한다.
— 미국영화 직배거부 영화인에 대한 우리의 입장

9월28일 오후 4시경, 신촌 신영극장앞에서 미국영화의 국내 직접배급에 항의, 농성중이던 62명의 영화인들이 서대문 경찰서로 강제연행된 사태에 대하여 우리는 분노를 금할 수 없다.

미국영화수출회사의 한국내 지사인 UIP코리아가 현정권의 굴욕적인 통상정책에 힘입어 극장주와 결탁하여 개봉한 영화 '위험한 정사'는 제국주의 문화침탈의 노골화를 알리는 말그대로 '위험한' 적색경보이며, 이에대해 미국영화자본의 이익을 옹호하고 국내 영화인들의 정당한 의사표현을 탄압한 처사는 현 노태우 군사독재정권의 반민족적, 반민중적 본질을 여실히 드러낸 것이다.

85년 9월 미국영화수출협회(MPEAA)가 한국이 미국영화에 대해 불공정한 수입규제를 하고 있다는 이유로 미 상공대표부에 제소하면서 시작된 영화시장 개방압력은 한미통상법 301조 발동과 관련하여 현정권의 일방적 굴복으로 국내의 제작, 배급, 흥행시장 전체를 완전개방하고 말았다. MGM, 파라마운트, 유니버셜, 20세기폭스등 미국의 10대 영화자본으로 구성된 '미국영화수출회사(AMPEC)는 미대사관 뒷편에 지사를 설치하고 국내영화시장 조사에 들어갔으며 현재 UIP코리아와 20세기폭스의 현지법인이 설립되었다. 그리고 이미 저작권법 발효 이후 미국의 비디오업체들이 지사설립, 독점배급 계약의 형태로 렌탈비 전권금을 100%인 우리의 안방에까지 침투해있다. 이것은 명백히 국내의 영화, 비디오 시장을 장악하려는 제국주의적 망동이며 폭력, 섹스물의 상업문화로 한국민중의 의식을 우민화시키려는 문화침탈에 다름 아니다.

현정권은 한국에 대한 미국자본의 이권요구를 87년 말 6차 영화법 개정으로 그 법적인 장애를 말끔히 치워 주었다. 외국자본의 국내 영화업(제작,수입)등록 금지조항을 철폐했으며 자본금 5천만원 이상의 법인체에 한하여 외화수입등록을 허가하던 것을 외국영화사의 국내지사에는 적용하지 않는다는 특례 규정까지 신설하였다. 이것은 연 700억원 규모의 한국영화시장을 내주겠다는 것이며 국내 영화사와 극장을 미국자본에 종속되도록 방치하겠다는, 아니 조장하려는 반민족적 작태로 밖에는 볼수없다. 노태우군사독재 정권은 올림픽 망파.레가 울리는 가운데 평화구역선포, 백색테러, 극우적협박으로 민중의 민주화 요구를 도외시한채 민중의 생존권과 문학적 창조력을 말살시키고있다. 수입 개방, 자본투자의 자유화등 민중 생존권을 압살하는 반민중적 악법은 철회되어 야 하며 미국영화자본의 침투를 조장하고 검열제등이 존속하는 현행 영화법은 즉각 개정되어야한다. 우리는 4천만 민중의 이름으로 미국영화자본의 국내 직접배급과 반민중적 영화악법을 엄중히 규탄하는 바이다.

현 노태우 군사독재정권은 제국주의 영화자본과 '위험한 정사'를 나누려는 가? 즉각 영화시장 개방을 철회하라

우리의 주장

1. 영화시장 개방을 즉각철회하라.!

2. VIP 코리아와 20세기 폭스 국내지사는 즉각 철수하라!

3. 반민족적, 반민중적 악법인 현행 영화법을 즉각 개정하라!

1988. 9. 30

민중문화운동연합　　　　　　　　민족미술협의회
민주언론운동협의회　　　　　　　한국출판운동협의회
민족문학작가회의 자유실천위원회　민주교육실천협의회
인천민중문화운동연합준비위　　　사회문화연구회(춘천)
통일문학연구회(원주)　　　　　　우리문화연구회(대구)
민족예술연구소(전주)　　　　　　광주민중문화운동협의회
우리문화연구회 아울팀(목포)　　제주문화운동협의회
민족극운동협의회 준비위원회　　안양문화운동연합
충남문화운동협의회(대전)　　　　충북문화운동연합(청주)

1988년 9월 30일 미국영화 직배를 거부하며 민중문화운동연합을 포함한 전국 18개 문화예술단체에서 발표한 입장문.

미국영화 직배에 항의하는 시위를 벌였다. 이 시위는 12일 동안 이어졌으며, 급기야 시위자들이 영화가 상영 중인 극장 무대를 점거하고 구호를 외치다가 체포되는 등 날이 갈수록 격해졌다. 결국 12일째 되는 날, 한국영배 대표 황두승이 미국 직배사와 거래를 중단하고, 〈위험한 정사〉 역시 10월 13일을 마지막으로 상영을 중단하겠다 선언하며 시위는 일단락되었다.

직배 저지 투쟁 2차전: 뱀 소동

영화인들은 그러나 〈위험한 정사〉가 마지막일 거라고는 절대 생각하지 않았다. 충무로 영화인들 그리고 민족예술총연합을 비롯한 청년 영화인들의 모임은 연합하여 '미국영화 직배 취소, 영화법 개정, 검열 철폐'를 한데 엮어 한국 정부가 요구를 받아들일 때까지 투쟁을 이어 갈 것을 선언했다. 그런데 모두를 깜짝 놀라게 할 일이 벌어졌다. 이후에 벌어진 일들을 드라마로 치면 임성한, 김순옥급 전개였다.

　사건의 발단은 '이걸, 갑자기?'라는 생각이 들 만큼 엉뚱한 곳에서 발생했다. 원래대로라면 1988년에 개최되었어야 할 제27회 대종상 시상식이 여러 내외적인 문제들로 연기되어 1989년 2월 24일에 열리기로 예정되었다. 대종상 시상식은 문공부 주최의 행사였는데, 그동안 운영이나 수상작을 두고 여러 번 문제를 일으킨 전적이 있었고, 또 1985년 영화법 개정 이후 모든 문화 행사를 민간 주도로 하겠다는 정권의 기조에 따라 1986년 문공부와 영화인협회가 공동으로 주최하는 행사로 바뀌어, 1987년부터는 관련 업무를 완전히 영화인협회로 이관한 상태였다.

그런데 1988년 들어서, 영화인협회의 이사장 선출 과정에서 잡음이 있었고, 직배 저지나 영화법 개정 투쟁 과정에서 조금씩 뜻을 달리하는 이들이 생기면서 갈등이 심화되어, 급기야 영화감독들이 단체로 영화인협회를 탈퇴해 감독협회를 결성하는 일이 벌어졌다. 게다가 대종상 예심 과정에서 유동훈 이사장이 "영화 〈서울무지개〉가 작품상을 타지 못하면 영화계가 발칵 뒤집힐 것"이라는 발언을 했다고 하는데, 이에 일부 제작자들이 '특정 제작자를 비호하는 발언'이라며 반발, 대종상 출품을 취하했다. 뿐만 아니라 감독협회에 가입한 감독들에게서 영화인협회 탈퇴 이후 "한국영화인협회가 연기 및 기술 분야 등 해당 분과 소속회원들에게 압력을 가해 감독협회 회원들의 작품에는 출연 또는 기술 계약을 하지 못하게 하고 있다"는 주장이 제기되며, "이를 시정하지 않을 경우 피해 당사자들이 법적 조치를 취하고 대종상영화제 행사에도 불참하겠다"는 성명서를 발표하기에 이르렀다.[11]

이러다 대종상 행사가 무산되는 것 아니냐는 우려가 나오던 그때, 놀라운 소식이 전해졌다. 영화인협회 전 이사장을 지낸 바 있는 우진필름의 정진우 감독이 2월 22일부터 씨네하우스에서 UIP 영화 〈007 리빙 데이라이트〉를 상영하겠다고 알려온 것이다. 그는 UIP 영화를 상영하기 위해 심지어 한국영화제작업협동조합까지 탈퇴했다. 한국영화계에서 정진우가 갖는 영향력이 컸던 만큼 이 일의 파문도 컸다. 서울을 비롯한 전 국 각지의 중소 극장들이 UIP와 계약을 맺고자 접촉하고 있다 는 소문도 일파만파 퍼졌다.

대종상 파행과 영협 대 감독협의 갈등은 잠시 접어 두고, 영 화인들이 다시 뜻을 모아 강남 씨네하우스 앞에 모였다.

이날 대회에는 유동훈 영협 이사장, 시나리오작가 이일목 씨, 촬영기사 이석기·정일성 씨 등을 비롯한 영협 회원들과 권영순 한국감독협회 회장, 영화운동본부의 이장호·김정현· 홍기선 공동대표를 비롯한 영화운동본부의 영화인들이 오랜 만에 자리를 같이했다.

영화계 민주화·영협 해체를 요구하며 독자 노선을 택했던 영화운동본부 회원들과, 100일 가까운 진통 끝에 영협 해체 를 전제로 한 영화계 개혁선언을 했던 영협 회원들은 출발은 각각의 사무실에서 따로 했으나 집결지가 같았던 것.

영협 시나리오분과위원장 이일목 씨는 "한국영화인협회의 이사장이던 사람이 UIP의 선봉장이 됐다"며 정진우 씨에게 UIP 영화 상영을 중단할 것을 요구했다. 이장호 감독은 또 "유동훈 영협 이사장의 영화계 개혁선언을 원칙적으로 환영 한다"며 "직배 저지, 영화진흥법 쟁취, 영화계 민주화를 위해 전 영화인이 민주화 의지를 결집하여 공동투쟁해 나가자"고 다짐했다. 〈영화인 규탄에 제임스본드 '항복쇼'〉, 《한겨레》, 1989년 3월 14일자 6 면 기사.

이 일도 〈위험한 정사〉 때와 마찬가지로 정진우 대표가 결국 〈007 리빙 데이라이트〉의 간판을 내리는 것으로 끝나는가 싶었다. 그런데 이 일이 있고 한 달쯤 지났을 무렵, UIP의 세 번째 수입작 〈레인맨〉이 명동 코리아극장, 강남 동아극장 · 씨네하우스, 신촌 신영극장에서 동시개봉한다는 신문광고가 올라왔다. 〈레인맨〉은 1989년 초 아카데미 4개 부문을 석권하며 국내에서도 개봉 전부터 많은 관심을 받던 작품인 데다가, 서울 시내 4개 극장에서 동시개봉을 한다는 소식이 전해지자 한국영화계는 더욱 긴장할 수밖에 없었다. 영화인협회는 이 배신자들을 "영화계에서 추방키로 했다."[12] 이 발표가 있고 이틀 뒤, 동아극장은 돌연 "영협의 추방 결의와 상관없이, 〈레인맨〉 상영을 취소하겠다"[13]고 결정했다. 그렇지만 나머지 극장들은 개봉을 강행했다. 그리고 1989년 5월 27일, 한창 〈레인맨〉이 상영 중이던 씨네하우스에 뱀이 나타났다.

뱀 푼 거? 이태원이 안 했어. 그때 나하고 제작가협회 공동이사장을 할 땐데. 곽정환 씨가 했지. 그 양반 그때는 애국자였잖아. 미국영화 직배하는 것이 무엇이 좋아. 불을 지르거나 뱀을 집어넣거나, 과격한 행위를 한 것에 대한 평가는 어떨지 모르지만, 그건 역사가 심판할 일이고. 하여튼 우리가 승리한 거 아냐, 결국. 극장 점유율 80퍼센트라는 경이적인 세계 제패를 했으니까. (강대선, 2004)

직배 반대를 해서 뱀 집어넣고 했잖아. 저는 못 봤지만 그걸 본 사람들 얘기가, 뱀을 집어넣으니까는 시멘트 독에, 그 당시만 하더라도 극장에 다 카펫 깔은 거 아니잖아요. 그 시멘트 독에 꼼짝 못 하고 "뭐 다니지도 못하고 그게 어디 한군데 가서 다 뭉쳐 있었다"고 그러더라구요. (김형종, 2022)

정진우가 직배영화를 갖다 하니깐 그걸 타도하자 그래 가지고, (영화인들이) 머리도 밀고 한 거 아냐? 그리고 곽정환 씨고 뭐고 막 그냥 반대한 거야. 반대하다가 영화인협회까지 반대를 했는데, 정진우가 그러니깐, 곽정환 씨가 불 지른 걸로 해 가지고 그때 형무소까지 가고 그랬잖아.

그렇게 하고 난 다음에 이제 또다시 그게 번복돼 가지고, 정진우가 외화 직배를 반대하고, 곽정환 씨가 또 그냥 몽땅 자기 극장에다가 UIP, 20세기, 디즈니 거 다 자기가 돌린 거 아냐, 응? 그러니까 자기는 옛날에 정진우가 할 때 불까지 지르던 사람이 그다음엔 또 자기가 다 그냥 독식해 버린 거야. 그때 당시에 그래도 곽정환 씨도 그래서 좌우간 돈 많이 번 거야. (양춘, 2009)

1988년 〈위험한 정사〉가 상영 중인 코리아극장에 누군가 뱀을 풀었을 때만 해도, 직배를 막으려는 악질적인 장난과 그로 인한 소동처럼 이야기되고 지나가는 분위기였다. 그러나 1989년 직배를 반대하며 일어난 테러는 동시다발적으로 여러 곳에서 이어졌다. 당시 신문 기사에 따르면, 8월 13일 하루 동안 직배영화를 상영 중인 극장에 방화와 최루가스 테러가 다섯 건이나 발생했다.[*] 이와 관련해 테러의 주동자로 지목된 영화인들에 대한 경찰 조사와 구속이 이어지고, 폭력적 시위에 대한 비판의 목소리가 언론을 통해 흘러나오며, 직배 반대 투쟁의 동력이 조금씩 약화되기 시작했다. 그러나 직배 반대의 뜻을 결정적으로 꺾어 놓은 것은, 무엇보다 극장업자들의 연이은 미국영화 상영이었다.

직배의 횡포, 횡포라기보다도 장사 수완이, 일본에 그렇게 했으니까. 우리나라에도 직배가 상륙하면 하나만 못 한다. 옆에 극장도 하라고 그러면 해야 되는 시기가 올 것이다. 다 예측은 했어요. 그러니까 서울극장도, 단성사도 다 했잖아요?
그래도 우리 극장 같은 데는 또 우리도 제작도 하고 수입도 할 사람이니까, 직배 안 하려고 괜히 데모도 하고. 지조 지키느라고 안 했지, 맨 처음에는. 근데 뭐 서울극장에서 맨 처음 하기 시작해서, 자꾸 풀리니까. 옆에 반포시네마에서 직배영화를 먼저 해 주기 시작했잖아요. 우리가 해 달라믄 그땐 안 해 주는 거야, 직배에서. "너

---

[*] 시간대 순으로 정리해 보면, ① 〈인디아나 존스: 최후의 성전〉의 마지막 심야 상영이 끝난 새벽 4시 30분 강남 씨네하우스 1층 방화로 인한 화재 발생 ② 오후 2시 30분과 오후 3시 40분 두 차례에 걸쳐 20세기폭스 작 〈빅〉을 상영 중이던 단성사 내에서 최루가스 발견(살포는 되지 않았고, 최루 분말이 든 비닐봉지를 경찰이 수거함) ③ 오후 4시 40분경 UIP 직배영화 〈8번가의 기적〉을 상영 중이던 극동극장에 최루가스 살포 ④ 저녁 6시~8시 사이 종로 명보아트홀(〈8번가의 기적〉 상영 중)과 동대문 오스카극장(〈인디아나 존스: 최후의 성전〉 상영 중), 용산극장에 최루가스 살포가 8월 13일 하루 동안 발생했다. 〈미영화 직배극장 5곳 방화-최루가스로 소동, 어제 서울시〉, 《동아일보》, 1989년 8월 14일자 14면 기사; 〈미 직배영화 상영에 연쇄테러〉, 《경향신문》, 1989년 8월 14일자 14면 기사; 〈미 직배 극장 등 6곳 피습〉, 《조선일보》, 1989년 8월 15일자 14면 기사; 〈미국영화 직배극장 잇따라 피습〉, 《한겨레》, 1989년 8월 15일자 11면 기사.

희들 옛날에 안 해 준다더니 왜 하느냐?" 해 가지고. 그래서 애먹었어. (김성근, 2010)

김성근이 말한 것처럼, 어쩌면 이것은 너무나도 예측 가능하고 당연한 결과였다. UIP를 비롯한 미국 영화사들이 들고 오는 영화들은 장사가 잘될 수밖에 없었다. 영화인들과 함께 저항을 해 주던 극장업자들도 결국, 한 극장이 뚫리고 그 극장이 관객으로 붐비는 모습을 보게 되면 마음이 흔들릴 수밖에 없다. 1990년 12월 1일, 곽정환 대표가 운영하는 서울시네마타운에서 UIP 직배영화 〈사랑과 영혼〉이 상영된다는 소식이 전해졌다. 한국영화계에서 곽정환 대표가 갖고 있던 자본력이나 상징성을 생각했을 때, 그가 운영하는 극장에서 직배영화가 상영된다는 것은 주변 극장업자들에게는 미국영화 흥행 경쟁의 서막을 알리는 신호탄과 같이 여겨졌을 것이다. 그리고 전국적으로 엄청나게 그 수가 증가했지만 상영작을 찾지 못해 어려움을 겪고 있던 소극장들은 직배영화 상영이 오히려 숨통을 틔어 주는 기회가 되었다.

미국서 내가 〈사랑과 영혼〉을 보고 왔잖아. 영어를 하나도 몰라도 그거 이해가 오잖아? 그래 UIP 배 사장*한테 가서 "야, 이거 내가 우리 부산서 붙이겠다. 2개월 보장할게. 계약서 쓰자." 이러니까

---

* 당시 UIP 한국 지사장으로 있었던 배상덕을 말한다.

"어, 2개월? 관객이 안 들어도?" "아, 2개월 내가 무조건 하는 걸로 계약서 써 줄게." "그래, 알았다." 그런데 이 사람이 김인동 씨랑 친했어요. 그래 김인동 씨한테 가서 "야, 이거 부산극장에서 2개월 붙여 준다는데 거기로 가야겠다." 그랬더니 "야, 나도 2개월 붙여 주면 될 거 아니냐?" 그랬다는 거야. 나중에 배 사장한테 전화가 와 가지고 "이거 대영극장**에서 쭉 했는데, 계속 거기에서 해야겠다." 그러더라고. 아마 김인동 씨가 돈을 좀 줬을 거야. 그게 왜냐면 배 사장이 결과적으로 얼마 안 있다가 UIP에서 쫓겨났어. 이거 뭐 받아먹고 하잖아? 언제가는 소문나. 그렇게 받으면 안 돼. (양춘, 2009)

▶ 선생님께서 생각하시기에, 1980년대 극장 환경이 변화하는 데에 가장 큰 영향을 끼친 요인이 뭐라고 생각하세요?
가장 큰 것이 극장으로서는 작품이죠. 수입자유화가 되면서 외화들이 나와 가지고 흥행을 살려 줬잖아요. (중략) 그때 이제 직배영화들이 풀리는 바람에 극장들이 조금 형편이 폈어요. (김형종, 2022)

동시에 직배영화에 맞서 투쟁을 하던 영화인들에게는 이제 직배영화 상영은 걷잡을 수 없는 흐름이 되었음을 의미한다. 따라서 영화인들의 투쟁 방향도 바뀌어야 했다. 더 이상 '직배 저지'만을 가지고는 모든 영화인들을 결집시키기 어려워졌다. 이미 많은 극장업자들이 직배 투쟁에서 이탈했기 때문에, 단

** 김인동이 대표로 있는 대영영화사가 부산에서 운영 중이던 대영극장을 말한다.

순히 그들에게 '한국영화를 지키기 위해 직배영화를 상영하지 마라'가 아닌 '직배영화만큼 한국영화도 극장에서 상영될 수 있게 해 달라'고 요구해야 했다. 이러한 모든 조건을 충족시킬 수 있는 것이 바로 '스크린쿼터 사수'였다. 제한된 한국의 영화 시장에서 넘쳐나는 미국영화로부터 한국영화를 보호하는 동시에, 스크린쿼터를 지켜야 하는 극장 입장에서는 좋든 싫든 한국영화 제작사들의 눈치를 봐야 했다. 그렇게 스크린쿼터 사수 투쟁은 1990년대를 경유하여 2000년대 초반까지 이어지게 되었다.

장벽이 무너진 후
: 1980년대를 마무리하며

무역 개방 이후 늘 자국의 작은 땅에서 상상되던 세계를 향한 모든 경계가 갑자기 사라졌고, 한국의 영화인들은 스스로 버티고 일어서야 한다는 사실을 깨달았다. 그러나 이런 국제화를 향한 움직임은 우리를 지켜 주던 장벽이 사라져 버림과 동시에 세계로 나아가는 문이 열렸음을 의미했다.

게다가 1986년 아시안게임, 1988년 서울올림픽, 1989년 베를린장벽 붕괴를 거치며 자유 우방국가와 공산권 국가 간의 냉전 분위기도 조금씩 해빙을 맞고 있었다. 1988년 9월 10일 올림픽 바람을 타고 한국전쟁 이후 국내에서는 처음으로 소련영화 〈전쟁과 평화〉(세르게이 본다르추크, 1968)가 동아극장과 스카라극장에서 개봉했고, 9월 28일에는 소련영화수출공사의 동남아지사장 구에나디 차레그라드스키를 비롯한 5인의 소련 영화인들이 한국을 방문했다. 이 자리에서 소련의 영화대표단은 1989년에 열리는 모스크바국제영화제에 정식으로 한국영화와 영화인들을 초청했다. 이듬해 약속대로 모스크바영화제에 출품된 임권택 감독의 〈아제아제 바라아제〉가 본선에 진출, 배우 강수연이 여우주연상을 받으며 그동안 교류가 완전히 차단되었던 공산권 국가에도 한국영화를 알리는 계기가 되었고, 1990년대에 들어서면서 이들 국가에서 '한국영화 상영 주간'이 개최되는 등 한국영화의 세계시장은 이전보다 더욱 확장되어 갔다.

한국영화의 세계 진출뿐만 아니라, 외국에 대한 개방은 인적 차원에서 가장 많은 변화를 불러왔다. 특히 1981년 해외여행이 자유화되며 외국으로 나가 영화를 공부하고 돌아오는 학생들이 점차 늘어났고, 1980년대 후반부터 이들의 영화계 진출도 활발해졌다. 뿐만 아니라 해외 유학생들이 가져온 영화이론 서적과 비디오테이프는 국내에서 영화를 공부하는 이들에게 새로운 자료를 제공했다. 이는 1990년대 새로운 영화 인력이 등장하는 데에 영향을 미쳤다.

▶ 독일 가서서 직접 머릿속으로만 그리던 영화를 봤을 때 느낌이 어땠는지 궁금해요.

지금도 기억나는 것 중 하나는, 나치 선전영화를 한 일주일을 봤어요, 하루에 한 대여섯 시간씩. 잘 아시는 레니 리펜슈탈Leni Riefenstahl 영화 같은 거. 대단한 거예요! 정말 어마어마한 거예요. 충격 그 자체였습니다. (중략) 저는 그때 다큐에 대한 관심도 갖게 됐지만 다른 한편 영화라는 장르가 갖고 있는 엄청난 파괴력? 창조력뿐만 아니라 그런 것도 보게 됐어요. 한번 상상해 보세요. 일주일 내내 아카이브에 들어가서 몇 명 되지도 않는데 그걸 그냥 (양팔을 벌리며) 이만 한 화면에다가 대여섯 시간씩 본 거예요. 아무튼 영화에 대해서 폭넓게, 공부는 그냥 그야말로 부전공 정도로 하는 거고, 열심히는 보게 됐죠. (정유성, 2021)

제가 미국에 가자마자 제일 먼저 본 영화가 바로 시네마테크 같은 그런 극장에서 동시상영을 심야로 했는데, 내 생애 최고의 동시상영이었어요. 〈카게무샤〉(구로사와 아키라, 1980)와 〈블레이드 러너〉(리들리 스콧, 1982)를 동시상영한 거예요. (중략) 그리고 학교에서도, 학교 학생회관에서 매일 영화를 틀어 줬어요, 16밀리로. 한국에서 제한된 채널로만 영화를 보다가 미국에 딱 가니까 영화를 볼 수 있는 방법이 갑자기 많아진 거죠. 유학 생활 틈틈이, 할리우드 영화부터 고전영화까지, 학교에서 틀어 주는 영화들은 한 편도 안 빼고 다 보고. 주말이 되면 시네마테크에 가서 4~5편 내리 보고. (김홍준, 2021)

친구들이 유학뿐만 아니라 방학 때 단기연수를 가기 시작했죠. 가서, 책방에서 영화책을 사 갖고 돌아온 거예요. 1980년대는 복사 문화의 시대였어요. 1980년대 대학생 정치활동의 핵심 테크놀로지는 두 가지였다고 생각해요. 하나는 복사기, 다른 하나는 팩스. 이 복사문화가 온 대학교 주변에 활성화되었고, 복사집들은 내용은 관여치 않고 어떤 거든지 가져오면 복사를 해 내기 시작했을 때, 돌아온 친구 누구랄 거 없이 복사를 하기 시작했는데, 복사한 걸 또 복사하고 하다 보니까 이 책이 누구를 통해서 왔다는 거 자체를 알 수가 없는 거예요. 그렇게 1980년까지 영화에 관한 지식, 영화에 관한 정보에 대해 느끼던 갈증을 포식하게 된 거죠. 말 그대로, 포식하게 됐죠. (정성일, 2023)

또, 미국영화에 대한 일종의 반발과 함께 유럽 예술영화에 대한 관심이 증가하면서, 예술영화전용관들이 생겨나기 시작했다. 기존의 외화 수입사들도 미국영화들을 수입해 오는 것이 힘들어지면서, 유럽영화와 대만, 홍콩을 비롯한 아시아의 다양한 영화들을 수입해 왔고, 이로 인해 관객들은 개봉관에서 미국영화와 한국영화뿐 아니라 다양한 영화들을 만날 수 있는 기회를 얻게 되었다.

상업적인 영역에서뿐만 아니라 민간 영역에서도 다소 불법적인 요소들이 있었으나 책으로만 보던 영화들을 실제로 감상하며 함께 모여 영화를 공부할 수 있는 공간들이 생겨나기 시작했다. 이 공간 안에서 복사된 유럽 예술영화·제3세계영화들을 함께 보며 공부했던 이들은 기존 충무로 영화 인력과는 다른 학구적 영화 인력들을 양산했고, 이 공간들을 통해 신진 감독들의 작품이 널리 알려지기도 했다.

충무로 바깥에서 영화제작 활동이 활발했던 것도 1980년대 중요한 변화 중 하나였다. 대학의 영화동아리, 1984년 설립된 영화진흥공사의 '영화아카데미' 출신 영화인들, 각종 영화단체들이 제도권 바깥에서 영화를 만들고 상영에 들어갔다. 이들의 작품은 모두 이전에는 잘 다루어지지 않았던 한국사회의 어두운 면에 과감하게 카메라를 들이대는 문제작들이었고, 이로 인해 배급과 상영에서 공권력의 제재를 받기도 했다.

1985년도가 아주 기념비적인 해예요. 1985년도에 각 대학에서 아주 우후죽순처럼 영화동아리가 만들어졌습니다. 고려대 돌빛, 경희대, 또 이대, 성대. 하여간 막! 생겼어요. 그 사람들이 동아리를 만들고 영화 공부를 하면서 또 찍기도 하고. (중략) 충무로 영화인들과는 아주 이질적이었어요. 지금도 감독협회를 중심으로 한 충무로 영화인들하고 감독조합을 중심으로 한 이 젊은 영화인들하고 완전히 이질적이잖아요. (중략)

그때 한양대 '소나기'에서 장윤현 감독이 8밀리 영화를 찍어서, 공수창을 데리고 같이 (카페 8½로) 왔어요.* 그 제목은 내가 기억이 안 나는데,** 아! 잘 만들었더라구요. 그 당시 일반 관객들은 단편영화를 거기 와서 처음 보는 사람들이 대부분이에요. 그래서 단편영

---

* 구술자 이세민은 1984년 대학로에서 카페 8½을 운영했다. 이곳에서는 프랑스문화원에서 빌려 온 프랑스 단편영화를 비롯하여 국내 각종 영화단체들이 제작한 영화들을 상영했는데, 그중 장윤현 감독이 가져온 8밀리 영화 상영이 관객들에게 매우 깊은 인상을 주었다고 설명하는 것이다.
** 장윤현 감독이 1987년 연출한 단편영화 〈인재를 위하여〉였을 것으로 추정된다.

화에 대한 개념 자체가 없었어요. 그냥 "이런 영화를 보니까 신기하다"는 거였죠. 단지 "새롭다"는 하나만, 그렇죠. (이세민, 2021)

이렇게 제도 밖에서 영화를 시작한 이들은 1990년대에 들어서면 충무로에 들어온 새로운 자본, 젊은 인력들과 만나 다시 제도권으로 흡수되어 상업영화 영역에서 활동하며 이전과 다른 새로운 대중영화 경향을 만들어 내기도 했고, 다른 한편에서는 독립영화 단체를 구성해 제도권 바깥에서 꾸준히 활동하기도 했다. 어쨌든 이들 각자의 선택에는 1980년대에 함께 영화를 공부하고 제작했던 경험이 주요하게 작용했다.

지금 생각해 보면, 장산곶매 활동을 하면서 제가 사회를 배우고 또 세상을 살면서 가져야 될 기본적인 자세, 원칙 이런 것들을 다 배운 것 같아요. 그리고 저는 영화를 만들면서 좋았던 이유가 많은 사람과 소통하고 대화하고 만날 수 있다는 게 제일 좋았던 건데, 그러기 위해서 내가 어떤 자세를 취해야 되는지, 그런 부분에 대해서 다 장산곶매 때 사실 경험했고 겪었던 모양으로 지금까지 살고 있는 거구요.
저 같은 경우는 도제에서 올라온 감독도 아니고, 나이도 어리고 그러니까 기사님들은 전부 다 저보다 나이들이 많고, 제가 어디서 뭘 했는지도 잘 모르는…. 그래서 그때는 장산곶매 하듯이 열심히, 준비도 열심히 하고 또 스태프들과 최대한 많이 어울려서 같이 일도 돕고. 또 "이렇게 해야 된다. 저렇게 해야 된다." 이야기들도 많이 듣고. 또 이은 감독도 역시 장산곶매 출신이었고 하니까 저희가 생각하는 방식으로 스태프들을 끌고 갔기 때문에 잘 끝난 것 같아요.

(장윤현, 2008)

흔히 1980년대 한국영화는 '재미없다'라거나 '저질이다' 또는 '에로영화밖에 없다'라고 평가되곤 한다. 그러나 영화가 언제나 당시의 사회상을 반영할 수밖에 없다는 사실을 잊어서는 안 된다(그것이 더 먼 과거나 미래를 다루거나, 비현실적인 것을 소재로 하고 있을 때에도 그렇다). 1980년대 한국영화가 갖고 있는 지나친 진지함과 우울, 폭력성은 당시 영화인들이 갖고 있었던 문제의식들과 맞닿아 있다. 1980년대 20개사가 영화제작을 독점하고, 엄청난 자본을 들인 미국영화들이 한국의 극장가를 점령해 들어오는 상황에서 영화인들은 정부에 정책적 개선을 요구했고, 극장업계와 20개 제작사에도 산업적으로 공생할 방법을 제안하며 협력을 구했다. 이 과정은 때로 진흙탕 싸움이나 촌극처럼 보이기도 했지만, 내부의 상황은 그 어느 때보다도 치열했고, 외부에서 이를 지켜보는 관객들 역시 이러한 문제의식에 공감하며 영화와 산업에 대해 열띤 토론을 벌였다. 그리고 이 모든 것이 변화를 위한 큰 동력이 되었다.

1980년대에는 그렇게, 자신들의 마지막을 화려하게 불태운 충무로 세대, 그리고 영화와 문화운동을 향한 열정의 불꽃을 활활 태우며 영화계로 막 진입한 젊은 세대가 각자의 영역에서 작업을 하고, 때로는 같은 목표를 위해 힘을 합쳐 싸우기도 하면서 1990년대를 맞이할 준비를 마쳤다. 1980년대에 내재되어 있던 에너지는 1990년대 문민정부가 들어서고 환경이 갖추어지자 폭발하듯 터져 나왔다. 1980년대를 이야기하던 구술자들 역시 그 점을 강조했다.

▶ 1987년 민주항쟁을 기점으로 영화계에 어떤 변화가 있었는지 궁금합니다.

그때 당시 영화계라는 것은 의식들은 많이 바뀌었지만 실제로 영화 현장에서, 또 만드는 영화들은 그다지 많이 발전한 것은 아니었고. 밖에 가서 유학하고 들어온, 좀 새롭게 생각하는 사람들의 작품들이 이제 하나 둘씩 튕겨져 나오기 시작하던 시점이었어요.

그러니까 '아니다! 우리도 변해야 된다!' 하는 시대정신은 있었어요. 그런데 영화계에서 지금까지 운영되고 있는 것이 크게 변화할 조짐은 없었어요. 그런 것들이 변화하려면 역시 자본이 변해야 되는데, 아직 그때까지는 그런 자본, 말하자면 적극적으로 투자하고 "그래, 만들기만 해!" 이렇게 밀어 주는 자본들이 그다지 미미했다고 봐요. (송길한, 2019)

그래서인지 1980년대 한국영화를 보고 있으면, 보이지 않는, 아주 강력한 무언가를 상대로 투쟁을 하고 있는 듯한 느낌을 받는다. 그건 이 시기에 대한 영화인들의 말에서 알 수 있듯, 당시 영화인들이 그렇게 치열한 감정으로 영화를 만들었기 때문인지도 모른다. 구술을 통해, 다시 말해 영화인들의 경험과 기억을 통해 과거를 본다는 것은 그래서 의미가 있다. 구술에는 신문 기사나 과거 공적인 문서에는 남아 있지 않은 그들의 뜨거운 감정들이 드러나고, 역사적 사실만이 아닌 그 역사를 실제로 살아 냈던 사람들의 면면이 담겨 있다. 그리고 1980년대 영화계에서 일어난 모든 일들—영화법이 개정되고, 제작이 자유화되고, 미국영화가 들어왔던—이 그저 시간이 지나며 자연적으로 일어난 일이 아니라, 여러 영화인과 단체들의 뜻과 목소리가 담긴 결과물임을 알 수 있다. 이 책이 그저 재미없고 멀게만 느껴졌던 1980년대라는 시기를 조금 다른 관점으로 바라보는 계기가 되기를 바란다.

강대선 姜大宣 (1934~2023)

분야 제작 · 기획, 감독

대표작
기획 〈옹고집〉(이강원, 1963), 〈밤차로 온 사나이〉(임권택, 1970), 〈저 하늘에도 슬픔이 (속)〉(이상언, 1970), 〈원한의 거리에 눈이 나린다〉(임권택, 1971), 〈팔도졸업생〉(박호태, 1972)

감독 〈나에게 조건은 없다〉(1971), 〈여고생의 첫사랑〉(1971), 〈빗방울〉(1973), 〈흑녀〉(1982)

주요 이력
· 1950년대 초 《영화세계》 기자
· 1950년대 후반 유한영화사 설립
· 1960년대 초 신필름 입사, 기획실장 · 연기 · 섭외부장으로 활동
· 1969년 삼영필름 창립
· 1986년 양전영화사 설립
· 2004년 의정부극장 사장

참여 구술
· 진행년도: 2004년
· 면담 · 채록연구: 이명자, 이기림, 정종화
· 구술채록문: 《한국영화사 구술총서01-한국영화를 말한다: 1950년대 한국영화》

김동호 (金東虎, 1937~)

분야 영화행정

주요 이력
· 1961년 공보부 입사, 7급 주사보로 기획조정관실 근무
· 1980년 문화공보부 기획관리실장

· 1988년 영화진흥공사 사장
· 1992년 제1대 예술의전당 사장
· 1992년 제2대 문화부 차관
· 1993년 공연윤리위원회 위원장
· 1996년 부산국제영화제 집행위원장(~2010년 11월)

참여 구술
· 진행년도: 2019년
· 면담 · 채록연구: 배수경
· 구술채록문: 《2019년도 한국영화사 구술채록연구 시리즈 〈생애사〉 1권: 김동호》

김성근 金成根 (1936~)

분야 수입 · 배급, 극장 운영

주요 이력
· 1953년 동양영화사(동양물산 부산지사) 입사, 외화 배급 업무 시작
· 1964년 대영영화사 창립 과정에 참여, 이후 대영영화사에서 근무함
· 1966년 서울 파라마운트극장 영업과장
· 1972~1974년 대전 중앙극장 운영
· 1975~1982년 대원영화주식회사 근무
· 1982~1984년 국제영화흥업주식회사 근무
· 1985~1997년 동아수출공사 동아극장 운영

참여 구술
· 진행년도: 2010년
· 면담 · 채록연구: 권용숙
· 구술채록문: 《2010년 한국영화사 구술채록연구 시리즈 〈생애사〉 1권: 김성근》

김수용 金洙容 (1928~2023)

분야 감독

대표작

〈공처가〉(1958), 〈손오공〉(1962), 〈혈맥〉(1963), 〈갯마을〉(1965), 〈산불〉(1967), 〈야행〉(1973), 〈토지〉(1974), 〈도시로 간 처녀〉(1981), 〈저 하늘에도 슬픔이〉(1984), 〈허튼소리〉(1986) 등

주요 이력

· 1954년 국방부 정훈국 영화과 배속
· 1955년 군 교육 문화영화 〈잊지말자 6 · 25〉 연출
· 1957년 〈배뱅이굿〉(양주남) 조감독
· 1958년 〈공처가〉로 감독 데뷔
· 1958~1999년 109편의 한국영화 연출
· 1973년 서울예대, 중앙대, 동국대, 단국대, 경희대 강사
· 1993년 청주대학교 예술대 교수
· 1999~2005년 영상물등급위원회 위원장
· 2010년 서울충무로국제영화제 집행위원장

참여 구술

· **진행년도:** 2012년
· **면담·채록연구:** 권용숙
· **구술채록문:** 《2012년도 한국영화사 구술채록연구 시리즈 〈생애사〉 1권: 김수용》

김재웅 金載雄 (1937~)

분야 외화 수입/영화기획

대표작

수입 〈소돔과 고모라〉(로버트 알드리치, 1962), 〈틴에이저 스토리〉(시드니 제이프리, 1961), 〈섬머 홀리데이〉(피터 예이츠, 1963), 〈어둠 속에 벨이 울릴 때〉(클린트 이스트우드, 1971) 등

기획 〈수절〉(하길종, 1973), 〈바보들의 행진〉(하길종, 1975), 〈겨울여자〉(김호선, 1977), 〈어둠의 자식들〉(이장호, 1981), 〈안개마을〉(임권택, 1982), 〈바보선언〉(이장호, 1983) 등

주요 이력

· 1961년 화천공사 입사
· 1963년 화천공사에서 영화수입업 시작
· 1986년 아세아극장 임대 극장사업 시작
· 1980년 전국극장연합회 홍보위원장, 자율정화위원회 위원
· 2002년 강남 씨네시티 개관 후 운영에 참여

참여 구술

· **진행년도:** 2015년
· **면담·채록연구:** 김승경
· **구술채록문:** 《2015년도 한국영화사 구술채록연구 시리즈 〈생애사〉 1권: 김재웅》

김지미 (1940~)

분야 영화배우, 제작 · 기획, 외화 수입

대표작

출연 〈황혼열차〉(김기영, 1958), 〈장희빈〉(정창화, 1961), 〈불나비〉(조해원, 1965), 〈이조여인잔혹사〉(신상옥, 1969), 〈옥합을 깨뜨릴 때〉(김수용, 1971), 〈토지〉(김수용, 1974), 〈화녀 82〉(김기영, 1982), 〈길소뜸〉(임권택, 1985), 〈티켓〉(임권택, 1986)

기획 〈티켓〉(임권택, 1986), 〈아메리카 아메리카〉(장길수, 1988), 〈불의 나라〉(장길수, 1989), 〈명자 아끼꼬 쏘냐〉(이장호, 1992)

주요 이력

· 1957년 〈황혼열차〉(김기영)로 배우 데뷔
· 1971~1973년 영화인협회 부이사장
· 1985년 지미필름 창립
· 1988년 영화진흥공사 자문위원
· 1994년 제15회 청룡영화상 본선 심사위원장
· 1995년 한국영화인협회 이사장

· 1998년 한국영화인협회 이사장 재선 (~2000년), 대종상영화제 집행위원장, 스크린쿼터사수 범영화인 비상대책위원회 공동위원장, 한국영화복지재단 이사장, 한국예술문화단체 총연합회 이사
· 1999년 영화진흥위원회 위원

참여 구술

· 진행년도: 2019년
· 면담·채록연구: 배수경
· 구술채록문: 《2019년도 한국영화사 구술채록연구 시리즈 〈생애사〉 3권: 김지미》

김지헌 金志軒 (1930~2015)

분야 시나리오작가

대표작

〈인생극장〉(박구, 1959), 〈만추〉(이만희, 1966), 〈공처가 삼대〉(유현목, 1967), 〈진짜진짜 좋아해〉(문여송, 1977) 등

주요 이력

· 1954년 《중앙일보》 문화부 기자
· 1955년 《현대문학》 시 부문 등단
· 1958년 《조선일보》 신춘문예 시나리오 부문 당선
· 1972~1973년 한국시나리오작가협회 회장
· 1996년 한국시나리오작가협회 자문위원

참여 구술(1)

· 진행년도: 2004년
· 면담·채록연구: 박진호
· 구술채록문: 《한국영화사 구술총서01-한국영화를 말한다: 1950년대 한국영화》

참여 구술(2)

· 진행년도: 2014년
· 면담·채록연구: 이정아
· 구술채록문: 《2014년도 한국영화사 구술채록연구 시리즈 〈생애사〉 1권: 김지헌》

김진 金眞 (본명 이강원, 1937~)

분야 제작·기획, 배급

대표작

배우 〈마부〉(강대진, 1961), 〈다이알 112를 돌려라〉(이만희, 1962), 〈인목대비〉(안현철, 1962)

제작부장 〈육체의 길〉(조긍하, 1967), 〈난중일기〉(장일호, 1977), 〈공산영우〉(호금전, 1978), 〈피막〉(이두용, 1980), 〈안개마을〉(임권택, 1982), 〈그 해 겨울은 따뜻했네〉(배창호, 1984)

기획·제작 〈물레방아〉(조명화, 1986), 〈변강쇠(속)〉(엄종선, 1987), 〈둥지속의 철새〉(이운철, 1988)

투자 담당 〈조용한 가족〉(김지운, 1998), 〈8월의 크리스마스〉(허진호, 1998)

주요 이력

· 1958~1963년 배우 김승호의 로드매니저로 활동
· 1964~1965년 배우 박노식 매니저로 활동
· 1968~1976년 프리랜서 제작부장
· 1978~1986년 세경흥업주식회사 전속 제작부장 재직
· 1986~1991년 한국영화 6편 제작
· 1991~1993년 명보영화사 수입 업무 담당
· 1993~1996년 외화수입사 화정영화사 설립
· 1996~2001년 일신창업투자주식회사 재직

참여 구술(1)

· 진행년도: 2007년
· 면담·채록연구: 공영민
· 구술채록문: 《한국영화사 구술총서04-한국영화를 말한다: 한국영화의 르네상스3》

참여 구술(2)

· 진행년도: 2020년
· 면담·채록연구: 공영민
· 구술채록문: 《2020년도 한국영화사 구술채록연구 시리즈 〈주제사〉 1960~1990년대 수입외화의 변화 3권: 최치환·김진·임철호》

김형종 金衡鐘 (1938~)

분야 영화배급, 극장 운영

주요 이력
· 1965년 협동흥업 입사
· 1972년 대원영화사로 이직
· 1976년 직배사무소(우성사, 국제영화흥업, 동아흥행, 동아수출공사, 한진흥업, 화천공사 공동 설립) 입사
· 1984년 충우영배 설립
· 1997년 브로드웨이극장 부사장
· 2001년 롯데시네마 부사장 역임

참여 구술(1)
· 진행년도: 2010년
· 면담·채록연구: 안재석
· 구술채록문:《2010년 한국영화사 구술채록연구 시리즈 〈주제사〉 1960~1970년대 영화관 2권: 양춘 · 김형종 · 이지룡》

참여 구술(2)
· 진행년도: 2015년
· 면담·채록연구: 공영민
· 구술채록문:《2015년 한국영화사 구술채록연구 시리즈 〈주제사〉 합작영화 3권: 이정주 · 김형종》

참여 구술(3)
· 진행년도: 2022년
· 면담·채록연구: 공영민
· 구술채록문:《2022년 한국영화사 구술채록연구 시리즈 〈주제사〉 1권: 김형종 · 김일수》

김홍준 金弘準 (1956~)

분야 감독

대표작
연출부 〈개벽〉(임권택, 1991), 〈장군의 아들 2〉(임권택, 1991), 〈장군의 아들 3〉(임권택, 1992)
조감독 〈서편제〉(임권택, 1993)

감독 〈서울 7000〉(김홍준 · 황주호, 1977), 〈여럿 그리고 하나〉(1980), 〈판놀이 아리랑〉(박광수 · 김홍준 · 황규덕 · 문원립, 1982), 〈장미빛 인생〉(1994), 〈정글스토리〉(1996), 〈내가 알고 있는 김기영에 대한 두세 가지 것들〉(2006)

주요 이력
· 1970년대 후반 서울대학교 영화동아리 '얄라셩' 활동
· 1991년 임권택 감독의 조감독으로 활동
· 1994년 〈장미빛 인생〉으로 감독 데뷔
· 1997~1999년 부천국제영화제 프로그래머
· 1998~1999년 한국예술종합학교 영상원 시나리오과 객원교수
· 1999년 한국예술종합학교 영상원 영화과 조교수
· 2000~2004년 영화진흥위원회 위원
· 2001~2004년 부천국제판타스틱영화제 집행위원장

참여 구술
· 진행년도: 2021년
· 면담·채록연구: 한나리
· 구술채록문:《2021년 한국영화사 구술채록연구 시리즈 〈주제사〉 1970~1980년대 한국 주재 해외문화원의 활동과 영화문화의 변화 3권: 이장호 · 장선우 · 김홍준 · 한옥희》

변장호 卞張鎬 (1939~2022)

분야 감독

대표작
〈태양은 내것이다〉(1967), 〈비내리는 명동거리〉(1970), 〈홍살문〉(1972), 〈눈물의 웨딩드레스〉(1973), 〈을화〉(1979), 〈미워도 다시 한번 '80〉(1980), 〈무녀의 밤〉(1982), 〈이브의 건넌방〉(1987) 등

주요 이력
· 1960년 신필름 조감독 공채모집에 합격

· 1965년 〈태양은 내것이다〉로 감독 데뷔
· 1973~1979년 한국영화감독협회 회장
· 1980~1984년 한국영화인협회 이사장, 영화진흥공사 비상임이사
· 1996~2003년 한양대학교 연극영화과 객원교수
· 2001년 제38회 대종상영화제 심사위원장
참여 구술
· **진행년도:** 2016년
· **면담·채록연구:** 이정아
· **구술채록문:** 《2016년도 한국영화사 구술채록연구 시리즈 〈생애사〉 5권: 변장호》

설태호 薛泰湖 (1929~)

분야 감독
대표작
〈맹호작전〉(1966), 〈남대문 출신 용팔이〉(1970), 〈특별수사본부 기생 김소산〉(1973), 〈십년만의 외출〉(1975), 〈원산공작〉(1976), 〈캐논청진공작〉(1977), 〈도솔산 최후의 날〉(1977), 〈누가 이 아픔을〉(1979)
주요 이력
· 1957년 〈첫사랑〉(송국, 1958)의 시나리오 작가로 영화계 입문
· 1958년 〈종각〉(양주남, 1958)의 스크립터
· 1962년 〈돌아오지 않는 해병〉(이만희, 1963)와 〈내가 설땅은 어디냐〉(이만희, 1964) 조연출, 〈YMS504의 수병〉에서 이만희 감독과 감독연출로 감독 데뷔
· 1963~1996년 극영화 36편, 군영화 14편, 군민 합작영화 1편 연출
참여 구술
· **진행년도:** 2010년
· **면담·채록연구:** 김승경
· **구술채록문:** 《2010년 한국영화사구술채록연구 시리즈 〈생애사〉 5권: 설태호》

송길한 宋吉漢 (1940~)

분야 시나리오작가
대표작
〈흑조〉(이상언, 1973), 〈짝코〉(임권택, 1980), 〈만다라〉(임권택, 1981), 〈길소뜸〉(임권택, 1985), 〈티켓〉(임권택, 1986), 〈깜동〉(유영진, 1988) 등
주요 이력
· 1970년 《동아일보》 신춘문예 시나리오 부문 당선
· 1999년 한국예술종합학교 겸임교수(~2006년)
· 2000년 전주국제영화제 부위원장
· 2009년 전주국제영화제 고문
참여 구술
· **진행년도:** 2019년
· **면담·채록연구:** 이정아
· **구술채록문:** 《2019년도 한국영화사 구술채록연구 시리즈 〈생애사〉 2권: 송길한》

안화영 安華榮 (1925~)

분야 영화기획
대표작
〈죽엄의 상자〉(김기영, 1955), 〈하녀〉(김기영, 1960), 〈현해탄은 알고 있다〉(김기영, 1962), 〈캐논청진공작〉(설태호, 1977), 〈제3공작〉(설태호, 1978) 등
주요 이력
· 1956년 〈봉선화〉(김기영, 1956)의 각본 · 주연 · 제작을 맡으며 영화계 입문
· 1962~1966년 프리랜서 영화기획자로 활동
· 1970년대 세경흥업주식회사 입사
· 1979~1982년 현진영화사 재직
참여 구술
· **진행년도:** 2011년
· **면담·채록연구:** 김승경

· **구술채록문**:《2011년도 한국영화사 구술채록연구 시리즈 〈생애사〉 4권: 안화영》

양춘 (본명 양형균梁亨均, 1940~)

분야 영화제작, 극장 운영

대표작
〈골목안 풍경〉(박종호, 1962), 〈청춘교실〉(김수용, 1963), 〈안개낀 거리〉(강범구, 1963), 〈불나비〉(조해원, 1965), 〈여자가 더 좋아〉(김기풍, 1965), 〈국제금괴사건〉(장일호, 1966) 등

주요 이력
· 1962년 한양영화공사 입사
· 1965년 연방영화사 제작부장
· 1973년 화천공사 입사
· 1984년 부산극장 영업부장
· 1987년 동서영화사 설립

참여 구술 (1)
· 진행년도: 2009년
· 면담·채록연구: 공영민
· 구술채록문:《2009년 한국영화사 구술채록연구 시리즈 〈생애사〉 '양춘 편'》

참여 구술 (2)
· 진행년도: 2010년
· 면담·채록연구: 안재석
· 구술채록문:《2010년도 한국영화사 구술채록연구 시리즈 〈주제사〉 1960~1970년대 영화관 2: 양춘 · 김형종 · 이지룡》

이경자 李敬子 (1932~)

분야 편집

대표작
〈김약국의 딸들〉(유현목, 1963), 〈춘몽〉(유현목, 1965), 〈공처가 삼대〉(유현목, 1967), 〈흥부와 놀부〉(강태웅, 1967), 〈화분〉(하길

종, 1972), 〈고교얄개〉(석래명, 1976), 〈물도리동〉(이두용, 1979), 〈최후의 증인〉(이두용, 1980), 〈이조여인잔혹사 물레야 물레야〉(이두용, 1983), 〈구로아리랑〉(박종원) 등

주요 이력
· 1956년 〈애정파도〉(문화성) 스크립터로 영화계 입문
· 1957~1962년 유현목, 조긍하, 김소동, 안종화, 이만희 감독 등의 스크립터로 활동하며 편집기술을 익힘
· 1962~1965년 신필름 편집실 전속기사로 입사
· 1965~1967년 신필름 퇴사 후 프리랜서로 활동하다가 개인편집실 개업
· 1970년대 후반~2002년 400여 편의 한국영화 편집 담당

참여 구술
· 진행년도: 2008년
· 면담·채록연구: 심혜경
· 구술채록문:《2008년도 한국영화사 구술채록연구 시리즈 〈생애사〉 2권: 이경자》

이남기 李南基 (1937~)

분야 영화행정(검열)

주요 이력
· 970년 문화공보부 공보국 국내과 입사
· 1985년 문화공보부 행정관리담당과 및 문화과장
· 1987년 문화공보부 보도과장
· 1990년 문화공보부 신문과장, 광고산업과장
· 1997년 공보처 부이사관

참여 구술 (1)
· 진행년도: 2015년
· 면담·채록연구: 배수경
· 구술채록문:《2015년도 한국영화사 구술채록연구 시리즈 〈주제사〉 합작영화 2: 김정

란 · 이남기 · 구중모》
참여 구술 (2)
·진행년도: 2020년
·면담·채록연구: 이화진
·구술채록문:《2020년 한국영화사 구술채록
　연구 시리즈〈주제사〉1960~1990년대
　수입외화의 변화 2: 박태준 · 한진섭 · 이
　남기 · 지헌술》

이세민 李世民 (1952~)

분야 감독
대표작
조감독〈애마부인〉(정인엽, 1982)
감독〈장미와 도박사〉(1983)
제작〈보통여자시대〉(김문옥, 1990),〈여자는
추억속에 집을 짓는다〉(하주택, 1991)
주요 이력
·1975년 '영상시대' 견습생으로 선발
·1979년 단편영화 제작그룹 '청년영상' 동인
·1983년〈장미와 도박사〉로 감독 데뷔
·1984년 영화를 상영하는 카페 8$^1/_2$ 운영,
　영화잡지《열린 영화》발간에 참여
참여 구술
·진행년도: 2021년
·면담·채록연구: 한나리
·구술채록문:《2021년 한국영화사 구술채록
　연구 시리즈〈주제사〉1970~1980년대
　한국 주재 해외문화원의 활동과 영화문화
　의 변화 1권: 박건섭 · 이세민 · 김명식》

이용희 李龍熙 (1930~)

분야 극장 운영
주요 이력
·1960년 동성영화사 선전부 입사

·1963년 단성사 선전부장
·1966년 단성사 영업부장 겸임
·1987년 단성사 퇴사
참여 구술 (1)
·진행년도: 2010년
·면담·채록연구: 송영애
·구술채록문:《2010년도 한국영화사 구술채
　록연구 시리즈〈주제사〉1960~1970년대
　영화관 1: 조상림 · 이용희》
참여 구술 (2)
·진행년도: 2016년
·면담·채록연구: 송영애
·구술채록문:《2016년도 한국영화사 구술채
　록연구 시리즈〈주제사〉1960~1970년대
　한국영화산업의 변화 2: 김갑의 · 이용희》

이원세 李元世 (1940~2023)

분야 감독
대표작
〈잃어버린 계절〉(1971),〈특별수사본부 배
태옥 사건〉(1973),〈꽃과 뱀〉(1975),〈악어
의 공포〉(1977),〈난장이가 쏘아올린 작은
공〉(1981),〈하와의 행방〉(1982),〈이방인〉
(1984),〈여왕벌〉(1992)
주요 이력
·1960년〈버림받은 천사〉(김수용) 촬영부
　로 영화계 입문
·1968년 시나리오〈수전지대〉로《동아일
　보》신춘문예 시나리오 부문 당선
·1971년〈잃어버린 계절〉로 감독 데뷔
·1975년 '영상시대' 설립
참여 구술
·진행년도: 2017년
·면담·채록연구: 배수경
·구술채록문:《2017년도 한국영화사 구술채
　록연구 시리즈〈생애사〉3권: 이원세》

이지롱 李知龍 (본명 이약룡, 1926~)

분야 극장 운영, 외화 수입 · 배급

주요 이력

· 1953년 유림건설 설립 운영
· 1954~1956년 외화 〈보 브롬멜〉(커티스 번하트, 1954), 〈랩소디〉(찰스 비더, 1954) 등 외화 수입 · 개봉
· 1956~1957년 명보극장 설립 추진. 개관 후 명보극장 부사장 역임
· 1961년 명보극장 퇴사
· 1966년 아세아필름 설립
· 1967년 한국영화업자협회 부회장
· 1970년 영화제작가협회 수석부회장
· 1972년 유림흥업 설립
· 1975년 한진흥업 부사장
· 1976~1986년 합동영화사 부사장, 서울극장 부사장, 남아진흥주식회사 부사장 역임
· 1985년 극장협회 부회장
· 1986년 다남흥업 설립

참여 구술 (1)

· 진행년도: 2010년
· 면담·채록연구: 안재석
· 구술채록문:《2010년 한국영화사 구술채록연구 시리즈 〈주제사〉 1960~1970년대 영화관–서울 개봉관을 중심으로 2권: 양춘 · 김형종 · 이지롱》

참여 구술 (2)

· 진행년도: 2012년
· 면담·채록연구: 배수경
· 구술채록문:《2012년도 한국영화사 구술채록연구 시리즈 〈생애사〉 4권: 이지롱》

임원식 林元植 (1932~)

분야 감독

대표작

연출 〈청일전쟁과 여걸 민비〉(임원식 · 나봉한, 1965), 〈대폭군〉(1966), 〈춘색한녀〉(1971), 〈저 높은 곳을 향하여〉(1977) 등
제작·기획 〈비밀객(속)〉(이두용, 1976), 〈쌍무지개 뜨는 언덕〉(정회철, 1977), 〈색깔있는 여자〉(김성수, 1980), 〈도시로 간 처녀〉(김수용, 1981), 〈이브의 건넌방〉(변장호, 1987) 등

주요 이력

· 1955년 극장 창조극회 회장, 극단 원방각 · 극단 청협 활동, 기독교방송(HLKY) 성우 및 연출
· 1957년 국방부 정훈국 영화 〈윤 일등병〉(김수용) 주연
· 1959년 〈불멸의 성좌〉(유진식), 〈대원군과 민비〉(유진식) 조감독으로 영화계 입문
· 1960년 신필름 입사
· 1962년 〈청일전쟁과 여걸민비〉(임원식 · 나봉한)로 감독 데뷔
· 1974년 신필름 퇴사
· 1977년 합동영화사 전무이사 겸 기획실장
· 1979년 화풍흥업 기획실장
· 1980년 태창영화사 사장
· 1990년 (주)한국기독교 영화제작소 대표이사
· 1995년 (주)한국기독교TV 전무 및 방송본부장
· 1999~2006년 한국영화감독협회 제20대, 21대 회장 역임

참여 구술 (1)

· 진행년도: 2008년
· 면담·채록연구: 김승경
· 구술채록문:《2008년도 한국영화사 구술채록연구 시리즈 〈주제사〉 신필름 2: 임원식 · 이형표 · 이상현 · 김종원》

참여 구술 (2)

· 진행년도: 2016년
· 면담·채록연구: 배수경
· 구술채록문:《2016년도 한국영화사 구술채록연구 시리즈 〈생애사〉 3권: 임원식》

장윤현 張允炫 (1967~)

분야 감독

대표작

감독 〈인재를 위하여〉(1987), 〈접속〉(1997), 〈텔미썸딩〉(1999), 〈황진이〉(2007)

제작·기획 〈알포인트〉(공수철, 2004)

주요 이력

· 1987년 단편영화 〈인재를 위하여〉로 연출데뷔
· 1988년 장산곶매 결성, 〈오! 꿈의 나라〉, 〈파업전야〉 공동연출
· 1992년 헝가리국립영화학교 수료
· 1998년 씨앤필름 설립
· 2005년 시네마서비스 공동부사장

참여 구술

· 진행년도: 2008년
· 인터뷰 진행: 중앙대학교 첨단영상대학원
· 인터뷰 제명: 〈한국영화, 열정을 말하다〉

정성일 鄭聖一 (1959~)

분야 평론, 감독, 시나리오

대표작

각본 〈애란〉(이황림, 1989)

기획 〈천년학〉(임권택, 2006)

감독 〈카페 느와르〉(2009), 〈천당의 밤과 안개〉(2015), 〈녹차의 중력〉(2018)

저서 《임권택이 임권택을 말하다 1, 2》(공저, 현실문화, 2003), 《필사의 탐독》(바다출판사, 2010), 《언젠가 세상은 영화가 될 것이다》(공저, 바다출판사, 2010)

주요 이력

· 1989~1992년 월간《로드쇼》편집장
· 1994~1997년 서울단편영화제 집행위원 및 심사위원
· 1995년 월간《KINO》편집장
· 2000년 전주국제영화제 프로그래머

참여 구술

· 진행년도: 2023년
· 면담·채록연구: 한나리
· 구술채록문:《2023년 한국영화사 구술채록연구 시리즈 〈주제사〉 영화문화의 변화와 사설 시네마테크》

정유성 鄭有盛 (1956~)

분야 평론, 교육

주요 이력

· 1970년대 후반 독일문화원을 통해 영화인들과 교류
· 1977년 독일영화제에서 빔 벤더스 통역보조
· 1978년 〈의미로부터의 해방: 빔 벤더스의 영상감각〉(라이너 베커) 번역
· 1980년 독일 뮌헨대학 유학, 〈제3세계 입장에서 본 평화교육의 의미〉로 박사학위를 받음

참여 구술

· 진행년도: 2021년
· 면담 · 채록연구: 공영민
· 구술채록문:《2021년 한국영화사 구술채록연구 시리즈 〈주제사〉 1970~1980년대 한국 주재 해외문화원의 활동과 영화문화의 변화 2권: 맹완호 · 정유성 · 김승수》

정일성 鄭一成 (1929~)

분야 촬영

대표작

〈가거라 슬픔이여〉(조긍하, 1957), 〈화녀〉(김기영, 1971), 〈충녀〉(김기영, 1972), 〈바보들의 행진〉(하길종, 1975), 〈이어도〉(김기영, 1977), 〈만다라〉(임권택, 1981), 〈길소뜸〉(임권택, 1985), 〈황진이〉(배창호, 1986), 〈장군의 아들〉(임권택, 1990), 〈서편제〉(임권택, 1993), 〈취화선〉(임권택, 2002), 〈천년학〉(임권택, 2006) 등

주요 이력

· 1954년 국방부 공군 홍보영화 〈출격명령〉 촬영 조감독
· 1961년 아시아영화재단 주선 일본 유학
· 1981~1982년 한국영화인협회 부이사장 역임
· 1983~1984년 서울예술전문대학 강사
· 1985~1988년 한양대학교 연극영화과 강사
· 1994~1995년 한국영화인협회 부이사장

참여 구술

· 진행연도: 2017년
· 면담·채록연구: 이정아
· 구술채록문:《2017년도 한국영화사 구술채록연구 시리즈 〈생애사〉 4권: 정일성》

주종호 朱鐘鎬 (1943~)

분야 제작PD

대표작

〈죽어도 좋아〉(최영철, 1969), 〈증언〉(임권택, 1973), 〈엄마없는 하늘아래〉(이원세, 1978), 〈자녀목〉(정진우, 1984), 〈아그네스를 위하여〉(유영진, 1991) 등

주요 이력

· 1964년 합동배급공사 제작부원으로 입사
· 1973~1975년 영화진흥공사 제작부원

· 1980~1990년대 합동영화사, 한진영화사, 현진영화사 등에서 제작부장으로 활동

참여 구술

· 진행연도: 2017년
· 면담·채록연구: 공영민
· 구술채록문:《2017년도 한국영화사 구술채록연구 시리즈 〈주제사〉 1970년대 한국영화계의 변동 3: 조관희 · 주종호》

지헌숙 池憲述 (1944~)

분야 영화 통관

주요 이력

· 1970년대 초~1980년대 후반 서울통관사 사무직 입사
· 1980년대 후반~1990년대 후반 광명관세사로 이직

참여 구술

· 진행연도: 2020년
· 면담·채록연구: 공영민
· 구술채록문:《2020년 한국영화사 구술채록연구 시리즈 〈주제사〉 1960~1990년대 수입외화의 변화 2권: 박태준 · 한진섭 · 이남기 · 지헌술》

최치환 崔致煥 (1957~)

분야 영사

주요 이력

· 1970년 강원도 정선극장 직원으로 입사, 영사기사로 일함
· 1980년대 초반~ 서울 재상영관 영사기사
· 1990년대 후반~ 아세아극장, 성남극장 영사기사
· 2000년대 안산 메가넥스, 수원 프리머스 영사기사

·2010년~ 서울 허리우드극장 영사기사
참여 구술
·진행년도: 2020년
·면담·채록연구: 공영민
·구술채록문:《2020년도 한국영화사 구술채록연구 시리즈 〈주제사〉 1960~1990년대 수입외화의 변화 3권: 최치환 · 김진 · 임철호》

호현찬 扈賢贊 (1926~2020)

분야 평론, 영화제작 · 기획
대표작
제작·기획 〈만추〉(이만희, 1966), 〈창공에 산다〉(이만희, 1968), 〈매듭〉(배석인, 1969), 〈창살〉(배석인, 1970), 〈이조백자〉(이형표, 1970) 등
주요 이력
· 1940년대 후반~1950년대 초반 동방신문, 평화신문 기자로 활동
· 1952년 중도일보사 창간. 편집국 부국장, 논설위원
·1954년 서울신문사 문화부 기자로 입사
·1958년 동아일보사 문화부로 전직
·1990~1992년 영상자료원 이사장
·1996년 영화진흥공사 사장
참여 구술
·진행년도: 2004년
·면담·채록연구: 이명자
·구술채록문:《한국영화사 구술총서01−한국영화를 말한다: 1950년대 한국영화》

황기성 黃奇性 (1940~)

분야 영화제작 · 기획
대표작
기획 〈마지막 요일〉(김수동, 1967), 〈삼각의

함정〉(이만희, 1974), 〈영자의 전성시대〉(김호선, 1975), 〈야행〉(김수용, 1977), 〈족보〉(임권택, 1978), 〈만다라〉(임권택, 1981), 〈어둠의 자식들〉(이장호, 1981), 〈고래사냥〉(배창호, 1984) 등
제작 〈어미〉(박철수, 1985), 〈고래사냥 2〉(배창호, 1985), 〈안개기둥〉(박철수, 1986), 〈접시꽃 당신〉(박철수, 1988), 〈행복은 성적순이 아니잖아요〉(강우석, 1989) 등
주요 이력
·1963년 신필름 기획실장
·1973년 태창흥업 기획상무
·1978년 화천공사 기획전무
·1982년 대영필름 부사장
·1985년 영화제작사 황기성사단 설립
·2002~2009년 서울영상위원회 위원장 역임
참여 구술
·진행년도: 2008년
·인터뷰 진행: 중앙대학교 첨단영상대학원
·인터뷰 제명: 〈한국영화, 열정을 말하다〉

1 〈80년대의 한국문화 무엇이 이루어져야 하나 ⑨영화 제작·표현의 자유를〉, 《조선일보》, 1980년 1월 27일자 5면 기사.

2 〈한국영화 설땅없는 '표현의 자유'-〈도시로…〉 상영중지 계기로 본 현실〉, 《동아일보》, 1981년 12월 11일자 12면 기사.

3 〈영화수입에 투기열풍〉, 《매일경제》, 1986년 6월 13일자 11면 기사 참조.

4 〈백만불짜리 영화 수입에 비판론〉, 《조선일보》, 1986년 6월 8일자 7면 기사 참조.

5 〈조계종, 영화 〈허튼소리〉 상영금지 요청〉, 《동아일보》, 1986년 5월 28일자 9면 기사.

6 〈"영화에 대한 사전심의 필요하다" 이영희 위원장 인터뷰〉, 《동아일보》, 1988년 1월 22일자 14면 기사에서 인용.

7 〈'공룡 가위질' 논란 재연〉, 《조선일보》, 1989년 7월 7일자 9면 기사에서 인용.

8 〈미 영화 200편 무더기 상륙설〉, 《조선일보》, 1987년 9월 5일자 6면 기사.

9 〈외화 '장삿속 가위질' 성행〉, 《조선일보》, 1987년 11월 7일자 6면 기사.

10 〈미국직배 영화 불매운동 전개〉, 《한겨레》, 1988년 9월 16일자 6면 기사에서 인용.

11 〈영협의 '비회원 출연 저지' 관련 영화감독협서 시정촉구 성명〉, 《동아일보》, 1989년 2월 21일자 16면 기사에서 인용.

12 〈미 UIP 〈레인맨〉 상영협조 서울 7개 영화사 "추방" 결의〉, 《경향신문》, 1989년 5월 3일자 16면 기사에서 인용.

13 〈레인맨 상영 않기로, 동아극장〉, 《조선일보》, 1989년 5월 4일자 20면 기사 참조.

1980년대 영화산업 주요 통계

| 이수연 |

| 극장

연도별 전국 극장업 현황(1980~1989)

연도	전국 인구수 (천 명)	전국 극장 수	전국 극장 관람객 수			입장 매상액(원)	평균 관람요금(원)
			입장 인원수(명)	증감율(%)	1인당 평균 관람 횟수(회)		
1980	38,197	447	53,770,415	-17.9	1.4	51,473,834,756	957
1981	38,308	423	44,443,122	-17.3	1.2	48,756,999,858	1,097
1982	39,641	404	42,737,086	-3.8	1.1	55,538,453,187	1,300
1983	40,264	450	44,036,426	3.0	1.1	58,411,405,872	1,326
1984	40,361	534	43,917,379	-0.3	1.1	59,374,000,655	1,352
1985	40,466	561	48,592,841	9.5	1.2	68,898,486,748	1,432
1986	41,826	640	47,278,807	-1.7	1.1	72,489,320,163	1,533
1987	42,082	673	48,592,841	2.8	1.2	79,566,189,658	1,637
1988	42,593	696	52,230,524	7.5	1.2	96,482,771,565	1,847
1989	43,847	772	55,306,458	5.9	1.3	125,587,908,850	2,271

✣ 1990년도판《한국영화연감》참고.

연도별 전국 개봉관 입장 인원 및 입장 수입액(1980~1989)

연도	극장 수	연간 입장 인원수(명)	극장당 평균 입장 인원수(명)	인원수 점유율(%)	입장 매상액(원)	평균 관람요금(원)
1980	127	28,253,443	231,586	52.5	33,942,531,832	1,201
1981	127	24,370,654	193,418	54.8	33,462,570,944	1,373
1982	127	22,772,331	183,648	53.3	38,386,331,989	1,686
1983	121	22,062,815	183,857	50.1	38,638,702,164	1,752
1984	123	20,782,471	177,490	47.3	37,385,615,771	1,795
1985	114	23,091,050	199,061	48.0	43,639,955,685	1,890
1986	123	20,771,841	174,553	43.9	42,387,126,026	2,041
1987	120	23,150,944	201,313	47.6	48,569,580,441	2,098
1988	128	25,792,736	218,583	49.4	58,067,536,880	2,251
1989	153	28,204,971	215,305	51	75,244,855,981	2,668

✣ 1980~1989년도판《한국영화연감》자료 참고.

연도별 전국 재상영관(2 · 3 · 4번관) 입장 인원 및 입장 수입액(1980~1989)

연도	극장 수	연간 입장 인원수(명)	극장당 평균 입장 인원수(명)	인원수 점유율(%)	입장 매상액(원)	평균 관람요금(원)
1980	320	25,516,972	300,598	47.5	17,531,302,924	655
1981	296	20,072,468	232,362	45.2	15,294,428,914	733
1982	266	19,964,755	238,693	46.7	17,152,121,198	839
1983	255	19,364,225	243,852	44.0	17,216,254,793	869
1984	227	16,378,068	225,257	33.7	15,121,706,617	896
1985	200	13,923,264	213,117	29.0	13,605,797,204	926
1986	182	11,702,060	189,530	24.8	12,807,980,989	1,039
1987	160	9,324,186	160,444	19.2	10,762,962,154	1,098
1988	134	8,792,930	82,952	16.8	12,378,764,244	1,408
1989	106	8,287,805	84,569	15.0	15,707,908,142	1,895

※ 1980~1989년도판《한국영화연감》자료 참고.

연도별 전국 소극장(300석 이하) 입장 인원 및 입장 수입액(1980~1989)

연도	극장 수	연간 입장 인원수(명)	극장당 평균 입장 인원수(명)	인원수 점유율(%)	입장 매상액(원)	평균 관람요금(원)
1980	-	-	-	-	-	-
1981	-	-	-	-	-	-
1982	11	-	-	-	-	-
1983	74	2,609,386	53,373	5.9	2,556,448,915	982
1984	184	6,756,840	53,860	15.4	6,866,678,267	1,014
1985	247	11,083,949	58,002	23.0	11,652,733,859	1,051
1986	335	14,804,906	53,447	31.3	17,294,213,148	1,168
1987	393	16,117,711	47,128	33.2	20,233,647,063	1,255
1988	434	17,644,858	49,013	33.8	26,036,470,441	1,476
1989	513	18,813,682	42,565	34.0	34,635,144,727	1,841

※ 1980~1989년도판《한국영화연감》자료 참고.
1982년은 하반기부터 소극장이 설립되기 시작하여 극장 수 외 기타 수치는 집계되지 않았음.

| 제작 · 수입

한국영화 연도별 제작 현황(1980~1989)

연도	극영화	문화영화	광고영화	총계
1980	91	57	109	257
1981	87	55	129	271
1982	97	52	144	293
1983	91	30	160	281
1984	81	30	137	248
1985	80	44	126	250
1986	73	34	146	253
1987	89	49	115	253
1988	87	26	128	241
1989	110	27	209	346

※ 1990년도판 《한국영화연감》 참고.

한국 극영화 내용별 제작 현황(1980~1989)* 공륜 심의 기준

연도	통속	활극	수사	희극	시대	괴기	문예	군사	반공	계몽	청소년	사회	무협	종교	계
1980	39	18	-	9	-	5	7	-	4	1	-	-	8	-	91
1981	30	25	6	6	1	8	7	-	1	-	-	-	-	3	87
1982	58	26	1	-	-	5	2	1	1	1	-	-	-	2	97
1983	50	16	3	2	-	6	-	1	1	-	7	3	-	2	91
1984	42	3	1	-	1	3	-	1	3	-	7	15	1	4	81
1985	54	6	-	2	3	4	-	-	2	-	8	1	-	-	80
1986	41	5	-	-	5	2	-	-	2	-	17	-	1	-	73
1987	41	5	-	4	18	-	3	-	2	-	15	1	-	-	89
1988	49	-	-	2	16	-	-	-	1	-	11	3	-	1	83
1989	62	12	-	1	4	-	-	1	-	-	19	6	-	5	110

※ 1990년도판 《한국영화연감》 참조.
* 〈한국영화연감〉 상에는 1988년도 작품 총계가 '87'로 표기되었으나, 오류로 보임.

외국영화 연도별 수입 현황(1980~1989)

년도	심의 편수			수입 추천			사용외화($)
	극영화	문화영화	계	극영화	문화영화	계	
1980	32	7	39	36	5	41	7,488,196.93
1981	25	6	31	29	3	32	5,074,760
1982	27	2	29	23	4	27	3,888,718.33
1983	24	2	26	23	-	23	4,072,016
1984	25	1	26	26	1	27	4,852,329
1985	27	3	30	27	3	30	5,879,784.62
1986	50	1	51	49	1	50	7,735,535
1987	84	1	85	99*	1	100	15,418,794
1988	175	1	176	234			26,034,671
1989	264	14	278	307	14	321	26,581,567.86

※ 1990년도판《한국영화연감》참조.
1987년 '수입추천-극영화' 편수는 수입심의를 기준으로 한 것임.

1980년대 주요 영화제작사 정보(1980~1985)

회사명	주요 정보	연도	주요 작품	
			한국영화(검열작 기준)	수입
합동 영화사	• 대표: 곽정환 • 설립일: 1964년 5월 10일 • 허가일: 1973년 3월 31일 • 1978년 종로3가 세기극장(재개봉관)을 인수, 같은 해 9월 17일 서울극장(개봉관)으로 이름을 바꿔 개관 • 1983년 서울 시내 극장 중 총 관객 동원 수 1위 • 1997년 7개 관으로 증축, 국내 최대 복합상영관 개관	1980	〈휴가받은 여자〉, 〈사람의 아들〉, 〈미워할 수 없는 너〉, 〈쌍웅〉, 〈속 돌아와요 부산항〉	〈1941〉
		1981	〈망령의 웨딩드레스〉, 〈슬픈 계절에 만나요〉, 〈0번 아가씨〉, 〈사랑이 꽃피는 나무〉, 〈밀명 마상객〉	〈남북취권〉, 〈스잔나〉, 〈끝 없는 사랑〉
		1982	〈정부〉, 〈안개는 여자처럼 속삭인다〉, 〈마음은 외로운 사냥꾼〉, 〈내일있는 청춘〉	〈포스트맨은 벨을 두번 울린다〉
		1983	〈김마리라는 부인〉, 〈원한의 공동묘지〉, 〈심지마〉, 〈심장이 뛰네〉, 〈X〉	-
		1984	〈여자가 두번 화장할 때〉, 〈달빛 멜로디〉, 〈가고파〉	〈마리아스 러버〉
		1985	〈미녀 공동묘지〉, 〈이브의 체험〉, 〈화랭이〉	〈킬링필드〉

회사명	주요 정보	연도	주요 작품	
			한국영화(검열작 기준)	수입
동아흥행 주식회사	• 대표: 이강우 • 대표 이강우는 재일교포 실업가로, 일본 삼아약품의 취체역 회장을 겸하였음 • 설립일: 1958년 1월 9일 • 허가일: 1973년 3월 31일 • 동아흥행이 소유하고 있던 개봉관 국제극장(1956년 8월 개관)은 1985년 4월 〈사막의 라이온〉 상영을 마지막으로 도시재개발사업으로 인해 폐관함 • 1974년 8월 30일 기존 명보극장 소유의 허리우드극장(종로2가 낙원상가 안)을 인수, 8월 31일부터 재개관 운영 • 1984년 1월 국제극장과 허리우드극장 대표이자 동아흥행 부사장인 최상균이 사장으로 취임, 이전까지 사장으로 있었던 김진관 대표는 상무이사로 전보 • 1997년 6월 21일, 한국영화전용관 운영	1980	〈달려라 풍선〉, 〈야성의 처녀〉, 〈겨울에 내리는 봄비〉	〈호러〉, 〈사묘학권〉, 〈바다의 늑대들〉
		1981	〈자유부인〉, 〈그들은 태양을 쏘았다〉, 〈집을 나온 여인〉	〈사막의 라이온〉
		1982	〈삼국여한〉, 〈무녀의 밤〉, 〈타인의 둥지〉, 〈원한의 도전장〉	〈솔저〉
		1983	〈바람 바람 바람〉, 〈불의 딸〉, 〈사랑 그리고 이별〉, 〈연인들〉	〈SAS특공대〉, 〈네버 세이 네버 어게인〉
		1984	〈불타는 신록〉, 〈형〉, 〈깊고 깊은 곳에〉, 〈철부지〉	–
		1985	〈여자는 한번 승부한다〉, 〈욕망의 거리〉, 〈흑룡 통첩장〉	〈레드 소냐〉, 〈이어 오브 드라곤〉
대영영화 주식회사	• 대표: 김인동 • 과거 동양영화사를 운영했던 김인득의 동생으로, 동양흥행주식회사 · 중앙극장의 대표이사 외에도 한국스레트공업주식회사 · 한국건업주식회사(대표 김인득)의 감사를 겸함 • 설립일: 1965년 2월 17일 • 허가일: 1973년 3월 31일 • 서울 중앙극장, 부산 부영극장 · 대영극장 · 혜성극장 소유	1980	〈그때 그사람〉, 〈땅울림〉, 〈열 번찍어도 안넘어간 사나이〉, 〈여자의 이야름을〉	〈롤러부기〉, 〈인자무적〉, 〈디제스타〉
		1981	〈여자가 울린 남자〉, 〈노상에서〉, 〈천용란〉, 〈용호의 사람들〉, 〈내 이름은 쌍다리〉	〈레이더스〉
		1982	〈밤의 천국〉, 〈여자의 함정〉, 〈산동물장수〉, 〈사형사제〉, 〈진아의 벌레먹은 장미〉, 〈밤을 기다리는 해바라기〉, 〈0점하의 자식들〉, 〈꿀맛〉	〈사관과 신사〉
		1983	〈약속한 여자〉, 〈2월 30일생〉, 〈외박〉, 〈열아홉살의 가을〉	–
		1984	〈대학 괴짜들〉, 〈밤마다 천국〉, 〈여신의 늪〉, 〈바람난 도시〉	〈애정의 조건〉
		1985	〈흑삼귀〉, 〈미스 김〉, 〈화려한 유혹〉	〈써튼 퓨리〉, 〈아메리칸 플레이보이〉
우성사	• 대표 김용덕 • 설립일: 1971년 8월 20일 • 허가일: 1973년 3월 31일 • 1974년 제12회 파나마국제영화제에서 〈토지〉로 본선 진출하여 여우주연상과 의상상 수상(한국영화 처음으로 국제영화제(아시아영화제 제외) 본선 진출 및 수상	1980	〈형님먼저 아우먼저〉, 〈여호신〉, 〈내가버린 여자 2부〉, 〈강변부인〉	〈키스 미〉
		1981	〈내 모든 것을 빼앗겨도〉, 〈소림사 주방장〉, 〈소림십대여걸〉, 〈F학점의 천재들〉	〈비도권운산〉
		1982	〈무림사부대행〉, 〈모정〉, 〈돌아온 소림사주방장〉, 〈야생마〉	〈샤키머신〉

회사명	주요 정보	연도	주요 작품	
			한국영화(검열작 기준)	수입
우성사		1983	〈당신은 나쁜사람〉, 〈여자가 밤을 두려워하랴〉, 〈여자는 남자를 쏘았다〉	〈버닝〉
		1984	〈낮과 밤〉, 〈탄드라의 불〉, 〈비천과수〉, 〈각설이 품바타령〉	〈소림방세옥〉
		1985	〈밤의 열기 속으로〉, 〈그것은 밤에 이루어졌다〉, 〈여자의 반란〉	–
주식회사 동아수출 공사	• 대표 : 이우석 • 설립일: 1970년 8월 29일('주식회사 동아수출공사'로 등록한 날짜 기준. 실제 회사설립일은 1967년 1월 24일이며, 외화수입사로 등록) • 허가일: 1973년 3월 31일 • 1985년 7월 20일 강남 최초 개봉관인 동아극장 개관	1980	〈그여자 사람잡네〉, 〈사망탑〉, 〈바람불어 좋은날〉, 〈아낌없이 바쳤는데〉, 〈매일죽는 남자〉	〈성룡의 배틀크리크〉
		1981	〈반금련〉, 〈아가씨 참으세요〉, 〈세번은 짧게 세번은 길게〉, 〈만추〉	〈캐논볼〉, 〈부르스 브라더스〉
		1982	〈애인〉, 〈복마전〉(합작), 〈생사결〉(합작), 〈금지된 사랑〉, 〈속 귀타귀〉	〈해바라기〉
		1983	〈풀잎처럼 눕다〉, 〈얼굴이 아니고 마음입니다〉, 〈적도의 꽃〉, 〈추적〉	〈촉산〉, 〈오복성〉
		1984	〈이방인〉, 〈구사일생〉, 〈추억의 빛〉, 〈깊고 푸른 밤〉	〈프로젝트A〉
		1985	〈화녀촌〉, 〈장사의 꿈〉, 〈오늘밤은 참으세요〉	〈최후의 이소룡〉, 〈성룡의 프로텍터〉, 〈용적심〉
연방영화 주식회사	• 대표: 주동진 • 주동진은 영화담당 기자로 영화계에 입문하여 1961~1964년 한양대학교 연극영화과 교수 역임. 이후 한양대학 재단에서 운영하는 한양영화사에서 일하다가 독립하여 제작사 설립 • 설립일: 1965년 2월 11일 • 허가일: 1973년 3월 31일	1980	〈머저리들의 긴겨울〉, 〈불새〉, 〈춘자는 못말려〉, 〈일소일권〉, 〈아픈성숙〉	〈토도스의 11인〉, 〈쟈글라〉, 〈브레이킹 어웨이〉
		1981	〈삼원녀〉, 〈캔디 캔디〉, 〈별들의 고향 3부〉, 〈흑표비객〉	〈13일의 금요일〉
		1982	〈애마부인〉, 〈속 26×365=0〉, 〈탄야〉, 〈불바람〉	〈대부〉
		1983	〈화야〉, 〈오달자의 봄〉, 〈여자가 더좋아〉, 〈애마부인 2〉	〈와이프 미스트리스〉
		1984	〈스타페리의 불청객〉, 〈초대받은 성웅들〉, 〈만삭〉, 〈무인〉	〈씨프 하트〉
		1985	〈이별없는 아침〉, 〈밤을 벗기는 독장미〉, 〈애마부인 3〉	〈나이트메어〉
주식회사 화천공사	• 대표: 박종찬 • 설립일: 1960년 3월 • 원래 무역업으로 등록되었던 '화천공사'는 1963년 영화부를 신설, 외	1980	〈우산속의 세여자〉, 〈귀화산장〉, 〈지옥 12관문〉, 〈속 병태와 영자〉, 〈뭔가 보여드리겠습니다〉	〈브라디 선데이〉, 〈소권괴초〉, 〈크레이지 걸 화니 보이〉

회사명	주요 정보	연도	주요 작품	
			한국영화(검열작 기준)	수입
주식회사 화천공사	화수입업을 시작. 1973년 영화법 개정에 따라 같은 해 3월 31일 영화제작자로 허가를 받음 • 외화수입사로 출발한 탓에, 한국영화 제작 초반 크게 주목받지 못했으나, 〈별들의 고향〉(이장호, 1974) 성공 이후 주요 한국영화 제작사로 급부상 • 허가일: 1973년 3월 31일 • 1986년 4월 청계천4가에 위치한 아세아극장(대표 유해성)을 인수하여, 같은 해 8월 23일 재개관	1981	〈만다라〉, 〈어둠의 자식들〉, 〈해결사〉, 〈낮은데로 임하소서〉	〈라스트 챤스〉
		1982	〈소림사 왕서방〉, 〈오염된 자식들〉, 〈안개마을〉, 〈겨울여자 2부〉	〈헬 나이트〉
		1983	〈다른시간 다른장소〉, 〈바보선언〉, 〈여걸 청나비〉, 〈과부춤〉	〈스잔〉
		1984	〈아가다〉, 〈바보사냥〉, 〈땡볕〉, 〈깊은 숲속 옹달샘〉	〈다크 나이트〉, 〈지옥의 7인〉, 〈스트리트 오브 화이어〉
		1985	〈왜불러〉, 〈길소뜸〉, 〈방황하는 별들〉	〈블랙 후라이데이〉
세경흥업 주식회사	• 대표: 김만주 • 사장: 김화식 • 세경흥업의 실질적 대표인 김만주(본명 金子/周司)는 '가네꼬(金子)'라고 불리는 재일교포 사업가로, 일본의 기신양행(일제 시기 '기신양행'과 다른 회사임)을 운영하는 오퍼상이었음 • 설립일: 1967년 5월 31일('세경흥업주식회사'로 등록한 날짜 기준. 실제 회사 설립은 1964년 2월 '세경영화사'로 등록) • 허가일: 1973년 3월 31일 • 허가 취소: 1974년 4월 4일(사유: 제작시설 미비) • 재허가: 1975년 5월	1980	〈마지막 밀애〉, 〈최후의 증인〉, 〈무협검풍〉, 〈복부인〉, 〈피막〉	〈에스케이프 아테네〉, 〈크레이머 대 크레이머〉, 〈사제출마〉
		1981	〈본전생각〉, 〈우상의 눈물〉, 〈금강선법〉, 〈금룡37계〉	〈문 레이커〉, 〈속 몬도가네〉
		1982	〈하와의 행방〉, 〈깨소금과 옥떨메〉, 〈춤추는 달팽이〉, 〈들개〉	〈007 유어 아이즈 온리〉
		1983	〈스물하나의 비망록〉, 〈땡장이 아내〉, 〈귀문기담〉, 〈스무해 첫째날〉	〈최가박당〉
		1984	〈불의 회상〉, 〈그 해 겨울은 따뜻했네〉, 〈입을 연 석류〉, 〈용호쌍권〉	〈007 옥터퍼시〉
		1985	〈뼈와 살이 타는 밤〉, 〈안녕 도오꾜〉, 〈야훼의 딸〉, 〈색깔있는 남자〉, 〈심형래의 탐정Q〉, 〈물목〉	〈인디아나죤스〉, 〈007 뷰투어 킬〉
국제영화 흥업 주식회사	• 대표: 유옥추 • 설립일: 1964년 4월 11일 • 허가일: 1973년 3월 31일 • 1958년 국제영화주식회사(대표 황영실) 설립, 1971년 영화수출입업자로 등록하여 회사명을 '국제영화사'로 변경. 1973년 영화제작사로 등록하며 '국제영화흥업주식회사'로 다시 상호 변경함 • 대표 유옥추는 전 영화사 대표였던 황영실의 배우자로, 1978년 황영실 대표 별세 이후 영화사 경영을 이임받음	1980	〈겨울사랑〉, 〈세번웃는 여자〉, 〈원권〉, 〈메아리〉	〈매드맥스〉, 〈록큰롤24시〉
		1981	〈아빠 안녕〉, 〈18통문방〉, 〈청춘을 뜨겁게〉, 〈유부녀〉	〈슈퍼맨 2〉
		1982	〈유혹〉, 〈숲속의 바보〉, 〈인자문살수〉, 〈무림걸식도사〉	〈승리의 탈출〉, 〈아이 더 쥬리〉
		1983	〈기문사육방〉, 〈외출〉, 〈첫사랑은 못잊어〉, 〈소화성 장의사〉	〈화이어폭스〉, 〈마이 튜터〉
		1984	〈장대를 잡은 여자〉, 〈사랑하는 자식들아〉, 〈푸른하늘 은하수〉, 〈도시에서 우는 매미〉	–
		1985	〈춤추는 청춘 대학〉, 〈홍도경〉, 〈마검 야도〉, 〈여왕벌〉	–

회사명	주요 정보	연도	주요 작품	
			한국영화(검열작 기준)	수입
주식회사 삼영필름	• 대표: 강대진 • 설립일: 1969년 10월 28일 • 허가일: 1973년 3월 31일 • 1969년 10월 28일 극광시네마주식회사 설립, 1974년 4월 15일 사명을 '주식회사 삼영필름'으로 변경 • 영화사 대표인 강대진은 1956년 월간지 《영화세계》 발행인으로 영화계 입문, 1962년 유한영화주식회사를 설립함 • 태흥영화사 이태원 대표와 함께 한국영화산업에 '감독 시스템'을 도입·시행함	1980	〈낯선곳에서 하룻밤〉, 〈짝코〉, 〈꼭지꼭지〉, 〈해뜨는 집〉, 〈탈명비주〉	〈체이사〉, 〈침략전선〉, 〈화니피플〉, 〈나일 살인사건〉
		1981	〈이 깊은밤의 포옹〉, 〈이런 여자 없나요〉, 〈금강혈인〉, 〈용문 파계 제자〉	〈장군〉
		1982	〈괴적귀무〉, 〈날마다 허물벗는 꽃뱀〉, 〈겨울사냥〉, 〈흑녀〉	〈소림목인방〉
		1983	〈아내〉, 〈천년백랑〉, 〈과부 3대〉, 〈소림대사〉	〈48시간〉
		1984	〈고래사냥〉, 〈술잔과 입술〉, 〈아가씨와 사관〉, 〈차이나 타운〉	〈스카페이스〉
		1985	〈오싱〉, 〈밀림의 대탈출〉, 〈고추밭에 양배추〉, 〈요색유희〉, 〈졸업여행〉	〈람보 2〉
한진흥업 주식회사	• 대표: 한갑진 • 설립일: 1970년 3월 17일 • 허가일: 1973년 3월 31일 • 대표인 한갑진은 1957년 락희영화사, 1966년 대양영화사를 설립하여 대표를 지낸 바 있으며, 1970년 설립한 한진흥업은 처음 '문화영화제작사'로 등록하였으나, 1972년 '극영화제작사'로 업종 변경 • 한진흥업은 인기드라마인 〈특별수사본부〉 시리즈를 1970년대 영화화, 흥행에 성공하며 크게 성장함 • 1976년 6월 한진출판사를 설립, 1978년 한국도서유통협의회 제2대 회장 역임	1980	〈무림악인전〉, 〈월녀의 한〉, 〈하늘이 부를 때까지〉, 〈복권〉, 〈리빠똥 사장〉	〈캔스톱 뮤직〉
		1981	〈사랑하는 사람아〉, 〈흡혈귀 야녀〉, 〈난장이가 쏘아올린 작은공〉, 〈사후세계〉	〈콰이강의 다리〉, 〈바늘구멍〉
		1982	〈요권괴권〉, 〈반노〉, 〈정리의 용형마교〉(합작), 〈철인들〉, 〈신서유기〉	〈U보트〉, 〈소림사〉
		1983	〈속 사랑하는 사람아〉, 〈장미와 도박사〉, 〈너무합니다〉, 〈꽃잎이어라 낙엽이어라〉	〈굿바이 마이다링〉
		1984	〈반노 2〉, 〈사랑하는 사람아 3〉, 〈그여름의 마지막 날〉, 〈훔친 사과가 맛이 있다〉	〈소림사 2〉, 〈블루 썬더〉, 〈아메리칸 부루퍼스〉, 〈고스트 바스타〉
		1985	〈W의 비극〉, 〈초야에 타는 강〉, 〈손오공 대전홍해야〉	〈소림사 3탄: 남북소림〉
주식회사 우진필림	• 대표: 정진우 • 설립일: 1969년 11월 8일 • 허가일: 1974년 10월 1일 • 1973년 3월 16일 대표인 정진우가 새로 설립된 영화진흥공사에 제작 담당 이사로 가며 영화사 등록을 취하, 사임 이후인 1974년 10월 1일 영화제작사로 신규 허가를 받음 • 1979년 영화 〈심봤다〉로 국내에서 최초로 동시녹음 시도 • 1985년 11월 23일 280석을 갖춘 소극장 씨네하우스 개관, 1987년 2월 20일 씨네하우스 2관(220석) 개관, 1989년	1980	〈바다로 간 목마〉, 〈매권〉, 〈뻐꾸기도 밤에 우는가〉, 〈조용히 살고싶다〉	〈그리스〉
		1981	〈복수는 내게 맡겨라〉, 〈앵무새는 몸으로 울었다〉, 〈여자는 괴로워〉	〈롱라이더스〉, 〈나인 투 화이브〉
		1982	〈아벤고 공수군단〉, 〈춘희〉, 〈백구야 훨훨 날지마라〉, 〈나비품에서 울었다〉	〈호메스〉

회사명	주요 정보	연도	주요 작품	
			한국영화(검열작 기준)	수입
주식회사 우진필림	대대적인 확장 공사를 통해 지하 5층 지상 10층 규모의 건물 안에 800석짜리 대형 영화관 1개와 500석짜리 중형 영화관 2개, 기존 소극장 2개까지 총 5개의 상영관을 갖춘 복합상영관 개관 • 1986년 종로2가 국일관 앞 종로시네마 인수, 같은 해 8월 23일 '시네플라자'라는 이름으로 개관 • 1986년 신촌역 앞 빌딩을 인수, 9월 15일 250석 규모의 소극장 '시네코너' 개관. 이로써 강남 '시네하우스', 종로 '시네플라자', 신촌 '시네코너' 3개 관의 체인을 형성하고 동시개봉관으로 운영	1983	〈신입사원 알개〉, 〈몽여한〉, 〈내가 마지막 본 흥남〉, 〈밤이 무너질때〉	〈이웃집 여인〉, 〈투씨〉
		1984	〈가을을 남기고 간 사랑〉, 〈사슴사냥〉, 〈흐르는 강물을 어찌 막으랴〉, 〈자녀목〉	〈써든 임펙트〉, 〈쾌찬차〉
		1985	〈대학별곡〉, 〈여자의 대지에 비를 내려라〉, 〈차라리 불덩이가 되리〉	〈베스트 키드〉, 〈지구는 살아 있다〉, 〈창공을 날아라〉, 〈아마데우스〉, 〈그렘린〉, 〈마이 뉴 파트너〉
태흥영화 주식회사 (1984~1985) (태창영화 주식회사, ~1983)	• 대표: 이태원 • 설립: 1966년 5월 27일(태창영화주식회사) • 허가일: 1974년 10월 1일(태창영화주식회사) • 〈산불〉, 〈장군의 수염〉, 〈영자의 전성시대〉 등 1960년대 후반부터 1970년대까지 수많은 한국영화 흥행작을 제작한 태창영화사 대표 김태수는 1972년 한국영화제작자협회장, 1973년 한국영화배급협회 이사장 등을 역임하며 한국영화계에서 활발하게 활동하였으며, 1977년 5월에는 '태창문화사'를 설립, 출판업계에서도 활동함. 1983년 제11대 국회의원에 선출되며 태창영화사를 정리함 • 1983년 12월 이태원이 태창영화사를 인수, 1984년 3월 5일 '태흥영화주식회사'로 상호 변경 • 이태원은 건설군납업체 태흥상공의 대표로, 의정부 중앙극장 인수를 계기로 영화업에 입문	1980	〈애권〉, 〈소권〉, 〈통천노호〉, 〈요사권〉, 〈그사랑 한이 되어〉, 〈최인호의 병태만세〉	〈메인이벤트〉, 〈만딩고〉, 〈격투왕〉
		1981	〈춘색호곡〉, 〈도시로 간 처녀〉, 〈월광쌍수〉, 〈사향마곡〉, 〈팔대취권〉	〈차타레부인의 사랑〉
		1982	〈13월의 연정〉, 〈최인호의 야색〉, 〈신애권〉, 〈관속의 드라큐라〉, 〈여애권〉, 〈외팔이 여신용〉(합작), 〈소림관 지배인〉, 〈저녁에 우는 새〉, 〈소림사 물장수〉, 〈삐에로와 국화〉, 〈여자 대장장이〉, 〈소림12방〉	〈개인교수〉
		1983	〈이름없는 여자〉, 〈마계의 딸〉, 〈소애권〉, 〈사룡사〉, 〈여자는 비처럼 남자를 적신다〉	–
		1984	〈우리집 새댁은 나팔을 불기 시작했다〉, 〈4대 소림사〉, 〈울지 않는 호랑이〉, 〈무릎과 무릎사이〉, 〈장남〉	〈용등호약〉, 〈터미네이터〉
		1985	〈그 어둠에 사랑이〉, 〈돌아이〉, 〈어우동〉, 〈뽕〉	–
남아진흥 주식회사	• 대표: 서종호 • 설립일: 1973년 12월 21일 • 허가일: 1974년 10월 1일 • 대표인 서종호는 1957년 남화흥업주식회사(외화수입사)를 설립, 국내에서 유럽영화를 가장 많이 수입한	1980	〈여자의 방〉, 〈나를 보러와요〉, 〈외인들〉, 〈멋대로 해라〉	〈그릭타이쿤〉, 〈황금탈출〉, 〈레갱〉
		1981	〈빙점 '81〉, 〈깊은밤 갑자기〉, 〈정무문 81〉, 〈친구여 조용히 가다오〉	〈테스〉, 〈클로스 앤 카운터〉

회사명	주요 정보	연도	주요 작품 한국영화(검열작 기준)	주요 작품 수입
남아진흥 주식회사	회사로 알려짐 • 1973년 영화법이 개정되며, 12월 21일 한국영화 제작사인 남아진흥주식회사 설립함 • 1975년에는 한국에 최초로 인도영화를 수입·상영함	1982	〈산딸기〉, 〈내가 사랑했다〉, 〈내일은 야구왕〉, 〈암사슴〉	〈캣피플〉
		1983	〈사랑만들기〉, 〈비련〉, 〈오마담의 외출〉, 〈사랑할 때와 헤어질 때〉	〈코난〉
		1984	〈뜸부기 새벽에 날다〉, 〈사랑의 찬가〉, 〈88 짝궁들〉, 〈산딸기 2〉	〈로맨싱 스톤〉
		1985	〈먹다 버린 능금〉, 〈J에게〉, 〈길고 깊은 입맞춤〉	〈싸이렌스〉
신한영화 주식회사	• 대표: 정도환 • 설립일: 1978년 9월 15일 • 허가일: 1978년 9월 15일 • 1978년 기존 14개 제작사에서 추가로 6개 회사에 허가를 주면서 영화감독 김기영이 설립한 회사로, 설립 당시 상호명은 '신한문예영화사'. 1982년 작품 활동에 전념하기 위해 전무이사였던 정도환에게 사장직을 위임하고 상호도 '신한영화주식회사'로 변경	1980	〈화려한 경험〉, 〈창밖의 여자〉, 〈이세상 다 준다해도〉, 〈용권사수〉	〈예스터데이〉
		1981	〈인사야투〉, 〈종점〉, 〈육체의 문〉, 〈괴도출마〉	〈벤허〉, 〈미스터 부〉, 〈내 생명 다하도록〉
		1982	〈소림사 주천귀동〉, 〈죽으면 살리라〉, 〈화녀〉, 〈빨간 앵두〉, 〈자유처녀〉, 〈산동반점〉	〈바람과 함께 사라지다〉, 〈십계〉, 〈텐〉
		1983	〈돌아온 용팔이〉, 〈장미부인〉, 〈질투〉, 〈미움의 세월〉, 〈경아의 사생활〉, 〈3일 낮 3일 밤〉, 〈인사대전〉, 〈피리 부는 11사나이〉	〈람보〉, 〈플래시댄스〉
		1984	〈화평의 길〉, 〈상한 갈대〉, 〈육식동물〉, 〈그대 눈물이 마를 때〉, 〈나는 다시 살고 싶다〉	–
		1985	〈잊을 수 없는 순간〉, 〈작년에 왔던 각설이〉, 〈서울에서 마지막 탱고〉, 〈목없는 살인마〉, 〈빨간앵두 2〉	–
주식회사 대양필름	• 대표: 한상훈 • 설립일: 1978년 9월 7일 • 허가일: 1978년 9월 7일 • 1981년 회사 부도로 대표 한상훈이 도피, 임시주주총회를 통해 대표이사가 박종구로 대체됨(한상훈이 1982년 박종구를 사문서 위조로 고소했으나, 무혐의 처리됨) • 1982~1985년까지 대표이사 박종구, 사장 한상훈 체제로 운영되다가 1986년 한상훈 감독이 실바벨픽처를 설립하며 퇴사함 • 1988년 폐업	1980	〈망령의 곡〉, 〈평양맨발〉, 〈물보라〉, 〈비천권〉, 〈인무가인〉, 〈하얀미소〉	〈후릭크〉
		1981	〈사형삼걸〉, 〈두 아들〉, 〈조용한 방〉, 〈칠지수〉	–
		1982	〈화순이〉, 〈하늘가는 밝은 길〉, 〈어둠의 딸들〉, 〈82 바보들의 청춘〉	〈기문둔갑〉
		1983	〈바보스러운 여자〉, 〈참새와 허수아비〉, 〈연인들의 이야기〉, 〈바람타는 남자〉, 〈내 인생은 나의 것〉, 〈북소림 남태권〉	〈비스마스타〉
		1984	〈소명〉, 〈잊혀진 계절〉, 〈악녀의 밀실〉, 〈그대 있어야 할 자리〉	〈원스 어폰 어 타임 인 아메리카〉

회사명	주요 정보	연도	주요 작품	
			한국영화(검열작 기준)	수입
주식회사 대양필름		1985	〈별리〉, 〈사랑이 시작되는 날〉, 〈여자정신대〉	–
주식회사 동협상사	• 대표: 김효천(본명 김치한) • 설립일: 1978년 9월 7일 • 허가일: 1978년 9월 7일 • 영화감독 김효천이 1978년 추가 6개 회사 등록허가 때에 설립한 영화제작사. 1987년 폐업 신고	1980	〈오사까의 외로운 별〉, 〈잊어야할 그사람〉, 〈팔불출〉, 〈화요일 밤의 여자〉, 〈협객 시라소니〉, 〈별명붙은 사나이〉	〈록키 2〉, 〈옥타곤〉
		1981	〈대형출도〉, 〈하늘나라 엄마별이〉, 〈취팔권 광팔권〉, 〈한녀〉, 〈김두한형 시라소니형〉, 〈김두한과 서대문1번지〉, 〈풍운아 팔불출〉	〈엘리게이트〉, 〈악령의 숨소리〉, 〈라스트 파라다이스〉
		1982	〈혈우천하〉, 〈갈채〉, 〈종로 부루스〉, 〈평양박치기〉, 〈대학얄개〉	〈록키 3〉
		1983	〈송골매의 모두 다 사랑하리〉, 〈소림과 태극문〉, 〈작은 악마 스물두살의 자서전〉, 〈정염의 갈매기〉, 〈대학들개〉, 〈구룡 독나비〉	〈여대생 기숙사〉
		1984	〈동반자〉, 〈젊은 시계탑〉, 〈이혼법정〉, 〈사약〉	〈사하라〉, 〈그레이스 토크〉
		1985	〈양귀비〉, 〈월하의 사미인곡〉, 〈열병시대〉, 〈불타는 욕망〉, 〈설마가 사람잡네〉, 〈유리의 성〉, 〈밤을 먹고 사는 여인〉, 〈신술마술〉	〈복성고조〉, 〈대복성〉, 〈매드맥스 선더돔〉, 〈뱀파이어〉
한림영화 주식회사	• 대표: 정소영(본명 정웅기) • 설립일: 1978년 9월 7일 • 허가일: 1978년 9월 7일 • 한림영화사 제작 〈여인잔혹사 물레야 물레야〉(이두용, 1983) 제37회 칸국제영화제 본선(비경쟁부문) 진출 • 1986년 폐업	1980	〈미워도 다시 한번 '80〉, 〈괴시〉, 〈두 여인〉	〈천국의 문〉, 〈헌터〉, 〈아듀, 아프리카〉
		1981	〈제2부 미워도 다시 한번 '80〉, 〈오늘밤은 참으세요〉, 〈겨울로 가는 마차〉, 〈돌아온 쌍용〉	〈빅 라킷〉
		1982	〈욕망의 늪〉, 〈사랑의 노예〉, 〈버려진 청춘〉, 〈소림사 용팔이〉	〈스워드〉
		1983	〈관동관 소화자〉, 〈0시의 호텔〉, 〈이상한 관계〉, 〈여인잔혹사 물레야 물레야〉	〈지옥의 카니발〉, 〈베드 타이밍〉
		1984	〈남과 북〉, 〈여자의 성〉, 〈야망의 도전〉, 〈작은 사랑의 노래〉	〈어게인스트〉
		1985	〈날개달린 녀석들〉, 〈불씨〉, 〈마지막 여름〉	〈폴리스 아카데미〉, 〈베버리 힐스 캅〉

회사명	주요 정보	연도	주요 작품	
			한국영화(검열작 기준)	수입
화풍흥업 주식회사	• 대표: 정화자 • 설립일: 1978년 5월 2일 • 허가일: 1978년 9월 7일 • 1977년 즈음 정창화 감독이 홍콩에서 작업하던 시절, 홍콩에서 일하는 한국 영화인들을 모아 '화풍그룹'을 만든 것이 시초. 이후 1978년 추가 등록허가를 받아 한국영화제작·외화수입사로 설립됨. 실질적인 회사의 대표는 정창화 감독. • 1985년 영화 〈마타하리〉를 수입·상영하며 홍보 이벤트로 주연 여배우인 실비아 크리스탈 내한 추진 • 1986년 화풍흥업 제작 영화 〈허튼소리〉가 종교계 반대와 검열로 인해 상영금지됨 • 1986년 6차 영화법 개정 이후 실질적 회사 운영주가 국내 비거주자라는 이유로 화풍흥업 영화등록이 취소되었다가 같은 해 6월 27일 2차 등록으로 유지 • 1986년 공연윤리위원회에서 화풍흥업 수입 예정작인 〈로딜〉에 대해 금수조치	1980	〈색깔있는 여자〉, 〈소림용문방〉, 〈괴초도사〉, 〈노명검〉, 〈요〉	〈파울플레이〉
		1981	〈가슴깊게 화끈하게〉, 〈그대 앞에 다시 서리라〉, 〈인터폴〉, 〈나는 할렐루야 아줌마였다〉	〈엑스카리버〉
		1982	〈여자와 비〉, 〈소림신방〉, 〈흑장미〉, 〈친구애인〉	〈용소야〉
		1983	〈뇌권〉, 〈인생극장〉, 〈웬일이니〉, 〈비호문〉, 〈불새의 늪〉	〈브레드레스〉
		1984	〈홍병매〉, 〈지금 이대로가 좋아〉, 〈내사랑 짱구〉, 〈그 때 죽어도 좋았다〉	〈드레스드 킬〉
		1985	〈피조개 물에 오르다〉, 〈달빛타기〉, 〈불춤〉	〈마타하리〉, 〈코만도〉
주식회사 현진	• 대표: 김원래 • 설립일: 1978년 9월 7일 • 허가일: 1978년 9월 7일 • 시나리오작가 김원두가 1978년 6개 회사 추가 등록허가 때 설립한 회사. 1979년에는 현진영화사를 통해 〈여자공부〉를 연출하며 감독 데뷔함. 그러나 제명 때문에 검열을 통과하지 못하고, 1981년 〈고래섬 소동〉으로 제목을 변경하여 상영함 • 1982년 통금 해제와 함께, 3월 13일 현진영화사의 〈엄마결혼식〉이라는 작품으로 서울 스카라극장에서 첫 심야 상영 시작(심야 상영하면 많은 사람들이 서울극장의 〈애마부인〉을 떠올리지만, 첫 심야 상영 영화는 현진영화사의 〈엄마결혼식〉임) • 〈속 영자의 전성시대〉 개봉 당시 보건증을 가진 여성과 '창수'라는 이름을 가진 남성은 무료로 입장시키는 이벤트 진행	1980	〈난 모르겠네〉, 〈혈도살수〉, 〈돌아온 용쟁호투〉	〈썬번〉, 〈데드쉽〉
		1981	〈고래섬 소동〉, 〈연분홍치마〉, 〈쌍배〉, 〈엄마의 결혼식〉	〈귀타귀〉
		1982	〈속 영자의 전성시대〉, 〈꼬방동네 사람들〉, 〈열애〉, 〈미워 미워 미워〉	〈환타지아〉, 〈드럼〉
		1983	〈일송정 푸른솔은〉, 〈관동 살무사〉, 〈이한몸 돌이 되어〉, 〈짧은 포옹 긴 이별〉	〈부시맨〉

회사명	주요 정보	연도	주요 작품	
			한국영화(검열작 기준)	수입
주식회사 현진	• 1982년 한국영화 시장조사의 목적으로 현진영화사 기획실에서 '영화관 이용실태' 설문조사 진행 • 1983년 6월 현진영화사 공동대표로 황기성 취임 • 1983년 8월 "현진영화사는 〈ET〉 수입을 추진하고 있는 회사"라는 광고를 각 신문사 1면에 게재 • 1984년 대양필름의 이사로 있었던 김원래가 현진영화사 사장으로 취임 • 1988년 현진영화사 초청으로 소련 영화관계자 4인 내한	1984	〈제4의 공포〉, 〈수렁에서 건진 내 딸〉, 〈저 하늘에도 슬픔이〉, 〈나도 몰래 어느새〉	〈ET〉, 〈미스터 굿바를 찾아서〉
		1985	〈부나비는 황혼이 슬프다〉, 〈창밖에 잠수교가 보인다〉, 〈여자 대 여자〉, 〈삿갓 쓴 장고〉, 〈19살 생머리〉, 〈난 이렇게 산다우〉	–

신규 등록 영화사

회사명	주요 정보	연도	한국영화(검열작 기준)	수입
황기성 사단	• 대표: 황기성 • 설립일: 1985년 3월 16일 • 허가일: 1985년 8월 19일(한국영화) 1986년 6월 14일(외화) • 영화법 개정 후 가장 처음 등록된 한국영화 제작사	1985	〈고래사냥 2〉, 〈어미〉	–
		1986	〈안개기둥〉	–
주식회사 대종필림	• 대표: 변장호 • 설립일: 1984년 6월 5일 • 허가일: 1985년 10월 8일 • 1990년 중국영화수출입공사와 직접 계약을 통해 중국영화 〈국두〉 수입	1986	〈눈짓에서 몸짓까지〉	〈볼레로〉
주식회사 대진엔터 프라이즈	• 대표: 김유진 • 설립일: 1985년 4월 1일 • 허가일: 1985년 10월 24일 • 중앙대학교 연극영화과 동문 이춘연, 김유진, 김덕남이 공동으로 설립한 영화사	1986	〈영운연가〉	〈쉬본드〉
주식회사 대동흥업	• 대표: 도동환 • 설립일: 1985년 10월 5일 • 허가일: 1985년 10월 21일 • 영화PD로 1960년대 중반부터 활동했던 제작자 도동환이 설립한 회사. 도동환은 이전에도 '도동환프로덕션'을 설립하여 전문 제작PD로 활동했으나 법적으로 인정받지 못하고 있다가, 1985년 등록제로 전환되며 정식으로 '대동흥업'을 설립하고 제작사로 등록함 • 1992년 제16회 몬트리올국제영화제에서 〈우리들의 일그러진 영웅〉(박종원, 1992)으로 제작사상 수상	1986	〈삼색스캔들〉, 〈서울 손자 병법〉	〈쿼바디스〉

한국영화

※ 1980~1989년도《한국영화연감》참고. 장르는 KMDb 기준임

1980년

순위	영화명	감독	장르	극장명	상영 기간	상영 일수	입장 인원
1	미워도 다시 한번 '80	변장호	멜로	명보	6.21~9.11	83	364,538
2	평양맨발	남기남	액션	피카디리	5.17~6.20	35	123,376
3	바람불어 좋은날	이장호	사회물	명보	11.27~12.31	35	100,228
4	너는 내 운명	정소영	멜로	명보	3.28~4.30	34	94,958
5	소림용문방	유가량 김종성	무협액션	스카라	9.20~10.17	28	89,469
6	불새	이경태	드라마	서울	9.19~10.24	36	87,269
7	밤의 찬가	김호선	멜로	중앙	3.15~4.18	35	87,215
8	사망탑(합작)	오사원 강범구	액션	스카라	3.1~4.3	34	86,712
9	망령의 곡	박윤교	공포	대한	4.17~5.15	29	77,819
10	모모는 철부지	김응천	청춘멜로	단성사	1.19~2.15	28	77,807

1981년

순위	영화명	감독	장르	극장명	상영 기간	상영 일수	입장 인원
1	자유부인 '81	박호태	멜로	국제	6.13~9.11	91	287,929
2	어둠의 자식들	이장호	사회물	명보	8.7~10.8	63	255,817
3	저 높은 곳을 향하여	임원식	종교	명보	2.19~4.17	58	201,418
4	빙점 '81	고영남	멜로	명보	4.18~6.18	62	176,624
5	앵무새 몸으로 울었다	정진우	멜로	피카디리	10.24~12.25	63	169,381
6	초대받은 사람들	최하원	종교	국제	10.24~12.16	54	155,222
7	만다라	임권택	종교	단성사	9.12~10.22	41	128,932

8	뻐꾸기도 밤에 우는가	정진우	드라마	스카라	3.1 ~ 4.16	47	112,241
9	색깔있는 여자	김성수	멜로	스카라	6.27 ~ 7.24	28	90,388
10	소림사 주방장	김정용	무협액션	아세아	11.1 ~ 12.5	35	77,949

1982년

순위	영화명	감독	장르	극장명	상영 기간	상영 일수	입장 인원
1	애마부인	정인엽	에로	서울	2.6 ~ 6.11	126	315,738
2	낮은데로 임하소서	이장호	종교	명보	6.26 ~ 7.29	34	110,564
3	겨울로 가는 마차	정소영	멜로	명보	1.1 ~ 2.11	42	101,780
4	꼬방동네 사람들	배창호	사회물	푸른	7.17 ~ 9.30	76	101,419
5	여자의 함정	이경태	멜로	명보	5.22 ~ 6.25	35	86,146
6	금강혈인	김진태 나유	무협액션	피카디리	3.12 ~ 4.16	36	80,440
7	반노	이영실	멜로	단성사	10.17 ~ 11.13	28	76,918
8	애인	박호태	멜로	스카라	7.24 ~ 8.27	35	73,279
9	대학얄개	김응천	청춘	대한	11.27 ~ 12.23	27	69,744
10	탄야	노세한	멜로	서울	11.6 ~ 12.3	28	63,167

1983년

순위	영화명	감독	장르	극장명	상영 기간	상영 일수	입장 인원	
							극장별	총계
1	신서유기	김종성 진준량	무협액션	아세아	1.1 ~ 2.12	43	175,729	175,729
2	적도의 꽃	배창호	멜로	단성사	10.29 ~ 12.30	63	155,042	155,042
3	사랑만들기	문여송	청춘멜로	푸른/ 태멘	2.20 ~ 5.4	74	92,593	92,593
4	김마리라는 부인	정인엽	멜로	서울	6.3 ~ 7.15	44	83,541	83,541
5	일송정 푸른솔은	이장호	전쟁	대한 명화	8.27 ~ 9.20 8.27 ~ 9.16	25 21	43,219 29,401	72,620
6	안개는 여자처럼 속삭인다	정지영	드라마	서울	4.23 ~ 6.2	41	69,059	69,059

7	외출	홍파	드라마	피카디리	9.21 ~ 10.22	32	67,820	67,820
8	작은악마 22살의 자서전	김효천	사회물	명보	7.9 ~ 8.11	34	61,724	61,724
9	여자가 밤을 두려워 하랴	김성수	드라마	중앙	10.15 ~ 11.11	28	53,132	53,132
10	백구야 훨훨 날지마라	정진우	멜로	단성사	1.29 ~ 2.25	28	47,368	47,368

1984년

순위	영화명	감독	장르	극장명	상영 기간	상영일수	입장 인원	
							극장별	총계
1	고래사냥	배창호	청춘 사회물	피카디리	3.31 ~ 7.18	110	426,221	426,221
2	무릎과 무릎사이	이장호	드라마	단성사	9.30 ~ 12.21	83	263,334	263,334
3	애마부인 2	정인엽	에로	서울	2.11 ~ 4.13	63	156,767	156,767
4	그 해 겨울은 따뜻했네	배창호	전쟁 멜로	명보	9.27 ~ 11.23	56	128,450	128,450
5	수렁에서 건진 내 딸	이미례	드라마	국도	10.27 ~ 12.14	49	118,920	118,920
6	바보선언	이장호	사회물	단성사	3.1 ~ 4.18	49	106,423	106,423
7	속 사랑하는 사람아	장일호	멜로	국제	4.7 ~ 5.4	28	62,255	99,956
				명화	4.7 ~ 5.4	28	37,701	
8	화평의 길	강대진	종교	아세아	11.17 ~ 12.7	21	80,000	80,000
9	지금 이대로가 좋아	정인엽	멜로	명보	11.24 ~ 12.31	38	75,560	75,560
10	뜸부기 새벽에 날다	김수형	멜로	푸른	9.8 ~ 10.12	35	58,847	58,847

1985년

순위	영화명	감독	장르	극장명	상영 기간	상영일수	입장 인원	
							극장별	총계
1	깊고 푸른 밤	배창호	멜로	명보	3.1 ~ 7.31	153	495,573	495,573
2	어우동	이장호	시대극	단성사	9.28 ~ 86.2.7	133	479,225	479,225
3	고래사냥 2	배창호	청춘	피카디리	12.21 ~ 86.2.8	50	137,799	137,799
4	창밖에 잠수교가 보인다	송영수	멜로	피카디리	6.27 ~ 8.2	37	100,134	100,134
5	돌아이	이두용	액션	중앙	8.3 ~ 9.6	35	86,142	86,142

6	애마부인 3	정인엽	에로	서울	9.28 ~ 11.1	35	85,965	85,965
7	땡볕	하명중	시대극	명보	8.1 ~ 8.30	30	66,004	66,004
8	차이나 타운	박우상	하이틴	아세아	3.23 ~ 4.12	21	63,988	63,988
9	오싱	이상언	멜로	국도	4.5 ~ 5.10	36	49,945	49,945
10	달빛멜로디	이황림	드라마	서울	3.1 ~ 3.29	29	45,850	45,850

1986년

순위	영화명	감독	장르	극장명	상영 기간	상영 일수	입장 인원 극장별	총계
1	어우동	이장호	시대극	단성사	85.9.28 ~ 86.2.7	133	479,225	479,225
2	이장호의 외인구단	이장호	스포츠	피카디리	8.2 ~ 10.17	77	287,712	287,712
3	겨울나그네	곽지균	멜로	명보	4.12 ~ 6.13	63	169,739	220,809
				동아	4.12 ~ 6.13	63	51,070	
4	내시	이두용	시대극	국도	9.17 ~ 11.7	52	152,558	152,558
5	고래사냥 2	배창호	청춘	피카디리	85.12.21~86.2.8	52	137,799	137,799
6	뽕	이두용	시대극 에로	단성사	2.8 ~ 4.4	50	137,331	137,331
7	변강쇠	엄종선	시대극 에로	서울	5.3 ~ 6.13	56	107,982	107,982
8	길소뜸	임권택	전쟁 멜로	대한	4.5 ~ 5.15	42	104,796	104,796
9	돌아이 2	이두용	액션	중앙	7.17 ~ 8.29	41	98,600	98,600
10	황진이	배창호	시대극	명보	9.8 ~ 10.8	44	48,123	89,193
				동아	9.8 ~ 10.31	21	29,078	
				코리아	10.25 ~ 11.7	44	4,392	
				연흥	10.9 ~ 10.17	14	7,600	

1987년

순위	영화명	감독	장르	극장명	상영 기간	상영 일수	입장 인원 극장별	총계
1	미미와 철수의 청춘스케치	이규형	청춘	서울	7.4 ~ 9.11	70	260,916	260,916
2	기쁜 우리 젊은날	배창호	멜로	단성사	5.2 ~ 7.16	76	192,247	192,247

3	속 변강쇠	엄종선	시대극 에로	피카디리	10.31 ~ 12.18	49	131,611	131,611
4	연산군	이혁수	시대극	국도	10.1 ~ 11.13	44	100,763	100,763
5	위기의 여자	정지영	멜로	대한	9.5 ~ 10.6	32	98,381	98,381
6	달빛사냥꾼	신승수	사회물	단성사	3.14 ~ 5.1	49	73,943	73,943
7	안개기둥	박철수	사회물	피카디리	2.28 ~ 4.3	35	64,892	64,892
8	이브의 건넌방	변장호	멜로	서울	3.28 ~ 5.1	35	57,334	57,334
9	거리의 악사	정지영	멜로	피카디리	5.16 ~ 6.19	35	56,790	56,790
10	은하에서 온 별똥동자	석도원	SF	금성	7.17 ~ 8.15	30	54,375	54,375

1988년

순위	영화명	감독	장르	극장명	상영 기간	상영 일수	입장 인원	
							극장별	총계
1	매춘	유진선	에로	중앙	9.24 ~ 12.23	91	432,609	432,609
2	접시꽃 당신	박철수	멜로	명보	3.19 ~ 6.3	77	237,744	237,744
3	어른들은 몰라요	이규형	청춘	단성사	7.1 ~ 9.2	64	220,591	220,591
4	파리애마	정인엽	에로	스카라	6.18 ~ 8.5	49	136,775	136,775
5	아메리카 아메리카	장길수	사회물	대한	9.24 ~ 11.16	55	127,449	127,449
6	우리는 지금 제네바로 간다	송영수	사회물	국도	2.18 ~ 4.8	51	124,259	124,259
7	성공시대	장선우	사회물	피카디리	6.4 ~ 7.15	42	107,844	107,844
8	아스팔트 위의 동키호테	석래명	청춘	피카디리	4.2 ~ 5.6	35	76,281	76,281
9	변강쇠 3	엄종선	시대극 에로	피카디리	9.24 ~ 10.28	35	73,850	73,850
10	두여자의 집	곽지균	멜로	단성사	12.24 ~ 89.2.5	44	72,084	72,084

1989년

순위	영화명	감독	장르	극장명	상영 기간	상영 일수	입장 인원	
							극장별	총계
1	서울무지개	김호선	사회물	국도	3.25 ~ 6.16	84	261,220	261,220
2	그후로도 오랫동안	곽지균	사회물	단성사	9.9 ~ 11.10	59	183,805	192,061
				브로드웨이	11.4 ~ 11.24	21	8,256	

3	행복은 성적순이 아니잖아요	강우석	하이틴	아세아	7.29 ~ 9.8	42	89,188	155,301
				동아	7.29 ~ 9.12	46	66,113	
4	아낌없이 주련다	유현목	멜로	대한	9.30 ~ 11.17	49	148,339	148,339
5	아제아제 바라아제	임권택	종교	단성사	3.4 ~ 4.28	56	145,241	145,241
6	달마가 동쪽으로 간 까닭은?	배용균	종교	명보	9.23 ~ 11.10	49	135,669	143,881
				씨네하우스	10.28 ~ 11.10	14	8,212	
7	불의 나라	장길수	사회물	대한	8.19 ~ 9.29	42	117,789	117,789
8	매춘 2	고영남	에로	중앙	9.9 ~ 10.20	42	100,873	100,873
9	상처	곽지균	멜로	스카라	2.18 ~ 3.17	28	56,318	86,541
				동아	2.18 ~ 3.17	28	30,223	
10	89 인간시장 오! 하나님	진유영	사회물	피카디리	6.3 ~ 6.30	28	69,801	84,671
				브로드웨이	6.3 ~ 6.30	28	14,870	

외국영화

※ 1980~1989년도 《한국영화연감》 참고. 장르는 KMDb 기준임.

1980년

순위	영화명	감독	장르	극장명	상영 기간	상영 일수	입장인원
1	사형도수	원화평	무협액션	국제	1.1 ~ 4.25	116	500,074
2	취권	원화평	무협액션	국도	1.1 ~ 3.28	88	372,948
3	만딩고	리차드 플레이셔	액션	단성사	8.30 ~ 12.4	97	370,057
4	파울플레이	콜린 히긴스	코미디	스카라	6.27 ~ 9.19	85	322,142
5	체이사	조르쥬 로트너	스릴러	피카디리	3.8 ~ 5.16	70	295,551
6	크레이머 크레이머	로버트 벤톤	드라마	명보	9.12 ~ 11.14	64	267,992
7	파비안느	움베르토 렌지	전쟁	명보	1.1 ~ 3.7	67	245,733
8	배틀크리크	로버트 클라우스	액션	대한	9.19 ~ 11.13	57	244,653
9	록키 2	실베스터 스탤론	스포츠	대한	5.31 ~ 7.24	55	244,234
10	매드맥스	조지 밀러	SF	대한	7.20 ~ 9.18	48	227,531

1981년

순위	영화명	감독	장르	극장명	상영 기간	상영 일수	입장 인원
1	007 문레이커	루이스 길버트	액션	단성사	1.7 ~ 4.15	99	387,790
2	소권괴초	성룡	무협액션	대한	81.12.21~82.2.27	69	341,608
3	벤허	윌리엄 와일러	시대극	대한	3.27 ~ 6.11	77	308,124
4	13일의 금요일	숀 S. 커닝햄	공포	국도	8.8 ~ 10.23	77	284,285
5	테스	로만 폴란스키	드라마	명보	10.9 ~ 12.31	84	268,206
6	차타레부인의 사랑	쟈스트 재킨	드라마	중앙	9.4 ~ 11.20	75	263,513
7	비도권운산	나유	무협액션	피카디리	8.1 ~ 10.9	70	228,626
8	귀타귀	홍금보	무협공포	스카라	4.17 ~ 6.26	71	227,628
9	캐논볼	할 니드햄	코믹액션	스카라	7.25 ~ 9.18	56	204,723
10	나일살인사건	존 길러먼	미스터리	피카디리	1.1 ~ 3.4	63	203,454

1982년

순위	영화명	감독	장르	극장명	상영 기간	상영 일수	입장 인원
1	포스트맨은 벨을 두번 울린다	보브 라펠슨	범죄 스릴러	서울	7.3 ~ 11.5	126	408,446
2	샤키 머신	버트 레이놀즈	액션 스릴러	단성사	4.24 ~ 8.13	112	396,336
3	보디 히트	로렌스 캐스단	범죄 스릴러	명보	2.2 ~ 5.21	99	355,098
4	레이더스	스티븐 스필버그	어드벤처	중앙	2.27 ~ 6.25	119	348,489
5	헬 나이트	톰 드 시모네	공포	허리우드	7.3 ~ 9.24	84	344,919
6	개인교수	알란 마이어슨	코미디	중앙	7.24 ~ 9.23	62	301,564
7	용소야	성룡	코믹액션	대한	6.5 ~ 8.13	70	298,122
8	십계	세실 B. 데밀	시대극	국도	7.28 ~ 10.20	85	276,224
9	장군	제리 런던	시대극	피카디리	81.12.26 ~ 82.3.11	76	258,650
10	소림목인방	진지화	무협액션	피카디리	8.14 ~ 10.15	63	223,207

1983년

순위	영화명	감독	장르	극장명	상영 기간	상영 일수	입장 인원 극장별	입장 인원 총계
1	사관과 신사	테일러 핵포드	드라마	중앙	1.1 ~ 6.17	168	563,533	563,533
2	007 유어아이스온리	존 글렌	첩보액션	피카디리	82.11.27 ~ 83.4.8	133	500,243	500,243
3	브레드레스	짐 맥브라이드	청춘	서울	7.16 ~ 10.21	68	388,385	388,385
4	솔져	제임스 그릭켄하우스	첩보 스릴러	국제	82.12.18 ~ 83.3.4	77	313,452	313,452
5	S.A.S. 특공대	이안 샤프	첩보액션	국제	8.11 ~ 11.4	86	309,594	309,594
6	부시맨	제이미 유이스	코미디	명화	11.3 ~ 12.17	45	70,817	296,505
				피카디리	11.3 ~ 12.31	59	225,688	
7	람보	데드 코체프	액션	국도	6.17 ~ 9.13	79	282,932	282,932
8	소림사	장신염	무협액션	명보	1.1 ~ 3.18	77	278,965	278,965
9	대부	프란시스 포드 코폴라	드라마	서울	82.12.25 ~ 83.4.1	98	272,239	272,239
10	코난	존 밀리어스	액션	국제	5.20 ~ 7.30	72	272,185	272,185

1984년

순위	영화명	감독	장르	극장명	상영 기간	상영 일수	입장 인원 극장별	입장 인원 총계
1	이티	스티븐 스필버그	SF	국제	6.23 ~ 9.7	77	288,521	559,054
				허리우드	6.23 ~ 8.16	55	108,268	
				명화	6.23 ~ 8.16	55	98,668	
				코리아	6.23 ~ 8.14	53	63,597	
2	007 네버 세이 네버 어게인	어빈 캐슈너	첩보액션	국제	83.12.23 ~ 84.3.9	78	259,250	555,627
				허리우드	83.12.23 ~ 84.4.4	104	189,549	
				명화	83.12.23 ~ 84.3.9	78	106,828	
3	프로젝트A	성룡	액션	단성사	7.21 ~ 9.29	71	294,024	396,434
				연흥	7.21 ~ 8.31	42	102,410	
4	007 옥터퍼시	존 글렌	첩보액션	피카디리	7.29 ~ 11.9	104	332,783	332,783
5	오복성	홍금보	코믹액션	스카라	83.12.17 ~ 84.3.16	91	285,579	285,579

6	어게인스트	테일러 핵포드	액션	명보	7.14 ~ 9.28	77	263,871	263,871
7	애정의 조건	제임스 L. 브룩스	드라마	중앙	3.31 ~ 6.29	91	249,550	249,550
8	지옥의 7인	테드 코체프	전쟁액션	허리우드	9.8 ~ 10.25	48	130,954	245,120
				명화	9.8 ~ 11.3	57	66,469	
				국제	10.7 ~ 11.9	34	47,697	
9	와이프 미스트리스	안토니오 마거리티	코미디	서울	83.11.26 ~ 84.2.10	77	239,561	239,561
10	사하라	맥라글렌	어드벤처	스카라	6.2 ~ 8.10	70	234,181	234,181

1985년

순위	영화명	감독	장르	극장명	상영 기간	상영 일수	입장 인원	
							극장별	총계
1	킬링필드	롤랑 조페	전쟁	대한	6.6 ~ 9.26	113	925,994	925,994
2	인디아나 존스	스티븐 스필버그	어드벤처	서울	5.8 ~ 9.21	137	584,626	808,492
				연흥	5.8 ~ 8.9	94	223,866	
3	람보 2	조지 P. 코스마토스	액션	피카디리	8.3 ~ 10.24	83	450,299	639,098
				동아	8.25 ~ 10.17	54	110,896	
				중앙	10.18 ~ 11.28	42	79,903	
4	고스트바스트	이반 라이트만	SF판타지	허리우드	84.12.22 ~ 85.3.8	77	260,685	344,420
				명화	84.12.22 ~ 85.2.15	56	83,735	
5	복성고조	홍금보	코믹무협	피카디리	4.20 ~ 6.26	68	256,372	337,006
				명화	4.20 ~ 6.7	49	80,634	
6	쾌찬차	홍금보	코믹무협	아세아	1.1 ~ 2.28	59	145,253	307,761
				연흥	1.1 ~ 2.11	42	104,875	
				대지	1.1 ~ 2.15	46	57,633	
7	마타하리	커티스 해링턴	첩보	단성사	4.5 ~ 6.8	65	274,132	274,132
8	베버리힐스캅	마틴 브레스트	코믹액션	대한	9.28 ~ 11.23	57	257,182	257,182
9	스카페이스	브라이언 드 팔마	범죄액션	피카디리	84.12.8 ~ 85.2.28	83	250,746	250,746
10	블랙 후라이데이	조셉 지토	공포	국도	6.21 ~ 8.30	71	207,015	207,015

1986년

순위	영화명	감독	장르	극장명	상영 기간	상영일수	입장 인원 극장별	총계
1	아마데우스	밀러스 포먼	전기	명보	85.11.23 ~ 86.3.21	119	441,809	475,755
				코리아	86.3.22 ~ 5.2	42	33,946	
2	백야	테일러 핵포드	드라마	대한	9.13 ~ 10.30	48	363,905	363,905
3	코만도	마크 래스터	액션	국도	85.12.6 ~ 86.2.8	85	357,615	357,615
4	구니스	리차드 도너	어드벤처	대한	7.19 ~ 9.5	49	337,866	337,866
5	FX	로버트 만텔	액션 스릴러	피카디리	5.10 ~ 8.1	84	320,957	320,957
6	007 뷰투어킬	존 글렌	첩보액션	서울	85.12.22 ~ 86.3.14	76	290,372	290,372
7	나인하프위크	아드리안 린	드라마	피카디리	2.9 ~ 4.25	76	234,998	234,998
8	위너스	이고르 오진스	드라마	서울	6.14 ~ 8.22	70	201,020	231,586
				명화	6.14 ~ 7.11	28	30,566	
9	천지창조	존 휴스턴	종교	중앙	3.1 ~ 5.9	70	209,320	209,320
10	레이디호크	리차드 도너	SF 판타지	명보	6.14 ~ 7.25	42	128,534	
				동아	6.14 ~ 7.25	42	40,625	208,053
				연흥	6.28 ~ 7.24	27	38,894	

1987년

순위	영화명	감독	장르	극장명	상영 기간	상영일수	입장 인원 극장별	총계
1	플래툰	올리버 스톤	전쟁	국도	7.4 ~ 9.30	89	362,788	576,924
				호암	7.4 ~ 8.23	51	214,136	
2	미션	롤랑 조페	드라마	서울	86.12.24 ~ 87.3.27	94	313,906	525,630
				호암	86.12.24 ~ 87.2.22	61	211,724	
3	더 내츄럴	배리 레빈슨	드라마	대한	1.1 ~ 3.20	79	445,921	445,921
4	아웃 오브 아프리카	시드니 폴락	전기	명보	86.12.20 ~ 87.3.6	77	238,872	348,967
				동아	1.1 ~ 3.13	72	91,579	
				코리아	3.7 ~ 4.3	28	18,516	
5	빽 투 더 퓨쳐	로버트 저메키스	SF	대한	7.17 ~ 9.4	50	343,292	343,292

6	프레데터	존 맥디어난	SF액션	단성사	7.17 ~ 9.18	64	317,754	317,754
7	에이리언 2	제임스 카메론	SF액션	단성사	86.12.24 ~ 87.3.13	80	292,436	292,436
8	던디	피터 화이맨	액션 어드벤처	대한	5.2 ~ 6.26	56	261,693	261,693
9	코브라	조지 P. 코스마토스	액션	피카디리	6.20 ~ 8.21	63	257,283	257,283
10	노머시	리차드 피어스		명보	5.23 ~ 7.2	41	129,787	221,518
				동아	5.23 ~ 7.3	42	58,848	
				연흥	6.3 ~ 7.9	27	32,883	

1988년

순위	영화명	감독	장르	극장명	상영 기간	상영 일수	입장 인원	
							극장별	총계
1	다이하드	존 맥디어난	액션	단성사	9.24 ~ 12.31 (이월)	99	460,813	460,813
2	로보캅	폴 버호벤	SF액션	대한	87.12.25 ~ 88.2.29	67	459,359	459,359
3	피라미드의 공포	배리 레빈슨	SF 어드벤처	대한	7.16 ~ 9.8	55	374,680	374,680
4	지옥의 묵시록	프란시스 포드 코폴라	전쟁	명보	6.4 ~ 8.11	69	305,029	305,029
5	탑건	토니 스콧	액션	피카디리	87.12.19 ~ 88.2.29	73	278,975	278,975
6	투문정션	잘만 킹	에로	서울	7.23 ~ 10.3	72	249,048	269,108
				코리아	9.24 ~ 10.16	23	20,060	
7	모던타임즈	찰리 채플린	코미디	호암아트홀	7.2 ~ 8.24	54	265,590	265,590
8	영웅본색 2	오우삼	범죄액션	대지	7.23 ~ 9.6	47	99,469	260,486
				화양	〃	47	101,658	
				명화	〃	47	59,359	
9	지젤(원제: 댄서)	허버트 로스	드라마	호암아트홀	1.1 ~ 2.25	56	205,726	241,353
				코리아	2.18 ~ 3.18	30	35,627	
10	라밤바	루이스 발데스	드라마	대한	5.28 ~ 7.14	48	219,561	219,561

순위	영화명	감독	장르	극장명	상영기간	상영일수	입장 인원	
							극장별	총계
1	다이하드	존 맥디어난	액션	단성사	88.9.24 ~ 89.3.3	161	701,893	701,893
2	마지막 황제	베르나르도 베르톨루치	시대극	대한	88.12.24 ~ 89.3.31	98	660,004	660,004
3	인디아나 존스 최후의 성전	스티븐 스필버그	액션 어드벤처	코리아	7.22 ~ 9.11	52	138,625	491,010
				신영	7.22 ~ 9.10	51	189,795	
				씨네하우스(골드)	7.22 ~ 9.4	45	143,626	
				씨네하우스(4)	9.5 ~ 9.19	15	18,964	
4	람보 3	피터 맥도날드	액션	피카디리	88.12.17 ~ 89.1.26	41	148,611	395,801
				명화	88.12.17 ~ 89.2.1	47	66,626	
				대지	〃	47	75,742	
				화양	〃	47	48,639	
				브로드웨이	88.12.17 ~ 89.1.26	41	256,183	
5	레인맨	배리 레빈슨	드라마	코리아	5.5 ~ 7.10	67	162,162	333,571
				신영	5.5 ~ 7.7	64	171,409	
6	간디	리차드 아텐보로	전기	명보	4.8 ~ 7.14	98	265,236	265,236
7	첩혈쌍웅	오우삼	범죄액션	서울(1)	8.5 ~ 9.29	56	206,467	250,486
				서울(3)	7.29 ~ 8.4	7	32,814	
				서울(3)	9.30 ~ 10.5	6	11,205	
8	지존무상	왕정, 향화승	느와르	단성사	11.11 ~ 12.31(이월)	51	247,450	247,450
9	구룡의 눈	성룡	범죄액션	연흥	88.12.31 ~ 89.2.2	34	71,803	244,841
				동아	1.1 ~ 2.17	48	73,420	
				신영	1.1 ~ 2.2	33	59,493	
				장충	1.1 ~ 2.3	34	40,125	
10	로메로	존 듀이건	드라마	브로드웨이	8.12 ~ 11.3	84	234,001	234,001

종합

1980년

순위	영화명	제작국가	입장인원
1	사형도수	홍콩	500,074
2	취권	홍콩	372,948
3	만딩고	미국	370,057
4	미워도 다시 한번 '80	한국	364,538
5	파울플레이	미국	322,142
6	체이사	프랑스	295,551
7	크레이머 대 크레이머	미국	267,922
8	파비안느	이탈리아	245,733
9	배틀크리크	미국	244,653
10	록키 2	미국	244,234

1981년

순위	영화명	제작국가	입장 인원
1	007 문레이커	미국	387,790
2	소권괴초	홍콩	341,608
3	벤허	미국	308,124
4	자유부인 '81	한국	287,929
5	13일의 금요일	미국	284,285
6	테스	프랑스 · 영국	268,206
7	차타레부인의 사랑	미국	263,513
8	어둠의 자식들	한국	255,817
9	비도권운산	홍콩	228,626
10	귀타귀	홍콩	227,628

1982년

순위	영화명	제작국가	입장 인원
1	포스트맨은 벨을 두번 울린다	미국	408,446
2	샤키 머신	미국	396,336
3	보디 히트	미국	355,098
4	레이더스	미국	348,489
5	헬 나이트	미국	344,919
6	애마부인	한국	315,738
7	개인교수	미국	301,564
8	용소야	홍콩	298,122
9	십계	미국	276,224
10	장군	미국 · 일본	258,650

1983년

순위	영화명	제작국가	입장 인원
1	사관과 신사	미국	563,533
2	007 유어 아이즈 온리	미국	500,243
3	브레드레스	미국	388,385
4	솔져	미국	313,452
5	S.A.S 특공대	영국	309,594
6	부시맨	보츠와나 남아프리카공화국	296,505
7	람보	미국	282,932
8	소림사	홍콩	278,965
9	대부	미국	272,239
10	코난	미국	272,185

1984년

순위	영화명	제작국가	입장 인원
1	E.T.	미국	559,054
2	007 네버 세이 네버 어게인	미국	555,627
3	고래사냥	한국	426,221
4	프로젝트 A	홍콩	396,434
5	007 옥터퍼시	미국	332,783
6	오복성	홍콩	285,579
7	어게인스트	미국	263,871
8	무릎과 무릎사이	한국	263,334
9	애정의 조건	미국	249,550
10	지옥의 7인	미국	245,120

1985년

순위	영화명	제작국가	입장 인원
1	킬링필드	영국	925,994
2	인디아나죤스	미국	808,492
3	람보 2	미국	639,098
4	깊고 푸른 밤	한국	495,573
5	어우동	한국	479,225
6	고스트바스터	미국	344,420
7	복성고조	홍콩	337,006
8	쾌찬차	홍콩	307,761
9	마타하리	미국	274,132
10	베버리힐스캅	미국	257,182

1986년

순위	영화명	제작국가	입장 인원
1	어우동	한국	479,225
2	아마데우스	미국	475,755
3	백야	미국	363,905
4	코만도	미국	357,615
5	구니스	미국	337,866
6	FX	미국	320,957
7	007 뷰 투 어 킬	미국	290,372
8	이장호의 외인구단	한국	287,712
9	나인하프위크	미국	234,998
10	위너스	오스트레일리아	231,586

1987년

순위	영화명	제작국가	입장인원
1	플래툰	미국	576,924
2	미션	미국	525,630
3	더 내츄럴	미국	445,921
4	아웃 오브 아프리카	미국	348,967
5	빽 투 더 퓨처	미국	343,292
6	프레데터	미국	317,754
7	에이리언 2	미국	292,436
8	던디	오스트레일리아	261,693
9	미미와 철수의 청춘스케치	한국	260,916
10	코브라	미국	257,283

1988년

순위	영화명	제작국가	입장 인원
1	다이하드	미국	460,813
2	로보캅	미국	459,359
3	매춘	한국	432,609
4	피라미드의 공포	영국	374,680
5	지옥의 묵시록	미국	305,029
6	탑건	미국	278,975
7	투문정션	미국	269,108
8	모던타임즈	미국	265,590
9	영웅본색 2	홍콩	260,486
10	지젤	미국	241,353

1989년

순위	영화명	제작국가	입장 인원
1	다이하드	미국	701,893
2	마지막 황제	영국 외	600,004
3	인디아나 존스: 최후의 성전	미국	491,010
4	람보 3	미국	395,801
5	레인맨	미국	333,571
6	간디	인도 · 영국	265,236
7	서울무지개	한국	261,220
8	첩혈쌍웅	홍콩	250,486
9	지존무상	홍콩	247,450
10	구룡의 눈	홍콩	244,841

1980년대 흥행 베스트 20

순위	영화명	원제	감독	누적 상영일수	입장 인원
1	킬링필드	The Killing Fields	롤랑 조페	113	925,994
2	인디아나 존스	Indiana Jones And The Temple of Doom	스티븐 스필버그	137	808,492
3	다이하드	Die Hard	존 맥티어난	161	701,893
4	람보 2	Rambo: First Blood Part 2	조지 P. 코스마토스	83	639,098
5	마지막 황제	The Last Emperor	베르나르도 베르톨루치	98	600,004
6	플래툰	Platoon	올리버 스톤	89	576,924
7	사관과 신사	An Officer and a Gentleman	테일러 핵포드	168	563,533
8	E. T.	E. T.	스티븐 스필버그	77	559,054
9	007 네버 세이 네버 어게인	Never Say Never Again	어빈 캐슈너	104	555,627
10	미션	The Mission	롤랑 조페	94	525,630
11	007 유어 아이즈 온리	For Your Eyes Only	존 글렌	133	500,243
12	사형도수	死形刀手	원화평	116	500,074
13	깊고 푸른 밤	–	배창호	153	495,573
14	인디아나 존스 최후의 성전	Indiana Jones And The Last Crusade	스티븐 스필버그	52	491,010
15	어우동	–	이장호	133	479,225
16	아마데우스	Amadeus	밀러스 포먼	119	475,755
17	로보캅	RoboCop	폴 버호벤	67	459,359
18	더 내츄럴	The Natural	배리 레빈슨	79	445,921
19	매춘	–	유진선	91	432,609
20	고래사냥		배창호	110	426,221

참고문헌

단행본

강성률·맹수진 외, 《한국 독립다큐의 대부: 김동원展》, 서해문집, 2010.

강준만, 《한국 현대사 산책 1980년대 편 2 – 광주학살과 서울올림픽》, 인물과사상사, 2003.

김동호 외, 《한국영화 정책사》, 나남출판, 2005.

김미현 편, 《한국영화사: 개화기에서 개화기까지》, 커뮤니케이션북스, 2006.

김수용, 《나의 사랑 씨네마》, 씨네21북스, 2005

김지하, 《황토》, 한일문고, 1970.

김형석 엮음, 《다시 만난 독립영화 Vol.2: 독립영화 아카이브 구술사 프로젝트》, 서울독립
영화제, 2019.

_____, 《다시 만난 독립영화 Vol.3: 독립영화 아카이브 구술사 프로젝트》, 서울독립
영화제, 2020.

_____, 《다시 만난 독립영화 Vol.4: 독립영화 아카이브 구술사 프로젝트》, 서울독립
영화제, 2021.

_____, 《다시 만난 독립영화 Vol.5: 독립영화 아카이브 구술사 프로젝트》, 서울독립
영화제, 2022.

낭희섭·윤중목 엮음, 《독립영화워크숍, 그 30년을 말하다》, 목선재, 2015.

노재승, 《북한영화계 1977~1988》, 영화진흥공사, 1989.

류승완, 《류승완의 본색》, 마음산책, 2008.

민족영화연구소, 《민족영화 1: 있어야 할 자리 가야 할 길》, 도서출판 친구, 1989.

_____, 《민족영화 2: 있어야 할 자리 가야 할 길》, 도서출판 친구, 1990.

민주화운동기념사업회 한국민주주의연구소 엮음, 《한국민주화운동사3: 서울의 봄부터
문민정부 수립까지》, 돌베개, 2010.

백지한 엮음, 《북한영화의 이해》, 도서출판 친구, 1989.

베네딕투스 데 스피노자, 황태연 옮김, 《에티카》, 비홍, 2014.

변성찬 엮음, 《노동자뉴스제작단: 30년을 돌아보다》, DMZ국제다큐멘터리영화제, 2021

서울영상집단, 《변방에서 중심으로: 한국 독립영화의 역사》, 시각과 언어, 1996.

서울영화집단, 《새로운 영화를 위하여》, 학민사, 1983.

_____, 《영화운동론》, 화다, 1985.

성하훈, 《한국영화운동사 1: 영화, 변혁운동이 되다》, 푸른사상사, 2023

영화진흥공사, 《한국영화연감》, 1980~1990.

_____, 《한국영화자료편람: 초창기~1976년》, 1977.

이충직 외, 《한국영화 상영관의 변천과 발전방안》, 문화관광부, 2001.

이효인, 《한국 뉴웨이브 영화》, 박이정, 2020.

_____, 《한국 뉴웨이브 영화와 작은 역사》, 한상언영화연구소, 2021.

임권택·정성일·이지은, 《임권택이 임권택을 말하다 1》, 현문서가, 2003.

주진숙·이순진, 《영화하는 여자들》, 사계절, 2020.

진보적 미디어운동 연구센터 프리즘 엮음, 《영화운동의 역사: 구경거리에서 해방의 무기로》, 서울출판미디어, 2002.

척 클로스터만, 임경은 옮김, 《90년대》, 온워드, 2023

프리드리히 키틀러, 《축음기, 영화, 타자기》, 문학과지성사, 2019.

한국독립영화협회 엮음, 《매혹의 기억, 독립영화》, 한국독립영화협회, 2001

한국영상자료원·전주국제영화제 엮음, 《위대한 유산: 태흥영화 1984-2004》, 한국영상자료원, 2022.

한국예술종합학교 한국예술연구소 엮음, 《한국현대예술사대계V: 1980년대》, 시공아트, 2005.

한상언, 《영화운동의 최전선: 민족영화연구소 한겨레영화제작소 자료집》, 한상언영화연구소, 2022.

허지웅, 《FilmStory 총서 10 망령의 기억》, 한국영상자료원, 2010

Amos Vogel, *Film as a Subversie Art*, Random House New York, 1974.

Darcy Paquet, *New Korean Cinema: Breaking the Waves*, Wallflower Press, 2009.

Roland Barthes, *Journal de deuil: 26 octobre 1977-15 septembre 1979*, Seuil Imec, 2009.

논문

구견서, 〈일본에 있어서 미군점령기의 문화정책〉, 《일본학보》 제94집, 2013.2.

김지현, 〈1980년대 비제도권 영화운동의 이론과 실천: 영상 매체의 민주화와 (급진적) 재발명〉, 《현대영화연구》 vol. 32, 현대영화연구소, 2018.

김학선, 〈신군부 정권의 가족 통치와 '3S 정책'〉, 《사회와 역사》 제136집, 2022.

변재란, 〈1930년대 전후 프롤레타리아트의 영화활동 연구〉, 중앙대 석사학위 논문, 1989.

손정목, 〈도시50년사(22) 5공 정권의 3S 정책〉, 《도시문제》, 2004년 2월호.

우석균, 〈라틴아메리카의 문화 이론들: 통문화, 혼종문화, 이종혼형성〉, 《라틴아메리타연구》 vol. 15 no.2, 한국라틴아메리카학회, 2005.

이효인, 〈한국 독립영화 2세대의 영화미학론〉, 《영화연구》 77호, 한국영화학회, 2018.

전우형, 〈1980년대와 한국영화사 담론의 접촉지대〉, 《구보학보》 23집, 구보학회, 2019.

Hong Sora, 〈La génération des centres culturels (Munhwawonsedae) et la nouvelle vague du cinéma sud-coréen des années 1980-1990〉, École des Hautes Études en Sciences Sociales Paris, 2019.

Nohchool Park, 〈Gwangju Video and the Tradition of South Korean Independent Documentaries〉, 《The Review of Korean Studies》 13:2, 2010.

신문과 잡지

김대호, 〈일제하 영화운동의 전개와 영화운동론〉, 《창작과비평》 57호, 부정기간행물 1호, 1985.

문상훈, 〈'LA용팔이' 미국 로케이션 동행기〉, 《영화》, 1987년 1월호(통권 110호).

성하훈, 〈[한국영화운동 40년 ⑨] 청년 영화인 구속시킨 '파랑새 사건'과 '대학영화연합' 결성〉, 《오마이뉴스》, 2020년 4월 9일자.

오정연, 〈[이혜영] "배우라서, 여자라서 더 행복해질 거다"〉, 《씨네21》, 2008년 1월 30일(통권 639호).

이경운, 〈80년대 영화예술운동에 관한 몇가지 검토: 얄라셩 역사를 중심으로〉, 《영상과 현실》 5호, 1990.

이관용, 〈현장보고: 잃어버린 관객을 되찾기 위한 영화 소극장의 실상-전국 소극장의 실태와 문제점〉, 《영화》, 1983년 11·12월 합본호.

이덕신, 〈소극장 시스팀과 작은영화〉, 《열린 영화》 1호, 1984/85년 겨울호.

이명원, 〈겨울잠 속에 빠진 한국영화계〉, 《신동아》, 1981년 3월호.

이유란, 〈오뉴월에 서리 내리는 '여귀들', 고전 납량영화전〉, 《씨네21》, 2004년 8월 27일(통권 467호).

이효인, 〈제도권 영화와 운동권 영화 양립의 비판적 극복을 위하여-1930년대 카프 영화운동이 주는 교훈〉, 《사상문예운동》 2호, 1989년 겨울호.

이화정, 〈[스페셜] 한국영화의 역사가 새겨진 배우 안성기의 60년 연기 인생〉, 《씨네21》, 2017년 4월 12일(통권 1100호).

임영, 〈[특집] 한국 멜로드라머의 재평가: 멜로드라머와 신 신파의 거리〉, 《영화》, 1980년

9·10월호.

    , 〈[이달의 한국영화평] 신작 기다려지는 작가와 작품: 고영남, 정소영, 이두용 감독의 활동〉,《영화》, 1982년 1·2월호.

    , 〈영화논단: 영화 소극장 운동의 제창−2백 석 영동극장 탄생을 계기로〉,《영화》, 1982년 11·12월 합본호.

임학송, 〈영화논단: 한국 극영화와 텔레비전의 함수관계−한국 극영화, 텔레비전 방영을 계기로〉,《영화》, 1984년 1·2월호.

장선우, 〈민중영화의 모색〉,《실천문학》 6호, 1985년 봄호.

장익창, 〈[썬데이] 영원한 '변강쇠' 이대근을 위한 변명〉,《일요신문》, 2016년 8월 20일자 기사.

전양준, 〈작은 영화는 지금〉,《열린 영화》 1호, 1984/85년 겨울호.

정성일, 〈열림과 울림〉,《열린 영화》 1호, 1984/85년 겨울호.

조권희, 〈[특집] 1980년도 한국영화계 총평: 1980년의 한국영화〉,《영화》, 1980년 11·12월호.

조동수, 〈발간사〉,《영상과 현실》 창간호, 서울대학교 얄라셩영화연구회, 1987.

호현찬, 〈특집: 칼라TV의 등장과 한국영화−칼라TV 시대가 열린다면 영화는 어떻게 될 것인가〉,《영화》, 1980년 7·8월 합본호.

황규덕, 〈작은 영화를 지키고 싶습니다〉,《열린 영화》 1호, 1984/85년 겨울호.

〈'1천억 시장'…그 현황과 역기능〉,《조선일보》, 1989년 11월 1일자 9면 기사.

〈4년 만에 햇빛 본 순교영화〉,《경향신문》, 1981년 2월 7일자 12면 기사.

〈7일부터 개관, 명보극장〉,《동아일보》, 1957년 9월 9일자 3면 기사.

〈80년대 문화계 무엇을 남겼나(6) 방송〉,《매일경제》, 1989년 12월 7일자 19면 기사.

〈80년대의 한국문화 무엇이 이루어져야 하나 ⑨영화 제작·표현의 자유를〉,《조선일보》, 1980년 1월 27일자 5면 기사.

〈'83영화관계여론조사분석결과: 한국영화에 대한 대도시 시민의 영화 의식에 관한 통계학적 분석연구〉,《영화》, 1984년 1·2월 합본호.

〈'84 영화관계여론조사 분석결과: 한국 대학생들의 한국영화에 대한 의식조사〉,《영화》, 1984년 12월호.

〈85년 비디오테이프 80%가 불법 복사물〉,《조선일보》, 1986년 12월 10일 10면 기사.

〈[HOT ISSUE] '검열' 논쟁〉,《스크린》, 1986년 2월호(통권 24호).

〈T셔츠 한 장 얻으려 밤샘 노숙〉,《동아일보》, 1985년 8월 19일 10면 기사.

〈TV·영화 '여성해방' 기류〉,《동아일보》, 1982년 1월 16일자 11면 기사.

〈[TV하이라이트] 풍인국교합창단 등 출연〉,《경향신문》, 1975년 11월 20일자 8면 기사.

〈VTR 대중화 물결 타고 첨단 경쟁〉, 《경향신문》, 1990년 5월 16일자 17면 기사.

〈강남으로 확산/ 소극장 운동〉, 《매일경제》, 1983년 1월 10일자 9면 기사.

〈개봉관마다 현대화 경쟁〉, 《조선일보》, 1986년 8월 16일자 7면 기사.

〈개정영화법안 득보다 실이 많다〉, 《중앙일보》, 1982년 10월 20일자 기사.

〈건전공연질서 다짐, 서울시극장협 결의〉, 《경향신문》, 1982년 12월 2일 12면 기사.

〈검열 뒷거래〉, 《조선일보》, 1975년 5월 4일자 7면 기사.

〈고치긴 고치는지 말도 많은 영화법〉, 《동아일보》, 1981년 10월 30일자 12면 기사.

〈'공룡 가위질' 논란 재연〉, 《조선일보》, 1989년 7월 7일자 9면 기사.

〈공룡, 〈로키4〉 등 네 편 금수 판정〉, 《조선일보》, 1986년 7월 5일자 12면 기사.

〈공룡-영협, 검열시비 첨예화〉, 《조선일보》, 1986년 8월 2일자 11면 기사.

〈공룡 "윤리에 문제"…외화 〈백투더퓨처〉 금수조치〉, 《경향신문》, 1986년 7월 17일자 11면 기사.

〈공연물 사전·사후 심의 강화〉, 《매일경제》, 1985년 12월 23일자 11면 기사.

〈관객과 함께 영화 만든다〉, 《동아일보》, 1982년 12월 9일자 12면 기사.

〈국내외 명작영화 비평감상〉, 《한겨레》, 1990년 9월 23일자 10면 기사.

〈극장가 마구잡이 리바이벌 붐 비수기 시간 때우기 작전〉, 《동아일보》, 1987년 5월 19일 8면 기사.

〈극장가 새바람 미니영화관〉, 《경향신문》, 1983년 1월 27일자 12면 기사.

〈글래머 안소영 전라 출연 영화 〈애마부인〉…검열 과정 큰 관심〉, 《경향신문》, 1982년 1월 16일자 12면 기사.

〈〔긴급취재〕 멜로드라마의 여성변화: 한국영화 속의 여주인공〉, 《스크린》, 1987년 5월호(통권 39호).

〈나의 기업인생(50) 삶과 신앙: 벽산 김인득〈13〉〉, 《경향신문》, 1994년 3월 29일자 12면 기사.

〈내일의 방화계를 이끌 주역을 찾아서〉, 《영화잡지》 201호, 1980년 5월호.

〈동국대, 외국영화 감상회/ 80년대 화제작 4편 상영〉, 《동아일보》, 1987년 5월 26일자 8면 기사.

《람보 2》 상영극장 T셔츠 배부중단〉, 《동아일보》, 1985년 8월 22일 10면 기사.

〈레인맨 상영 않기로, 동아극장〉, 《조선일보》, 1989년 5월 4일자 20면 기사.

〈〔만화〕 20세기 캐릭터 열전 4: 까치〉, 《씨네21》, 1999년 11월 2일(통권 224호).

〈미 UIP 〈레인맨〉 상영협조 서울 7개 영화사 "추방" 결의〉, 《경향신문》, 1989년 5월 3일자 16면 기사.

〈미국영화 직배극장 잇따라 피습〉, 《한겨레》, 1989년 8월 15일자 11면 기사.

〈미국직배 영화 불매운동 전개〉, 《한겨레》, 1988년 9월 16일자 6면 기사.

〈미디어운동, 10년을 논하다: (2) 미디어센터〉, 《ACT!》 83호, 2013년 4월 25일.

〈미·영 영화업자들 대한 진출 러시〉, 《경향신문》, 1986년 9월 4일자 12면 기사.

〈미 영화 200편 무더기 상륙설〉, 《조선일보》, 1987년 9월 5일자 6면 기사.

〈미 영화사 상륙에 영화계 비상〉, 《조선일보》, 1988년 1월 30일자 6면 기사.

〈미영화 직배 극장 5곳 방화 – 최루가스로 소동, 어제 서울시〉, 《동아일보》, 1989년 8월 14
일자 14면 기사.

〈미영화직배 영화인들 거센 반발〉, 《동아일보》, 1988년 9월 16일자 16면 기사.

〈미 직배 극장 등 6곳 피습〉, 《조선일보》, 1989년 8월 15일자 14면 기사.

〈미 직배영화 상영에 연쇄테러〉, 《경향신문》, 1989년 8월 14일자 14면 기사.

〈민정당 개헌안 요강〉, 《동아일보》, 1987년 7월 20일자 4면 기사.

〈방학 중 영화감상회 열려/ 서강대 매주 화·금요일〉, 《경향신문》, 1985년 12월 24일자 12
면 기사.

〈백만불짜리 영화 수입에 비판론〉, 《조선일보》, 1986년 6월 8일자 7면 기사.

〈본격 수입되는 공산권 영화/ 〈서태후〉 등 이어 동구권 작품 잇단 계약 추진〉, 《한겨레》,
1988년 8월 4일자 5면 기사.

〈볼만한 TV 외화〉, 《조선일보》, 1985년 9월 8일 7면 기사.

〈부산 미문화원 방화사건 판결문(요지)〉, 《조선일보》, 1982년 8월 12일자 10면 기사.

〈불황 모르는 '닥터 지바고'〉, 《동아일보》, 1981년 1월 21일자 12면 기사.

〈비디오 전성시대/ 재벌사 시장 선점 각축〉, 《경향신문》, 1990년 12월 19일자 24면 기사.

〈비디오용 국산영화/ 저질·졸속 제작 문제〉, 《매일경제》, 1989년 7월 29일자 12면 기사.

〈뿌리내리는 영화소극장〉, 《동아일보》, 1983년 1월 20일자 12면 기사.

〈[새영화] 빙점 81 – '양심의 갈등' 그린 깔끔한 수작〉, 《동아일보》, 1981년 4월 14일자 12면
기사.

〈서강대 영화감상회〉, 《조선일보》, 1985년 3월 7일자 12면 기사.

〈서강대 정기감상회〉, 《한겨레》, 1988년 9월 10일자 7면 기사.

〈서강대서 '3중국영화제' 20일까지〉, 《경향신문》, 1989년 5월 1일자 16면 기사.

〈성의 상품화/ 주부들이 나서 기생관광은 막아내야〉, 《매일경제》, 1985년 1월 15일자 9면
기사.

〈[스케치] 8년만의 국산 공포영화 인기〉, 《동아일보》, 1980년 5월 3일자 5면 기사.

〈스케치/ 영화시책 발표 앞두고 4개 단체 서로 엇갈린 건의〉, 《동아일보》, 1980년 1월 19
일자 5면 기사.

〈[스크린 집중토론회] 〈어른들은 몰라요〉: 아이들을 웃기는 것과 올바르게 그린다는 것〉,

《스크린》, 1988년 9월호(통권 55호).

〈신규 영화사 등록 활발〉, 《조선일보》, 1985년 12월 19일자 12면 기사.

〈심야극장/ 청소년 탈선 부채질〉, 《경향신문》, 1982년 5월 31일자 6면 기사.

〈심야극장/ 통금 해제 후 흥행가 새 풍속도〉, 《경향신문》, 1982년 3월 20일자 10면 기사.

〈심야극장 문 연 지 한 돌, 서울극장 1300명 초대〉, 《경향신문》, 1983년 5월 26일 12면 기사.

〈심야극장 전국 확산/ 대구서도 흥행 호조〉, 《동아일보》, 1982년 5월 15일자 12면 기사.

〈심야에도 영화 상영한다〉, 《매일경제》, 1982년 3월 19일 9면 기사.

〈안성기 "영화배우로 60년…더 오래 연기했으면"(인터뷰)〉, 《이데일리》, 2017년 4월 13일
자 기사.

〈안팎곱사 한국영화계/ 독립프로덕션이 나선다〉, 《한겨레》, 1989년 9월 23일자 7면 기사.

〈여성납치·매매 이대로 둘 것인가(5) 정치·사회적 원인〉, 《한겨레》, 1988년 12월 18일자
8면 기사.

〈여성문제 영화 늘어난다〉, 《조선일보》, 1986년 8월 31일자 7면 기사.

〈여적〉, 《경향신문》, 1962년 8월 27일자 1면 기사.

〈여적〉, 《경향신문》, 1983년 5월 25일자 1면 기사.

〈영협의 '비회원 출연 저지' 관련 영화감독협서 시정촉구 성명〉, 《동아일보》, 1989년 2월
21일자 16면 기사.

〈영협, 이영희 공륜위장 불신임 서명운동〉, 《동아일보》, 1985년 12월 27일자 12면 기사.

〈영화가 '심야극장' 첫선, 〈애마부인〉 자정 관객 "만원"〉, 《동아일보》, 1982년 3월 29일자
12면 기사.

〈영화감독협회 '독립선언'〉, 《한겨레》, 1988년 12월 2일자 7면 기사.

〈영화 검열 싸고 금품수수〉, 《동아일보》, 1975년 5월 5일자 7면 기사.

〈영화공룡 미국, 한국시장독식 압력〉, 《동아일보》, 1985년 9월 12일자 3면 기사.

〈영화관객 소극장 많이 찾아〉, 《동아일보》, 1986년 11월 11일자 8면 기사.

〈영화법 개정 건의안 제출〉, 《경향신문》, 1980년 1월 22일자 5면 기사.

〈영화법 개정 공청회〉, 《경향신문》, 1984년 5월 4일자 12면 기사.

〈영화법 개정안 통과 때까지 제작활동·대종상 거부키로〉, 《조선일보》, 1984년 11월 28일
자 11면 기사.

〈영화법개정, 영화인·제작자 엇갈린 주장〉, 《동아일보》, 1982년 3월 15일자 12면 기사.

〈영화법 개정을 촉구하는 영화배우들의 호소문〉, 《동아일보》, 1984년 11월 26일자 10면
광고.

〈영화수입에 투기열풍〉, 《매일경제》, 1986년 6월 13일자 11면 기사.

〈영화/ 스타·소재 빈곤 속 '벗기기 경쟁'〉, 《동아일보》, 1985년 12월 23일자 7면 기사.

〈"영화에 대한 사전심의 필요하다" 이영희 위원장 인터뷰〉, 《동아일보》, 1988년 1월 22일
자 14면 기사.

〈영화정담: 안성기VS이영하〉, 《영화》, 영화진흥공사, 1987년 7월호(통권 113호).

〈영화제작·수입 분리〉, 《경향신문》, 1984년 2월 28일자 1면 기사.

〈외대 '유현목영화제', 19일 개막〉, 《조선일보》, 1986년 11월 12일자 12면 기사.

〈외대 '작은영화제'〉, 《조선일보》, 1985년 5월 8일자 12면 기사.

〈외설영화·음반 심의강화〉, 《경향신문》, 1985년 12월 23일자 3면 기사.

〈외화수입 '과열경쟁' 예고〉, 《조선일보》, 1986년 5월 10일자 12면 기사.

〈외화 '장삿속 가위질' 성행〉, 《조선일보》, 1987년 11월 7일자 6면 기사.

〈우수영화 심사제도 폐지/ 문공부, 공윤 검열심의위서 선정〉, 《조선일보》, 1980년 2월 22
일자 5면 기사.

〈우수영화 전원일치 가부제로〉, 《경향신문》, 1983년 2월 10일자 6면 기사.

〈음란 비디오 발붙일 곳 없애자, 150여 가게주인 정화 결의, 각계서 추방운동〉, 《한겨레》,
1989년 3월 24일 8면 기사.

〈인신매매조직에 분개한 모성애 그려〉, 《경향신문》, 1985년 10월 25일자 12면 기사.

〈자리 잡는 심야극장/ 관람객도 다양〉, 《경향신문》, 1983년 5월 31일자 12면 기사.

〈전국민대상 영화관계 여론조사〉, 《영화》, 1989년 11월호.

〈젊은이 새 문화운동/ 영화감상모임〉, 《동아일보》, 1985년 1월 22일자 6면 기사.

〈조계종, 영화 〈허튼소리〉 상영금지 요청〉, 《동아일보》, 1986년 5월 28일자 9면 기사.

〈"좋은 영화 우리가 선택한다"/ 동호인 영화감상회 활기〉, 《동아일보》, 1987년 3월 11일자
8면 기사.

〈청소년 70% 비디오 즐겨〉, 《경향신문》, 1987년 11월 20일 7면 기사.

〈[충무로ISSUE] 만화＋영화 Boom: '까치'와 '강타'가 몰려온다!〉, 《스크린》, 1986년 11월
호(통권 33호).

〈칸영화제 역대 수상작 소개〉, 《동아일보》, 1985년 11월 6일자 8면 기사.

〈커뮤니케이션센터 영화감상회〉, 《동아일보》, 1985년 5월 17일자 6면 기사.

〈컬러TV 앞의 풍전등화 "방화를 살려달라" 영화제작자협 문공부에 건의〉, 《동아일보》,
1981년 1월 27일자 12면 기사.

〈탈불황의 시도, 괴기영화 제작 붐〉, 《경향신문》, 1981년 3월 17일자 12면 기사.

〈프로야구/ 국내팀 창설 전망과 미·일의 예〉, 《동아일보》, 1975년 3월 29일자 12면 기사.

〈프로야구시대(10) 일본스포츠의 꽃〉, 《조선일보》, 1981년 12월 23일자 9면 기사.

〈프로의식 없는 프로야구 2년(1) 팬 환호에 졸전으로 막 내려〉, 《경향신문》, 1983년 10월
25일자 8면 기사.

〈하늘 높은 줄 모르고 치솟는 비디오 판권료〉, 《스크린》 1988년 8월호(통권 54호).

〈한가을 '작은 영화제' 풍성〉, 《한겨레》, 1989년 10월 21일자 7면 기사.

〈'한국영화 70년전' 개막〉, 《경향신문》, 1989년 7월 24일자 16면 기사.

〈한국영화 설땅없는 '표현의 자유'―〈도시로…〉 상영중지 계기로 본 현실〉, 《동아일보》, 1981
년 12월 11일자 12면 기사.

〈한국영화, 포르노시대를 예고하는가?〉, 《스크린》, 1988년 8월호(통권 54호).

〈한국영화의 에로티시즘 무엇이 문제인가〉, 《스크린》, 1984년 6월호(통권 4호).

〈허가없이 개관〉, 《경향신문》, 1957년 8월 28일자 3면 기사.

〈현실화된 외국영화 직접 상영〉, 《한겨레》, 1988년 9월 13일자 6면 기사.

웹페이지

ACC CINEMATHEQUE. (2020.12.17.), 여럿 그리고 하나 인터뷰 01_박광수〔동영상〕,
https://vimeo.com/492295656

_____, (2020.12.17.), 여럿 그리고 하나 인터뷰 02_김홍준〔동영상〕, https://vimeo.
com/492296143

_____, (2020.12.17.), 여럿 그리고 하나 인터뷰 03_문원립〔동영상〕, https://vimeo.
com/492295395

KMDb, (연도미상), 〈바보선언〉 페이지 '상세정보' https://www.kmdb.or.kr/db/kor/de-
tail/movie/K/03735

디지털창원문화대전, (연도미상), '시민 극장', http://www.grandculture.net/changwon/
toc/GC02204182

부산영화체험박물관 블로그, (2018.5.7.), 부산 극장사 연표(1881~2014), http://blog.bu-
sanbom.kr/%EB%B6%80%EC%82%B0-%EA%B7%B9%EC%9E%A5%EC%
82%AC-%EC%97%B0%ED%91%9C18812014/

정민아, (2016.6.24.), '〔한국영화걸작선〕 안개는 여자처럼 속삭인다' https://www.kmdb.
or.kr/story/10/930

찾아보기

영화

프랑코 제페렐리 158
프랭크 카프라 26
프랭클린 J. 샤프너 349
피에르 파올로 파졸리니 44, 45

ㅎ

하길종 28, 64, 68, 72, 213, 343, 409, 490, 494, 498
하명중 113, 115, 133, 134, 154, 198, 269, 519
하워드 혹스 45
하희라 274
한상준 290, 298
한석규 248
한옥희 283, 285, 492
한정석 299

한진희 159
한혜숙 178
허준호 273, 274
허진호 64, 491
현창석 298
호현찬 180, 326, 355, 407, 499
홍기선 62, 66, 71, 74, 76, 77, 81, 284~286, 288~293, 295, 296, 299, 301, 305, 306, 313, 314, 316, 317, 456, 474
홍파 252, 518
황규덕 39, 64, 182, 290, 292, 293, 299, 316, 492
황기성 113~115, 177, 224, 414, 415, 499, 515
황두승 468, 472
황철민 288, 290

용어 · 단체 · 극장 외

20세기폭스 117, 362, 462, 466~468, 477
3S정책 96~100, 196, 247
6월민주항쟁(=6월항쟁) 52, 75, 77, 308, 354
UIP 117~121, 344, 352, 369, 460~462, 466~469, 473~479
VCR(=비디오카세트레코더) 42, 46, 47, 100, 123, 136, 321, 324~346, 350~354

ㄱ

계몽영화 106, 202, 425
공연윤리위원회 38, 107, 110, 111, 172, 416~418, 445~448, 452~455, 489, 514
공포영화(=공포물) 48, 125, 160, 162~166, 190
괴기영화(=괴기물) 122, 125~127, 163~165, 190
광주민주화운동(=5·18, 5·18민주화항쟁, 광

주민중항쟁) 25, 33, 70, 71, 73, 96, 164, 189, 195, 226, 286, 297, 301, 312, 313, 352, 394
국도극장(서울) 122, 128, 159, 327, 360, 367, 376
국산영화 의무상영(=스크린쿼터) 111, 116, 120, 343, 371, 383, 457, 460, 467, 468, 480, 491
국제극장 361, 507

ㄴ~ㄷ

노동자뉴스제작단 297, 308, 309, 317
뉴코아예술극장 130, 131, 332, 333
다모아극장 132, 336, 371
다큐멘터리 76, 229, 285, 287, 292, 295~297, 306, 308~310, 312, 314, 315, 384, 482
단성사 128, 208, 327, 362, 372, 397, 468, 477, 495

1980년대 한국영화

2023년 12월 31일 초판 1쇄 발행

지은이 | 정성일 · 이효인 · 정종화 · 허남웅 · 김영진
      김혜선 · 유운성 · 공영민 · 이수연
엮은이 | 한국영상자료원
펴낸이 | 노경인 · 김주영

펴낸곳 | 도서출판 앨피
출판등록 | 2004년 11월 23일 제2011-000087호
전화 | 02-336-2776 팩스 | 0505-115-0525
블로그 | bolg.naver.com/lpbook12
전자우편 | lpbook12@naver.com

ISBN 979-11-92647-26-5   93680